O REINADO DA MARVEL STUDIOS

Joanna Robinson
Dave Gonzales
Gavin Edwards

O REINADO DA MARVEL STUDIOS

A história de como o UCM se tornou um dos
maiores fenômenos culturais do nosso tempo

Tradução
Alessandra Bonrruquer

1ª edição

best.
business
RIO DE JANEIRO – 2024

CIP-BRASIL. CATALOGAÇÃO NA PUBLICAÇÃO
SINDICATO NACIONAL DOS EDITORES DE LIVROS, RJ

R555r   Robinson, Joanna
         O reinado da Marvel Studios : a história de como o UCM se tornou um dos
         maiores fenômenos culturais do nosso tempo / Joanna Robinson, Dave Gonzales,
         Gavin Edwards ; tradução Alessandra Bonrruquer. - 1. ed. - Rio de Janeiro :
         Best Business, 2024.

         Tradução de: MCU: the reign of Marvel Studios
         Inclui índice
         ISBN 978-85-68905-99-9

         1. Marvel Studios - História. 2. Marvel Comics Group - História. 3. Indústria
         cinematográfica - Estados Unidos - História. 4. Sucesso nos negócios. I. Gonzales,
         Dave. II. Edwards, Gavin. III. Bonrruquer, Alessandra. IV. Título.

23-87099   CDD: 384.806573
                              CDU: 338.45:791(73)

Meri Gleice Rodrigues de Souza - Bibliotecária - CRB-7/6439

Título em inglês:
MCU: the reign of Marvel Studios

Texto revisado segundo o Acordo Ortográfico da Língua Portuguesa de 1990.

Direitos exclusivos de publicação em língua portuguesa somente para o Brasil
adquiridos pela
Best Business, um selo da Editora Best Seller Ltda.
Rua Argentina, 171 – Rio de Janeiro, RJ – 20921-380 – Tel.: (21) 2585-2000,
que se reserva a propriedade literária desta tradução.

Impresso no Brasil

ISBN 978-85-68905-99-9

Seja um leitor preferencial Record.
Cadastre-se no site www.record.com.br
e receba informações sobre nossos
lançamentos e nossas promoções.

Atendimento e venda direta ao leitor:
sac@record.com.br

Para Diana,
presente em amizade,
fracassos e bolos

Para Java,
por seu apoio durante
a pandemia e a publicação

Para Dash,
meu fã de cinema favorito

SUMÁRIO

LINHA DO TEMPO DO UCM

Visão geral dos lançamentos do Universo Cinematográfico Marvel e momentos importantes da história da Marvel Studios. Projetos selecionados que não pertencem à Marvel Studios, mas têm participação de personagens Marvel, foram adicionados, entre colchetes, para fornecer contexto.

DÉCADA DE 1990

- 22 de abril de 1993 — A Marvel encarrega Avi Arad dos projetos de cinema e televisão
- Agosto de 1996 — Fundação da Marvel Studios
- 28 de junho de 1998 — A Toy Biz, presidida por Ike Perlmutter, compra a Marvel e cria a Marvel Enterprises
- [21 de agosto de 1998 — *Blade: o caçador de vampiros*]

2000

- [14 de julho de 2000 — *X-Men: o filme*]
- 1º de agosto de 2000 — Primeiro dia de Kevin Feige na Marvel

2002

- [3 de maio de 2002 — *Homem-Aranha*]

2003

- [14 de fevereiro de 2003 — *Demolidor: o homem sem medo*]
- [20 de junho de 2003 — *Hulk*]

2004

— Janeiro de 2004 — A Marvel contrata David Maisel como presidente e diretor de operações da Marvel Studios

— [30 de junho de 2004 — *Homem-Aranha 2*]

2005

— [8 de julho de 2005 — *Quarteto Fantástico*]

— 6 de setembro de 2005 — A Marvel Studios consegue financiamento do Merrill Lynch

2006

— 31 de maio de 2006 — Avi Arad deixa a Marvel

2007

— [16 de fevereiro de 2007 — *Motoqueiro Fantasma*]

— 12 de março de 2007 — David Maisel é nomeado presidente da Marvel Studios

— [4 de maio de 2007 — *Homem-Aranha 3*]

2008

FASE UM

— 2 de maio de 2008 — *Homem de Ferro*

— 7 de maio de 2008 — Kevin Feige é nomeado presidente da Marvel Studios

— 13 de junho de 2008 — *O incrível Hulk*

2009

— 7 de dezembro de 2009 — David Maisel anuncia sua saída da Marvel

— 31 de dezembro de 2009 — A Disney compra a Marvel

2010

— 7 de maio de 2010 — *Homem de Ferro 2*

2011

— 6 de maio de 2011 — *Thor*

— 22 de julho de 2011 — *Capitão América: o primeiro vingador*

2012

— 4 de maio de 2012 — *Os Vingadores*

— [3 de julho de 2012 — *O espetacular Homem-Aranha*]

2013

FASE DOIS

— 3 de maio de 2013 — *Homem de Ferro 3*

— [24 de setembro de 2013 — *Agentes da S.H.I.E.L.D.* (ABC)]

— 8 de novembro de 2013 — *Thor: o mundo sombrio*

2014

— 4 de abril de 2014 — *Capitão América 2: o Soldado Invernal*

— [2 de maio de 2014 — *O espetacular Homem-Aranha 2: a ameaça de Electro*]

— 1º de agosto de 2014 — *Guardiões da Galáxia*

— 28 de outubro de 2014 — Kevin-Con no El Capitan Theatre

2015

— [10 de abril de 2015 — *Demolidor* (Netflix)]

— 1º de maio de 2015 — *Vingadores: Era de Ultron*

17 de julho de 2015 — *Homem-Formiga*

31 de agosto de 2015 — Kevin Feige já não responde a Ike Perlmutter

2016

FASE TRÊS

6 de maio de 2016 — *Capitão América: guerra civil*

4 de novembro de 2016 — *Doutor Estranho*

2017

5 de maio de 2017 — *Guardiões da Galáxia vol. 2*

7 de julho de 2017 — *Homem-Aranha: de volta ao lar*

3 de novembro de 2017 — *Thor: Ragnarok*

2018

16 de fevereiro de 2018 — *Pantera Negra*

27 de abril de 2018 — *Vingadores: guerra infinita*

6 de julho de 2018 — *Homem-Formiga e a Vespa*

[14 de dezembro de 2018 — *Homem-Aranha: no aranhaverso*]

2019

8 de março de 2019 — *Capitã Marvel*

26 de abril de 2019 — *Vingadores: ultimato*

2 de julho de 2019 — *Homem-Aranha: longe de casa*

15 de outubro de 2019 — Kevin Feige é nomeado diretor criativo da Marvel Enterprises

12 de novembro de 2019 — Lançamento da Disney Plus

2020

- 25 de fevereiro de 2020 — Bob Chapek substitui Bob Iger como CEO da Disney

2021

FASE QUATRO

- 15 de janeiro de 2021 — *WandaVision* (Disney Plus)
- 19 de março de 2021 — *Falcão e o Soldado Invernal* (Disney Plus)
- 9 de junho de 2021 — *Loki* (Disney Plus)
- 9 de julho de 2021 — *Viúva Negra*
- 11 de agosto de 2021 — *What If...?* (Disney Plus)
- 3 de setembro de 2021 — *Shang-Chi e a lenda dos dez anéis*
- 5 de novembro de 2021 — *Eternos*
- 24 de novembro de 2021 — *Gavião Arqueiro* (Disney Plus)
- 17 de dezembro de 2021 — *Homem-Aranha: sem volta para casa*

2022

- 30 de março de 2022 — *Cavaleiro da Lua* (Disney Plus)
- 6 de maio de 2022 — *Doutor Estranho no multiverso da loucura*
- 8 de junho de 2022 — *Ms. Marvel* (Disney Plus)
- 8 de julho de 2022 — *Thor: amor e trovão*
- 18 de agosto de 2022 — *Mulher-Hulk: defensora de heróis* (Disney Plus)
- 7 de outubro de 2022 — *Lobisomem na Noite* (Disney Plus)
- 11 de novembro de 2022 — *Pantera Negra: Wakanda para sempre*

- 20 de novembro de 2022 — Bob Iger retorna, substituindo Bob Chapek como CEO da Disney
- 25 de novembro de 2022 — *Guardiões da Galáxia: especial de festas* (Disney Plus)

2023

FASE CINCO

- 17 de fevereiro de 2023 — *Homem-Formiga e a Vespa: Quantumania*
- 17 de março de 2023 — Victoria Alonso, presidente de produção física, pós-produção, efeitos visuais e animação, é demitida
- 29 de março de 2023 — Ike Perlmutter, presidente e CEO da Marvel Entertainment, é demitido
- 5 de maio de 2023 — *Guardiões da Galáxia vol. 3*
- 2 de junho de 2023 — *Homem-Aranha: através do aranhaverso*
- 21 de junho de 2023 — *Invasão secreta* (Disney Plus)

PRÓLOGO
A criação

"Se quiser fazer alguma coisa certa, faça uma lista."
Homem-Formiga e a Vespa

Mark Ruffalo não tinha ideia de quão grandioso o futuro podia ser. Mas, ao se tornar um super-herói da Marvel, ele descobriu.

Em abril de 2012, a Marvel Studios enviou uma equipe de atores e produtores à Europa a fim de promover seu sexto filme, *Os Vingadores*. (Na Espanha, ele foi chamado de *Los Vengadores*; no Reino Unido, foi reintitulado *Avengers Assemble*, a fim de não ser confundido com a série televisiva britânica de espionagem da década de 1960.) Em Londres, Robert Downey Jr., decadente em um casaco xadrez e óculos com lentes coloridas, encantou uma sala cheia de jornalistas ao confessar que havia retirado do set a camiseta do Black Sabbath de um de seus personagens. "Vocês sabem onde ela está?",[1] perguntou ele, brincando. "Não sei onde a deixei."

O caro *road show*, financiado pela Walt Disney Company, que acabara de comprar a Marvel, partiu para Roma, onde os atores principais foram saudados por uma multidão aos gritos do lado de fora do Space Cinema Moderno, incluindo alguns fãs muito versados nas minúcias de trajes, acessórios e mitologias da Marvel. Um italiano particularmente entusiástico tinha um presente para Tom Hiddleston, o ator britânico de formação clássica que interpretara o vilão do filme (Loki, o calculista deus nórdico da travessura): o sapo dos Muppets, Caco, de pelúcia, usando uma fantasia de Loki.

Os Vingadores, que unia super-heróis que a Marvel estabelecera ao longo de quatro anos de sucessos de bilheteria, já prometia ser um grande sucesso mundial. Foi o ápice de uma década de trabalho de produtores e executivos da Marvel, incluindo Kevin Feige, o presidente da Marvel Studios. Também era um sinal de que a Marvel fizera uma aposta vencedora quando, emergindo da falência, penhorou os direitos de seus próprios personagens para garantir uma linha de crédito com um banco de Wall Street. O estúdio apostara todas as suas fichas no empréstimo, que financiara os primeiros filmes produzidos pela Marvel Studios.

Na noite de 21 de abril, após a *première* italiana, Feige jantou com alguns dos astros e produtores do filme em um restaurante tradicional chamado Antica Pesa. Scarlett Johansson, que interpretara Natasha Romanoff, a agente secreta letal também conhecida como Viúva Negra, usava um vestido azul-marinho ornamentado com flores e favos de mel. A postura de Chris Hemsworth era mais de um surfista que de uma deidade nórdica, com o cabelo preso em um rabo de cavalo, mas continuava sendo, inconfundivelmente, o heroico deus do trovão Thor. Mesmo de terno e gravata, Ruffalo, que interpretara o cientista Bruce Banner e seu alter ego, o gigante verde Hulk, parecia amarfanhado, como um professor de História que dormira no escritório. Na época, no entanto, ele era o único presente no jantar com uma indicação ao Oscar, por *Minhas mães e meu pai*. A mesa dos Vingadores não tinha deuses nem super-heróis de verdade, mas astros do cinema — os quais, no século XXI, a maioria das pessoas decidiu serem substitutos aceitáveis.

Como os outros atores à mesa, Hemsworth assinara um contrato para vários filmes da Marvel ao aceitar o papel: seis, no seu caso. "Pensei: *Vamos fazer o primeiro*",[2] lembrou ele. "Eu achava que, se não estragasse tudo, poderia estar no primeiro filme dos Vingadores, mas não passou pela minha cabeça que haveria um segundo." Hemsworth tentou dizer a Feige que o sucesso do estúdio se devia aos talentos e à visão de futuro do próprio chefe de produção. Ele não sabia se Feige acreditava nisso ou mesmo se acreditava que Hemsworth fora sincero.

O jantar começou tarde e durou muito tempo. Os garçons ficaram ansiosos, mesmo com o restaurante iluminado pelo brilho das celebridades. Muitas garrafas de vinho foram levadas à mesa. E, em algum momento depois do *prosciutto* artesanal e da abobrinha grelhada com queijo de cabra, mas antes da carne grelhada acompanhada de espinafre e batatas com alecrim, Feige partilhou mais de sua visão para o futuro da Marvel. Ninguém antecipara a envergadura de seus planos.

Com somente 38 anos, Feige não se comportava como chefe de um estúdio de Hollywood, nem como um veterano de sangrentas batalhas corporativas internas, que já era considerado um dos mais bem-sucedidos produtores de sua geração. Ele parecia mais um fã de cinema que vencera o concurso "Jantar com os Vingadores" promovido por alguma rádio. Mas, quando explicou suas ambições para a Marvel, que envolviam múltiplas séries de filmes interconectados, todo mundo ficou em silêncio.

"Eu gostaria de pegar todos os quadrinhos e começar a construir o Universo Marvel",[3] disse ele aos presentes.

"Foi a primeira vez que o ouvi se referir ao 'Universo Marvel'", lembrou Ruffalo. "E pensei: *Ok, isso é ambicioso. Seria histórico em termos de cinema.*"

A visão de Feige para a Marvel não era linear, limitada ou segura. Ele ansiava por explorar os recantos mais bizarros dos quadrinhos Marvel, e estava empolgado com filmes que apresentariam feiticeiros, reis africanos e enclaves secretos de seres superpoderosos. (Ou seja, Doutor Estranho, Pantera Negra e os Inumanos.) "Teremos quinze produções nos próximos dois anos", disse ele.

"Fiquei pasmo", lembrou Ruffalo. "Pensei: *Esse cara não está de brincadeira.*"

"Sou socialmente desajeitado e nada bom em jogar conversa fora. Então falo sobre o que podemos fazer em seguida",[4] admitiu Feige em 2017. "Sempre presumo que as pessoas acham que só falo por falar, como muitos no ramo. Historicamente, 99% do que qualquer um diz em Hollywood acaba não se concretizando. Penso nisso sempre que tento vender uma ideia. Fico pensando: *Bom, você provavelmente acha que isso é como 99% das conversas em Hollywood, mas realmente vamos fazer.*"

De fato, Feige e seus colegas cumpririam quase todas as promessas que ele fez naquela noite. Alguns detalhes mudariam ao longo do caminho: os Inumanos seriam vinculados em uma série televisiva e, embora o filme *Guerra civil*, que ele descreveu como futura aparição dos Vingadores, contasse com a maioria dos integrantes da superequipe, seria tecnicamente apresentado como um filme do Capitão América. Esses foram aspectos menores de seu grande esquema. Em abril de 2023, quando terminamos de escrever este livro, a Marvel tinha produzido 31 longas-metragens com um faturamento global de mais de 28 bilhões de dólares. Considerada no todo, a produção foi facilmente a mais bem-sucedida série cinematográfica de todos os tempos. (Em segundo lugar está a série *Star Wars*, com vinte filmes e um faturamento total de 10,3 bilhões de dólares.) Conectados e recheados de enredos sobrepostos e dezenas de séries televisivas, os filmes formaram uma vasta tapeçaria de personagens, incidentes e muita emoção. Alguns foram definidos pelas convenções do gênero super-herói, ao passo que outros expandiram as possibilidades da forma. Também tiveram os que fundiram modalidades mais antigas de cinema com cenários fantásticos, resultando em histórias de heróis aventureiros no universo sideral e dramas domésticos metaficcionais. Ninguém achava que uma série cinematográfica pudesse conter um filme de guerra, uma batalha épica com super-heróis e um paranoico thriller político até a Marvel fazer isso com os filmes do Capitão América.

O Universo Cinematográfico Marvel ou UCM, como rapidamente ficou conhecido, é sinônimo do domínio, ora aclamado, ora lamentado, dos filmes de super-herói. Mesmo enquanto redefinia o gênero à sua própria imagem e realizava um controle de qualidade agressivo, o estúdio se assegurava de surpreender a plateia. Feige e outros produtores podiam ver o futuro e trabalhar em sua direção, mas também eram capazes de se ajustar, descartar ideias que já não funcionavam e promover guinadas inesperadas. Essa flexibilidade, algo tão improvável quando se trata de tanto dinheiro em jogo, foi uma das razões centrais para o sucesso da Marvel Studios.

A "Fase Um" do UCM, quando um garçom italiano intrometido podia ouvir os planos da Marvel ao servir Chianti a um vingador, ficou no passado. A Marvel Studios, como qualquer empresa do ramo de entretenimento que se torna maciçamente lucrativa, adotou um código de segredo e estritos protocolos de segurança. Alguns dos maiores e mais poderosos astros do mundo parecerão assustados se você pedir uma dica sobre futuros lançamentos da Marvel. O estúdio produziu muitos filmes com cenas de bastidores e até mesmo um brilhante livro decorativo sobre sua própria história, mas qualquer um que tenha estado (ou ainda esteja) lá sabe que trechos cruciais estão faltando. "Sabíamos que, algum dia", disse-nos uma fonte da Marvel, "todas essas histórias precisariam ser contadas."[5]

✱

Quando começamos a trabalhar neste livro, a Marvel Studios não tentou nos impedir — ao menos durante os primeiros meses. Então ficamos sabendo que a Disney estava pedindo às pessoas que não conversassem conosco. A despeito dessa obstrução, entrevistamos mais de cem pessoas que transformaram o Universo Cinematográfico Marvel no que é hoje, de Kevin Feige à mulher que desenhou o logotipo das Indústrias Stark: produtores, diretores, astros, gurus de efeitos especiais, dublês, escritores, animadores, cabeleireiros, cenógrafos, *showrunners*, assistentes, vencedores do Oscar, personal trainers e até mesmo o Manto da Levitação do Doutor Estranho. Nossas fontes nos contaram sobre salas secretas, epifanias no deserto, carros voadores que nunca saíram do chão, um cavalo coberto de bolinhas, uma misteriosa abundância de canetas púrpuras e discussões aos gritos que por pouco não resultaram em agressões físicas. Também usamos informações de outros livros, artigos de revistas e podcasts. Afinal, estamos longe de ser os primeiros escritores a cobrir o UCM. Mas nossa ambição com este livro é contar aquelas histórias que faltam como parte da mais detalhada e fidedigna história da Marvel Studios até hoje.

Embora Feige não estivesse em busca de fama ou conflito, acabou tendo de lidar com ambos. A Marvel Studios foi criada e passou a produzir um sucesso atrás do outro. Outros em Hollywood tentaram com muito empenho imitar seu sucesso — e falharam. Mas a história da Marvel Studios não é sobre uma ascensão inevitável, nem mesmo em retrospecto. O estúdio teve de recuperar os direitos de personagens que haviam sido vendidos em troca de rápidas injeções de capital. Quando sua empresa-mãe, a Marvel Entertainment, criou um rígido Comitê Criativo para supervisionar o Universo Cinematográfico Marvel, a Marvel Studios precisou brigar para manter o controle sobre seus próprios filmes. O comitê, obsessivamente focado em quais personagens venderiam mais brinquedos, queria que os heróis da Marvel fossem interpretados por jovens brancos chamados Chris; Feige e os outros produtores lutaram durante anos para fazer filmes sobre super-heróis racializados e do sexo feminino. Algumas das primeiras batalhas do estúdio foram internas: quedas de braço com diretores teimosos e atores beligerantes. Quando Feige se tornou famoso como homem por trás de um impecável fluxo de sucessos de bilheteria, no entanto, ele teve de se ajustar a uma escala diferente de conflito. Construir um gigantesco dirigível de fantasia pode ser extremamente desafiador, mas mantê-lo funcionando e se assegurar de que permaneça no ar enquanto os competidores tentam derrubá-lo — e constroem seus próprios dirigíveis, e ainda maiores — é igualmente difícil.

O antigo sistema de estúdios de Hollywood foi construído em torno de cinco grandes conglomerados — Paramount, Warner Bros., RKO, Loews/MGM e 20th Century Fox — que, nas décadas de 1930 e 1940, não somente produziram centenas de filmes, tratando suas instalações como fábricas, mas também controlavam suas próprias cadeias de cinemas, nas quais exibiam o resultado final de seus produtos. Uma decisão da Suprema Corte em 1948 pôs fim a esses monopólios verticais, embora o sistema centralizado tenha se arrastado até a década de 1970, quando os filmes produzidos por esses estúdios começaram a parecer dolorosamente antiquados, o que fez com que passassem o bastão do controle criativo para uma geração mais jovem de cineastas. Neste livro, documentamos como a Marvel Studios cresceu ao combinar a cultura de improviso e *bootstrapping* de uma startup do Vale do Silício com uma versão moderna do sistema de estúdios, assinando contratos de longo prazo com os atores, cultivando os próprios grupo de escritores e atraindo um pequeno exército de artistas visuais que, às vezes, determinavam como seria o filme visualmente antes mesmo de o diretor ser contratado. A única coisa que não tinha, quando comparada aos antigos colossos, era seu próprio sistema de distribuição. Foi aí que entrou a Disney. A partir de 2019, a Marvel Studios passou a ter acesso ao Disney Plus, um serviço de streaming que fornece acesso direto a um vasto número de domicílios (mais de 150 milhões em 2022).

O método Marvel poderia ter se parecido com uma linha de montagem, mas, como no antigo sistema de estúdios, resultou em uma mistura de entretenimento e indiscutíveis obras-primas. Desde o início, o etos da Marvel Studios foi "a melhor ideia vence", e todas as suas produções aceitavam sugestões de qualquer um trabalhando no filme ou mesmo pessoas de fora que estavam por perto, como o zelador do estúdio ou uma criança visitando o set. O estúdio permitiu que gênios excêntricos criassem filmes como *Guardiões da galáxia*, *Thor: Ragnarok* e *Pantera Negra*, que uniam os grandes orçamentos das aventuras de super-heróis a visões pessoais.

O triunfo da Marvel Studios não tem sido somente financeiro, embora, em 2019, ela tenha lançado seu filme mais bem-sucedido de todos os tempos, *Vingadores: ultimato*, como mensurado pelas bilheterias globais. (O filme superou *Avatar*, que retomou a coroa desde então.) O estúdio refutou o senso comum sobre o que um super-herói é e pode ser. Na década de 1960, a Marvel Comics revigorara as publicações sobre super-heróis dando a seus heróis problemas do mundo real (lição de casa, pagar o aluguel) e fazendo com que os leitores sentissem que faziam parte de um clube de pessoas descoladas. A Marvel Studios replicou esse feito em uma nova era, encontrando um tom renovado para seus filmes e heróis: brincalhão e versado em cultura pop moderna, confiando que a plateia entenderia a piada. A Marvel Studios forjou seu próprio estilo, tanto nos filmes quanto nos métodos para produzi-los.

Nem todo mundo gostou, é claro. Em 2019, Martin Scorsese disse, numa declaração bastante repercutida, que os filmes de super-herói não eram cinema, acrescentando: "Honestamente, o mais próximo em que consigo pensar — por mais bem-feitos que sejam, com os atores fazendo o melhor que podem nas devidas circunstâncias — é em parques temáticos."[6]

Francis Ford Coppola concordou, chamando os filmes de super-heróis de "desprezíveis". Ele detalhou seu desdém: "Eles costumavam ser filmes de estúdio. Agora são filmes da Marvel. E o que é um filme da Marvel? Um filme da Marvel é um protótipo produzido uma vez após a outra, e outra, e outra a fim de parecer diferente."[7]

Os fãs da Marvel que reagiram veementemente a tais comentários não provaram que os filmes eram arte; os filmes, ao menos os melhores, fizeram isso por si mesmos, ao empregarem sagacidade, espetáculo e paixão em sua criação. Mas a indústria mudou, e principalmente por causa da Marvel. Filmes que fogem da fórmula e são ambiciosos ainda são produzidos às margens de Hollywood; há tantos deles, na verdade, que as pessoas não conseguem assistir a todos, nem mesmo acompanhar o número cada vez maior de serviços de streaming nos quais são lançados. Porém, entre os blockbusters, a propriedade intelectual (PI) reina, e nenhuma PI é tão valiosa quanto a da Marvel. E, como a PI da Marvel se baseia em milhares de histórias em quadrinhos contadas ao longo de muitas décadas, não há risco de a fonte secar no futuro próximo.

Talvez a consequência mais óbvia do domínio da Marvel tenha sido o surgimento de filmes e séries de TV como *The Boys*, *Invencível* e *Watchmen*, cada um deles desconstruindo a cultura onipresente de super-heróis, às vezes com uma vulgaridade divertida e sangrenta. (Todos são adaptações de quadrinhos criados originalmente para serem uma resposta aos super-heróis clássicos.) Todavia, o desafio que a Marvel enfrenta agora não tem a ver com outros programas ou estúdios, mas com ela própria: a empresa precisa manter seus padrões de qualidade e, mesmo após dezenas de filmes e séries, fazer com que cada projeto mostre-se essencial porque é empolgante, e não porque se trata de uma lição de casa necessária para entender o lançamento seguinte. O estúdio entrou de cabeça em um mar de dilemas que é comum aos escritores e ilustradores dos quadrinhos Marvel: como estender uma história sem chegar a fins óbvios, como manter personagens familiares relevantes, como reinventar constantemente a fórmula para o sucesso sem reiniciar toda a empreitada.

A pedido da Disney, a Marvel Studios acelerou o ritmo de produção, testando até que ponto algo considerado bom ficaria saturado. A Fase Um dos filmes UCM durou aproximadamente cinco anos, um pouquinho menos que o cronograma das fases Quatro, Cinco e Seis combinadas. Produzir três filmes e seis séries de TV em um ano foi um ritmo que fatigou tanto o público quanto os próprios cineastas. O sucesso do UCM se baseou na participação direta de alguns executivos-chave, especialmente Feige, mas havia limites para o quanto aquele modelo podia ser expandido para a produção em massa. Os fãs reclamaram, dizendo que *Homem-Formiga e a*

Vespa: Quantumania era morno e repleto de computação gráfica medíocre — mas isso não impediu o filme de passar semanas no topo das bilheterias nos Estados Unidos em 2023, faturando centenas de milhões de dólares.

Embora tenha lançado muitas sequências e extensões de marca de todo tipo, a Marvel também produziu programas com teor gótico e excêntrico em preto e branco e séries baseadas na própria natureza da realidade, como se os produtores quisessem descobrir sua capacidade de se safar quando governa o mundo. A resposta, como se viu, é: de muita coisa.

O UCM é inevitável, como o próprio Thanos diz ser. Ou assim parecia — uma década de domínio fez com que a Marvel Studios parecesse o único produto do mercado. E, embora não seja capaz de evitar um possível fracasso da indústria de entretenimento, poderia facilmente sobreviver a um passo em falso ou dois. O Universo Cinematográfico Marvel dominava tão amplamente nosso universo que era difícil imaginar uma linha do tempo na qual não existisse eternamente. O que torna o caos de sua própria história de criação ainda mais surpreendente.

FASE ZERO

1
A saga da Fênix

"Antes de começarmos, alguém quer sair?"
Capitão América: o Soldado Invernal

O começo da Marvel Studios se resumiu a fracasso, ruína e pedido de falência.

Também fora assim que as histórias em quadrinhos de super-heróis da Marvel haviam começado décadas antes. O setor de quadrinhos estava em polvorosa na década de 1950, depois que o Senado dos Estados Unidos realizara audiências sobre o conteúdo lúgubre dos quadrinhos de terror. A Marvel, fundada como Timely Comics em 1939, mas então chamada Atlas, permanecera no negócio imitando os gêneros mais vendidos pelas outras empresas, incluindo romance, como *Millie the Model*, e faroeste, como *Rawhide Kid* [*Billy Blue,* no Brasil]. Em 1957, no entanto, a Atlas fechara um acordo ruim de distribuição que a limitava a oito revistas por mês nas bancas e precisou demitir a maioria dos funcionários. O mercado de super-heróis era dominado pela DC Comics, lar do Superman, do Batman e da Mulher-Maravilha.

Em 1961, porém, o brilhante escritor e mascate Stan Lee, em colaboração com o artista genial e pau para toda obra Jack Kirby, criou uma nova equipe de super-heróis chamada Quarteto Fantástico. A revista, que combinava extravagantes aventuras de ficção científica e disputas familiares, tinha uma vivacidade e uma atitude que os títulos da DC não possuíam. Foi um sucesso imediato. A Marvel rapidamente publicou dezenas de outros títulos e acabou criando centenas de heróis, incluindo Homem-Aranha, Homem-Formiga e Homem de Ferro (e até mesmo algumas mulheres). Nas décadas seguintes, a Marvel Comics Group se transformou em um império cultural que publicou milhares de histórias, com narrativas sobrepostas e *crossovers* que se somaram em um espantoso e elaborado épico moderno, desde os esgotos de Nova York aos cantos mais distantes do espaço sideral.

Em 1991, a Marvel era tão popular que uma edição relançando sua principal equipe de mutantes ("temidos e odiados por um mundo que juraram proteger!"), *X-Men* n. 1, vendeu 8.186.500 exemplares, o que ainda é um recorde mundial. Esses 8 milhões de exemplares (texto de Chris Claremont, ilustração de Jim Lee) possuíam cinco capas diferentes, e muitos fãs compraram todas as versões a 3,95 dólares cada, protegendo-as com papel plástico como se fossem investimentos, e não revistas que seriam lidas e cujas páginas seriam dobradas.

X-Men n. 1 foi o exemplo mais extremo do frisson por quadrinhos, mas houve muitos outros. Muitas revistas convencionais elogiaram o trabalho sombrio, complexo e inovador de criadores como Alan Moore (*Watchmen*), Frank Miller (*Batman: Ano Um*) e Art Spiegelman (*Maus*). Suas obras deixavam claro, como disseram muitos artigos, que os quadrinhos já não eram somente para crianças. O filme *Batman*, de 1989, estrelado por Michael Keaton e Jack Nicholson e dirigido por Tim Burton em um estilo pop-gótico, não somente foi o filme mais popular daquele ano, como também levou os espectadores a consumirem uma variedade infinita de bat-produtos, de brinquedos e toalhas de praia à trilha sonora criada por Prince. Em 1991, um exemplar de *Detective Comics* n. 27, contendo a primeira aparição de Batman, foi vendido em leilão por 55 mil dólares; o artigo do *New York Times* sobre a venda foi intitulado: "Santo recorde!"

"Acho que as histórias em quadrinhos estão na base de um mercado explosivo",[1] disse Harold M. Anderson, que comprou o exemplar de *Detective Comics* n. 27.

Neil Gaiman, mais tarde autor de best-sellers e showrunner de séries de TV como *Good Omens: Belas maldições*, mas então mais conhecido como autor da revista em quadrinhos mitológica *Sandman* (publicada pela DC), discordou. Em 1993, Gaiman discursou durante uma convenção de revendedores de quadrinhos e avisou que a prática de tratar capas diferentes e outros itens colecionáveis como investimento era uma bolha especulativa, que inevitavelmente estouraria, como acontecera com o mercado holandês de bulbos de tulipa no século XVII.

"Muitas lojas de quadrinhos estão negociando bolhas e tulipas",[2] declarou ele. "Não estou aqui para bancar a Cassandra: não tenho a imagem nem as pernas para isso [...] Um dia, a bolha vai estourar, e as tulipas vão apodrecer no depósito [...] Da próxima vez que alguém falar sobre quadrinhos como item de investimento quente na década de 1990, façam-me um favor e se lembrem das tulipas." Os revendedores não lhe deram ouvidos, mas em pouco tempo sua previsão se provou correta. Nos anos seguintes, dois terços das lojas especializadas em quadrinhos fecharam. E, com sua rede de distribuição em ruínas, a Marvel Comics solicitou a recuperação judicial em 1996.

Stan Lee ainda era o rosto por trás da Marvel. Ele fora cocriador de muitos personagens icônicos da empresa, incluindo Thor, Doutor Estranho, Pantera Negra e Hulk, e escrevera centenas de quadrinhos. Mas foi sua voz editorial — não somente nas legendas, mas nos editoriais e nas páginas em que respondia às cartas dos fãs — que consolidou seu elo com os leitores da Marvel. Estava cheio de bonomia, brio e bordões que iam de *"Face front, true believers"* [Continuem em frente, os que realmente acreditam] a "Excelsior!". Acima de tudo, ele bajulava os leitores dando a entender que eram sofisticados consumidores de entretenimento em quadrinhos. A primeira aparição do Homem-Aranha, em *Amazing Fantasy* n. 15 (escrito por Lee, desenhado por Steve Ditko), começava com este argumento de venda: "Você gosta de heróis fantasiados? Confidencialmente, nós do negócio de revistas em quadrinhos nos referimos a eles como 'personagens de ceroulas'! E, como você sabe, há dezenas deles! Mas desconfiamos de que você achará nosso Homem-Aranha um pouquinho... diferente!"[3]

Quando a Marvel solicitou a recuperação judicial, Stan Lee já tinha se afastado da supervisão editorial da empresa, embora seu nome ainda estampasse a primeira página de todas as revistas em quadrinhos que ela publicava. Lee, que sonhava com a Califórnia havia muitos anos, finalmente se mudara para Los Angeles quando a série de TV *O incrível Hulk* se revelara um sucesso. (A série, estrelada por Bill Bixby como David Banner — inacreditavelmente, os executivos da emissora acharam que o nome "Bruce"[4] fazia com que ele "soasse homossexual" — e por Lou Ferrigno como seu musculoso alter ego, foi transmitida pela CBS de 1977 a 1982.) "Quando a Marvel começou a ganhar alguma tração e atenção da mídia no fim da década de 1960",[5] disse Sean Howe, autor de *Marvel Comics: a história secreta*, "[Lee] falava, ao menos em caráter privado, sobre convencer Jack Kirby a ir para a Califórnia com ele e entrar na indústria do cinema, em vez de se ater aos quadrinhos, nos quais não ganhavam dinheiro nem reconhecimento".

Lee se mudara para Los Angeles a fim de dirigir um novo e minúsculo estúdio chamado Marvel Productions. Ele estreou em 1980 com um anúncio na *Variety* que declarava: "Estamos ansiosos para assumir as rédeas do desenvolvimento de nossas criações, além de compartilhar nossa expertise com outras empresas."[6] Nos primeiros dias da Marvel, Lee rotineiramente improvisara conceitos para personagens ou histórias que rapidamente eram transportados para as páginas por Kirby, Ditko e outros artistas. Ele ainda era uma fonte de ideias e especialista em contar histórias, mas, em Los Angeles, já não podia fazer as coisas acontecerem simplesmente falando, porque ninguém em Hollywood lhe dava ouvidos.

Em 1981, os executivos da CBS insistiram que o Homem-Aranha não era forte o suficiente para ser o único astro de uma série de desenhos animados nas manhãs de sábado. Em vez disso, *Homem-Aranha e seus amigos* uniu o personagem ao mutante Homem de Gelo e a uma nova heroína chamada Estrela de Fogo [Flama nos quadrinhos]. Embora tenha feito a narração, Lee odiava a série, chegando a dizer a uma multidão de fãs na HeroesCon de 1984 em Charlotte, Carolina do Norte: "Aqueles de vocês que são indiferentes o bastante para assistirem a *Homem-Aranha* podem ter notado que ele está lá com o Homem de Gelo e uma garota chamada Estrela de Fogo, em uma equipe de três pessoas [...] Peço desculpas por isso. A maneira como funcionam as coisas na TV é parecida com a época em que eu era consultor de live-actions: você podia chegar para a emissora e perguntar 'Ei, quero fazer essa série, vocês querem comprá-la?' e escutar 'Ok, vamos comprá-la'. Mas isso não significava que a produziriam da maneira que você queria."[7]

Na HeroesCon, Lee também falou de um filme do Doutor Estranho que seria produzido por Robert Zemeckis e Bob Gale, respectivamente diretor e roteirista do filme *De volta para o futuro*, e de um filme dos X-Men com roteiro dos escritores de quadrinhos Roy Thomas e Gerry Conway. Nenhum dos dois saiu do papel, mas, na década de 1980, a Marvel Productions produziu animações com propriedade intelectual de outras empresas, como *Comandos em ação* e *Muppet Babies*.

Lee tentou encorajar Hollywood a adaptar os personagens da empresa para filmes e séries de TV. Na maior parte do tempo, falhou abjetamente. Em sua coluna *Soapbox*, impressa nas últimas páginas das revistas em quadrinhos da Marvel, ele periodicamente falava com muita empolgação sobre um filme ou série que, quase sempre, não se materializava. Os poucos filmes baseados em personagens Marvel eram tão ruins que os espectadores desejavam que não tivessem sido filmados: *O justiceiro* (estrelado por Dolph Lundgren como vigilante titular) em 1989; a produção americana-iugoslava, lançada diretamente em VHS, de *Capitão América* em 1990; e uma das mais notórias bombas de Hollywood de todos os tempos, *Howard, o super-herói*, produzido por George Lucas em 1986.

Dois anos antes, Margaret Loesch, anteriormente vice-presidente executiva da Hanna-Barbera, tornara-se presidente e CEO da Marvel Productions, o que significava que ela e Lee visitavam juntos os executivos dos estúdios. "Stan não era rude com as pessoas",[8] lembrou Loesch, "mas dizia, quando saímos da sala: 'Não entendo como eles podem ter uma imaginação tão limitada. Não sei por que não entendem o que digo.'"

Ela resumiu assim seus anos na Marvel Productions: "Éramos excelentes produtores, mas não de criações da Marvel. Isso fazia eu me sentir um fracasso."[9]

★

O trabalho de Lee em Los Angeles não determinou o destino da Marvel. O futuro da empresa emergiu de uma série convoluta de mudanças corporativas que, no fim das contas, levou à criação e à ascensão da Marvel Studios.

Em 1968, o editor da Marvel Comics, Martin Goodman, vendera a empresa para a Perfect Film & Chemical Corporation, que logo passou a se chamar Cadence Industries. Quando a Cadence foi liquidada em 1986, a Marvel foi comprada pela New World Pictures (a distribuidora de baixo orçamento fundada por Roger Corman, diretor de dezenas de filmes B como *Além da escuridão*). Em 1989, a New World vendeu o Marvel Entertainment Group para Ronald Perelman, o bilionário magnata famoso pela tomada hostil da empresa de cosméticos Revlon — a equipe editorial da Marvel imediatamente o apelidou de "Cara do Batom".[10] Perelman transformara a aquisição de empresas problemáticas em arte, da Technicolor à rede de supermercados Pantry Pride. Às vezes, ele as explorava; às vezes, usava seus ativos para conseguir maciças quantidades de títulos de alto risco que então usava para comprar outras empresas. De qualquer modo, sempre acabava embolsando uma bolada de dinheiro. Perelman tinha uma dispendiosa coleção de arte e residências que incluíam uma grande propriedade nos Hamptons. Em seu luxuoso escritório, grandes pinturas de Lichtenstein e Warhol ficavam ao lado de duas almofadas bordadas com as mensagens "Quem me ama, ama meu charuto"[11] e "Felicidade é um fluxo de caixa positivo".

Perelman aumentou o salário de Stan Lee para aproximadamente 1 milhão de dólares ao ano, não por sentimentalismo, mas como compensação pelo valor que "Stan, o Cara" fornecia como embaixador da marca. Entrementes, Perelman usou a Marvel como motor para adquirir outras empresas, mais notavelmente a Fleer e a Skybox (ambas de figurinhas esportivas colecionáveis) e a Panini (uma fabricante italiana de adesivos infantis). O faturamento da Marvel despencou rapidamente — não somente porque a bolha de especulação dos quadrinhos explodiu, mas também porque a greve do beisebol em 1994-95 cancelou a World Series, causando sérios danos ao negócio de figurinhas.

A Marvel ficou atolada em dívidas de mais de 700 milhões de dólares em razão de todas essas aquisições, muito mais do que podia pagar. No curto prazo, Perelman triplicara o valor das ações da Marvel, mas, em 1995, ela publicou seu primeiro balanço anual com prejuízo, e mais tinta vermelha se seguiu. Perelman fez com que a Marvel precisasse solicitar um pedido de recuperação judicial em dezembro de 1996. Ele esperava "reestruturar"

a dívida, um eufemismo para cancelar parte dela e postergar alguns pagamentos (os bancos preferiam receber uma porcentagem menor de algo que
uma grande porcentagem de nada).

Perelman não esperava que nenhum outro bilionário fosse se interessar
pela Marvel. Mas um deles o fez: Carl Icahn, o famoso "investidor ativista"
(seu termo favorito) ou "invasor corporativo" (como o restante do mundo
o chamava). Icahn tomara a empresa aérea TWA e a empresa de eletrodo-
mésticos Tappan; também fizera ofertas hostis pela U.S. Steel e pela Pan
Am. Seu método era vender os ativos da empresa para cobrir a dívida em
que incorrera ao adquiri-la. Tanto Perelman quanto Icahn eram às vezes
chamados de *greenmailers* — investidores pagos por uma corporação para
se afastarem a fim de que ela pudesse continuar tocando seus negócios —,
e ambos foram citados como inspiração para o personagem Gordon Gekko,
que defendeu o valor da ganância no filme *Wall Street: poder e cobiça*. Icahn
discretamente comprou um terço dos títulos de alto risco da Marvel que
Perelman havia emitido e tentou assumir o controle da empresa.

Icahn, Perelman e os bancos que haviam emprestado dinheiro à Marvel passaram meses envolvidos em disputas legais arrastadas e manobras
financeiras elaboradas. Os procedimentos, dentro e fora do tribunal de
falência (e dos tribunais de apelação) em Delaware, foram impulsionados
tanto pelo ego dos dois bilionários rivais quanto pela realidade financeira
da Marvel. Na língua das histórias em quadrinho, tratava-se do Cara do Batom contra O Invasor. Embora Perelman não tivesse investido na Marvel as
vastas somas que prometera, parecia provável que Icahn fosse rapidamente
desmembrar a empresa se tivesse a oportunidade. Mesmo assim, em junho
de 1997, Icahn venceu, assumindo o controle da Marvel.

Isso não pôs fim à batalha legal. A solicitação de recuperação judicial
ainda estava em curso, e petições, ações e honorários se acumulavam. E
então surgiu um competidor-surpresa. A despeito de ter menos de um
quarto do tamanho da Marvel, uma fabricante de brinquedos chamada Toy
Biz fez uma oferta séria pela empresa. O presidente do conselho da Toy Biz
também era um magnata, mas não frequentava as manchetes dos tabloides
como Perelman ou Icahn.

Quase ninguém quer falar sobre Ike Perlmutter em caráter oficial. Homem intensamente privado, ele passou 35 anos sem ser fotografado — as revistas que escreviam sobre ele tinham de encomendar ilustrações especulativas, como se ele fosse um fugitivo procurado pelo FBI —, até que alguém o registrou visitando o presidente eleito Donald Trump em Mar-a-Lago em dezembro de 2016.

Yitzhak Perlmutter nasceu no Mandato Britânico da Palestina em 1942, antes de Israel ser fundado — isso aconteceu em 1948, quando ele tinha 5 anos. Cresceu em Israel e se juntou às forças armadas do país, lutando na Guerra dos Seis Dias entre Israel e os países árabes vizinhos do Egito, Síria e Jordânia. (Rumores seguiram Perlmutter durante o restante de sua vida, com base em sua experiência militar. Algumas pessoas disseram que ele mantinha uma pistola presa ao tornozelo, enquanto outras alegaram que fora agente do Mossad, a agência israelense de inteligência.) Após a guerra, Perlmutter deixou tanto as forças armadas quanto Israel, emigrando para os Estados Unidos. Isso foi em 1967, mas ele não queria participar do Verão do Amor; queria fazer fortuna.

Aos 24 anos, Perlmutter foi para Nova York com apenas 250 dólares no bolso.[12] Ele pagava o aluguel frequentando cemitérios judaicos no Brooklyn: se chegasse com um livro de orações nas mãos e uma quipá na cabeça, podia ganhar dinheiro recitando o Kadish pelo morto. Ele não era judeu ortodoxo, mas, como seu hebraico era fluente, as famílias enlutadas não se davam conta.

Ele americanizou seu nome de Yitzhak para Isaac, frequentemente se apresentando como "Ike". Ele ganhou dinheiro suficiente vendendo produtos em atacado nas ruas do Brooklyn para tirar férias em um resort nas montanhas Catskill, ao norte de Nova York. Lá, conheceu e cortejou uma mulher chamada Laura Sparer; alguns meses depois, em 1971, eles se casaram.

Perlmutter impressionou tanto os sogros que eles lhe concederam um empréstimo substancial, investido em sua empresa, a Odd Lot Trading. Ele comprava excedentes — tudo, de bonecas a barras de sabonete — que estavam sendo liquidados para abrir espaço nos estoques. Pagava centavos por cada dólar de produto e então os revendia a preços muito abaixo do valor de mercado, mas muito acima do que pagara, tendo um lucro de 10 a 25 centavos por cada centavo investido. No fim da década de 1970, ele tinha dezenas de lojas Odd Lot em Nova York, cada uma delas um bazar abarrotado de produtos com desconto, com chamativos cartazes alaranjados prometendo "Marcas famosas por menos".

Sam Osman, que dirigia a empresa rival Job Lot Trading, explicou sucintamente o modelo financeiro que Perlmutter e ele partilhavam: "Nosso negócio existe graças aos erros dos outros."[13]

Os Perlmutter tinham um apartamento em Palm Beach e uma casa de campo em Nova Jersey, mas não viviam com ostentação; sua maior autoindulgência talvez fossem os grandes tanques cheios de peixes tropicais exóticos. Um jantar típico do casal era uma salada preparada por Ike: uma tigela de vegetais cortados em pequenos cubos, ao estilo israelense. Perlmutter acordava cedo para jogar tênis, passava o dia administrando a empresa e fazendo negócios e ignorava o telefone após as 20 horas. Ele não passara por treinamento empresarial formal, mas tinha uma mente afiada e um entendimento instintivo dos balancetes.

A Odd Lot Trading se tornou tão lucrativa que a cadeia de farmácias Revco a comprou em 1984 em troca de 109 milhões de dólares em ações. Mas, quando Perlmutter tentou convencer a diretoria da Revco a demitir seu principal gestor e colocá-lo no cargo, a Revco recomprou as ações por 120 milhões de dólares, com uma cláusula de não competição que o impedia de atuar no mercado de atacado e varejo por cinco anos. Um ano depois, ele pagou à Revco 3 milhões de dólares pelo direito de voltar ao negócio de atacado, significando que (juntamente com seu sócio, Bernard Marden) transformou um império construído sobre barras excedentes de sabonete em 117 milhões de dólares.

Perlmutter agora podia comprar empresas inteiras, não somente seus estoques. Seu tino comercial, desenvolvido durante os anos à frente da Odd Lot, para brinquedos e jogos, o fez comprar e recuperar a falida fabricante de brinquedos Coleco, obtendo cerca de 40 milhões de dólares de lucro ao revendê-la para a Hasbro. E, em 1990, comprou a Toy Biz. Previamente conhecida como Charan Toy Company, tratava-se de uma pequena mas bem-sucedida empresa familiar do Canadá que tivera êxito comprando a licença canadense de brinquedos populares, como as Cabbage Patch Kids. Além disso, tivera uma sorte inesperada em 1989, quando a fabricante Kenner acabou deixando vencer sua licença para produzir produtos baseados nos super-heróis da DC. A Toy Biz comprou a licença da DC bem a tempo de aproveitar o verão da Batmania.

Ele acreditava que podia torná-la ainda mais lucrativa, e estava certo. Alugando um escritório simples em Nova York, locando galpões de depósito no Arizona e terceirizando a manufatura para a China, ele estabeleceu uma espantosa taxa de vendas por funcionário, resultando em 2 milhões de dólares de faturamento para cada pessoa em sua folha de pagamentos.

*

Ao se envolver mais profundamente com a Toy Biz (e com o negócio de brinquedos em geral), Perlmutter encontrou o sócio do qual não sabia que precisava: Avi Arad, um dos mais bem-sucedidos designers de brinquedos do mundo. Como Perlmutter, Arad era um imigrante israelense e veterano da Guerra dos Seis Dias. Eles divergiam em estilo pessoal: enquanto Perlmutter era um esguio predador de terno, Arad era um urso vestido de couro preto.

Os pais de Arad, refugiados da Polônia após a Segunda Guerra Mundial, haviam lutado para construir uma nova vida em Israel. Arad, seis anos mais novo que Perlmutter, crescera lendo quadrinhos norte-americanos traduzidos para o hebraico: "Talvez eu só quisesse escapar daquela vida fugindo para algo mais fantástico",[14] disse ele. Ferido durante a Guerra dos Seis Dias (ele não quis descrever os ferimentos), Arad passou quinze meses se recuperando no hospital e, em 1970, emigrou para os Estados Unidos. Não falava inglês, com exceção das poucas frases que aprendera lendo poemas de Percy Bysshe Shelley e Walt Whitman. Frequentou a Universidade Hofstra, em Long Island, e estudou Gestão Industrial. Dirigia uma caminhonete e ensinava hebraico para pagar as mensalidades. Depois que se formou, seu primeiro emprego foi em uma fabricante de brinquedos. Nunca pensara sobre o negócio de brinquedos — "Quando você cresce em Israel, quer construir aviões, não brinquedos",[15] disse ele —, mas isso mudou quando viu que a empresa vendera 1 milhão de mesas de bilhar em miniatura por 15 dólares a peça.

Ele se tornou designer freelancer de brinquedos, uma profissão na qual se mostrou excepcional. Em 1993, o *New York Times* publicou seu perfil em um artigo intitulado "A fábrica de um homem só: criando emoções para crianças". Arad vendeu brinquedos de sucesso para praticamente todas as empresas da indústria, com um currículo que incluía os Guerreiros Trolls, My Pretty Ballerina e a pistola Zap It, com tinta que se tornava invisível após algum tempo. "No beisebol, se acerta 30% [escore .300] das bolas, você é um superastro",[16] gabou-se ele. "Eu acertei mais de 80%."

Uma das coisas que diferenciava Arad dos outros designers de brinquedos era o fato de abordar seu trabalho com uma visão de mercado, não de experimentação. Ele determinava o que estava faltando no mercado e então criava um brinquedo que preenchia essa lacuna. Quando apresentava um protótipo a um fabricante, incluía todo um plano de marketing e publicidade. Não estava vendendo somente um produto; estava vendendo uma visão.

Arad se vestia todo de preto, das botas à jaqueta de couro, e tinha uma Harley-Davidson. "Não acredito em horário de trabalho",[17] disse ele. "Viver com uma rotina estruturada não funciona para mim. Gosto da falta de estrutura, do caos." Mesmo assim, Perlmutter o convenceu (e a sua equipe de desenvolvimento de 22 pessoas) a trabalhar em tempo integral para a Toy Biz, em troca de 10% da empresa. Finalmente, Arad foi nomeado CEO (substituindo Joseph Ahearn), enquanto Perlmutter atuava como presidente do conselho.

Um dos primeiros sucessos de Arad na Toy Biz foi uma linha de brinquedos dos X-Men, baseada na equipe de super-heróis mutantes da Marvel. Ela foi lançada em 1991 (o mesmo ano de *X-Men* n. 1) e faturou 30 milhões de dólares. Vendo como os brinquedos vendiam bem, Perlmutter fez um acordo incomum com Perelman, na época CEO da Marvel: ele cederia 46% da Toy Biz em troca de "uma licença exclusiva, perpétua e livre de royalties" para todos os personagens da Marvel.

"Em termos de propriedade intelectual, ela é uma mini-Disney",[18] disse Perelman, falando da Marvel. "A Disney possui personagens mais reconhecíveis e suaves, ao passo que os nossos são chamados de figuras de ação. Mas, na Marvel, agora estamos no negócio de criar e vender personagens."

Mesmo assim, Perelman não investiu nenhum recurso na produção de filmes Marvel. Embora reconhecesse que os filmes poderiam encarecer os bonecos dos personagens, não queria sobrecarregar a empresa com dispendiosos compromissos de longo prazo que poderiam dificultar uma eventual mudança de rumo no futuro. Perelman queria *rumores* de um filme (aumentando o valor de sua propriedade intelectual e impulsionando a venda de produtos derivados), mas não um filme *real* que pudesse fracassar e prejudicar a marca. (Seus desejos combinavam bem com o miserável histórico de produção de filmes da Marvel.)

Em se tratando de venda de brinquedos, um desenho animado teria um impacto maior que um filme dispendioso. Em 1992, Margaret Loesch assumiu a direção da grade de programação da Fox Kids TV e lançou uma série de animação dos X-Men. Ela fora incapaz de desenvolver um único desenho animado durante seus anos na Marvel, mas agora podia dar luz verde a si mesma. Stan Lee e Avi Arad eram os produtores executivos da série, embora o envolvimento de Lee fosse somente nominal. Rick Hoberg, que escreveu episódios para a série, disse: "A gente se deu conta de que ele não conhecia os personagens que queríamos para o programa."[19]

De acordo com Will Meugniot, produtor-supervisor de *X-Men*, a versão que Lee vendera era "um programa infantil convencional sobre dois caras em uma van com um cachorro".[20] Ele o resumiu como "Professor X e Ciclope [...] em uma van com Cérebro e um companheiro animal, viajando pelo país, encontrando mutantes em um programa do tipo 'o mutante da semana'".

Arad não se lembra de Lee falar muito durante as reuniões sobre a série: "Mas ele assentia com a cabeça quando gostava de algo e a balançava de um lado para o outro quando tinha dúvidas."[21] E quanto a ele mesmo? "Eu produzi o programa de 1993 a 1997 porque sinto empatia pelo conceito de ser mutante",[22] disse ele. "A empresa de brinquedos enlouqueceu porque todo mundo colecionava figuras de ação." Arad esteve muito mais envolvido no programa que Lee, frequentemente apresentando roteiros que poderiam levar a grandes vendas de brinquedos.

Quando Perelman e Icahn começaram a brigar pela Marvel, Perlmutter e Arad apoiaram Perelman. Eles temiam que, se vencesse, Icahn poderia convencer a corte a cancelar a extremamente valiosa licença sem royalties dos personagens da Marvel a fim de vender os direitos para outras empresas. Icahn triunfou sobre Perelman, que imediatamente nomeou uma nova diretoria para a Toy Biz (mais ações judiciais se seguiram questionando a legalidade dessa iniciativa). Perlmutter reagiu de maneiras convencionais, e também não convencionais, chegando a enviar páginas da Torá para Icahn. As quatro páginas de Juízes, 16 que ele enviou por fax, contam a história de como o poderoso guerreiro-juiz Sansão, após ser escravizado e ter tido seu cabelo cortado,[23] cometeu suicídio derrubando o templo dos filisteus sobre si mesmo.

O momento decisivo ocorreu em 1º de outubro de 1997. O sindicato de bancos que detinha a dívida da Marvel decidiria se aceitaria ou não a última oferta de Icahn para acertar as contas. A Toy Biz não fora convidada para a grande reunião. Perlmutter telefonou repetidamente para o escritório onde ocorria a conferência, e todas as vezes acabava sendo despistado por uma recepcionista entediada. Então o advogado da Toy Biz, Larry Mittman, teve uma ideia: eles deveriam simplesmente ir até lá. Perlmutter, Arad, Mittman e Ahearn saíram do escritório da Toy Biz no centro de Nova York sem esperar pela limusine de Perlmutter, já que, como sempre, o trânsito de Manhattan estava parado. Eles correram pela Park Avenue e pela East 53rd Street, com Arad transpirando em suas roupas pretas de couro, com o esguio Perlmutter liderando a matilha. (Arad imediatamente deu a Perlmutter um novo apelido: Papa-Léguas.)

O amarfanhado quarteto entrou na reunião, para grande surpresa dos quarenta banqueiros na sala, e recebeu permissão para falar. Arad foi o porta-voz, argumentando que a oferta de Icahn, avaliando a Marvel em 385 milhões de dólares, subvalorizava imensamente a empresa, e não apenas porque, até recentemente, suas ações valiam 4 bilhões de dólares.

"Quanto *vocês* acham que vale o Homem-Aranha?",[24] perguntou Arad. "Se vocês tivessem o direito de usá-lo para sempre, acho que ele sozinho seria uma entidade de 1 bilhão de dólares. Ele gerará inúmeros filmes, infinitas licenças e programas de televisão. Mesmo com o processo de recuperação judicial, não deixava de ser uma grande licença. Vocês sabem como as criancinhas sabem quem é o Homem-Aranha? Ele está estampado em seus pijamas! Seus pijamas! Os pijamas sempre foram campeões de venda. O Homem-Aranha funciona para todas as idades e em todos os países. É provável que seja o personagem de propriedade intelectual mais famoso do mundo." (Como se viu mais tarde, Arad subestimou o valor da licença do Homem-Aranha.)

Ele falou aos banqueiros sobre todos os outros personagens famosos da Marvel e implorou: "Senhoras e senhores, fiquem por perto e participem dessa aventura. É uma grande aventura! E será muito, muito especial. Só precisamos restaurar a empresa. Por favor, deem-nos a chance de fazer isso."[25] Hipérbole era o superpoder de Arad — e ele estava usando e abusando dessa habilidade.

Naquele momento, suado e apostando alto, o designer de brinquedos vestido de couro descobriu algo sobre si mesmo: estava adorando falar para uma sala cheia de banqueiros. Como Arad disse mais tarde, "foi muito divertido tentar convencer as pessoas de que a Marvel valia alguma coisa".[26]

A Toy Biz não podia oferecer tanto dinheiro quanto Icahn, mas sua proposta tinha uma vantagem potencial: 130 milhões em dinheiro mais 40% da empresa resultante da fusão entre a Marvel e a Toy Biz. Era um negócio melhor — se Perlmutter e Arad realmente conseguissem recuperar a Marvel —, e os banqueiros aceitaram. Mais meses de barganhas e audiências se seguiram, mas, em julho de 1998, o juiz Roderick McKelvie, do Tribunal Distrital de Delaware, finalmente aprovou o acordo chamado de Plano da Quarta Emenda. A Toy Biz agora era dona da Marvel e de todos os sonhos que a acompanhavam.

2
Jovens superdotados

"Você torce pelo melhor, mas tem que lidar com o que recebe."
Vingadores: Era de Ultron

Em 1993, três anos antes de a Marvel solicitar a recuperação judicial, a Marvel Productions (a subsidiária da empresa em Hollywood) passou a ser chamada de Marvel Films, e Avi Arad, além de seus vários deveres na Toy Biz, foi nomeado CEO. Arad tinha alguma experiência em Hollywood como consultor da animação *X-Men*, e era um vendedor supremamente talentoso, mas colocar um designer de brinquedos na liderança da Marvel Films deixou claro aquilo que a Marvel queria de Hollywood: programas e filmes que ajudassem a vender mais brinquedos. No jargão da indústria, eles queriam que o entretenimento fosse "brinquedável".

Arad gostava de dizer às pessoas que era fã da Marvel Comics desde sua infância em Israel, mas, fundamentalmente, era um homem que descobrira como maximizar o valor da propriedade intelectual de super-heróis — e como contar uma boa história a respeito. Ele emanava entusiasmo por todo o elenco da Marvel, mas estava especialmente interessado em suas criações mais reconhecidas: os X-Men e o Homem-Aranha.

O dilema fundamental da Marvel Films era que Arad precisava aprovar muitos projetos a fim de aumentar o interesse do público pelos super-heróis (e os brinquedos) da Marvel, mas também ser cuidadoso com o controle de qualidade, a fim de evitar constrangimentos como *Howard, o super-herói*.

Seu primeiro grande desafio foi o filme *O Quarteto Fantástico* — que Arad só soube da existência durante suas férias em Porto Rico, quando saiu para passear com uma camiseta do Quarteto Fantástico. Um fã de quadrinhos o abordou e, durante a conversa, informou que um filme estava sendo produzido.

Arad ficou alarmado: era seu trabalho saber de adaptações como essa. Deu alguns telefonemas e descobriu que os produtores do filme haviam exibido um trailer durante a San Diego Comic-Con em agosto de 1993, a fim de promover o lançamento em 1994. Para sua surpresa, o filme era legítimo. No início da década de 1980, o produtor alemão Bernd Eichinger fizera um acordo pelos direitos de filmagem do Quarteto Fantástico. A Marvel supostamente recebera 250 mil dólares e Eichinger tinha até o fim de 1992 para iniciar a produção. Ele passara anos tentando vender a ideia para os grandes estúdios, sem sucesso. Finalmente, fizera um acordo com Roger Corman, "o rei dos filmes B", para um filme sobre o Quarteto Fantástico com um orçamento de somente 1 milhão de dólares. O filme, dirigido por Oley Sassone, começou a ser produzido em 28 de dezembro de 1992, ainda dentro do prazo imposto a Eichinger.

Mesmo no início da década de 1990, 1 milhão de dólares não era dinheiro suficiente para produzir um filme de ação profissional, quem dirá um estrelado pelo elástico Senhor Fantástico, pelo flamejante e voador Tocha Humana e pelo Coisa, o homem-monstro recoberto de rochas alaranjadas (ao menos os efeitos especiais da Mulher Invisível eram baratos). O filme empregou repetidamente a mesma cena do Tocha Humana explodindo em chamas e, em certo ponto, o braço alongado do Senhor Fantástico revelou claramente ser somente uma manga e uma luva cobrindo uma longa vara.

O filme "não foi feito para ser visto",[1] insistiu Stan Lee mais tarde. Ele acreditava que Eichinger gastara 1 milhão de dólares somente para reter os direitos de filmagem do Quarteto Fantástico, na esperança de produzir uma versão com orçamento maior. "O trágico é que as pessoas envolvidas no filme não sabiam que o filme não deveria ser exibido", disse Lee.

Corman insistiu ter toda intenção de lançar o filme. "Todo mundo gostou",[2] disse ele. Bem, não Arad — a última coisa que ele queria era um filme que fizesse os super-heróis da Marvel parecerem cafonas e de quinta categoria.

Nas palavras de Eichinger: "Avi é um cara muito gente boa. Ele me ligou e disse 'Acho que o que você fez é ótimo e mostra seu entusiasmo pelo filme e pela propriedade. Sei que você investiu muito e que Roger investiu muito também. Vamos fazer um acordo'."[3] Arad comprou os direitos ao filme e todas as cópias (embora fãs ainda compartilhassem cópias piratas). Então anunciou que queimara os negativos.

Marty Langford, diretor do documentário *Doomed! The Untold Story of Roger Corman's* The Fantastic Four [Condenado! A história não contada de *O Quarteto Fantástico* de Roger Corman], sempre suspeitou dessa alegação: "Acredito que os negativos ainda existam."[4] Destruir um filme de super-herói de baixo orçamento em uma fogueira pode parecer teatral e exagerado, mas foi mais polido que algumas das manobras da falência da Marvel.

Arad decidiu que a maneira como a Marvel fizera negócios em Hollywood nas duas últimas décadas não fazia sentido: era difícil convencer os estúdios da viabilidade dos personagens da Marvel e impossível controlar o processo de desenvolvimento ou os resultados finais. "Quando você começa a negociar com um grande estúdio, eles estão desenvolvendo cem ou quinhentos projetos, e você fica totalmente perdido lá no meio",[5] disse ele. "Isso não estava funcionando para nós. Não faríamos mais isso. Ponto final."

Quando Ron Perelman vendeu grande parte de suas ações da Toy Biz em 1996, ele usou o dinheiro para financiar uma nova entidade chamada Marvel Studios, que substituiu a Marvel Films (novamente com Arad como CEO). O plano era que a Marvel Studios combinasse talentos, chamando diretores e astros que simpatizavam com seus super-heróis e vendendo o pacote fechado aos estúdios. Era uma manobra para contornar os executivos dos estúdios que não acreditavam no apelo dos personagens da Marvel — e uma maneira de Arad se transformar em produtor, não somente consultor. "Se os filmes fazem sucesso, eu faço sucesso",[6] argumentou ele. "Sou como um vendedor por comissão."

Alguns personagens de segundo escalão, como Homem de Ferro, Surfista Prateado e Blade, já haviam sido vendidos para estúdios que não estavam particularmente interessados na opinião da Marvel Studios. O Homem-Aranha, personagem que Arad afirmara valer 1 bilhão de dólares, estava imobilizado em um emaranhado complicado de acordos e ações judiciais com a Fox, que, intrigada com o sucesso do desenho animado dos *X-Men*, começara a desenvolver um live-action estrelado pelos mutantes. "Não haveria filme se não tivéssemos produzido o desenho animado",[7] disse Margaret Loesch, diretora da Fox Kids e ex-presidente da Marvel Productions. Para testar a viabilidade do filme, a Fox exibiu a animação *X-Men* no horário nobre: a audiência foi alta o bastante para validar a crença de Loesch no grande apelo dos personagens.

Antes que Arad pudesse deixar sua marca em Hollywood, a Marvel pediu falência. Durante o breve período em que controlou a Marvel, Carl Icahn demitiu Arad do cargo de CEO. O desenvolvimento de filmes continuou sem ele.

Em 1998, quando a Toy incorporou a Marvel Comics, Perlmutter reorganizou os negócios. A nova empresa-mãe, chamada Marvel Enterprises, tinha quatro subsidiárias: Marvel Studios, Toy Biz, Licenças (para produtos que não brinquedos ou filmes) e Publicações (ou seja, Marvel Comics). Perlmutter demitiu muitos funcionários da Marvel, incluindo Joe Calamari, presidente nomeado por Icahn. Sempre que um funcionário da divisão de publicações era demitido, outro inspecionava seus pertences pessoais. Todas as revistas em quadrinhos eram apreendidas, porque Perlmutter insistia que elas pertenciam à Marvel. Ele instituiu medidas de austeridade grandes (leiloando as caras portas da sala de reuniões entalhadas com imagens do Homem-Aranha) e pequenas (insistindo para que os clipes de papel fossem reutilizados). Os funcionários, desmoralizados, se perguntavam se Perlmutter iria terceirizar a produção de todas as revistas em quadrinhos da Marvel e faziam piadas mórbidas sobre a empresa endividada ser reduzida a um funcionário ao telefone, fechando acordos para licenciar os personagens. "Por que gastar dinheiro com qualquer outra coisa?",[8] perguntou um deles, resumindo o clima na empresa.

A diretoria da Marvel insistiu que a Marvel Enterprises precisava de um CEO com experiência no show business, e Perlmutter escolheu Eric Ellenbogen, que já trabalhara na Broadway Video e sua empresa-mãe, a Golden Books. A atitude de Ellenbogen de gastar livremente entrou em conflito com a filosofia empresarial de Perlmutter, que o demitiu após somente seis meses, substituindo-o por Peter Cuneo (que fora CEO da Remington

Products quando Perlmutter comprara a fabricante de barbeadores). Entre-mentes, Perlmutter nomeou Arad diretor criativo da Marvel Enterprises e o reinstituiu como CEO da Marvel Studios.

∗

Arad retornou ao mundo do cinema em 1998, quando um filme da Marvel estava prestes a ser lançado, embora estrelado por um personagem então obscuro. Wesley Snipes queria atuar em um filme do Pantera Negra, mas aceitou ser Blade, um caçador de vampiros baseado no personagem criado por Marv Wolfman e Gene Colan para ser coadjuvante da coleção *A tumba do Drácula*, publicada pela Marvel na década de 1970. Dirigido por Stephen Norrington e com roteiro de David S. Goyer, o filme, com seu orçamento de 45 milhões de dólares, foi uma grande aposta para o estúdio independente New Line.

"Como entidade produtora de filmes, a Marvel era inconsequente, e foi durante a produção de *Blade* que a propriedade mudou de mãos",[9] disse Peter Frankfurt, produtor do filme. "Avi Arad meio que entrou em cena. Ele não teve nada a ver com o primeiro *Blade*. Acho que a Marvel recebeu 25 mil dólares — para ela, essa foi a vantagem do lançamento. Tudo isso aconteceu antes de eu me envolver; foi o acordo que a New Line fez com a Marvel. Eles [a Marvel] não achavam que o filme valesse alguma coisa."

Inicialmente, Snipes adorou interpretar Blade, papel que foi um divisor de águas em sua carreira, e até mesmo deu algumas entrevistas vestido a caráter. O principal desafio durante a produção foi o desfecho: Deacon Frost, o vampiro-vilão interpretado por Stephen Dorff, transformou-se em um deus-sangue, que era somente um tornado de sangue vermelho e bri-lhante produzido em CGI. As refilmagens acrescentaram um clímax com um duelo de espadas e salvaram o filme, que teve faturamento doméstico bruto de 70 milhões de dólares e foi um grande sucesso para a New Line. A Marvel estava tão desconectada de *Blade* que nem sequer lançou uma linha de brinquedos para capitalizar o sucesso do filme.

"*Blade* foi um ponto fora da curva",[10] lembrou Frankfurt. "Foi lançado na segunda semana de *O resgate do soldado Ryan* e o tirou do primeiro lugar. Todo mundo começou a se perguntar 'O que é essa coisa? É um filme de terror? É um filme de super-herói? É um filme de vampiro? É um filme de kung-fu?' Ninguém conseguia defini-lo, o que era exatamente o que queríamos, uma mistura total de gêneros."

Ainda que a Marvel não tenha lucrado muito com *Blade* — o filme não era especialmente brinquedável —, o sucesso de uma de suas propriedades foi bom para Arad quando ele reassumiu o controle da Marvel Studios. Ele voltou sua atenção para o Homem-Aranha, um personagem que a Marvel cedera em 1985 para o produtor Menahem Golan e sua produtora Cannon Films. Quando a Cannon faliu, em 1990, a produtora Carolco comprou dela os direitos de cinema do Homem-Aranha.

No mesmo ano, a popularidade dos X-Men explodiu. A Marvel marcou uma reunião com a Lightstorm Films, de propriedade de James Cameron, famoso por *Aliens, o resgate* e *O exterminador do futuro*, para convencê-la a produzir um filme estrelado pela equipe mutante. A Marvel enviou Stan Lee e o escritor de longa data de *X-Men* Chris Claremont. "Estávamos conversando",[11] lembrou Claremont, "e, a certa altura, Stan olhou para Cameron e disse 'Ouvi dizer que você gosta do Homem-Aranha'. Os olhos de Cameron se iluminaram. E eles começaram a falar. E falar. E falar. Cerca de vinte minutos depois, eu e o pessoal da Lightstorm nos encaramos e soubemos que o acordo para *X-Men* tinha ido por água abaixo."

A Carolco, que produzira *O exterminador do futuro 2: o julgamento final*, dirigido por Cameron, adorou o fato de ele estar interessado em um filme do Homem-Aranha. A produtora assinou com ele um contrato similar ao de *O exterminador do futuro 2*, que lhe dava a palavra final sobre o elenco. Cameron escreveu um *roteiromento* (parte roteiro, parte tratamento, combinando diálogo e resumo do enredo) e já pensou no elenco: Leonardo DiCaprio foi sua primeira escolha para interpretar Peter Parker, o espetacular Homem-Aranha, ao passo que Arnold Schwarzenegger seria o cara mau, Otto Octavius, o Doutor Octopus.

Mas as notícias não mencionavam Golan, e o acordo dele estipulava que seria citado como produtor. Ele iniciou uma ação judicial, ao passo que a Carolco processou a Viacom e a Columbia Pictures pelos direitos, respectivamente, de difusão e reprodução em vídeo do Homem-Aranha, que Golan vendera separadamente. Não querendo ficar fora da diversão, a MGM, que herdara os direitos da Cannon, processou todo mundo por fraude. A Carolco faliu em 1995, com o litígio ainda em andamento, sem deixar claro quem controlava os direitos do Homem-Aranha.

A Lightstorm tinha um acordo de produção com a 20th Century Fox, e Cameron esperava que ela pudesse intervir. "Tentei fazer com que a Fox comprasse o filme, mas, aparentemente, a questão dos direitos era meio confusa",[12] disse ele. "A Sony tinha uma ligação muito questionável com os direitos, e [o ex-presidente da Fox] Peter Chernin não queria comprar a briga. Ele não queria entrar em uma disputa legal. Eu perguntei 'Você está brincando? Essa coisa pode valer 1 bilhão de dólares!'"

Cansados de esperar pelo resultado das ações judiciais, Cameron e DiCaprio partiram para *Titanic*, lançado em 1997. O diretor mais tarde chamaria *Homem-Aranha* de "o melhor filme que nunca dirigi".

Em 1998, o litígio estava quase no fim e a maioria dos direitos de filmagem do Homem-Aranha estava novamente com a Marvel. A exceção era a Columbia (e sua empresa-mãe, a Sony), que mantinha os direitos de reprodução em vídeo, tornando difícil que a Marvel fechasse negócio com qualquer outro estúdio. A Sony fez uma oferta pelos direitos de filmagem: 10 milhões de dólares mais 5% do faturamento total e metade da receita com brinquedos. A Marvel fez uma contraproposta, oferecendo os direitos de filmagem de todos os personagens ainda disponíveis. A lista não incluía o Quarteto Fantástico nem os X-Men, mas cobria Capitão América, Pantera Negra e Doutor Estranho, além do Homem-Aranha. Por somente 25 milhões de dólares, a Sony poderia ter os direitos da maioria dos futuros astros do UCM.

A oferta contradizia as sonoras declarações públicas de Arad de que a Marvel queria manter o controle sobre seus próprios personagens dali em diante. Os princípios de Arad dependiam das circunstâncias? Ou Perlmutter, acostumado a vender pedaços de corporações por diversão e lucro, importava-se mais com infusões garantidas de capital que com o obscuro potencial de uma divisão de cinema? Ou a Marvel precisava de dinheiro rápido após a falência, especialmente para reembolsar os gastos de Perlmutter? Sim, sim e sim. Felizmente, para a Marvel, a Sony recusou a oferta, com o executivo Yair Landau, da Sony Pictures, declarando: "Ninguém dá a mínima para nenhum outro personagem da Marvel."[13]

✳

Enquanto prosseguiam as discussões sobre o Homem-Aranha, a 20th Century Fox entregou o desenvolvimento de *X-Men* à produtora Lauren Shuler Donner, que dirigia a Donner/Shuler-Donner Productions com seu marido Richard Donner, diretor do primeiro sucesso de um super-herói nas telonas, *Superman*, de 1978. Shuler Donner produziu a versão live-action de *X-Men* sem esperar por Arad ou pela Marvel. Em 1996, a Fox convidou Bryan Singer, diretor de *Os suspeitos* e que ganhara duas estatuetas do Oscar naquele ano, para dirigir *X-Men: o filme*. Singer nunca ouvira falar dos heróis, mas seu parceiro de produção Tom DeSanto era fã; com o encorajamento de DeSanto, ele aceitou o trabalho.

Desenvolver um roteiro aceitável para *X-Men* foi um processo tortuoso, pois Shuler Donner tentava equilibrar a aventura de grande orçamento com o desejo de Singer de enfatizar os mutantes como metáfora para a experiência gay. (Os X-Men há muito serviam como representantes dos grupos marginalizados.) Ela chamou um exército de escritores, incluindo Christopher McQuarrie e Joss Whedon, para renovar e refinar os esboços, enquanto DeSanto e o assistente de Singer, David Hayter, asseguravam-se de que os personagens na tela continuassem reconhecíveis para os fãs dos quadrinhos. (Hayter terminaria recebendo os créditos pelo roteiro e DeSanto e Singer pela história.) O orçamento projetado passou dos 75 milhões de dólares e Shuler Donner teve de acalmar os cada vez mais preocupados executivos da Fox.

Entre as mensagens na mesa de Shuler Donner, conforme aumentava a pilha de roteiros para *X-Men*, estavam notas de seu assistente, que começara quatro anos antes como estagiário. "Como Lauren é uma mentora maravilhosa e uma pessoa muito gentil, ela lia as notas",[14] afirmou o então assistente, Kevin Feige. "Por fim, ela disse 'Ei, venha a meu escritório para conversarmos.' Eu me sentava ao lado de Tom DeSanto, o produtor de *X-Men*, e de Bryan Singer, o recém-contratado diretor. Comecei a fazer parte daquela equipe criativa."

Kevin Feige, nascido em 1973, cresceu em Westfield, Nova Jersey, obce-cado por filmes. Quando tinha 16 anos, cobriu as paredes do quarto com pôsteres de blockbusters como *De volta para o futuro 2*. Ele não compareceu a seu baile de formatura, preferindo ir ao cinema. Estava familiarizado com a Marvel Comics ("Eu tinha brinquedos, tinha [as roupas de baixo] Unde-roos, assistia aos desenhos"), mas não era um superfã, e filmes baseados em quadrinhos não haviam sido populares durante sua infância. "O *Superman*, de Richard Donner",[15] disse Feige, "na época, era o maior exemplo. Eu ti-nha 16 anos quando o *Batman* de Tim Burton foi lançado. Mas *Star Wars, Jornada nas estrelas, Indiana Jones, De volta para o futuro* e todos os filmes da Amblin poderiam ter sido baseados em quadrinhos."

Ele era obcecado por esses universos fictícios e mantinha um diário para registrar cada filme a que assistia, anotando o cinema a que fora e a qualidade do sistema de som. Mesmo naquela época, já prestava atenção a mais que o roteiro. "Eu era muito nerd",[16] confessou.

Feige era particularmente fascinado pelas sequências: "Eu sempre ficava empolgado com a ideia de ver como os personagens que eu adorava haviam crescido e mudado. Às vezes, ficava decepcionado. Toda vez que um filme me decepcionava, eu pensava sobre o que teria feito diferente. Não escrevia um roteiro, mas pensava a respeito."[17]

O avô de Feige, Robert E. Short, era produtor de novelas norte-ameri-canas e conseguiu um estágio para o neto obcecado por filmes na série *The Guiding Light*. Em seu último ano no ensino médio, Feige se candidatou a uma única universidade, a USC, *alma mater* de George Lucas. Foi aceito, mas não para a Escola de Artes Cinemáticas, então se mudou para Los An-geles, matriculou-se na USC e se candidatou novamente à escola de cinema na primavera. Foi rejeitado mais uma vez.

Todo semestre, Feige se candidatava à escola de cinema — sendo reje-itado cinco vezes seguidas. "Meus amigos e minha família começaram a sugerir, polidamente, que talvez eu devesse pensar em outro curso",[18] disse ele. "Diziam que a USC era uma universidade muito grande, com várias e maravilhosas áreas de estudo acadêmico além dos filmes. Eu respondia que não fazia ideia de sobre o que estavam falando." Na sexta vez em que se candidatou ao programa de cinema da USC, ele foi aceito.

No outono de 1994, agora oficialmente estudante de cinema, Feige percebeu "que os mais espertos faziam estágios nos quais não ganhavam dinheiro, mas ganhavam créditos para a faculdade e experiência na área. Pensei: *Bom, se vou trabalhar de graça, não seria divertido trabalhar com alguém que admiro?*".[19]

Caracteristicamente, ele descreveu o momento-chave de sua vida em termos cinemáticos. Embora estivesse de pé em frente a uma parede do prédio administrativo da USC olhando para listas de estágio, ele se lembra da ocasião como se estivesse estrelando um filme de Richard Attenborough, com o mundo saindo de foco, com exceção de um feixe de luz dourada que iluminava o cartão da Donner/Shuler-Donner Productions. Feige não sabia muito sobre Lauren Shuler Donner, mas era um grande fã dos filmes de Richard Donner, incluindo *Máquina mortífera*, *Os Goonies* e o "mais perfeito filme de super-herói de todos",[20] *Superman*. Pela primeira vez na vida, Feige preparou seu currículo. Algumas semanas depois, era estagiário dos Donner.

Durante o restante de seu tempo na USC, Feige trabalhou para os Donner, fazendo o que quer que fosse necessário no escritório. Tirando xerox ou saindo para buscar o almoço, seu mantra era "Não faça besteira". Certo verão, ele até mesmo foi pago para ser recepcionista. "Aprendi a gostar da adrenalina causada pelos telefones tocando",[21] disse ele.

Toda vez que Feige entrava no escritório de Richard Donner com café ou algum pacote, tinha de passar sob a placa que o diretor pendurara sobre a porta e que dizia, em letras maiúsculas: "VEROSSIMILHANÇA." "Uma palavra que nunca fui capaz de pronunciar, mas sempre compreendi",[22] disse Feige. Isso avivava a abordagem cinematográfica de Donner: famosamente, o slogan de *Superman* era "Você vai acreditar que um homem pode voar".

Feige rapidamente fez amizade com Geoff Johns, outro jovem que trabalhava no escritório. Décadas depois, cada um deles estaria encarregado da direção de uma grande franquia de super-herói — durante alguns anos, Johns foi presidente e diretor criativo da DC Entertainment —, mas, na Donner/Shuler-Donner Productions, eles eram os faz-tudo. "Nós lavávamos os carros e passeávamos com os cachorros",[23] disse Feige. A primeira vez que Feige foi à San Diego Comic-Con — a decisão impulsiva, tomada em uma tarde modorrenta de quinta-feira, de conhecer o imenso festival anual de revistas em quadrinhos e cultura pop —, ele pegou emprestado o carro de Johns e seguiu pela rodovia interestadual 5.

Durante o último semestre de Feige na escola de cinema, duas posições cobiçadas na produtora ficaram vagas: tanto Richard Donner quanto Lauren Shuler Donner precisavam de assistentes. Se Feige tivesse sido obrigado a escolher entre as duas posições em seu primeiro dia na Donner/Shuler--Donner Productions, quando ainda sonhava ser diretor, ele teria optado por trabalhar com Richard. Mas, dois anos depois, percebeu que, "quando Dick não estava trabalhando, relaxava entre os projetos e ficava em casa. Lauren, em contrapartida, estava no escritório todos os dias, desenvolvendo múltiplos projetos e produzindo vários filmes".[24] Querendo se manter perto da ação, ele optou por Shuler Donner.

Ele estudou a chefe ainda mais atentamente que antes, aprendendo, por exemplo, como ela lidava com situações delicadas ao ser chamada por um estúdio para supervisionar um produtor menos experiente e como sempre se voluntariava para conduzir conversas complicadas que ninguém mais queria ter. Por exemplo, dizer a Tom Hanks que os produtores achavam que ele engordara demais para a clássica comédia romântica de 1998 *Mens@gem para você*. "E ela atingia o resultado desejado sem que a odiassem por isso!", disse Feige. "Pensei comigo: *Isso é uma arte*."

Feige trabalhou para Shuler Donner enquanto ela produziu *Mens@gem para você* e o filme de desastre *Volcano: a fúria*. No primeiro, suas responsabilidades incluíram ir até a casa de Meg Ryan e ensinar a atriz a logar no America Online. "Eu só aprendi a usar e-mail no verão anterior",[25] confessou ele. No primeiro dia no set, meses depois, Feige ouviu alguém dizer "Oi, Kevin!" e, ao se virar, viu que era Ryan. Pasmo, ele pensou: *Ela lembrou meu nome!*

Shuler Donner começou a desenvolver *X-Men* e Feige viu a oportunidade de participar da criação do tipo de blockbuster a que ele crescera assistindo. O produtor da Marvel Craig Kyle disse: "Ele viu na Marvel, desde o início, quando trabalhou em *X-Men* como assistente dos Donner, uma chance de fazer parte da jornada."[26]

Feige conhecia a história e a tradição dos mutantes de modo apenas superficial, mas rapidamente se transformou em especialista, e logo todos passaram a presumir que era fã de carteirinha. Ele era tão diligente em suas notas e estava tão imerso nos detalhes dos quadrinhos que Shuler Donner o enviou para Toronto quando *X-Men: o filme* começou a ser filmado em 1999; ele era seu emissário, sempre de olho em tudo. "Como enciclopédia ambulante sobre a Marvel, ele era realmente indispensável",[27] disse ela. (Pressionada a revelar uma das falhas de Feige, Shuler Donner admitiu que "organização não era seu forte".)

Quanto mais Feige se aprofundava nos quadrinhos, mais acreditava em seu potencial cinematográfico. "Eu ouvia outros executivos tendo dificuldades com certa passagem, para criar uma conexão ou dar profundidade, mesmo que superficial, a uma cena de ação ou personagem",[28] lembrou ele. "Eu ficava lá sentado, lendo os quadrinhos e pensando: *Olhe para isso aqui. Faça isso. Isso é incrível.*" Adaptar quadrinhos de super-heróis era um processo desafiador, já que nem tudo na página tinha o mesmo impacto na tela, mas Feige rapidamente entendeu que, quando estivesse em dúvida, podia confiar nas histórias originais.

E também era esperto o bastante para não se intrometer: ele observava, aprendia e só intervinha em momentos-chave. Feige defendeu a contratação do ator de teatro australiano Hugh Jackman como Wolverine (Logan), muito embora ele fosse considerado alto demais para interpretar um personagem tradicionalmente apresentado como baixinho. O elenco também incluía Halle Berry, Ian McKellen e Patrick Stewart — mas não Michael Jackson, que fizera lobby junto à equipe de produção para ficar com o papel de professor Charles Xavier. Shuler Donner disse ao astro pop que o professor X era um homem idoso e branco. Jackson respondeu: "Posso usar maquiagem."[29]

No set de *X-Men*, Singer proibiu as revistas em quadrinhos para manter todo mundo focado em sua própria visão cinematográfica, mas Feige as contrabandeava para os atores, ávidos para entender seus personagens. "Naquele estágio, Kevin tentava ser a voz que dizia 'Podemos usar os quadrinhos. Não precisamos fugir deles'",[30] disse Kyle. "Ele realmente ajudou a impedir que o primeiro *X-Men* fosse um desastre e fez isso trabalhando lado a lado com Avi." Feige telefonava regularmente para Arad, que era o elo oficial entre a Marvel e a produção, informando sobre decisões cotidianas no set. "Avi, sei que você acha muito importante que ele se pareça com Logan, mas não é o que eles estão fazendo. Vão refazer tudo agora", disse Feige a Arad em certo momento. "Então Avi tinha que ir até lá e pegar pesado, porque era o único que tinha voz, com exceção dos produtores da Fox", continuou Kyle.

Feige insistiu no fato de o cabelo do Wolverine precisar ser eriçado. Certo dia no set, Shuler Donner e Arad observaram enquanto, por insistência de Feige, um exasperado cabeleireiro usava muito fixador e erguia cada vez mais o cabelo de Jackman para deixá-lo mais parecido com o personagem dos quadrinhos. O cabeleireiro "finalmente disse 'Está bem!' e fez uma versão ridícula",[31] lembrou Feige. "Em retrospecto", admitiu, "ele usa um cabelo gigante naquele primeiro filme. Mas esse é o Wolverine!" A experiência marcou Feige. "Nunca gostei da ideia de as pessoas não tentarem coisas por causa do potencial de parecerem tolas", disse ele. "Qualquer coisa em uma história em quadrinhos tem o potencial de parecer tolo. Isso não significa que não devemos tentar criar algo bacana."

Lançado no verão de 2000, *X-Men: o filme* foi um sucesso que ultrapassou em muito a bilheteria de *Blade*, faturando quase 300 milhões de dólares no mundo todo. Shuler Donner e a Fox queriam produzir a sequência o mais rapidamente possível. Assim, quando atendeu um telefonema de Avi Arad, ela presumiu que ele queria discutir *X-Men 2*. Para sua surpresa, Arad pediu permissão para contratar Feige para um cargo na Marvel.

Para realizar suas ambições cinematográficas, Arad precisava de uma grande equipe de produção e, quando visitara o caótico set de *X-Men*, ficara impressionado com o foco e a compostura de Feige. "Eu estive em contato com Avi durante dois ou três anos durante a produção de *X-Men*",[32] disse Feige. "Eu o mantinha atualizado e dava opiniões. Àquela altura, eu era especialista em X-Men e em todas as coisas da Marvel." Shuler Donner deu sua bênção. Em 1º de agosto de 2000, menos de três semanas após o lançamento de *X-Men*, Feige começou a trabalhar na Marvel Studios.

Ele ganhou um escritório na subsidiária da Toy Biz em Los Angeles: a Spectra Star, uma fabricante de pipas. Embora gostasse dos funcionários da Spectra Star, ele rapidamente percebeu que seus horários não eram compatíveis. Nos dias de vento, o pessoal das pipas saía mais cedo para testar protótipos, e ninguém se dava ao trabalho de manter o escritório aberto após as 18 horas para um diligente executivo de produção.

Enquanto Feige trabalhava cercado por pipas, Amy Pascal, que dirigia a Columbia Pictures, tentava encontrar um diretor para seu filme do Homem-Aranha. Acreditando que o *roteiromento* de Cameron era sombrio demais, ela contratara David Koepp para reescrever o filme e transformá-lo em um romance adolescente mais próximo do tom dos quadrinhos originais. Com o roteirista contratado, ela e Arad procuraram Chris Columbus e David Fincher, entre outros diretores famosos. Um nada entusiástico Tim Burton disse a Pascal que era "um cara da DC",[33] e nem se deu o trabalho de marcar uma reunião. Arad disse que alguns diretores estavam muito entusiasmados com o projeto, "mas queriam assumir o projeto a partir de um ponto de vista próprio, de alguém que sabe exatamente o que fazer. 'Me dê todo o dinheiro, deixe-me em paz e eu farei um grande filme.'" Sam Raimi não era um nome tão famoso quanto os outros — embora tivesse se especializado em comédias de terror como *Uma noite alucinante 3*, seu maior sucesso de bilheteria fora o excêntrico faroeste *Rápida e mortal* — e precisou fazer lobby para conseguir uma reunião. Mas, como fã de carteirinha do personagem, usou uma argumentação passional que lhe garantiu o trabalho. Arad disse: "Sam era único. Sam não veio atrás do filme por dinheiro. Ele simplesmente precisava fazê-lo."[34]

Pascal entregou as tarefas cotidianas da produção de *Homem-Aranha* a Laura Ziskin, sua amiga, mas, ainda mais importante, produtora executiva de *Uma linda mulher* e *Melhor é impossível* e, até pedir demissão em 1999, presidente da Fox 2000. Ela estava ansiosa para começar a trabalhar como produtora freelancer. "Tive que deixar tudo para trás na Fox",[35] contou Ziskin. "Então disse, literalmente: 'Me dê o maior que você tiver.' Eu só queria produzir algo grande. Nunca tinha lido uma revista em quadrinhos." Ziskin

se uniu a Raimi em *Homem-Aranha* no início de 2000, para o desenvolvimento do roteiro, e fez parte da franquia até morrer de câncer, aos 69 anos,
em 2011 (ela recebeu créditos póstumos em *O espetacular Homem-Aranha*,
de 2012).

Em retrospecto, Shuler Donner pôde ver quão intensamente Feige estudara seu comportamento e o de Ziskin. "Existe uma diferença entre um
produtor e uma produtora",[36] afirmou ela. "As mulheres têm um pouquinho
mais de empatia e intuição. Acho que ele adquiriu esse estilo por osmose."
O designer de produção Rick Heinrichs disse que Feige também tinha o cuidado de não sobrecarregar as pessoas com suas opiniões. "O intelecto dele
é um iceberg. Não que seja frio; ele é uma pessoa muito calorosa. Mas você
só consegue ver um décimo; há muito mais acontecendo sob a superfície,
e às vezes você só queria poder seguir as intuições dele sobre as coisas. Ele
tem uma compreensão muito mais ampla do todo, mas não quer confundir
as pessoas para além do que estão fazendo especificamente pelo filme ou
pelo personagem."[37]

A pré-produção de *Homem-Aranha* durou todo o ano de 2000: Raimi e
Ziskin trabalharam para criar o filme mais interessante possível enquanto
Arad defendia elementos que fariam com que o personagem principal se
parecesse mais com sua contraparte dos quadrinhos (e dos brinquedos
associados). Feige disse que aprendeu duas coisas importantes trabalhando
com Sam Raimi. "E quando digo 'trabalhando com ele'",[38] esclareceu, "quero
dizer 'ficando por perto e observando'." Uma delas foi colocar o máximo de
si no filme, para, no fim, sentir-se como um "balão murcho", sabendo que
tinha feito tudo que era possível na produção. A outra foi tomar decisões
com base em como queria que a plateia se *sentisse*, em vez de tentar impres-
sioná-la com sua visão artística. "Se não puder ser traduzido, é literalmente
sem sentido", disse Feige. "Sam sempre colocou tudo que tinha naqueles
filmes, do ponto de vista de um fã passional e do ponto de vista da plateia."

Arad estava tão empolgado com a maneira como *Homem-Aranha* estava
sendo produzido que quis mostrar a Stan Lee que o principal personagem
da Marvel finalmente receberia o tratamento destinado aos grandes orçamentos. Arad reproduziu uma sequência de pré-visualização: os artistas
digitais haviam tampado o Homem-Aranha saltando por Manhattan, ren-

derizando a excitante jornada com um tosco avatar azul e vermelho. No fim, o habitualmente jovial Lee permaneceu sentado, com o rosto impassível e os olhos grudados na tela. Então sussurrou: "É isso?"[39]

Horrorizado, Arad percebeu que Lee não entendia o que era uma sequência de pré-visualização e quão diferente seria o filme quando finalmente fosse exibido nos cinemas. "Ele não estava familiarizado com a tecnologia",[40] disse Arad. "E ficou tão desapontado! Eu quase chorei."

Quando *Homem-Aranha*, estrelado por Tobey Maguire, Kirsten Dunst e Willem Dafoe, foi lançado em maio de 2002, não foi somente o filme bem-sucedido de que Arad e Perlmutter precisavam tão desesperadamente, alcançando uma escala que nenhum dos envolvidos esperava; foi também o primeiro filme a faturar mais de 100 milhões de dólares no fim de semana de estreia. "Uau",[41] disse Raimi, "eles realmente adoram o personagem muito mais do que a gente imaginava." Ele sabia que o sucesso imediato do filme não era reflexo de sua qualidade: "Como eles saberiam? Estavam vindo no primeiro fim de semana."

Arad contratou um ônibus com bar e levou a equipe da Marvel Studios para um passeio celebratório por Los Angeles, parando em um cinema após outro para observar as reações da plateia. A resposta mundial a *Homem-Aranha* validou o argumento de Arad aos bancos, quando ele afirmara que o personagem tinha um valor potencial muito alto. Os lucros do filme permitiram que Perlmutter pagasse todos os empréstimos pendentes da Marvel. E, como indicou Arad, houve outra consequência, muito importante para seu chefe: "Os brinquedos venderam feito água."[42]

3
Era uma vez em Mar-a-Lago

"Percebi que tenho mais a oferecer a este mundo do que
fazer as coisas explodirem."
Homem de Ferro

Hora do almoço, início de 2003: Donald Trump estava a um ano de estrelar
O aprendiz e a quatorze anos de ser o 45º presidente dos Estados Unidos.
Ele tinha uma participação no concurso de beleza Miss Universo, alguns
cassinos à beira da falência em Atlantic City e um luxuoso resort à beira-mar
em Palm Beach, na Flórida, chamado Mar-a-Lago. Trump comprara a mansão Mar-a-Lago em 1985 e a transformara em clube privado. Ao contrário
dos outros clubes exclusivos de Palm Beach, Mar-a-Lago estava disposto a
aceitar negros, judeus e gays como membros, desde que pudessem pagar a
taxa de afiliação de 100 mil dólares.

Ao circular pelo salão de jantar de Mar-a-Lago, apertando mãos e
saudando calorosamente os convidados, Trump encontrou uma dupla estranha: Ike Perlmutter e David Maisel. Trump conhecia Perlmutter como
amigo pessoal e como colega do clube não oficial de plutocratas de Nova
York. Perlmutter seria um grande doador para sua campanha presidencial
e, durante a presidência, faria parte do trio de Mar-a-Lago que, na prática,
tocava o Departamento de Assuntos de Veteranos. (Quando se soube do
arranjo incomum, Perlmutter e seus associados insistiram que "em todos
os momentos, oferecemos auxílio e conselhos de modo voluntário, sem

esperar nada em troca".)[1] A afiliação a Mar-a-Lago era o único luxo que o frugal Perlmutter se permitia ter.

Trump não estava familiarizado com seu companheiro de almoço. David Maisel não era considerado uma pessoa socialmente adepta por ninguém, inclusive ele. Alto e magro, parecia muito mais jovem que seus 40 anos. Sua mente estava sempre girando em torno de planos empresariais e esquemas financeiros. Às vezes, Maisel tinha ideias mais rapidamente do que conseguia vocalizá-las: ele falava de modo rápido e entusiástico, gaguejando de vez em quando. Agora, no salão de jantar de Donald Trump, tentava ansiosamente conseguir o emprego de seus sonhos.

Perlmutter levara Maisel para almoçar em Mar-a-Lago a fim de ajudar a cumprir a cota mínima de refeições do clube, de 2 mil dólares anuais. Antes de a entrada chegar, Maisel iniciou seu ataque. E se Perlmutter e a Marvel pudessem manter o dinheiro dos blockbusters de super-heróis, em vez de a maioria ir para estúdios como Fox (*X-Men*) e Sony (*Homem-Aranha*)? E se a Marvel Studios fosse um estúdio real, e não somente uma produtora glorificada? E se ele, David Maisel, pudesse fazer isso acontecer sem Perlmutter ter de tirar dinheiro do próprio bolso?

Maisel crescera em Saratoga Springs, uma cidade balneária no estado de Nova York. "Meu pai me levava à loja de revistas em quadrinhos, mas minha mãe sempre me fazia terminar o dever de casa primeiro",[2] lembrou ele. "Tony Stark era um de meus personagens favoritos, porque parecia ter uma vida muito bacana." Maisel frequentara a Universidade Duke e então a Escola de Negócios de Harvard. Em um momento de autorreflexão, disse: "A melhor descrição de mim mesmo — feita por minha mãe — é uma mistura entre Peter Pan e Tony Stark. Não tenho a fortuna de Tony, mas tenho seu amor pelo intelecto."

Após terminar seu MBA em 1987 e passar alguns anos trabalhando em uma consultoria em Boston, Maisel se deparou com um artigo sobre Michael Ovitz em 1993, então o mais poderoso agente de Hollywood, e conseguiu obter uma entrevista de emprego de cinco minutos com ele. "Tive que ficar sentado lá por dois ou três dias, esperando por meus cinco minutos com o rei", contou Maisel.

Antes da entrevista, Maisel comprou um relógio na loja de presentes do hotel, uma autoindulgência que não podia realmente bancar, mas que ele esperava que lhe desse uma aparência mais adequada ou, ao menos, alguma sorte. Tenha sido por causa do relógio ou de suas qualificações, ele conseguiu um emprego na agência de Ovitz, a Creative Artists Agency (CAA). Dois anos depois, quando Ovitz deixou a CAA para ser presidente da Disney, Maisel o seguiu; quando a Disney demitiu Ovitz em 1997 após somente quatorze meses no cargo, Maisel também foi embora. Ele fora para Hollywood pelas razões de sempre — empolgação, glamour, amor pelas histórias com grandes orçamentos —, mas fez sucesso por causa de seu tino comercial e seu talento para encontrar brechas legais e inconsistências em densos contratos. Passou uma década peripatética vagando de um emprego para outro no show business, incluindo períodos na produtora da Broadway Livent e na Endeavor Talent Agency, antes de fazer um acordo consigo mesmo: ele se permitiria somente mais dois anos para usar tudo que aprendera em Hollywood e descobrir como se tornar o cara que fazia os filmes, não aquele que os empacotava. Foi quando Ben Affleck, vestido dos pés à cabeça de couro vermelho-cereja, mudou sua vida.

Affleck interpretara o papel-título em *Demolidor*: Matt Murdock, o advogado cego com sentidos super-humanos e uma vida secreta lutando contra o crime. O filme também contara com Jennifer Garner, Colin Farrell, Michael Clarke Duncan e, como colega piadista de Murdock, Jon Favreau. A Marvel e a Fox esperavam que o filme de 2003 fosse sua próxima grande franquia de super-herói, mas, a despeito de uma bilheteria respeitável, ele fora uma decepção para muitos críticos e fãs de quadrinhos — incluindo Maisel.

Para seu crédito, o CEO da Marvel Studios, Avi Arad, garantia que, mesmo quando um filme não tinha o sucesso esperado, a Marvel ganhava dinheiro, tanto com o licenciamento quanto com a venda de produtos. Se o *Hulk* de Ang Lee (que estreara no fim de 2003) não tivesse a bilheteria esperada, a Universal Pictures absorveria as perdas, ao passo que a Marvel continuaria vendendo cuecas do Hulk. Arad às vezes se referia a essa abordagem como "sobreposição": se cada personagem popular da Marvel fornecia fluxos (ou "camadas") de renda, então a chave para a lucratividade de longo prazo era ter o máximo de camadas sobrepostas possível.

Mas *Demolidor* galvanizou Maisel. Como fã de carteirinha dos quadrinhos, ele via potencial para crescimento e, como acionista minoritário da Marvel, queria descobrir quanto dinheiro mais poderia ganhar. (Ele comprara ações da Marvel de brincadeira, para satisfazer seu geek interior.) Acionando seus contatos em Hollywood, ele conseguiu uma reunião com Arad, que o encaminhou a Perlmutter. Agora, em Mar-a-Lago, disse a Perlmutter que, embora a abordagem de sobreposição de Arad fornecesse um fluxo de caixa contínuo para a Marvel — e tivesse permitido pagar a dívida relacionada à falência, de aproximadamente 250 milhões de dólares —, a empresa podia se sair ainda melhor, e ele ficava aflito em ver quanto dinheiro ela estava deixando de ganhar. Ele observou que, no caso de *Homem-Aranha*, o maior sucesso de bilheteria de 2002, "a Sony ganhou nove dígitos — 100 ou 200 milhões de dólares —, mais sua parte na venda de produtos. A Marvel só ganhou uns 20 ou 30 milhões".[3]

Embora o contrato do Homem-Aranha favorecesse a Sony — deixando à Marvel somente 5% da receita das bilheterias —, o acordo dos X-Men com a Fox era ainda mais desequilibrado, dando à Marvel somente 1%. "Era muito ruim",[4] afirmou Maisel.

Ele assegurou que, se fosse gestor da Marvel, não desperdiçaria o potencial de personagens como Demolidor e Hulk. Ele indicou outro exemplo de negligência: o Homem de Ferro. Arad licenciara Tony Stark e seu alter ego de armadura para a New Line, onde a propriedade ficara sem uso durante oito anos. "Seu personagem está no limbo e outra pessoa o controla", disse Maisel. "Quando você cede uma licença para filmagem, está congelando o desenho animado, além de muitas outras coisas. Você está entregando seus bebês para outra pessoa, e nada acontece."

Arad e Kevin Feige conheciam as limitações da abordagem de sobreposição. Eles tentavam exercer influência sobre os filmes da Marvel, mas detestavam não ter a palavra final, mesmo em projetos nos quais respeitavam seus colaboradores. "Nós sugeríamos, mas eles não ouviam",[5] falou Feige anos depois, diplomaticamente se recusando a citar qualquer fracasso daquela era ou criticar qualquer executivo específico por não entender os personagens da Marvel. "Não tínhamos controle. Eu odiava aquela situação."

"Desde que entrei na Marvel, Kevin dizia a Avi que ele precisava recuperar os direitos",[6] lembrou Craig Kyle. "Avi representava toda a Marvel. Ele era o rosto da Marvel Studios. Kevin estava lá para fazer grandes filmes. O sucesso nunca estaria garantido se não tivéssemos controle sobre o processo."

Perlmutter se importava com lucro, não com a qualidade dos filmes sobre personagens da Marvel, então Maisel apresentou seu argumento em termos que lhe fossem atraentes. Se a Marvel fosse dona de seu próprio estúdio, poderia controlar quais personagens apareceriam nos filmes — e, igualmente importante, *quando*. "Como empresa de capital aberto, a Marvel dependia da venda de brinquedos",[7] disse Maisel. "Mas só podia vendê-los quando alguém fazia um filme. A Marvel não tinha controle sobre o cronograma." A Fox lançara *X-Men* mais cedo que o esperado, e a Marvel não tivera tempo de saturar o mercado com produtos. Perlmutter, como Maisel intuiu corretamente, ainda estava frustrado com aquela oportunidade perdida.

Maisel também acreditava que a abordagem dos X-Men de Bryan Singer era adulta demais para o que ele considerava ser o mercado primário dos mutantes: as crianças que haviam assistido aos desenhos animados e comprado os brinquedos da série *X-Men*. Se a Marvel produzisse seus próprios filmes, ela poderia usar um tom propício para a venda de brinquedos e garantir que cada filme apresentasse os heróis mais adequados à criação de figuras de ação.

O melhor de tudo, disse Maisel, era que eles poderiam transformar a Marvel de empresa de 250 milhões de dólares em empresa multibilionária sem custo para Perlmutter. Maisel se ofereceu para trabalhar em troca de opções de ações, o que significava que só ganharia dinheiro se Perlmutter também ganhasse.

Encarando o homem agitado em frente a ele, Perlmutter reconheceu nele um espírito irmão, igualmente empenhado, e o contratou.

★

No fim de 2003, Maisel teve seu primeiro dia de trabalho no escritório que a Marvel Studios dividia com a Spectra Star, no edifício que os funcionários da Marvel haviam apelidado de "fábrica de pipas". Maisel, o novo presidente e diretor de operações da Marvel Studios, imediatamente entrou em conflito com Arad, o CEO. Quando abordara Arad na esperança de convencer Perlmutter, Maisel não revelara o escopo de suas ambições; ele vendera a Arad a ideia de que seu tempo com Michael Ovitz na Disney o qualificara para trabalhar em gestão de marca, gestão de propriedades intelectuais e direitos de parques temáticos. Arad ficou chocado ao descobrir, somente depois de Maisel ser contratado, que ele queria criar um novo estúdio, uma iniciativa que provavelmente tornaria Arad irrelevante. E se ofendeu com a implicação de que os acordos para filmagem que fizera eram ruins.

"Adorei *Demolidor*. Achei muito interessante. Ok?",[8] disse Arad em 2004 quando, incompreensivelmente, a Fox começou a produzir *Elektra*, um desastroso spin-off de *Demolidor* estrelado por Jennifer Garner como a assassina do título. Arad inventou desculpas para o mau desempenho de *Demolidor*: o clima estivera ruim no fim de semana do lançamento; o relacionamento entre Ben Affleck e Jennifer Lopez tinha tirado o foco das pessoas; o Demolidor não era um personagem suficientemente famoso.

Maisel tinha uma explicação mais simples: "O filme não foi feito como deveria."[9] E ele pretendia fazer melhor.

O relacionamento entre Arad e Maisel começou tenso e piorou rapidamente, quase chegando a um duelo com sais, bem ao estilo de Elektra, no estacionamento. Após uma década trabalhando com a Marvel e a Toy Biz, Arad estava confiante de que sobreviveria ao novo menino-prodígio de Perlmutter e seus esquemas excêntricos. De fato, acreditava que o plano de longo prazo de Maisel de transformar a Marvel Studios em um estúdio de verdade estava fadado ao fracasso, pois tinha certeza de que ele não seria capaz de criar um estúdio sem uma fonte de financiamento. Decidiu esperar que o intruso se deparasse com essa dura realidade.

Maisel ignorou Arad. Analisando os detalhes dos acordos feitos por ele, Maisel notou que a Marvel ainda retinha os direitos de reprodução em DVD e animação de alguns personagens. Prontamente negociou um acordo com a Lionsgate para quatro filmes de animação para reprodução em DVD baseados em personagens Marvel. Um acordo típico da era Arad teria vendido a licença do personagem em troca de algum dinheiro e um lugar à mesa de criação. Maisel negociou um contrato pelo qual a Lionsgate cobriria o orçamento de 300 mil dólares por animação. A Marvel Studios as produziria, retendo todo o controle criativo, e as entregaria à Lionsgate, que as distribuiria no mercado. Depois que a Lionsgate recuperasse seu investimento, os lucros seriam divididos igualmente com a Marvel.

"Foi a primeira vez que ficamos com toda a responsabilidade pela produção",[10] disse Maisel. "Tínhamos que produzi-los dentro do orçamento e entregá-los à Lionsgate. Quando conversei com a diretoria e com Ike, expliquei que nosso dinheiro estava garantido. Assim, estávamos ganhando 1,2 milhão de dólares, mas também estávamos produzindo, o que era muito divertido." Finalmente, Maisel estava criando filmes: *Os Supremos: o filme* e *Os Supremos 2: descubra o poder da Pantera*, ambos lançados em 2006, venderam 1,5 milhão de cópias no total, e ambos ficaram entre os dez DVDs infantis mais vendidos daquele ano. (A parceria Marvel-Lionsgate produziria oito filmes de animação.)

Maisel também usou seus contatos para fechar acordos com a TV. Ari Emanuel, seu antigo chefe na Endeavor, pagou um adiantamento de 1 milhão de dólares pelo direito de produzir um piloto da série live-action com a superpoderosa detetive Jessica Jones para a ABC. O projeto nunca se realizou, mas isso não teve importância: Maisel ganhara 1 milhão de dólares em um negócio paralelo enquanto o projeto favorito de Arad, *Motoqueiro Fantasma* (sobre o motociclista possuído pelo demônio Johnny Blaze), estava parado no desenvolvimento havia anos. Quaisquer dúvidas que Perlmutter pudesse ter sobre apostar em Maisel desapareceram. Ocasionalmente, Perlmutter questionava seus instintos, mas nunca o resultado final.

Após seu sucesso inicial, Maisel apresentou à diretoria da Marvel a proposta de construir um estúdio live-action. (Em anos recentes, Arad alegou que, no início de 2003, expusera um plano para criar um estúdio, que fora recusado porque "Ike tinha medo da indústria de filmes",[11] mas ninguém mais na Marvel parece se lembrar disso.) Perlmutter e a diretoria aprovaram o novo plano, ficando do lado de Maisel. Arad já não podia fazer acordos ou licenciar qualquer personagem para outros estúdios. Todos os super-heróis remanescentes da Marvel ficariam em casa, enquanto Maisel tentava fazer sua grande ideia funcionar.

A decisão deixou Arad amargurado. O distanciamento entre ele e Perlmutter jamais seria remediado. Mas Perlmutter não deu a Maisel um cheque em branco — nem, aliás, de qualquer valor. Da maneira como Maisel se lembra da reunião crucial, ela terminou com a diretoria dizendo: "Não volte aqui para falar sobre filmes a menos que haja dinheiro em jogo."[12]

*

Como a Marvel não forneceria o dinheiro, Maisel precisava convencer uma grande instituição financeira a arriscar as centenas de milhões de dólares necessárias para criar o estúdio da Marvel. Ele propôs que o novo estúdio usasse o dinheiro emprestado para produzir filmes, faturando o suficiente para pagar o empréstimo com juros. A garantia de um empréstimo tão grande seria significativa: os direitos de filmagem de dez personagens Marvel. O banco que terminasse com os personagens poderia mantê-los perpetuamente, mesmo que não os usasse, ou vendê-los a qualquer estúdio interessado, sem benefícios para a Marvel. Era um risco sério, mas Maisel precisava do dinheiro.

O executivo da Marvel John Turitzin, um advogado versado em complicados acordos bancários, foi designado para supervisionar o ambicioso projeto. Ele estava acima de Maisel na escada corporativa da Marvel, mas, ainda assim, pensava em si mesmo como "assistente". Em suas palavras, Maisel fazia a maior parte do trabalho "em sua mente [...] Ele trabalhava sozinho, conceitualizando e desenvolvendo, pensando a respeito, percorrendo linhas de raciocínio para ver aonde levavam".[13]

Arad tivera tanto sucesso em licenciar as propriedades intelectuais da Marvel que a maioria dos grandes nomes já estava sob contrato com vários estúdios de Hollywood. Isso deixou Maisel com uma seleção mais fraca de personagens para brincar. Essas dez propriedades, a maioria nomes que estariam nas futuras marquises dos cinemas, eram consideradas de segundo e terceiro escalão na época: Capitão América, Vingadores, Nick Fury, Pantera Negra, Homem-Formiga, Manto & Adaga, Doutor Estranho, Gavião Arqueiro, Quarteto Futuro e Shang-Chi. Maisel teve de contar duas histórias contraditórias: enquanto persuadia os bancos de que aqueles ativos valiam uma fortuna, ele simultaneamente precisou convencer a diretoria da Marvel de que, se a iniciativa desse errado, abrir mão dos direitos norte-americanos de filmagem do Capitão América e seus superamigos não seria uma grande perda.

Persuadir a diretoria foi mais fácil do que ele esperava: nenhum estúdio estava interessado nos personagens. Como lembrou Turitzin, o Capitão América dos quadrinhos era "um personagem de aparência engraçada, vestido de azul, vermelho e branco, basicamente um recorte da bandeira com asinhas na cabeça, carregando um escudo. Muito esquisito". Ele acrescentou: "Existia uma razão para esses personagens não terem sido transformados em filmes ou séries de TV."

Também ajudava Maisel o fato de sua proposta não incluir todos os direitos dos personagens como garantia, somente os direitos norte-americanos de filmagem. Como no caso de outros personagens, incluindo o Homem-Aranha (direitos de filmagem controlados pela Sony) e os X-Men (moradores permanentes da Fox), a Marvel reteria os direitos de merchandising, publicações, videogames e filmagem em mercados internacionais. Legalmente, se quisesse produzir um filme do Homem-Aranha para ser exibido exclusivamente na China, ela poderia seguir em frente sem participação da Sony, embora isso não fosse prático. Com a realidade das produções de grande orçamento sendo o que era, Sony e Marvel se viam forçadas a trabalhar juntas para produzir filmes que pudessem ser lançados nos Estados Unidos e em todo o mundo.

"Não pedi nenhum dinheiro à diretoria e, ao mesmo tempo, garanti que eles teriam lucro",[14] lembrou Maisel, quase eufórico. "Todos ficaram muito empolgados."

Turitzin, no entanto, lembra-se da diretoria da Marvel tendo dúvidas: "Era uma ideia muito assustadora para a empresa, por causa da enorme desvantagem potencial de produzir filmes. Houve muita resistência."[15]

Por mais de um ano, Maisel foi atrás de bancos com seu esquema para a Marvel Studios, e fracassou repetidamente. Por fim, na primavera de 2005, Perlmutter marcou uma reunião para ele com o banco Merrill Lynch. Sabendo que aquela provavelmente seria sua última chance, Maisel usou tudo que tinha na apresentação, lançando mão de suas variadas experiências como nerd dos quadrinhos, player de Hollywood e analista de contratos de primeira classe. Turitzin, que estava na sala, disse: "David criou uma história sobre quão populares eram os personagens, a profundidade das tramas por trás deles e o que podiam suportar. Ele claramente tinha paixão pelo material."

Enfrentando uma sala cheia de céticos, Maisel os venceu pelo cansaço, convencendo-os de que um escoteiro pateta e superforte chamado Capitão América um dia seria um ícone do cinema. Mas não podia vender sua visão para o futuro da Marvel Studios usando somente o nome dos Vingadores menos conhecidos como o Visão. Nesse ponto, Arad, mesmo sem querer, fizera-lhe um favor. Por causa dos filmes de sucesso que os acordos de Arad haviam produzido, mais notadamente *Homem-Aranha* e *X-Men*, Maisel podia alegar verdadeiramente que, a despeito da reputação medíocre de *Demolidor*, filmes baseados em personagens da Marvel tinham excelente histórico de bilheteria. Como disse Feige, que na época operava nos bastidores, "conseguimos o financiamento porque quase todos os filmes haviam funcionado".[16]

Seis meses de duras negociações se seguiram, mas Maisel e o Merrill Lynch chegaram a um acordo: o banco emprestaria 525 milhões de dólares e a legião de heróis reservas seria a garantia. Maisel achava que o dinheiro seria suficiente para quatro longas-metragens (com algum dinheiro de sobra para as despesas gerais). O estúdio novinho em folha tinha quatro chances de produzir ao menos um filme de sucesso — ou, como disse Maisel, "tínhamos quatro chances garantidas".[17] Ele também fez um acordo com a Paramount Studios para lidar com a distribuição e o marketing em troca de uma modesta porcentagem das bilheterias.

Mas então, em uma tarde de setembro de 2005, os banqueiros recuaram. "Ike, eles estão mudando os termos", sussurrou Maisel ao telefone, falando com o chefe da sala de reuniões do Merrill Lynch. O banco agora queria que a Marvel investisse um terço do dinheiro. Maisel e Turitzin sabiam que Perlmutter e o conselho jamais aprovariam isso. Turitzin recostou-se na cadeira, largou a caneta que estivera usando para tomar notas e refletiu sobre o fim do sonho de Maisel. *Foi um projeto divertido*,[18] pensou ele. *Mas acabou. Está morto.*

"Estou na sala de reuniões",[19] disse Maisel discretamente a Perlmutter. "Não vou sair daqui." Maisel se recusou obstinadamente a deixar sua cadeira. Ele descreveu a cena: "Eu prendi a respiração, como um garotinho." Ele sabia que havia uma opção para cobrir a diferença: a Marvel podia trazer uma terceira parte (provavelmente outro estúdio) como investidor. Mas isso exigiria abrir mão totalmente do controle criativo, então ele nem cogitou a possibilidade.

Antes de desanimar, Maisel encontrou a solução. Em cada um dos quatro filmes, a Marvel cobriria parte dos custos de produção vendendo antecipadamente os direitos de distribuição em cinco territórios estrangeiros. Ele persuadiu o Merrill Lynch a concordar com a linguagem contratual que dizia que a Marvel *tentaria* cobrir um terço do orçamento. "Eles mudaram a palavra de 'requerimento' para 'objetivo', e isso resolveu a questão", disse ele, com um sorriso de orelha a orelha. Se a Marvel não produzisse 33% do orçamento do filme com as pré-vendas estrangeiras, o banco ainda teria de cobrir o restante, desde que a Marvel demonstrasse que tentara, de boa-fé, levantar o dinheiro.

Em novembro de 2005, a Marvel e o Merrill Lynch finalizaram o acordo. Dois anos e meio após o almoço em Mar-a-Lago, David Maisel tinha conseguido seu estúdio. A exigência final do Merrill Lynch para fechar o acordo era que a Paramount assinasse pessoalmente como distribuidora da Marvel. Assim, foi um grande dia na fábrica de pipas quando chegou o fax confirmando que a Paramount distribuiria seis filmes produzidos pela Marvel Studios. A equipe se reuniu em torno da máquina de fax, olhando para o documento recém-impresso como se fosse uma relíquia sagrada, percebendo que em breve estaria produzindo filmes e contemplando a imensa oportunidade e responsabilidade que isso significava.

Arad deu uma passadinha na sala, testemunhando o momento em que o sonho de seu rival se tornou realidade. Em sua voz de barítono, ele entoou dramaticamente: "Cuidaaaaado."[20]

FASE UM

4
Plausibilidade

"Tony Stark conseguiu construir isso em uma caverna, usando sucata."
Homem de Ferro

Ike Perlmutter cobriu Kevin Feige de perguntas, interrogando-o de Nova York pelo telefone em viva-voz — ele queria ter certeza de que o meio bilhão de dólares do acordo que David Maisel fechara com o Merrill Lynch não estava sendo desperdiçado. "Eu não tinha conversado muito com Ike até então, porque ele só falava com Avi",[1] disse Feige. (Na Marvel Studios no fim de 2005, Avi Arad era CEO, Feige era vice-presidente executivo e Maisel acabara de ser promovido a vice-presidente, significando que se reportava diretamente a Perlmutter, que ainda era CEO da Marvel Entertainment.) "Mas ele me perguntou, sem rodeios: 'Você vai conseguir produzir dois filmes em dois anos?'"

Os líderes da Marvel Studios haviam refletido sobre a decisão crucial de quais personagens usar para as quatro tentativas garantidas pelo Merrill Lynch, sabendo que precisavam de pelo menos um acerto para permanecer no jogada. Os três competidores mais fortes eram o Homem de Ferro (os direitos de filmagem enfim haviam retornado da New Line para a Marvel), Hulk (a Universal retinha alguns direitos importantes sobre o personagem, mas estava disposta a fazer um acordo) e o Homem-Formiga (amplamente porque Edgar Wright já escrevera um ótimo esboço para o roteiro).

O público não estava familiarizado com o Homem de Ferro. Na verdade, a Marvel fizera um teste de produto que revelara que o reconhecimento do personagem era quase nulo. Mas os executivos tinham razões para acreditar que era uma boa escolha para um filme: eles sabiam que seria um bom brinquedo. Em 2005, a Marvel preparou um grupo focal com crianças. A pessoa liderando o grupo descreveu personagens Marvel — origem, personalidade, poderes — e, ao final da apresentação, perguntou com qual elas gostariam de brincar. John Turitzin lembrou: "Depois da descrição, o Homem de Ferro pulou do oitavo para o primeiro lugar na lista de personagens mais populares. As crianças disseram que seria muito legal ter um robô que podia voar e disparar raios das mãos. Elas acharam a ideia incrível."[2]

Os produtos do Hulk já vendiam bem — assim, com base principalmente no potencial para brinquedos, a Marvel Studios planejou começar com Homem de Ferro e Hulk.

Parado em pé próximo ao telefone de Arad, Feige ouviu Perlmutter perguntar diretamente: "Kevin! Kevin! Você consegue fazer esses dois filmes em dois anos?"[3] Feige engoliu em seco e respondeu que sim.

Para preparar dois longas-metragens e filmá-los um após o outro, a Marvel Studios precisava de mais espaço que o fornecido pela fábrica de pipas. Em outubro de 2005, ela se mudou para um local maior, anteriormente a sede da revista *Playboy* em Los Angeles, em um escritório não reformado, mas de excelente localização, sobre uma loja da Mercedes-Benz em Beverly Hills. Havia um labirinto de cubículos (muitos vazios no início), mas Maisel e Feige tinham salas; Arad pegou a maior para si mesmo. Entre os que trabalhavam lá, estavam Jeremy Latcham (assistente de Maisel), Stephen Broussard (assistente de Feige), Ari Arad (filho de Avi, contratado como produtor júnior pelo pai) e Craig Kyle (que cuidava dos projetos de animação da Marvel).

Quando a Marvel Studios saiu da fábrica de pipas, Avi Arad planejava sua própria saída. Ele perdera a guerra territorial contra Maisel; seu método de produzir filmes deixara de agradar a Perlmutter, que não gostava das concessões financeiras dos acordos de licenciamento. Mas, como os dois colegas israelenses haviam passado juntos pela guerra pelo controle da Marvel na década de 1990, Perlmutter foi generoso. Em maio de 2006, Arad teve direito ao resgate integral de suas 3,15 milhões de opções de ações da empresa e vendeu parte delas por 60 milhões de dólares. Tendo feito sucesso em Hollywood, ele não tinha interesse em retornar ao design de brinquedos. Em vez disso, planejou criar sua própria produtora, a Avi Arad Entertainment. Ele assinou um acordo de não competição, significando que podia oferecer consultoria sobre personagens Marvel em filmes produzidos por outros estúdios (como seu amado Motoqueiro Fantasma), mas não podia produzir filmes de super-heróis ou de fantasia a menos que fossem baseados em propriedades da Marvel. Como ainda fazia parte da equipe quando foram fechados os acordos para *Homem de Ferro* e *O incrível Hulk*, ele foi citado como produtor nos créditos de ambos os filmes; também continuaria a produzir filmes do Homem-Aranha para a Sony, incluindo spin-offs futuros como *Venom* e *Morbius*. (O filho de Avi, Ari, também deixou a Marvel Studios com ele.)

Publicamente, Arad insistiu que a saída "foi escolha minha, porque, um dia, eu disse 'Acho que já deu para mim'".[4] Ele desdenhou das ambições do novo sistema: "A empresa estava crescendo, com o CEO disso e o diretor financeiro daquilo, mas continuava basicamente [em uma situação na qual] fazíamos de tudo, mas agora havia gente demais com a qual eu tinha que lidar. E todo mundo queria produzir filmes. Todo mundo. Até as pessoas que limpavam o lugar queriam ler roteiros."

Por volta da mesma época em que Arad foi embora, Perlmutter assinou um acordo de licenciamento com a Hasbro para brinquedos Marvel. Isso tornou menos direto o impacto de qualquer brinquedo particular no resultado final da empresa, mas Perlmutter continuou a tomar decisões com base em como afetariam as vendas. Entrementes, em novembro de 2005, a Marvel Studios contratou um novo diretor de operações: Michael Helfant, que ocupara o mesmo cargo na Beacon Pictures. Na época, ele foi descrito como a segunda pessoa no comando depois de Arad, que afirmou: "Eu precisava da segurança de alguém que fazia isso há muito tempo."[5] Helfant ficaria pouco tempo: ele foi forçado a sair quando *Homem de Ferro* começou a ser filmado e Feige foi nomeado presidente de produção. (No mesmo dia, Maisel foi promovido a presidente.) Em retrospecto, parece claro que Helfant era uma apólice de seguro caso Feige não desse conta do recado.

O antigo escritório de Arad foi transformado em sala de reuniões, da qual a Marvel Studios precisava muito. O espaço principal do escritório fora ocupado por artistas conceituais que adornavam seus cubículos com ilustrações do Homem de Ferro voando e do Hulk lutando contra tanques. Quando ficavam sem espaço, empurravam seus cubículos contra as paredes da sala compartilhada para abrir mais espaço para a arte. Embora ainda não tivesse contratado diretores — Feige e Maisel trabalhavam nisso —, o estúdio já decidira como seriam os dois primeiros filmes. A Marvel tinha alguns pontos de referência culturais para servir de pilares. Dados os eventos mundiais recentes, Feige estava convencido de que o mundo ansiava mais que nunca por super-heróis.

O primeiro trailer promocional de *Homem-Aranha*, lançado em 2002, chegou aos cinemas no verão de 2001; ele exibia uma cena filmada especialmente para divulgação. Em um banco de Nova York, meia dúzia de bandidos arrombava um cofre, pegava algum dinheiro e chegava ao telhado (usando um gancho), antes de fugir de helicóptero. Celebrando o roubo, eles voavam sobre as ruas do centro de Manhattan — até que o helicóptero ficava grudado em um fio adesivo e era puxado até uma teia gigantesca entre as Torres Gêmeas do World Trade Center.

Após os ataques terroristas de 11 de setembro de 2001, a indústria de entretenimento, tão despreparada para o ataque quanto o governo, tentou elaborar uma resposta emocionalmente apropriada. A Sony imediatamente tirou o trailer de *Homem-Aranha* dos cinemas e removeu os cartazes que mostravam a linha do horizonte de Nova York (incluindo as Torres Gêmeas) refletida nos olhos do Homem Aranha.

Em novembro de 2001, Karl Rove, conselheiro-sênior do presidente George W. Bush, e Jack Valenti, presidente da Motion Picture Association of America, realizaram uma conferência no Hotel Peninsula, em Beverly Hills. Estavam presentes mais de quarenta executivos de todos os principais estúdios e redes de TV. Durante a reunião de duas horas, Rove enfatizou que o governo norte-americano precisava de uma resposta unificada ao 11 de Setembro por parte da indústria de entretenimento, enfatizando seis pontos principais:

1. A campanha norte-americana contra o Afeganistão era uma guerra contra o terrorismo, não contra o Islã.

2. As pessoas podiam ajudar no esforço de guerra em suas comunidades.

3. Os soldados norte-americanos e suas famílias precisavam de apoio.

4. O 11 de Setembro exigia uma resposta global.

5. Aquela era uma luta contra o mal.

6. As crianças deviam sentir que estavam seguras.

(Rove também apresentou um sétimo ponto, embora parecesse improvisado: ele disse que nenhum daqueles esforços equivalia à propaganda.) Rove declarou: "Está claro que os líderes da indústria têm suas próprias ideias sobre como contribuir para o esforço de guerra."[6]

Após a reunião, Sam Raimi refilmou algumas cenas de *Homem-Aranha*, acrescentando uma na qual os habitantes de Nova York se unem para ajudá-lo a enfrentar o Duende Verde. "Se mexe com um de nós, você mexe com todos", diz um extra com forte sotaque nova-iorquino. O filme também acrescentou uma nova sequência de CGI: o Homem-Aranha, oscilando sobre Manhattan, aterrissa sobre um mastro com a bandeira dos Estados Unidos. A cena teve tal ressonância naquele momento ultrapatriótico que foi incluída nos trailers finais do filme.

Séries de TV como *Arquivo X*, construídas sobre a premissa de numerosas e gigantescas conspirações governamentais, subitamente perderam popularidade. Novas séries, como *24 horas* e *Alias: codinome perigo*, nas quais agentes norte-americanos lutam contra os inimigos dos Estados Unidos, foram criadas antes do 11 de Setembro, mas seus criadores descobriram que, inadvertidamente, elas se adequavam ao momento. "Pode ter parecido oportunista criar uma série tão patriótica sobre uma jovem heroína norte-americana",[7] disse o produtor e diretor de *Alias*, J. J. Abrams. "A verdade é que eu queria mudar o padrão. A ideia de fazer uma série na qual o governo é um conspirador do mal não me interessava."

Histórias populares baseadas na clara divisão entre bem e mal pareciam ter grande apelo, evidenciado pelas franquias de sucesso *Harry Potter* e *O senhor dos anéis* (embora o diretor do último, Peter Jackson, tenha resistido à pressão, após o 11 de Setembro, para renomear o filme de 2002, *As duas torres*). Parecia um momento feito sob medida para super-heróis.

Homem-Aranha bateu recordes de bilheteria em 2002, o que impulsionou todo o conteúdo de super-heróis de Hollywood. Os estúdios que tinham fechado acordos sobre criações da Marvel com Avi Arad correram para colocá-los em produção. Depois que dois de seus filmes de super-heróis fracassaram em 1997 (*Batman & Robin* e *Steel: o homem de aço*, com Shaquille O'Neal), a Warner Bros. deixou o negócio de super-heróis por algum tempo, até mesmo cancelando o filme do Superman de Tim Burton, que seria estrelado por Nicolas Cage. Agora, como lar dos super-heróis DC, ela queria voltar ao mercado, mas nada do que tentava parecia funcionar. Ela lançou uma sombria adaptação de Darren Aronofsky chamada *Batman: ano um* e um reboot malsucedido do Homem de Aço chamado *Superman: o retorno*. Em 2002, o diretor de operações da Warner Bros., Alan Horn, tentou relançar duas franquias simultaneamente com *Batman vs. Superman*, mas achou sombrio demais o roteiro que encomendara a Akiva Goldsman. Como *Batman vs. Superman* já tinha lugar no cronograma de lançamentos de 2004, a Warner Bros. o substituiu pelo filme da Mulher-Gato, ressuscitando o roteiro para um spin-off de *Batman: o retorno* (1992) originalmente destinado à estrela Michelle Pfeiffer. Com produção apressada e tendo Halle Berry como atriz principal, *Mulher-Gato* foi terminado no prazo, mas se provou um fracasso.

Nesse ponto, a Warner Bros. resolveu voltar à estaca zero, entregando a franquia de Batman a Christopher Nolan (com imenso sucesso) e roubando Bryan Singer dos X-Men para assumir o Superman (com resultados medíocres). Brett Ratner substituiu Singer como diretor para uma produção apressada de *X-Men: o confronto final*, o terceiro filme estrelado pelos mutantes. A série *Blade* terminou em 2004 com *Blade: Trinity*. No mesmo ano, foi lançada outra adaptação da Marvel, o ultraviolento e pouco popular *O justiceiro*. (Esse foi um dos últimos acordos de licenciamento de Arad a chegar às telas, com exceção de *Motoqueiro Fantasma*, estrelado por um superfã de Johnny Blaze, Nicolas Cage, em 2007.) Na Fox, os dois filmes do Quarteto Fantástico de Tim Story não foram desastres, mas (como a maioria dos filmes de super-herói da época) acabaram obscurecidos por outro filme sobre uma família superpoderosa: *Os incríveis* (2004), da Pixar, dirigido por Brad Bird.

✳

Em meio a esse cenário, a Marvel Studios iniciou a produção de seu primeiro filme, *Homem de Ferro*. A liderança do estúdio estava confiante de que conseguiria se conectar com os espectadores — mesmo que a maioria das pessoas não estivesse familiarizada com a história ou a mitologia do Homem de Ferro. O personagem fora negligenciado por tanto tempo que a única coleção de revistas em quadrinhos prontamente disponível era *O demônio na garrafa*, compilando as edições de 1979, nas quais Tony Stark sucumbia ao alcoolismo. Isso confundiu alguns dos roteiristas de Hollywood que tentavam entender mais sobre o personagem antes de se reunir com a Marvel para mostrar suas versões. Será que a Marvel realmente tentaria lançar um novo estúdio com uma versão superpoderosa de *Farrapo humano*?

Mesmo sem a questão do vício, o personagem Tony Stark era complicado: um fabricante de armas milionário que era o rosto do complexo militar-industrial. "Estávamos em duas guerra, Iraque e Afeganistão, e o vice-presidente [Dick Cheney] já tinha sido CEO da Halliburton, uma fabricante de armas",[8] comentou Matt Holloway, um dos autores creditados de *Homem de Ferro*. "Tínhamos que pegar um cara assim e transformá-lo em herói. Como?" (Presume-se que Karl Rove não teria os mesmos receios.)

Essa fora exatamente a tarefa que Stan Lee se dera ao criar o Homem de Ferro em 1963 (em colaboração com seu irmão Larry Lieber e os artistas Jack Kirby e Don Heck). "Acho que quis desafiar a mim mesmo",[9] disse Lee anos depois, tentando, em retrospectiva, entender qual foi a lógica por trás da decisão. "Estávamos no auge da Guerra Fria. Os leitores, leitores jovens, odiavam a guerra e os militares. Então criei um herói que era isso elevado à milésima potência. Ele fabricava armas, fornecia armamentos para o Exército, era rico e um industrial. Achei que seria divertido pegar esse tipo de personagem, do qual ninguém gostaria, nenhum de nossos leitores gostaria, e obrigá-los a gostar dele."

Holloway ficou animado com a oportunidade de tornar o personagem relevante para os tempos atuais. "Nem sequer foi uma questão de 'Será que isso é legal mesmo?'",[10] disse ele. "Foi 'Puta que pariu, que personagem incrível. Um personagem com falhas tão grandes, mas com tanto potencial, que acabou sendo desperdiçado ou direcionado para os fins errados'. Embora a Marvel tenha considerado brevemente fazer um filme de época, Holloway e seu parceiro autoral, Art Marcum, atualizaram a história original do Homem de Ferro, movendo a localização de quando Tony Stark é capturado por soldados estrangeiros do Vietnã para o Afeganistão do século XXI: uma mudança simples que inseriu o filme no cenário político do momento. Embora não subscrevesse o plano de propaganda de Rove exposto no Hotel Peninsula, a Marvel Studios não queria fazer um filme que contrariasse o humor militarista e superpatriótico da nação. Havia diversas razões para essa escolha, e uma delas era o fato de que meio bilhão de dólares estavam em jogo.

"*X-Men* estava provando que era possível contar histórias metafóricas e interessantes através de super-heróis",[11] afirmou Marcum. "Mas acho que nunca dissemos, conscientemente, 'Ei, vamos transformar isso em resposta a tudo que está acontecendo lá fora.'"

Ou, como falou Mark Fergus (que se uniu mais tarde à equipe de roteiristas de *Homem de Ferro*), "o 11 de Setembro e o terrorismo essencialmente suplantaram a Rússia e a Guerra Fria. Tudo aquilo parecia ingênuo agora que lidávamos com terrorismo e forças desconhecidas que não estavam realmente ligadas a nenhuma nação. Mas isso também ajudou a contar a história sobre a resposta dos Estados Unidos. E como ajudamos a criar essas coisas com vendas de armas e como, ao destruir a estabilidade do país deles, criamos nosso próximo inimigo".[12]

Enquanto Holloway e Marcum produziam esboços do roteiro de *Homem de Ferro*, Feige cortejava o diretor Jon Favreau. Embora Favreau seja atualmente conhecido por obras da Disney com muitos efeitos especiais, como *Mogli, o menino lobo*, *O rei leão* e *The Mandalorian*, na época ele era famoso pelo filme indie de 1996 *Swingers: curtindo a noite* (que escreveu e no qual estrelou ao lado de Vince Vaughn, mas que não dirigiu). Seu maior sucesso como diretor fora a comédia de 2003 com Will Ferrell *Um duende em Nova York*, que não era somente um clássico moderno de Natal, mas também um filme que faturara 220 milhões de dólares nas bilheterias com um orçamento de 33 milhões. Esse sucesso colocara Favreau na lista prioritária de qualquer estúdio tentando maximizar um investimento modesto (ou seja, todos eles).

Ele seguiu atuando como ator e diretor e, ao trabalhar no decepcionante *Demolidor* de 2003 como "Foggy" Nelson, estabeleceu uma relação com Avi Arad. Durante anos, Favreau e Arad falaram casualmente sobre uma versão cômica do Capitão América, focada em como o inocente supersoldado Steve Rogers, vindo da década de 1940, lidaria com a pouco familiar sociedade moderna. O sucesso de Favreau com uma história similar em *Um duende em Nova York* pareceu torná-lo a escolha óbvia. Quando a história mais sombria do Homem de Ferro foi escolhida como primeiro filme da Marvel Studios, Feige e Maisel decidiram que, mesmo assim, Favreau era o diretor certo para o trabalho.

"Com base em minha experiência observando a Sony, Laura Ziskin e Avi contratarem Sam [Raimi] ou a Fox contratar Bryan Singer, eles não eram pessoas que tinham lançado um gigantesco blockbuster e estavam em busca de produzir o próximo",[13] lembrou Feige. "Eles eram cineastas que haviam produzido filmes superinteressantes em escala menor e agora vinham para uma plataforma maior." Desde o início, a Marvel acreditou na expansividade e nas possibilidades dos filmes de super-herói.

Escolher Favreau significou que a Marvel apoiou um diretor que valorizava mais os momentos intimistas, focados nos personagens, que as grandes sequências de ação — embora seja verdade que um filme repleto de ação teria sido caro demais para o estúdio incipiente. "Foi por isso que escolhemos Jon Favreau",[14] disse David Maisel, explicando que a Marvel gostava de sua habilidade, focada no ator, de "tornar uma cena à mesa da cozinha tão interessante quanto uma luta no fim do filme".

Em seu primeiro dia, no início da pré-produção, Favreau entrou no decadente novo escritório da Marvel Studios e escreveu uma palavra no quadro branco: PLAUSIBILIDADE. Ele faria um filme sobre um homem que podia voar, mas queria que, tanto quanto possível, a história mantivesse os pés no chão. Centenas de ideias sobre o filme entraram e saíram do quadro branco, mas a palavra *plausibilidade* permaneceu. (Favreau imitou a placa sobre a porta do escritório de Richard Donner — VEROSSIMILHANÇA —, mas, ao menos, escolheu um sinônimo que Feige conseguia pronunciar.)

Para Favreau, a vantagem de trabalhar com um estúdio novo e independente como a Marvel era que, desde que terminasse o filme no prazo e dentro do orçamento, teria mais liberdade que o diretor de uma superprodução típica, que precisa gerir tanto a produção quanto uma avalanche de notas do estúdio. "Éramos outsiders",[15] disse Favreau ao falar da época empolgante na qual operava com mínima supervisão corporativa.

Os executivos da Marvel o deixaram em paz, tanto por confiarem nele quanto por estarem ocupados garantindo que podiam pagar as contas: cada dólar que conseguiam ganhar com as vendas internacionais era um dólar que não precisavam sacar de sua linha de crédito no Merrill Lynch. "As pessoas esquecem que *Homem de Ferro* foi um filme independente",[16] disse Feige mais tarde. "Tentei vender aquele filme dezenas de vezes para compradores estrangeiros porque tínhamos que conseguir... Não lembro a porcentagem exata, mas uma grande porcentagem do financiamento vinha das pré-vendas no exterior. Trabalhávamos sob uma cláusula de garantia de conclusão. O filme era *independente*."

Stephen Platt, um dos artistas conceituais de *Homem de Ferro*, lembrou-me de algo que Favreau lhe disse logo no início: "Olha, vou precisar de vocês para gerar ação, porque estarei focado no personagem. Eu serei o cara do personagem, mas, na hora da ação, cheguem ao limite, e veremos aonde isso nos levará. A partir daí, serei capaz de descobrir que impressão ele deve causar."[17]

Favreau chamou mais dois roteiristas: Mark Fergus e Hawk Otsby. Na época, eles trabalhavam juntos em uma adaptação, que não chegou a ser produzida, do romance de Edgar Rice Burroughs *Uma princesa de Marte*. Enquanto os quatro escritores (mais o diretor) trabalhavam no roteiro, Favreau e a Marvel Studios voltaram sua atenção para uma questão crucial: que atores dariam voz a todos aqueles diálogos.

O primeiro ator a se juntar ao futuro Universo Cinematográfico Marvel foi Terrence Howard, que interpretaria o tenente-coronel James "Rhodey" Rhodes, o melhor amigo e consciência de Tony Stark. Howard, que ainda não era o famoso protagonista da série *Empire: fama e poder*, tinha acabado de filmar *Ritmo de um sonho*, indicado ao Oscar. "Foi uma grande contratação",[18] lembrou Marcum. Howard, fã da Marvel Comics, assinou um acordo para três filmes, sabendo que, mais tarde, seu personagem poderia se tornar o super-herói Máquina de Combate.

Encontrar o Tony Stark perfeito foi uma tarefa mais difícil. "Hollywood quer que eles tenham 26 anos e estejam em forma, mas Tony Stark não é um garotão",[19] disse Arad. Dez anos antes, quando os direitos do Homem de Ferro estavam com a 20th Century Fox, Tom Cruise, então com 34 anos, flertara com a ideia de interpretar Stark. Mas, de acordo com Feige, o salário pedido por Cruise na época era tão alto que mesmo um estúdio lucrativo como a Fox não estava disposto a pagar por um super-herói ainda não testado.

"O grande rumor na internet era que Tony Stark seria interpretado por Johnny Depp",[20] lembrou Eric Vespe, que escrevia para o site *Ain't It Cool News* sob o pseudônimo "Quint".

A Marvel Studios não podia bancar atores tão famosos como Depp, astro da franquia *Piratas do Caribe*, ou Cruise. Vários candidatos menos conhecidos foram aventados. Um era Jim Caviezel, de 38 anos, mais conhecido por interpretar o papel-título em *A paixão de Cristo*, que declinara o papel de Ciclope em *X-Men* vários anos antes. E foi o papel do angustiado xerife Seth Bullock em *Deadwood*, da HBO, que transformou Timothy Olyphant, de 38 anos, naquele que "todos queriam",[21] de acordo com uma fonte da Marvel. Favreau tinha outro nome em mente: Sam Rockwell, também de 38 anos, mais conhecido por interpretar o protagonista da comédia de George Clooney *Confissões de uma mente perigosa*. Mas isso foi antes de Favreau conhecer Robert Downey Jr.

A despeito de décadas de trabalho em Hollywood e uma indicação ao Oscar em 1992 (por *Chaplin*), Downey, então com 41 anos, tinha um histórico quase perfeito de fracassos comerciais e a reputação muito divulgada de usuário de entorpecentes. Sua história mais famosa é de 1996, quando, alcoolizado, ele invadira a casa de um vizinho em Malibu e desmaiara em uma cama vazia que pertencia a uma criança de 11 anos. Em 2001, após outra prisão por drogas, fora demitido da série televisiva *Ally McBeal*. Mas passara pela desintoxicação, casara-se com a espertíssima produtora Susan Levin e, gradualmente, voltara às boas graças de Hollywood. Mesmo com seus problemas, muitas pessoas no ramo do cinema gostavam e queriam continuar trabalhando com ele.

Muitos na Marvel achavam que os problemas passados de Downey o tornavam uma escolha arriscada demais — somente dois anos antes, ele estivera em liberdade condicional. Favreau, no entanto, acreditava que sua problemática persona pública o tornava o ator perfeito para o papel. Tony Stark é um homem extremamente talentoso cujas realizações são obscurecidas por demônios pessoais e uso de entorpecentes. O rosto de Downey era um resumo visual da história do personagem.

Favreau convenceu os líderes da Marvel Studios de que Downey era Tony Stark. Os executivos da Marvel Entertainment em Nova York, no entanto, mostraram-se menos entusiásticos, temendo que ele gerasse não somente uma atmosfera geral de risco, mas também perigos financeiros específicos. O roteirista Matt Holloway se lembra de Favreau defendendo Downey: "Jon sentia no fundo do coração que precisava ser Robert e lutou por ele, a ponto de dizer *ele ou eu*."[22] Como nem Favreau nem os executivos de Nova York estavam dispostos a ceder, a produção chegou a um impasse. Procurando uma maneira de sair dele, a diretora de elenco, Sarah Halley Finn, sugeriu a Favreau que eles fizessem um teste gravado com Downey.

Downey, tão certo quanto Favreau de ser a melhor escolha para o trabalho, tinha três semanas para se preparar. Precisava aprender três cenas e trabalhou nelas incansavelmente: "Minha mulher disse que poderia me acordar no meio da noite e eu recitaria o diálogo do teste na metade do tempo."[23] O teste aconteceu em uma sala alugada da Raleigh Studios em Hollywood. "Logo antes da primeira cena, senti que estava saindo do corpo, tive uma crise de nervosismo", disse Downey. "Então, subitamente, foi como pedalar montanha abaixo em uma velha bicicleta Schwinn Cruiser, como se nada pudesse dar errado."

As cenas incluíam um encontro contencioso, mas galanteador, com uma repórter; um confronto com Rhodes; e uma brincadeira com soldados norte-americanos na traseira de um Humvee no Afeganistão, antes de o veículo ser atacado. Juntas, elas demonstraram a habilidade de Downey de passar sem esforço do humor loquaz para a intensidade silenciosa. Ele já sabia como queria interpretar Tony Stark: como "um cara cheio de problemas"[24] cuja "fachada é a autoconfiança".

"Houve muitas conversas com muitos atores incríveis",[25] afirmou Stephen Platt sobre o teste. "Então Tony Stark chegou."

Armados com a fita do teste, Maisel e Feige tiveram uma reunião com Ike Perlmutter, John Turitzin e alguns conselheiros da Marvel. "Recomendamos Robert",[26] disse Maisel. "Kevin e eu explicamos nossas razões, bastante nervosos. Éramos uma empresa de capital aberto e estávamos apostando nosso futuro em *Homem de Ferro*. Na época, Robert ganhara muitos prêmios, mas nunca trabalhara em um sucesso de bilheteria e tinha suas próprias questões pessoais — que superara."

Mesmo assim, a resposta de Nova York, de acordo com Favreau, foi "Não estamos preparados para contratá-lo em nenhuma circunstância".[27]

Sem se deixar intimidar, Favreau vazou anonimamente a notícia de que Downey estava sendo cotado para interpretar Tony Stark. Quando os fãs reagiram na internet com ruidoso entusiasmo, os executivos de Nova York finalmente concordaram.

Depois que conseguiu o papel, Downey serviu, nas palavras de Favreau, como "grande farol"[28] que atraiu "um grupo imenso de pessoas talentosas" que garantiram que o filme não se parecesse com um desenho animado. A amiga de longa data de Favreau, Gwyneth Paltrow (eles haviam se conhecido no set de *O círculo do vício* em 1994), ganhara um Oscar em 1998 por *Shakespeare apaixonado*, mas sua carreira acabou declinando quando ela fizera 30 anos (uma situação muito comum para as estrelas de Hollywood). Favreau a convenceu de que o papel de Pepper Potts ia além da estereotípica donzela em perigo.

David Maisel identificou o drama secreto, *à la* Douglas Sirk, de *Homem de Ferro*: "É como uma história de amor da década de 1950 — com dez ou quinze minutos de ação —, sobre um homem de 40 e poucos anos que muda de vida e decide que, embora possa ter milhões de mulheres diferentes, o amor de sua vida é Gwyneth Paltrow, Pepper Potts. Ele tem um milhão de supostos amigos, mas seu único amigo de verdade é Terrence Howard, Rhodey. E sua relação com Jeff Bridges é quase algo como pai e filho."[29]

Para finalizar o elenco principal, Bridges foi chamado para o papel de Obadiah Stane, mentor de Stark e antagonista do filme. O plano original era usar Stane como pista falsa, preparando o surgimento dramático de um vilão chamado Mandarim e o clímax do filme na China. Na San Diego Comic-Con de 2006, Favreau até mesmo anunciou que Mandarim seria o vilão. "Houve um momento no qual o Mandarim seria o Dínamo Vermelho e apareceria de surpresa na Stark Enterprises",[30] lembrou Matt Holloway. (O Dínamo Vermelho era um inimigo frequente nos quadrinhos do Homem de Ferro, nos quais o nome era usado por vários agentes russos e soviéticos com suas próprias e superpoderosas armaduras.)

"Achávamos que faríamos apenas um filme do Homem de Ferro",[31] disse o parceiro de Holloway, Art Marcum. "Tínhamos que colocar tudo nele."

Porém, durante o desenvolvimento do roteiro, a outra dupla de roteiristas, Mark Fergus e Hawk Otsby, "implorou"[32] que o Mandarim ficasse de fora. Eles achavam que o vilão — construído sobre estereótipos raciais — minava, de maneira bastante espetacular, o critério de plausibilidade de Favreau. Os chefões lhes deram ouvidos, em parte porque já começavam a pensar no longo prazo. Durante uma reunião crucial, Feige disse a Fergus: "Por que não deixamos o Mandarim para outra oportunidade?" (Um Mandarim impostor surgiu em *Homem de Ferro 3*, de 2013, e o personagem genuíno finalmente debutou na Marvel Studios em *Shang-Chi e a lenda dos dez anéis*, de 2021, treze anos após *Homem de Ferro*.)

Foi a escolha criativa correta. O terceiro filme dos X-Men (em 2006) e o terceiro filme do Homem-Aranha (em 2007) demonstraram que um longa de super-heróis pode ficar sobrecarregado com muitos vilões e reviravoltas. Também foi uma boa decisão financeira, como indicou Maisel: "Isso poupou uma tonelada de dinheiro, porque não tivemos que filmar todas aquelas cenas."[33]

Parte do dinheiro economizado por não filmar na China serviu para filmar na Califórnia, mais cara que os estados com subsídios para cinema (como Geórgia, Carolina do Norte e Novo México, todos usados pela Marvel em anos futuros). Favreau insistiu sobre a Califórnia. Ele acreditava em manter os empregos da indústria cinematográfica em Los Angeles e queria ficar perto de casa; no nível artístico, sabia que a maioria dos filmes de super-herói era localizada em Nova York (ou em variações fictícias, como Metrópolis e Gotham City) e queria que *Homem de Ferro* tivesse o distinto e autêntico ar da Costa Oeste. A Marvel não estava muito disposta a gastar esse dinheiro extra, mas Favreau inserira uma cláusula em seu contrato garantindo que a produção ocorreria em Los Angeles.

Enquanto Favreau tentava obter autenticidade geográfica filmando na roda-gigante do píer de Santa Mônica, o filme deliberadamente obscureceu a etnia de alguns antagonistas. Os cineastas tentaram fazer com que a organização terrorista Os Dez Anéis parecesse, de certa forma, mas não definitiva, como do Oriente Médio.

Quando a designer Dianne Chadwick criou o logo de Os Dez Anéis — visível em uma cena do início do filme, no pano de fundo do vídeo de resgate de Tony Stark, localizada na bandeira atrás dele —, o designer de produção J. Michael Riva pediu que ela fosse especialmente cuidadosa, comentando que "esse personagem [o Mandarim]"[34] poderia voltar em futuros filmes. A bandeira foi um dos primeiros easter eggs da Marvel: ela implicava que Os Dez Anéis tinham um alcance geográfico para além do Afeganistão. O departamento de arte sabia, nas palavras de Chadwick, que a organização era afiliada ao Mandarim, que, por sua vez, alegava ser descendente de Gengis Khan. Chadwick e Riva tentaram criar uma imagem que remetesse a essa linhagem.

Chadwick desenhou os anéis sobrepostos, as espadas e a borda ornada, mas teve de procurar tradutores e calígrafos para replicar os caracteres mongóis no interior dos anéis. "E os encontrei na própria Mongólia", disse Chadwick. "Não há muitas pessoas que ainda conheçam essa caligrafia." As palavras no logotipo final eram nomes reais de tribos e clãs mongóis e turcomanos.

Downey Jr., que ainda não era um superastro global, gostava de visitar o modesto escritório da Marvel para ver o andamento da produção. "Não havia roteiro, e basicamente escrevíamos o filme nas paredes",[35] disse

Stephen Platt. (Os roteiristas tinham gerado resmas de papel, mas nada definitivo.) "Não havia sequências de ação, nada. Era literalmente algo do tipo *o Homem de Ferro enfrenta um exército*." Enquanto a equipe de arte mostrava seu trabalho, contou Platt, Downey posava em posições de luta, interagindo com potenciais cenários em frente aos esboços colados nas paredes. "Ele parecia um garotinho no Natal", lembrou Platt. "Mal podia esperar para chegar a hora."

5
Prova de conceito

"Não faz drama, tá? Já me viu fazendo coisa pior."
Homem de Ferro

"Cara, eles não tinham roteiro",[1] reclamou Jeff Bridges. "Aparecíamos lá todos os dias sem saber o que dizer. Telefonávamos para os roteiristas e perguntávamos: 'Vocês tiveram alguma ideia?' Gosto de estar preparado. Gosto de saber minhas falas. Fiz um pequeno ajuste na minha cabeça. O ajuste era o seguinte: *Jeff, relaxe, você está em um filme de estudante de 200 milhões de dólares. Relaxe, divirta-se.*"

Antes do início das filmagens de *Homem de Ferro*, Jon Favreau e seus colaboradores saíram do superlotado escritório da Marvel Studios em cima da loja da Mercedes-Benz em Beverly Hills, deixando os executivos para trás e realocando a produção para o antigo estúdio Howard Hughes na empoeirada Playa Vista, Califórnia. (Como bônus, distanciaram-se um pouco da supervisão dos executivos da Marvel na Costa Leste.) "Nem sei como descrever. Era tudo muito sujo",[2] lembrou a cabeleireira Nina Paskowitz. "Havia dois galpões pequenos na propriedade, mais duas casinhas, e isso era tudo."

Quando os vários departamentos — maquiagem, edição, design — se mudaram para Playa Vista, eles estavam focados nos pontos principais da história e na arte conceitual. Ainda não haviam finalizado o roteiro. A equipe criativa trabalhava muito, mas o isolamento também promovia um ambiente festivo. O diretor de arte Dave Klassen e o designer de produção Michael Riva, que também haviam colaborado com Jon Favreau no filme de 2005 *Zathura: uma aventura espacial*, organizavam coquetéis que logo ficaram muito famosos. "Martínis, cervejas, o que fosse",[3] lembrou Stephen Platt. "Era ótimo por causa do moral, entende?"

"Lembro que Jeff Bridges levou aquele jogo com porquinhos de plástico chamado *Porkers*",[4] contou o maquiador Jamie Kelman. "Eles funcionavam como dados e, entre as cenas, jogávamos no set. Já não se pode fazer isso durante um filme da Marvel, jogar dados com o protagonista, rolar os porquinhos e dizer 'Ei, eles estão fazendo bacon' porque o focinho de um deles encostou no traseiro do outro. Mas essa era a graça daquela época. Não filmávamos um milhão de cenas. Parece que todos os filmes agora têm um milhão de cenas." Havia muito tempo para jogar *Porkers* enquanto o elenco esperava pelas próximas páginas do roteiro.

"Era uma maluquice, mas a ideia de não ter roteiro na pré-produção parece um pouco mais assustadora do que realmente é",[5] afirmou Art Marcum. "Tínhamos muito material bom com o qual trabalhar, e Tony Stark era um personagem maravilhoso."

Logo antes de as câmeras começarem a rodar, Mark Fergus e Hawk Otsby elaboraram um roteiro funcional, aproveitando anos de brainstorming e tentativas malsucedidas. "Líamos tudo, todos os esboços desde o primeiro dia, voltando quinze, vinte anos. Queríamos ver tudo o que já tinha sido feito",[6] disse Fergus. Eles produziram um roteiro em apenas doze dias — embora Favreau não o tenha seguido. O diretor descobrira que Downey era um ator que florescia quando tinha permissão para improvisar, e planejava manter o set o mais espontâneo possível.

"Continuamos a reescrever o roteiro durante os cinco meses seguintes, no set, sem parar. E foi incrível",[7] lembrou Marcum. Mas nem todo mundo achava "incrível". Embora Downey adorasse e Paltrow se adaptasse rapidamente, Bridges permaneceu desconfortável.

"Jeff gostava de receber o roteiro uns três meses antes de filmar a cena",[8] lembrou Favreau. Isso não era nem remotamente possível com *Homem de Ferro*. "Robert chegava e batia o texto com a parede do trailer todo dia."

"Eles tinham linhas gerais",[9] admitiu Bridges.

Loyd Catlett, stand-in (um ator de corpo e rosto similares que pode substituir um astro durante testes de luz e outros ensaios técnicos) de longa data de Bridges, falou mais sobre o método de filmagem: "Pela manhã, Jeff, Favreau, um par de produtores, um roteirista e Robert Downey se reuniam no camarim e ficavam lá dentro por umas quatro ou cinco horas. E nós esperávamos lá fora, fazendo pausas, saindo para almoçar e nos perguntando se iríamos filmar naquele dia. Então eles saíam do camarim com uma boa noção de como seria a cena."[10]

O método de Favreau exigia rápidas adaptações por parte da equipe. Às vezes, elas eram relativamente menores: Paskowitz se lembrou de ter aproximadamente "cinco segundos"[11] para mudar o penteado da atriz Leslie Bibb durante a cena da festa. Às vezes, cenários completos eram destruídos sem nunca terem sido usados porque a cena correspondente fora excluída. "O roteiro mudava muito",[12] disse a diretora de arte Susan Wexler. "Começamos a construir a caverna na qual o Homem de Ferro é concebido depois que Tony Stark é sequestrado. Essa era a *única* coisa sobre a qual tínhamos certeza. Ela já estava quase pronta quando disseram que talvez não fossem usar a caverna." De acordo com Wexler, Michael Riva interferiu, dizendo: "O cenário já está praticamente pronto. Seria tolice não usar."

É difícil imaginar *Homem de Ferro* sem a cena da caverna, o lugar onde Tony Stark obstinadamente construiu uma armadura, transformando-se no primeiro super-herói da Marvel. É um cenário tão icônico dos filmes Marvel que, mais de uma década depois, os créditos de *Vingadores: ultimato* terminam com o áudio do martelo de Tony Stark contra as paredes da caverna.

Favreau descobriu que Downey e Paltrow tinham muita química como Tony e Pepper. O diretor ficou obcecado por uma cena específica na qual Pepper, em um momento inicialmente previsto para ser cômico e nojento, enfia a mão na cavidade torácica de Tony para substituir o reator arc que protege seu coração. Jamie Kelman construíra um dispositivo protético que seria preso ao peito de Downey e vazaria gel lubrificante para simular a substância gelatinosa cercando o coração biomecânico de Stark. Favreau sabia que a cena precisava de um carga emocional e decidiu reescrevê-la.

"Ele queria que fosse um momento de aproximação entre os dois",[13] explicou Fergus. "E que fosse intenso. É algo meio íntimo, meio nojento e meio sexy. Ele queria que o momento fosse perfeito, e se debruçou naquela cena." Favreau estava enfatizando que Tony Stark, o homem com cem namoradas, só confiava seu coração a Pepper Potts.

Para que o romance funcionasse, Favreau precisava extrair inteligência e charme de seus protagonistas, assegurando que interpretassem versões mais intensas de si mesmos. Nos quadrinhos, Tony Stark não tinha muito senso de humor, mas Downey o infundiu com sua própria espirituosidade e enrolou o personagem em um cobertor de sarcasmo. Embora Paltrow não se sentisse tão confortável com a improvisação quanto Downey, Favreau encontrou uma maneira de injetar a personalidade dela no roteiro — ele inseria coisas nos diálogos de Pepper que Paltrow tinha improvisado nos ensaios.

Quando Favreau explicara uma cena na qual Pepper aconselha Tony sobre sua coleção de arte, Paltrow o corrigira em alguns detalhes. Então ele fez com que Pepper fizesse exatamente a mesma coisa com Tony na versão final do roteiro. (A ideia de Tony Stark ser dono de uma coleção de arte refletia a vida do próprio ator: a decoradora de cenários Lauri Gaffin reuniu a coleção depois que Downey "invadiu"[14] seu escritório e a interrogou sobre arte durante uma hora.) Paltrow também usou a própria experiência para dar um inesperado ar de comédia à grande cena da festa no Walt Disney Concert Hall, na qual Pepper diz a Tony que não está usando desodorante.

Essa cena, na qual Pepper, usando um longo vestido azul-escuro, deslumbra Tony, reverberou pelo restante da franquia. "Foi muito engraçado quando eles fizeram o esboço sequencial",[15] lembrou a figurinista Laura Jean Shannon. "Ela se vira e é nesse momento que Tony Stark percebe que está apaixonado por Pepper. Ele é um bobalhão — sabíamos disso havia muito tempo —, mas os homens são assim mesmo."

O caos controlado de Favreau chegou ao auge nessa cena, que ocorreu mais ou menos no meio das filmagens. "Jon se mostrou muito intenso sobre ela",[16] lembrou Gaffin. Ela, como o restante da equipe, não tinha roteiro com o qual trabalhar, nenhuma ideia sobre como seria a cena. Em algumas tomadas, Downey e Paltrow se beijavam. "Do nada, eles estavam se beijando no teto do Disney Hall", afirmou Gaffin. "E nós nos perguntávamos 'Que diabos é isso?'"

"Essa é uma daquelas cenas na qual todo mundo no estúdio olha para você como se você fosse maluco, porque são 4 da manhã, você já está na décima tomada e corre até lá e diz para eles fazerem completamente diferente da última vez",[17] disse Favreau. Na sala de edição, Favreau uniu tomadas diferentes para dar a entender que Pepper e Tony *quase* se beijaram. Assim como o Mandarim, seu grande momento romântico teria de esperar.

*

Tony Stark é um playboy, sabichão e fabricante de armas, mas somente a última qualidade exigiu a cooperação dos militares norte-americanos para parecer real nas telas. Atendo-se a seu mantra de plausibilidade, Favreau queria usar equipamentos militares para dar ao tenente-coronel Rhodes de Terrence Howard os acessórios reais de um oficial da Força Aérea. Qualquer filme ficcional que queira usar equipamentos ou títulos militares norte-americanos precisa da cooperação do Departamento de Defesa e de sua assessoria de relações públicas — o que significa que os militares precisam aprovar o filme e os mínimos detalhes do roteiro.

Quando um estúdio produz um filme que envolve as Forças Armadas *sem* aprovação do Pentágono, ele altera a aparência de acessórios e figurinos para não violar nenhum direito autoral ou marca registrada que o governo possa ter sobre logotipos, fontes e materiais. Colocar equipamento militar na tela sem cooperação do Pentágono requer que os cineastas encontrem um colecionador privado de máquinas de guerra de muitos milhões de dólares ou façam um acordo com um país que compre armas norte-americanas.

Como explicou o jornalista Siddhant Adlakha, "as Forças Armadas tornaram quase impossível produzir um filme sobre os militares norte-americanos sem sua ajuda. Por causa disso, qualquer empresa que queira produzir um filme dessa natureza é incentivada a trabalhar com o Pentágono. Em troca, o Pentágono tem a palavra final sobre o roteiro. E há pessoas do Departamento de Defesa no set tomando várias decisões — 'Você pode dizer isso, você não pode dizer aquilo' —, a fim de que os militares sejam representados de forma positiva ou não sejam representados de forma negativa".[18]

Após aprovar o roteiro, o Departamento de Defesa concedeu a *Homem de Ferro* colaboração total, inclusive disponibilizando a base aérea Edwards, na Califórnia, para três dias de produção e fornecendo soldados reais para atuar como extras. O sargento Joe Gambles, do 31º Esquadrão de Teste e Avaliação, que surge ao fundo de cenas de *Homem de Ferro* como três aviadores diferentes, disse ter feito questão de participar do filme após ter perdido uma chance similar em *Transformers*, de Michael Bay. "Achei que seria um desperdício do meu tempo na Edwards se não aproveitasse essa oportunidade",[19] disse ele.

O capitão Christian Hodge, gerente de projeto do Departamento de Defesa para *Homem de Ferro*, afirmou: "O filme será fantástico. Os soldados da Força Aérea parecerão astros de rock."[20]

A principal ponte entre a produção e os militares era Phil Strub, o responsável pela intermediação com a indústria do entretenimento do Gabinete de Mídia do Pentágono. (Ele também foi o oficial que recebeu autoridade para aprovar o roteiro.) O Pentágono quer mostrar os militares sob uma luz lisonjeira, mas também garantir que os filmes retratem corretamente a cadeia de comando, em vez de rompê-la por conveniência dramática. Mais tarde, isso causaria uma ruptura entre a Marvel e o Departamento de Defesa, porque — acredite ou não — os militares não concordavam com a todo-poderosa e fictícia agência de espionagem S.H.I.E.L.D. Durante a produção de *Homem de Ferro*, no entanto, Strub só se lembra de ter tido um único grande conflito com Favreau. Foi sobre uma única frase em um diálogo.

"O conflito só chegou a um fim durante a filmagem",[21] disse Strub. "Estávamos na base aérea Edwards em meio a umas duzentas pessoas e eu e [Favreau] estávamos discutindo sobre isso. Ele ficava cada vez mais vermelho, e eu estava igualmente irritado."

A frase era de um soldado que dizia que "daria a vida" pelas oportunidades recebidas por Tony Stark. Favreau, que passara semanas improvisando diálogos com Downey, não entendia qual era o problema. Em sua opinião, era uma figura de linguagem comum. Strub insistia que não queria um homem alistado fazendo uma brincadeira sobre suicídio. "Foi muito constrangedor", lembrou Strub.

Um furioso Favreau gritou: "E se ele disser que andaria sobre brasas ardentes?"

Strub aprovou imediatamente. "[Favreau] ficou muito surpreso por ser assim tão fácil", disse ele.

Contratualmente, o filme não podia depreciar os militares; da mesma forma, tampouco queria estereotipar a população do Oriente Médio como terroristas da organização fictícia Os Dez Anéis. Assim, a escolha para o pouco conhecido personagem Ho Yinsen — também prisioneiro e aliado de Tony Stark na caverna do Afeganistão — foi o ator iraniano-americano Shaun Toub. Somando-se à mistura multicultural estava a caligrafia mongol na logo da Dez Anéis. E o principal idioma da célula terrorista, a fim de não demonizar populações reais do Afeganistão, era o húngaro.

Favreau disse que, no roteiro original, havia uma cena na qual um integrante da Dez Anéis exibia vários caixotes para Stark, mostrando como presidentes norte-americanos recentes haviam espalhado armas pelo mundo todo. "Reagan, Clinton, Bush",[22] dizia o personagem, indicando quais caixotes pertenciam a qual época. A cena, considerada muito abertamente política, foi excluída.

"[Stark] vê em primeira mão o que armas podem fazer",[23] disse Adlakha. "É estranho que não soubesse disso antes, mas acho que funciona no filme, especialmente com a interpretação de Downey Jr. Mas, de outra perspectiva, ele está aprendendo que suas armas ferem pessoas quando caem em mãos erradas — mas as mãos erradas, nesse caso, são terroristas vagamente estrangeiros e nebulosos, nunca norte-americanos. E as armas são ruins somente quando ferem soldados e interesses norte-americanos."

Como escreveu Matthew Alford em *Reel Power: Hollywood Cinema and American Supremacy* [O poder do filme: o cinema de Hollywood e a supremacia norte-americana]: "O apelo emocional de *Homem de Ferro* repousa sobre a ideia de que Stark, o autoconfesso 'Mercador da Morte', deixou de ter uma atitude despreocupada em relação à fabricação de armamentos [...] Essa leitura ignora o evidente fato de que Stark continua a fabricar armas, mas elas agora são hi-tech e produzidas secretamente como parte de sua própria armadura de ataque."[24]

Essa armadura ideologicamente carregada também era o objeto mais brilhante do filme (e a base para toda uma linha de brinquedos da Marvel, naturalmente). Não existe Homem de Ferro sem a armadura. Adi Granov a projetou tendo como base sua própria arte nos quadrinhos; o difícil trabalho de moldá-la precisamente ao corpo de Downey e permitir que ele a usasse no set coube à Stan Winston Studios, a famosa agência de efeitos visuais gerida por Winston, que projetou o esqueleto robótico do filme *O exterminador do futuro,* de James Cameron, e o *Tyrannosaurus rex* animatrônico do filme *Jurassic Park,* de Steven Spielberg.

Downey disse que nunca se sentiu tolo usando a armadura vermelha e dourada — mas, uma década depois, lembrou vividamente de Terrence Howard dizer, gracejando, que ele parecia "uma joaninha".[25] Embora o ator estivesse no auge da forma física, graças a um plano super-heroico de exercícios, até mesmo os testes com a pesada armadura o deixavam exausto. Atuar dentro dela era tão desagradável e restritivo que quase nenhuma cena de Downey com a armadura completa foi incluída no filme. A maioria das tomadas de armadura em *Homem de Ferro* foi feita pelo dublê Mike Justus.

Nos anos seguintes, Downey seria mais insistente sobre não ficar preso no interior do traje, mas, mesmo durante as filmagens de *Homem de Ferro*, a tecnologia CGI já era avançada o suficiente para poupá-lo ao menos em parte do tempo. A pele, como a viscosa pele verde do Hulk, ainda era difícil de renderizar de maneira realista, mas as avançadas artes gráficas conseguiam reproduzir uma armadura de metal totalmente convincente. Em *Homem de Ferro,* os efeitos digitais serviram como apoio. Usando as referências de iluminação do cenário, os magos digitais podiam consertar problemas na aparência da armadura (e, em uma emergência, criar cenas que remendavam furos no roteiro). Uma cena de luta na cidade fictícia de Gulmira, por exemplo, envolveu uma armadura física do Homem de Ferro que, na opinião de Favreau, parecia "um Power Ranger"[26] à luz do dia, então ele a substituiu por CGI.

Embora a computação gráfica desse a Favreau mais flexibilidade nas sequências de ação, ele logo percebeu que, quanto mais tempo a plateia passasse assistindo a um Homem de Ferro digitalmente renderizado, mais desconectada ela se sentiria de Tony Stark. Nem Favreau nem Feige queriam tirar o foco de seu personagem; ambos já tinham visto muitos filmes baseados em quadrinhos cometerem esse erro. "A profundidade do personagem é incrível nos quadrinhos, e muitas pessoas não percebem",[27] disse Feige. "Inclusive algumas das pessoas encarregadas dos filmes baseados em histórias em quadrinhos."

Para solucionar o problema de o rosto de seu protagonista estar recoberto por uma máscara inexpressiva, os cineastas criaram um *heads-up display* ou HUD para o personagem: Favreau filmou closes do rosto de Downey, como se houvesse uma câmera no interior do capacete. Marc Chu, o supervisor de animação da Industrial Light and Magic (a venerável agência de efeitos visuais fundada por George Lucas, frequentemente chamada de ILM), descreveu o processo: "Eles o filmaram olhando em torno ou reagindo após algum evento e então acrescentaram as [imagens digitais], de modo que você sabe que ele está usando a armadura. Isso deu um aspecto humano às cenas."[28]

Embora as improvisações mantivessem um clima leve e energizado durante as filmagens, às vezes a abordagem de alta velocidade de Favreau causava problemas sérios. No meio da produção, Paltrow torceu o joelho filmando uma cena na qual Pepper Potts foge do Monge de Ferro (o personagem de Bridges, em sua própria armadura). Quando disse a Favreau que estava machucada, ele "revirou os olhos e afirmou 'Você está bem'".[29] Ela filmou várias cenas sentindo dor. Mais tarde, Paltrow, Favreau e a mulher dele, Joya Tillem, saíram para comer uma pizza. "Eu estava sentada ao lado da esposa de Jon", falou Paltrow, "e meu joelho estava muito inchado. Ela disse que eu precisava procurar um médico. Jon pediu desculpas por não acreditar que eu me machucara."

Para a batalha final, a produção supervisionou uma detonação controlada no topo de um prédio, representando a explosão do gigantesco reator arc de Tony Stark. As autoridades haviam sido notificadas e concedido permissão. Conforme programado, a explosão ocorreu exatamente às 22 horas — mas foi tão grande que queimou todas as luzes, no valor total de 180 mil dólares, que deveriam simular o brilho do reator. O espetáculo chamou atenção de helicópteros que passavam pela região e do Departamento de Polícia de Los Angeles, que enviou oficiais do Departamento de Polícia de Los Angeles, convencidos de que chegariam ao local de um horrível desastre.

★

Mesmo com todo o tempo passado em trailers criando cenas no mesmo dia em que seriam gravadas, Favreau terminou as filmagens em menos de quatro meses. Elas foram enviadas para várias empresas de pós-produção para aprimoramento digital. Enquanto os cineastas esperavam que voltassem, o editor Dan Lebental produziu uma versão bruta de três horas de duração. Foi quando Favreau e a Marvel Studios fizeram uma descoberta desagradável: o fim não funcionava. De jeito nenhum.

Favreau contratara Jeff Bridges e Robert Downey Jr., atores capazes de sustentar diálogos emocionalmente intrincados, mas então (juntamente com os roteiristas) criara uma história que terminava com os personagens lutando em armaduras gigantescas de metal. "O terceiro ato era basicamente dois robôs trocando socos",[30] lembrou o maquiador Jamie Kelman. "Eles não sabiam o que fazer com a cena. Então simplesmente a encurtaram." Isso não resolveu o problema: a cena encurtada agora era emocionalmente pouco satisfatória e abruptamente anticlimática.

Era outono de 2007 e *Homem de Ferro* tinha de ser lançado, inadiavelmente, em maio de 2008. Filmar uma nova sequência final era uma tarefa quase impossível, uma vez que os cenários do filme haviam sido destruídos e precisariam ser refeitos. Além disso, reunir novamente os atores e a equipe de produção seria complicado e dispendioso. Em contrapartida, havia tempo para fazer algo a respeito — e ninguém gostava daquele final.

Após cinco meses frenéticos reescrevendo o roteiro, os quatro roteiristas creditados haviam sido dispensados. Art Marcum e Matt Holloway, os roteiristas originais, haviam se afastado ainda durante as filmagens porque precisavam escrever um piloto para a TV pelo qual já haviam recebido. Mas a Marvel Studios os recontratou, explicou o problema e fez com que assistissem à última versão do filme. Quase imediatamente, eles viram uma saída, o retorno a uma cena anterior do filme. Holloway lembrou-se de como eles apresentaram a ideia a Feige: "E se o Homem de Ferro estiver perdendo, mas lembrar que Obadiah não construiu sua armadura, mas a roubou — e por isso ele não conhece seus defeitos? Por exemplo, em certa altitude, ela congela."[31] Feige adorou a ideia, mas, naquele momento inicial de sua carreira, não acreditava ter a palavra final. Ele disse à dupla: "Convençam o Jon."[32]

Favreau, que tentava desesperadamente manter *Homem de Ferro* dentro do orçamento, hesitou, porque a sequência custaria 6 milhões de dólares. Mas uma disputa trabalhista o forçou a decidir. A Associação de Escritores da América estivera negociando um novo contrato com a Aliança de Produtores de Cinema e Televisão, e havia muitos pontos de discórdia, incluindo a estrutura de pagamento dos serviços de streaming. Com uma greve de escritores no horizonte, Favreau percebeu que não teria uma opção melhor no curto prazo.

"Subitamente, eles disseram 'Ei, sabe aquela sequência? *Vocês precisam escrevê-la*'",[33] disse Holloway. "Corremos para terminá-la antes da greve." Holloway e Marcum entregaram o esboço do novo final logo antes da meia-noite de 4 de novembro de 2007. Em 5 de novembro, começou a greve (que duraria mais de três meses).

Agora a ILM tinha de fazer a sequência funcionar, e pelo menor custo possível. "Foi um equilíbrio entre o que podíamos fazer no tempo que tínhamos e também quais imagens estavam disponíveis",[34] disse Marc Chu, da ILM. ("Imagens" ou "placas de imagem" [*plates*] é jargão para cenas reais que receberão tratamento digital para criar efeitos visuais.) O fim não poderia ser reescrito por causa da greve, e Jeff Bridges não estava disponível para filmar novas cenas, então a equipe de efeitos visuais precisava aproveitar as imagens já existentes.

"Naquele ponto, todo mundo se perguntava se daria certo", lembrou Chu, falando daqueles meses de correria. Embora para Downey, pessoalmente, houvesse muita coisa em jogo, ele reconheceu que para a Marvel havia ainda mais. "Provavelmente era Kevin quem precisava colocar uma compressa fria no estômago todas as noites",[35] disse ele, "torcendo para que seus melhores planos acabassem funcionando."

Feige respondeu: "Todo mundo lida com o estresse de maneiras diferentes. Falando sobre a metafórica compressa fria..."[36] Ele fez uma pausa. "Acho que colocar compressas frias no estômago não funciona." Ele deu de ombros. "Vou tentar."

Homem de Ferro estreou em maio de 2008 e foi um sucesso imediato, com um faturamento doméstico de 98,6 milhões de dólares. Seu faturamento global chegaria a 585 milhões. A Marvel fizera uma aposta alta após a outra: hipotecar personagens para ter a chance de produzir seus próprios filmes, contratar Downey, confiar em Favreau para produzir um filme satisfatório mesmo quando ele parecia estar improvisando o tempo todo e outras mais. Essas apostas geraram resultados tão espetaculares que até mesmo Ike Perlmutter compareceu à *première* do filme em Hollywood. Ele teve de ser convencido a não reduzir o orçamento do coquetel durante o evento (ele queria limitar o cardápio a "batatas chips").[37] Avesso à imprensa, Perlmutter não tinha o menor interesse em percorrer o tapete vermelho ou dar entrevistas, e entrou no Grauman's Chinese Theatre disfarçado, usando óculos e bigode falso.

Antes do lançamento, *Homem de Ferro* gerara um burburinho positivo, mas modesto. Afinal, quem poderia antecipar que um estúdio novo filmando a história de um herói de segundo escalão geraria um blockbuster? Assim, a Marvel teve a vantagem de superar as expectativas: *Homem de Ferro* era um filme interessante, sagaz e emocionante que jamais tratava sua plateia-alvo com condescendência. Não foi o maior filme de super-herói daquele verão, título que coube ao segundo filme do Batman de Christopher Nolan, *O cavaleiro das trevas*. Esse filme também se preocupava com o 11 de Setembro e suas consequências, embora tratasse desses temas de maneira diferente. O Coringa de Heath Ledger era um vilão para uma era de terrorismo, sem outra motivação além de espalhar o caos e provar que mesmo as melhores pessoas de Gotham podiam ser corrompidas.

A intenção dos cineastas em relação a Tony Stark fora transformá-lo no herói com o qual as pessoas pudessem simpatizar, a despeito de sua promiscuidade, autoindulgência e posição como principal fabricante norte-americano de armas. Ao longo do caminho, o filme aparara suas arestas mais pronunciadas. Jon Favreau queria garantir que seu super-herói voador fosse plausível — mas foi forçado, pelas demandas da produção de blockbusters (e pelo envolvimento do Pentágono), a não comentar a moralidade de um bilionário tecnológico que constrói um sistema personalizado de armas para policiar o mundo.

O filme termina com Tony Stark declarando "Eu sou o Homem de Ferro" para uma sala cheia de repórteres, destruindo a suposição de que a identidade civil de um super-herói deve ser mantida em segredo a qualquer custo. Esse foi um sinal de que a Marvel Studios estava ávida para questionar as convenções, mesmo no contexto de uma produção cinematográfica de alto orçamento. Outros sinais surgiriam em breve.

6
Cena pós-créditos

"Estou aqui para falar da Iniciativa Vingadores."
Homem de Ferro

Kevin Feige teve a ideia de fazer uma última cena em *Homem de Ferro*. Ele encontrou inspiração em uma fonte inesperada: a comédia de 1986 de John Hughes, *Curtindo a vida adoidado*, estrelada por Matthew Broderick. Como adolescente obcecado por cinema, Feige sempre via todos os créditos, lendo os nomes de todas as pessoas que haviam criado o filme que acabara de ver. Mas, no fim de *Curtindo a vida adoidado*, tivera uma surpresa: Broderick retornava para dizer às pessoas que o filme terminara e elas deviam ir para casa. "Foi a melhor coisa do mundo",[1] disse Feige. "Achei *hilário*. Foi a pequena recompensa que recebi por ler todos os créditos." (Filmes com notáveis cenas pós-créditos anteriores a *Curtindo a vida adoidado* incluem *A noite dos mortos-vivos*; *Muppets: o filme*; *Almôndegas*; e *Apertem os cintos, o piloto sumiu*.) Assim como os cameos de Stan Lee, as cenas pós-créditos se tornaram uma marca registrada do Universo Cinematográfico Marvel. Elas fornecem momentos de descontração, aumentam a expectativa dos fãs com novos personagens e fornecem conexão entre os filmes. "Tudo sempre se resume a 'O que deixaria o fim do filme um pouco mais divertido?'", explicou Feige. "O que poderíamos fazer que fosse *ligeiramente* fora da narrativa, mas ligado à narrativa geral mais ampla, e oferecesse uma recompensa divertida às pessoas que ficaram sentadas enquanto nossos nomes eram exibidos?"

A primeira cena pós-créditos do UCM — com Samuel L. Jackson de tapa-olho como o diretor da S.H.I.E.L.D. Nick Fury, apresentando-se para Tony Stark — certamente foi um presente para os fãs. Mas também teve um propósito mais amplo. Fury menciona a "Iniciativa Vingadores", deixando explícita a ambição de Feige de unir todos os personagens díspares da Marvel (ao menos aqueles cujos direitos ainda detinha) em uma única superequipe.

Em suas duas horas e meia anteriores, *Homem de Ferro* já introduzira a S.H.I.E.L.D. quando Clark Gregg surgira como agente Coulson e usara o acrônimo em uma conversa com Pepper Potts. Mas, na cena pós-créditos, a Marvel Studios essencialmente apresentou seu revolucionário e interconectado futuro. O carismático Jackson ainda não era o bem-pago porta-voz de uma bandeira de cartões de crédito, mas usou seu talento e aproveitou ao máximo seus trinta segundos na tela.

Durante as filmagens de *Homem de Ferro*, Jon Favreau cooperara com a imprensa geek — a rede de websites sobre cinema que começava a se tornar influente — e tolerara os paparazzi, mesmo quando vazavam fotografias da produção. Certa noite, quando a equipe fazia testes de filmagem para o enfrentamento final contra o Monge de Ferro, um paparazzo conseguiu até mesmo uma foto da armadura do Homem de Ferro. O flexível Favreau a incorporou ao filme (ela está no jornal que Tony Stark lê na cena final). Em 21 de junho de 2007, no entanto, finalmente ocorreu um vazamento que enfureceu o diretor.

No então poderoso site de rumores e críticas de cinema *Ain't It Cool News*, o escritor Drew McWeeny, escrevendo sob o pseudônimo "Moriarty", publicara uma curta matéria que terminava dizendo: "Hoje, porém, [Robert Downey Jr. está] filmando cenas com participação de um ator que prepara uma sequência mais ampla da Marvel, e isso é emocionante porque espero que o personagem comece a aparecer em outros filmes, quando então veremos a Marvel Studios criar um mundo mais amplo, fora das cenas de filmes individuais. Esse é um grande passo na direção do filme VINGADORES sobre o qual temos ouvido falar. Quem é o ator? Quem é o personagem? Sam Jackson. Nick Fury."[2]

Todo o trabalho que a equipe de *Homem de Ferro* tivera para manter em segredo a presença de Jackson fora em vão — e o filme só seria lançado dali a quase um ano. Até lá, todo mundo na Marvel Studios evitou se manifestar sobre o vazamento, a fim de não atrair mais atenção para a história — ou melhor, todo mundo, menos Avi Arad.

Em junho, quando Favreau postou sobre o último dia de filmagem (no Caesars Palace) no MySpace (era 2007, afinal), ele terminou o post dizendo: "Também gostaria de agradecer ao Caesars por sua hospitalidade, generosidade e acomodações *Swank* [luxuosas]",[3] usando maiúscula no "s". Pode ter sido um erro ou uma piadinha interna sobre o fato de um dos extras nas cenas em Las Vegas, a atriz Stacy Stas, parecer-se com a vencedora do Oscar Hilary Swank, mas isso gerou rumores de um cameo secreto de Swank em *Homem de Ferro*. Arad, a despeito de não estar envolvido na produção, aproveitou a oportunidade para disseminar um pouco de desinformação.

Quando o *MTV Movies Blog* perguntou a Arad se Swank apareceria no filme — achando que, como era citado nos créditos como produtor, ele deveria saber —, Arad respondeu bruscamente: "Como você ficou sabendo?"[4] Então fez uma longa pausa e confidenciou: "É um cameo." Pressionado a dizer se Jackson estaria ou não no filme, ele se esquivou dizendo que não podia falar sobre isso, antes de ceder: "Essa coisa sobre o Sam deveria ser um grande segredo. É inacreditável que tenha vazado."

✳

Samuel L. Jackson como Nick Fury foi uma ideia cogitada por muito tempo, tanto para o ator quanto para o personagem. Fury era aventado como possível protagonista de um filme desde que Stan Lee se encarregara do escritório da Marvel em Hollywood; a primeira menção a um possível filme com Nick Fury ocorreu em 17 de setembro de 1986 na revista *Variety*, que afirmou que a Paramount tentava levá-lo para as telas dos cinemas.

Das várias propriedades que a Marvel cogitava desenvolver, Fury parecia a mais acessível. Em meio a todos os super-heróis com poderes esotéricos da Marvel, ele era um espião supereficiente com uma variedade de dispositivos impressionantes — basicamente, um James Bond dos quadrinhos.

Nick Fury é uma criação de Stan Lee e Jack Kirby, de 1963, um herói da Segunda Guerra Mundial, astro da revista em quadrinhos de guerra *Sgt. Fury e seu Comando Selvagem*. O personagem se tornou tão popular que, mais tarde, no mesmo ano, Lee e Kirby apresentaram sua versão pós-guerra como líder da agência de espionagem S.H.I.E.L.D. Logo, em qualquer mês do ano, as bancas vendiam revistinhas de Fury ambientadas tanto na década de 1940 quanto na década de 1960. Alguns anos depois, a Marvel entregou o título *Nick Fury, agente da S.H.I.E.L.D.* ao jovem e brilhante escritor/artista Jim Steranko, que deu aos quadrinhos um revolucionário visual op-art, batalhas épicas contra a organização maléfica HYDRA e um inegável clima da década de 1960.

Por volta de 1995, David Goyer (que escreveria *Blade* para a New Line) foi contratado para criar um roteiro sobre Nick Fury para a 20th Century Fox. "Originalmente, escrevi um esboço de *Nick Fury* como longa-metragem",[5] disse Goyer. "Era uma adaptação bastante representativa da era Steranko, mas atualizada com o barão von Strucker, a Garra de Satã e todas as outras coisas." (Fury reunira muitos personagens de apoio e invenções fabulosas ao longo das décadas, incluindo a Fórmula do Infinito, que mantinha os veteranos da Segunda Guerra Mundial jovens e ativos.) "Nada foi feito com ele", afirmou Goyer. "Acabou indo parar no limbo do desenvolvimento, e o estúdio perdeu os direitos sobre o personagem. Anos depois, após a produção de *Blade*, algumas pessoas me ligaram e disseram: 'Ei, vamos fazer uma série de pilotos para a Fox. A boa notícia é que escolhemos o seu roteiro de *Nick* Fury.'" O problema era que, como o roteiro de Goyer seria um filme para a TV, o orçamento seria de 5 ou 6 milhões de dólares, e não os 20 milhões que ele previra para o longa-metragem. "Eu disse 'Esqueça, não quero participar'. Então outra pessoa reescreveu o roteiro e eu não tive nenhum envolvimento com a versão para a TV."

O filme televisivo que foi lançado em 1998, *Nick Fury: agente da S.H.I.E.L.D.*, era protagonizado por David Hasselhoff (de *A supermáquina* e *Baywatch*). "Quando ele foi filmado, eu estava produzindo minha pró-pria e breve série, *Sleepwalkers*",[6] disse Goyer. "Além disso, inicialmente não fiquei muito entusiasmado com o envolvimento de Hasselhoff. Achei o filme medíocre, mas Hasselhoff se revelou sua melhor parte. Ele entendeu a piada. O roteiro era muito irônico, e Hasselhoff captou isso."

Hasselhoff, esperando interpretar Nick Fury no futuro, conseguiu a aprovação informal de Stan Lee e Avi Arad. "Meu Nick Fury era o Nick Fury orgânico que foi escrito e discutido com Stan Lee antes de qualquer um chegar lá para mudá-lo",[7] disse Hasselhoff. "Nick Fury foi escrito para ser irônico, sempre tinha um charuto na boca, era um cara durão — ele era descolado [...] Stan Lee falou: 'Você é o Nick Fury.' Avi Arad, quando [a Toy Biz assumiu a Marvel], afirmou 'Não se preocupe, você será Nick Fury para sempre', e eles mentiram." (Como prêmio de consolação, Hasselhoff fez um cameo em *Guardiões da Galáxia vol. 2* em 2017, creditado como "A forma de David Hasselhoff".)

O filme para a TV teve baixa audiência e a Fox cancelou seu plano de filmar uma série sobre a S.H.I.E.L.D. Cerca de cinco anos depois, Arad pediu que Goyer trabalhasse em um novo filme de Nick Fury para a DreamWorks. Goyer teria aceitado se a Warner Bros. já não tivesse lhe oferecido a oportunidade de escrever *Batman Begins* com Christopher Nolan. "Telefonei para Avi",[8] lembrou Goyer, "e disse: 'Eles me ofereceram o Batman. Desde que era criança, dizia a minha mãe que queria ir para Hollywood e fazer um filme do Batman. Tenho que fazer isso.' E Avi respondeu: 'Claro, você tem que fazer.'"

Arad e Marvel então procuraram Andrew W. Marlowe (mais tarde bem-sucedido como criador e showrunner da série *Castle*) a fim de ter um roteiro com Nick Fury pronto no caso de a DreamWorks concordar. Todas as partes envolvidas se basearam fortemente no Nick Fury dos quadrinhos vintage, localizado por volta de 1965. Eles não levaram em conta como o cenário de quadrinhos — e o próprio Nick Fury — havia mudado nos últimos anos.

Depois que Perlmutter despediu o CEO da Marvel Enterprises, Eric Ellenbogen, em julho de 1999, ele o substituiu por Peter Cuneo, mais atento a questões de orçamento. Também nomeou Bill Jemas presidente de produtos, publicações e novas mídias. Entre suas outras responsabilidades, Jemas tinha de descobrir um jeito de voltar a lucrar com as revistas em quadrinhos da Marvel, que estavam em declínio desde o fim da bolha de especulação dos colecionadores.

Jemas, formado em Direito por Harvard, usava seu diploma para dar uma carteirada sempre que queria reclamar da excessivamente complexa continuidade dos quadrinhos durante as reuniões. "Eu frequentei a Faculdade de Direito de Harvard",[9] dizia ele aos editores. "Se não consigo entender, não é por falha minha." Jemas odiava o fato de, após décadas de histórias, personagens como os X-Men e o Homem-Aranha, que haviam começado como adolescentes, agora serem adultos, alguns já com filhos. Da maneira como ele via as coisas, isso não somente diminuía seu apelo fundamental, como também os deixava fora de sincronia com as versões filmadas. Se uma criança se apaixonasse pelos mutantes ou pelo Aranha em um filme, argumentava ele, essa criança tinha de ser capaz de comprar uma revista em quadrinhos cujos astros tivessem alguma semelhança com a versão das telas.

Ele pensou em explodir todo o universo Marvel e recomeçar do zero. (A DC Comics, que se sentia similarmente sobrecarregada por sua própria história, fizera isso em 1985, no quinquagésimo aniversário da empresa, com *Crise nas infinitas terras*.) Jemas acabou dissuadido e escolheu uma opção menos radical: uma linha separada da Marvel Comics, chamada "Ultimate", que faria os personagens voltarem ao básico, contando as histórias de seus primeiros dias — mas atualizada para os leitores modernos — e focando nos personagens e histórias mais populares.

Ciente de que o filme dos X-Men seria lançado em 2001 e o filme do Homem-Aranha estava programado para 2002, Jemas queria que os quadrinhos Ultimate começassem com esses títulos, atribuindo o projeto ao editor-chefe Joe Quesada. A Marvel perdeu o prazo para o lançamento paralelo de *Ultimate X-Men* tanto porque o roteiro inicial dos quadrinhos foi rejeitado quanto porque a Fox inesperadamente adiantou a data de lançamento do filme em seis meses, para 2000. Mas Quesada recrutou Brian Michael Bendis (escritor de quadrinhos policiais independentes que também assinava edições de *Demolidor* quando seu celebrado autor, o diretor Kevin Smith, estourou o prazo) para escrever *Ultimate Homem-Aranha n. 1*, com o veterano Mark Bagley sendo responsável pela arte. A edição de cara nova recebeu grande impulso — Jemas se assegurou de que exemplares gratuitos fossem distribuídos em lojas de quadrinhos e de brinquedos — e foi um sucesso imediato.

Mesmo assim, a divisão de publicações da Marvel ainda tinha muitos problemas. Jemas reclamou por não poder capitalizar o sucesso do filme dos X-Men: "O filme era para pessoas de 20 e poucos anos e os produtos foram produzidos para crianças de 10, então os brinquedos acabaram encalhando. O programa de TV [o desenho animado *X-Men: Evolution*] que tínhamos era uma dor de cabeça, pois não estava associado a nada, e os produtos que produzíamos também só causavam estresse pelo mesmo motivo. Basicamente tínhamos um sucesso cinematográfico, mas uma situação financeira tão horrível que estávamos praticamente falidos. Falidos mesmo; não conseguíamos nem pagar os salários."[10]

Jemas e Quesada demitiram escritores e editores que trabalhavam na Marvel havia muitos anos, deram início a uma nova e mais sombria linha de quadrinhos "MAX", onde personagens como o Justiceiro podiam dizer palavrões e explodir a cabeça de seus inimigos, e deram luz verde para dezenas de versões Ultimate de antigos personagens Marvel, agora publicados simultaneamente com as versões tradicionais. Também atraíram novos talentos para a Marvel, incluindo a equipe formada pelo artista inglês Bryan Hitch e o escritor escocês Mark Millar. Hitch lembrou do telefonema que recebeu de Quesada: "Olhe, os loucos estão dirigindo o hospício por aqui. Por que você não vem para cá e se diverte um pouco?"[11] Hitch riu. "Esse foi *literalmente* o argumento dele."

E funcionou: Millar e Hitch receberam a tarefa de reinventar os Vingadores. Eles assumiram a tarefa com entusiasmo, chegando ao ponto de chamá-los de Supremos. O Capitão América ainda era um supersoldado descongelado da Segunda Guerra Mundial, mas Thor se tornou um ativista ambiental mentalmente desequilibrado que acreditava ser o deus do trovão, ao passo que Hulk, por alguma razão, tinha uma implicância com Freddie Prinze Jr. Não havia filmes UCM no horizonte quando eles lançaram os Supremos em 2002, embora os criadores tenham discutido como adaptar a equipe em um filme moderno a fim de abordá-la por um novo ângulo. Nas palavras de Hitch: "Johnny Depp seria o Homem de Ferro. Brad Pitt seria Thor. E assim por diante."

Os ataques de 11 de Setembro alteraram toda a linha Ultimate, enviando-a em uma direção mais sombria. "Agora era 'superterrorismo', e não 'supervilania'", disse Hitch. "E isso mudou completamente o tom." Também tornou a figura de Nick Fury mais importante: ele era o comandante da S.H.I.E.L.D., a principal agência de antiterrorismo da Marvel.

Em outro título, *Ultimate Quarteto Fantástico*, Millar estabelecera que o Nick Fury do universo Ultimate era negro. Ele explicou: "Eu queria que um Nick Fury afro-americano fosse diretor da S.H.I.E.L.D. porque, no mundo real, a coisa mais próxima disso era o cargo então ocupado por Colin Powell. Também achei que 'Nick Fury' soava como um daqueles grandes nomes da *blaxploitation* da década de 1970, e a coisa toda se uniu em um personagem muito específico, uma atualização do charme do superespião norte-americano Jim Steranko [...] baseado no Rat Pack, que parecia muito 1960 e precisava de uma atualizada."[12]

Na primeira vez em que Hitch desenhou o Fury 2.0, ele o fez à imagem e semelhança de Samuel L. Jackson "com tapa-olho e cavanhaque".[13] O estilo de Hitch é ultrarrealista, fortemente baseado em referências fotográficas, então ficou óbvio quem o inspirara. Jemas e Quesada ficaram preocupados — será que poderiam enfrentar uma ação judicial? —, mas o personagem ficara tão bom que valia o risco.

Jackson sempre foi um fã de revistas em quadrinhos. Crescendo em Chattanooga, Tennessee, na década de 1950, era um leitor tão voraz que a avó (que praticamente o criara) estabelecera a regra de que, a cada cinco revistas em quadrinhos, ele precisava ler algo mais substancial. Ele fizera um de seus melhores trabalhos no filme de 2000, *Corpo fechado*, interpretando o dono de uma galeria de comic-arte que se torna o supervilão Sr. Vidro. E era cliente regular da loja de quadrinhos Golden Apple, em Los Angeles.

Assim, não surpreende que rapidamente tenha dado de cara com o próprio rosto nas páginas de *Os Supremos*. Lisonjeado, mas confuso, ele telefonou para seus agentes. Ele dera permissão? De acordo com Hitch, "o pessoal de Sam entrou em contato com a Marvel e perguntou: 'Teremos que processar vocês por isso?'"[14] A Marvel evitou o processo dizendo que, se Nick Fury alguma vez aparecesse em um filme, o papel seria de Jackson. O ator aceitou a oferta. (A esposa de Jackson, LaTanya Richardson Jackson, até mesmo comprou para ele uma página original da arte de Hitch como presente de aniversário.) Do ponto de vista da Marvel, foi uma solução barata. Como pontuou Millar, "a ideia de que houvesse um filme parecia ridícula, já que a Marvel ainda estava começando a se recuperar do processo de recuperação judicial".[15] Mas foi por causa desse acordo que, cinco anos depois, a Marvel ficou com Jackson, em vez de honrar a promessa casual de Arad a Hasselhoff. É claro que Jackson também era um ator melhor e mais conhecido que Hasselhoff.

"Queríamos que Nick Fury fosse o personagem a interligar os outros personagens, mas não queríamos interromper o filme",[16] disse Feige. "Se Sam Jackson de tapa-olho aparecesse no meio da história, poderia ser irritante. Presumo que as únicas pessoas que ficariam até depois dos créditos seriam as que já soubessem quem era o cara de tapa-olho."

Como disse Favreau, "era puramente uma carta de amor para os fãs e um easter egg divertido para as pessoas que ficaram até o fim".[17]

A gravação, que levou um dia inteiro, aconteceu no ainda intacto cenário da mansão Stark, alguns dias após o fim das filmagens. Brian Michael Bendis escrevera múltiplas versões da breve cena: Tony Stark volta para casa e encontra Nick Fury. Fury fala sobre os Vingadores. Algumas versões tinham uma frase extra de Stark, por exemplo: "Quem estamos vingando?" E uma cena descartada fazia referência a duas outras franquias de sucesso baseadas em propriedades da Marvel, além do filme do Hulk, prestes a ser filmado. Jackson, como Fury, reclamava: "Como se não bastassem acidentes com raios gama, picadas de aracnídeos radioativos e mutantes variados, tenho que lidar com um pirralho mimado que não sabe brincar com os outros e quer manter todos os brinquedos para si."

A frase teria alegrado os fãs, mas gerava uma expectativa impossível para os futuros filmes da Marvel. Feige não queria aludir a personagens que não podia mostrar nas telas. "Não tínhamos os X-Men, não tínhamos o Quarteto Fantástico, não tínhamos o Homem-Aranha, mas tínhamos todos os outros",[18] explicou ele. "Mesmo que o restante ainda não tivesse sido transformado em um grande filme nem fosse reconhecido por aqueles que não liam quadrinhos, havia a oportunidade de colocar certos heróis nos filmes de outros heróis, o que nunca fora feito antes."

Favreau reconheceu que Feige supervisionou a cena final: "Kevin definitivamente esteve muito envolvido com tudo, porque aquilo que Nick Fury dissesse teria impacto na Iniciativa Vingadores — era uma maneira de acender o pavio. Kevin estava estabelecendo as bases de planos muito grandes."[19]

✳

Quando a Marvel finalmente liberou *Homem de Ferro* para os críticos e testes de exibição, as primeiras cópias não continham a cena com Fury — uma última tentativa de preservar a surpresa. Jornalistas que esperavam cameos de Hilary Swank e Samuel L. Jackson relataram não tê-los visto. A cena-bônus foi acrescentada quando o filme começou a ser exibido para o público em geral; rapidamente se espalhou a notícia de que ninguém devia ir embora antes de os créditos terminarem.

Feige refletiu: "Eu achava que a cena serviria somente para iniciar conversas potenciais entre os fãs mais inveterados. Algo do tipo: 'Espere aí! Isso significa que...' Em vez disso, na segunda-feira, a *Entertainment Weekly* publicou *sidebars* sobre Nick Fury, quem ele era e o que a cena significava."[20] Ele sorriu e lembrou de sua avaliação sobre a resposta do público: "A coisa explodiu muito antes do que eu esperava."

7
Níveis extraordinários de toxicidade

"É melhor não me deixar com fome."
O incrível Hulk

Hulk era o mais forte de todos: o segundo personagem mais popular da Marvel depois do Homem-Aranha, que não estava disponível para a Marvel Studios. Criado por Stan Lee e Jack Kirby em 1962 para ressoar o livro de Robert Louis Stevenson *O médico e o monstro: o estranho caso de dr. Jekyll e sr. Hyde*, o Hulk era familiar para o público que não lia quadrinhos por causa de *O incrível Hulk*, a série exibida na CBS entre 1977 e 1982 (e mais três filmes televisivos no fim da década de 1980), estrelada por Bill Bixby como o melancólico cientista Bruce Banner (que na TV se chamava David), que, quando ficava zangado, transformava-se em um gigante verde chamado Hulk, interpretado pelo fisiculturista Lou Ferrigno pintado de verde.

Greg Pak, que escreveu histórias em quadrinhos do personagem durante muitos anos, incluindo *Planeta Hulk*, em parte adaptado em *Thor: Ragnarok*, observou: "Todos adoramos o Hulk porque ele esmaga coisas — sentimos uma empolgação visceral e vicária quando vemos alguém perder totalmente o controle, como em muitas de nossas próprias fantasias. Mas as histórias ressoam porque sempre há um preço a se pagar por agir com raiva, não importando quão justificada fosse."[1]

O personagem continuou sendo muito popular, especialmente entre os meninos: os brinquedos do Hulk sempre vendiam bem. "O Hulk era nosso segundo maior produto na época",[2] disse David Maisel. A liderança da Marvel Studios decidiu, sem qualquer discordância, que o filme do Hulk seria um de seus primeiros lançamentos. "Não havia o que discutir", concluiu Maisel.

Os roteiristas chamam uma escolha dramática de "na cara" se ela for previsível ou óbvia demais. A produção do filme pela Marvel se desenrolou como um roteiro da vida real, transformando-se em uma caótica cena de batalha quando seu pacato protagonista se transformou em um incontrolável agente do caos. Uma produção que parecia um sucesso garantido quase afundou, ameaçando não somente a bilheteria de um filme de verão, como também o destino de um estúdio que tentava se estabelecer. *O incrível Hulk*, estrelado por Edward Norton e lançado no verão de 2008, é um dos projetos menos amados da Marvel. É o filme que os recém-chegados ao UCM são encorajados a pular. Mas também ensinou à Marvel Studios uma valiosa lição sobre os limites da colaboração. Dito de outro modo, a Marvel aprendeu que autoridade baseada em hierarquia e criatividade não está necessariamente em conflito.

A Marvel incluiu essa lição de moral em seus valores essenciais. "Temos uma política de não babaquice em nossos filmes",[3] resumiu um artista da casa.

Craig Kyle, que se uniu à Marvel Studios como produtor na época da fábrica de pipas, concordou: "É uma grande política."[4]

✳

Um longa-metragem do personagem fora lançado somente alguns anos antes: *Hulk*, dirigido por Ang Lee e estrelado pelo ator australiano Eric Bana, chegara aos cinemas em 2003. Embora alguns críticos respeitassem a ambição artística de Lee, o filme não conquistou os fãs. A despeito das reações ambíguas, foi útil quando a Marvel Studios precisou selecionar quais personagens usar nas quatro rebatidas do plano Maisel. "Já fizemos um filme do Hulk, com bilheteria razoável [245 milhões de dólares em todo o mundo]",[5] explicou Maisel. "Quando faz uma sequência, você sabe que o faturamento será mais ou menos igual ao do primeiro filme. É muito difícil que esse número suba ou caia drasticamente. No caso de *Homem de Ferro*, tínhamos expectativas muito altas. Mas sabíamos bem o que esperar de *Hulk*."

O *Hulk* de 2003 fora produzido e distribuído pela Universal Studios depois que seu presidente, Ronald Meyer (cofundador da Creative Artists Agency), fizera um acordo com Avi Arad. Em certa tarde de sábado de 2005, Maisel telefonou para Meyer, com quem trabalhara anos na CAA. Eles conversaram sobre a Universal e sua empresa-mãe, a General Electric, e então Maisel abordou o assunto principal: "Vocês farão outro filme do Hulk?"

"Francamente",[6] respondeu Meyer, "não está nos planos."

Maisel sugeriu que a Universal distribuísse o filme do Hulk que a Marvel Studios produziria (como a Paramount estava fazendo com *Homem de Ferro*). A Marvel gastaria cerca de 100 milhões de dólares na produção; se o filme resultante tivesse um faturamento parecido com o de 2003, a Universal embolsaria algo entre 20 e 30 milhões. O que tornava a situação diferente do acordo com a Paramount era que a Universal renovara seus direitos de filmagem do Hulk após o filme de 2003. A Marvel teria de usar um personagem que não controlava — um anátema para o jovem estúdio. Mas Maisel tinha uma estratégia.

"Eu recupero os direitos e rasgamos o antigo acordo de licenciamento. Fazemos um acordo individual para a distribuição do filme",[7] sugeriu ele. Meyer ficou intrigado e eles marcaram uma reunião na semana seguinte para discutir os detalhes.

Concordaram que a Marvel reobteria os direitos de filmagem do Hulk, mas a Universal Studios distribuiria todos os filmes da franquia. Isso significava que Hulk podia fazer um cameo ou participar de uma equipe sem o envolvimento da Universal, desde que seu nome não estivesse no título do filme. Isso foi um ponto crucial da negociação para Maisel: a Universal não tinha ideia do quanto a Marvel podia aproveitar o Hulk sem que ele fosse protagonista de seus próprios filmes. Os detalhes do contrato modelariam o UCM: o acordo é a principal razão de o Hulk não ter estrelado um filme posterior, a despeito de sua proeminência e popularidade.

O arranjo foi um presente para a Marvel Studios e as outras divisões da Marvel, porque agora a empresa podia controlar quando os filmes envolvendo o Hulk seriam lançados. A memória da Fox abruptamente alterando a data de lançamento do primeiro filme dos X-Men, levando a fracas vendas de brinquedos, ainda incomodava Ike Perlmutter.

A Marvel Studios decidiu produzir o filme logo após *Homem de Ferro*, com a pré-produção de ambos ocorrendo simultaneamente ao longo de 2006. A propriedade Hulk vinha com vários roteiros, todos desenvolvidos antes de Ang Lee trabalhar com seu colaborador de longa data, o escritor e produtor James Schamus. Um desses roteiros era de Zak Penn, que Kevin Feige conhecia por seu trabalho em *X-Men 2* e *X-Men: o confronto final*. A Marvel contratou Penn para revisar seu antigo roteiro enquanto a nova equipe de designers visuais do estúdio trabalhava na aparência do golias esmeralda nas telas.

O *Hulk* de Ang Lee fora criticado por razões que iam da maneira como Hulk mudava de tamanho dependendo de seu humor aos esforços do diretor para, em certos pontos do filme, reproduzir a aparência de uma página de quadrinhos com múltiplos "painéis". Mas a queixa maior dos fãs era que o filme não tinha ação suficiente, então a Marvel Studios procurou Louis Leterrier, um diretor mais conhecido por cenas de luta que por dramas introspectivos, cujo currículo incluíam *Carga explosiva* (codirigido pelo especialista em ação de Hong Kong Corey Yuen), *Cão de briga* (estrelado por Jet Li) e *Carga explosiva 2* (estrelado, como no primeiro filme, por Jason Statham). Seus filmes eram cheios de efeitos práticos, não digitais, mas ele já provara ser flexível e aprender rápido.

Leterrier, um parisiense *protégé* do diretor francês Luc Besson, reuniu-se com Arad e expressou seu interesse em dirigir *Homem de Ferro*. Feige informou que a posição já estava ocupada, mas Leterrier considerou a oferta para Hulk. Embora o personagem dos quadrinhos tivesse sido reinventado muitas vezes ao longo das décadas, Leterrier se viu atraído pelos visuais e emoções dos quadrinhos *Hulk cinza* escritos por Jeph Loeb e desenhados por Tim Sale. Leterrier aceitou dirigir *O incrível Hulk*, mas quis iniciar o design do personagem principal o mais cedo possível, acreditando que nenhuma decisão criativa importava tanto quanto sua aparência. A Marvel Studios procurou Kurt Williams, um veterano supervisor de efeitos visuais cujo primeiro filme de super-herói fora *Batman eternamente*, uma década antes.

"Minha memória mais vívida",[8] disse Williams, "é entrar na sala de guerra dos projetos, para além de *Hulk*. Entrei lá com Louis e Kevin e, subitamente, a visão de futuro de Kevin explodiu diante de meus olhos." Feige tinha o plano mestre; Leterrier, focado nos detalhes, já fazia colagens de suas cenas favoritas das revistas do Hulk para usar como referência. Williams chamou o artista conceitual e designer de criaturas Aaron Sims (mais tarde famoso pelo Demogorgon sem rosto de *Stranger Things*).

Os cineastas sabiam que queriam ficar longe da aparência do Hulk de 2003, que tinha proporções estranhas; Williams o descreveu como "bebê gigantesco". Leterrier queria um Hulk mais musculoso que também fosse capaz de emoções sutis, então começaram a desenhá-lo não durante uma luta, mas em repouso. "O maior desafio do processo de design provavelmente foi mostrá-lo calmo",[9] disse Sims. Sempre que Leterrier sentia que ele e Sims haviam acertado algum aspecto da aparência, ele o mostrava a Williams e aos produtores da Marvel. O meticuloso processo levou quase um ano, começando antes que qualquer ator fosse chamado para o elenco e só terminando durante a pós-produção.

Williams também contratou a produtora de efeitos visuais Rhythm & Hues. Embora tivesse trabalhado em blockbusters recentes como *X-Men: o confronto final* e *As crônicas de Nárnia: o leão, a feiticeira e o guarda-roupa*, fora o trabalho da empresa em *Babe, o porquinho atrapalhado*, pelo qual recebera um Oscar, que atraíra Williams. Nesse último filme, os especialistas da Rhythm & Hues haviam reproduzido com sucesso músculos em animais de CGI, dando a impressão de que realmente eram capazes de falar, e a Marvel esperava que pudessem fazer o mesmo com o taciturno Hulk. (Afinal, Hulk tinha um vocabulário mais limitado que o de Babe, o porquinho pastor de ovelhas.)

Embora Eric Bana tivesse feito um trabalho crível no *Hulk* de 2003, a Marvel Studios queria deixar claro que seu filme não era uma sequência, então precisava de um novo Banner. Leterrier queria que seu protagonista fosse Mark Ruffalo, que acabara de filmar *Zodíaco*, de David Fincher, contracenando com Robert Downey Jr., recentemente escolhido para ser o Homem de Ferro. Mas a Marvel acreditava ter uma opção melhor: Edward Norton.

O ator parecia uma escolha natural para o papel devido à dualidade de suas interpretações em *Clube da luta* e *As duas faces de um crime*. Norton, que tinha 37 anos quando *O incrível Hulk* começou a ser filmado, já fora indicado duas vezes para o Oscar, por *As duas faces de um crime* e *A outra história americana*.

Se a Marvel tivesse acompanhado mais de perto o que acontecera em *A outra história americana*, teria tido uma prévia de como as coisas sairiam de controle no set de *O incrível Hulk*. Norton entrara em conflito com o diretor Tony Kaye sobre seu violento e perturbador filme a respeito da ascensão da cultura neonazista nos Estados Unidos e a New Line Cinema ficara do lado de seu protagonista. Ele teve permissão para reeditar o roteiro, acrescentando quase vinte minutos ao conciso filme de uma hora e meia. Kaye reclamara que Norton "generosamente deu a si mesmo mais tempo na tela".[10] Furioso por ter perdido o controle sobre seu filme, Kaye tentara fazer com que seu nome fosse retirado dos créditos e o filme removido de festivais, esforços que só conseguiram minar sua própria carreira de diretor. *A outra história americana* foi considerado um triunfo e Norton recebeu uma indicação ao Oscar de melhor ator.

Norton tinha experiência tanto como diretor quanto como roteirista; ele alegava que, quando sua então namorada Salma Hayek estrelara *Frida* (2002), havia reescrito totalmente o roteiro sem ganhar nenhum crédito por isso. Assim, antes de concordar em estrelar *O incrível Hulk*, ele arrancou da Marvel a promessa de que poderia revisar o roteiro de Zak Penn. Norton acreditava que Hulk poderia ter grande peso dramático e tinha a ambição de transformá-lo em algo maior que uma propriedade intelectual em outro filme de aventura.

A Marvel considerou o desejo de Norton de se envolver na criação uma vantagem, não um problema, esperando que sua presença desse a *O incrível Hulk* o mesmo prestígio que Downey e Gwyneth Paltrow estavam fornecendo a *Homem de Ferro*.

A outra preocupação de Norton era o fato de Hulk ser uma criatura digital. Ele temia entregar metade da interpretação a outra equipe criativa, sobre a qual não teria controle. Ele se lembra de ter dito para a Marvel: "Se eu não puder interpretar o Hulk, então não é assim tão interessante. Porque, como ator, é isso que torna o trabalho complexo."[11] Williams garantiu que eles usariam os últimos avanços em captura de movimentos, especificamente um novo sistema chamado MOVA, a fim de que ele pudesse interpretar tanto Banner quanto Hulk.

Norton assinou o contrato e começou a reescrever o roteiro, conversando periodicamente com a produção enquanto o restante do elenco era contratado. William Hurt, que interpretou o general "Thunderbolt" Ross, era fã de carteirinha. "Ele sempre foi meu favorito",[12] afirmou Hurt. "Sempre pergunto a meu filho por que ele é nosso favorito. Eu sou leitor dos quadrinhos, mas ele é um fanático." O filho o ajudou a se preparar para o papel fazendo um resumo da biografia e dos traços de personalidade do Ross dos quadrinhos.

Liv Tyler também se envolveu no filme por conta de conexões familiares: quando criança, ela assistira à série com a mãe, Bebe Buell. Em 2004, Tyler dera à luz seu primeiro filho, Milo; agora estava reiniciando sua carreira como atriz. "Meu agente telefonou certa noite",[13] lembrou Tyler. "Eu tinha acabado de colocar Milo para dormir. Eram umas 9 da noite, e sempre fico irritada quando me ligam tão tarde." A Marvel Studios queria que ela voasse até Los Angeles no dia seguinte para discutir o papel de Betty Ross. Ela fez a viagem um dia depois e, após uma reunião com Feige e Leterrier, assinou o contrato.

Para interpretar o vilão do filme — o soldado Emil Blonsky, que no ato final se transforma no monstro de CGI Abominável —, Leterrier queria Tim Roth, mais conhecido por seu trabalho nos filmes de Quentin Tarantino. O diretor achava, assim como Jon Favreau em *Homem de Ferro*, que contratar atores com um histórico de personagens secundários interessantes impediria que um filme baseado em quadrinhos se transformasse em uma ridícula autoparódia. Feige inicialmente resistiu à contratação de Roth, querendo um nome mais famoso, mas Leterrier e Roth o persuadiram. O estágio de Feige com Lauren Shuler Donner lhe ensinara a importância de ouvir outras opiniões e, de acordo com Roth, ele até mesmo agradeceu ao ator por tê-lo convencido de que era o homem certo para o trabalho. "Comparo o Abominável com um filme independente",[14] disse Roth. "Era um filme independente com um grande orçamento."

Discutindo com Leterrier como personificar fisicamente o Abominável, Roth recomendou o coach de movimentos Terry Notary, que trabalhara com ele em *O planeta dos macacos*, onde Roth interpretara o feroz chimpanzé general Thade. Notary, Kurt Williams e a Rhythm & Hues iniciaram o processo de pré-visualização, criando esboços de quaisquer ideias que Leterrier apresentasse. Quando Leterrier sugeriu uma sequência na qual Hulk e o Abominável lançariam carros um contra o outro, destruindo hidrantes no processo, os artistas visuais rapidamente mostraram como isso ficaria na tela. "O que quer que você inventasse, tínhamos uma equipe inteira trabalhando nisso",[15] afirmou um Notary bem impressionado.

As pré-visualizações e os dados de captura de movimentos foram passados para a Rhythm & Hues, a fim de que a equipe de efeitos visuais começasse a trabalhar, e para o departamento de arte, onde Aaron Sims ainda refinava a aparência final do Hulk. Os artistas de efeitos visuais tentaram incorporar a aparência de Norton ao Hulk de CGI, disse Sims, mas "Edward Norton tem um rosto muito estreito. Se você o alonga ou alarga de qualquer maneira, o resultado já não se parece com ele. Percebemos que não valia a pena forçar a semelhança. Haveria algo dele nos olhos, mas era basicamente tudo, porque, no restante — até mesmo no nariz —, a estrutura óssea era tão diferente que não havia como o Hulk se parecer com ele".[16]

Antes do início das filmagens, Norton apresentou o esboço de seu roteiro, que serviria como orientação para as cenas. Leterrier permitiu que ele tivesse um nível incomum de controle sobre o set: uma combinação de astro, produtor e roteirista. Leterrier tinha uma natureza bastante colaborativa, mas também sabia que Norton era mais influente que ele. Zak Penn, o roteirista original, percebeu que não passaria muito tempo no set durante as filmagens. "Foi doloroso",[17] admitiu ele. "Meus amigos ainda trabalhavam no filme, e eu entendi. O que eu podia fazer? O que podia dizer? Não há razão para o roteirista estar presente quando o ator principal também é roteirista."

Em julho de 2007, a equipe de produção de *O incrível Hulk* se deslocou de Los Angeles para Toronto, onde seriam as filmagens. Duas semanas depois, os responsáveis pela produção retornaram à Califórnia, onde participaram do painel da Marvel Studios na San Diego Comic-Con. O painel contava com Feige; um taciturno Arad; Gale Anne Hurd, da Universal; Norton; Tyler (que ainda não filmara nenhuma cena); e, subindo ao palco com o pé esquerdo engessado, Leterrier. Conversando com uma plateia de fãs inveterados de quadrinhos, todo mundo enfatizou que o filme não seria uma continuação da abordagem de Ang Lee, com Feige se referindo à produção atual como "Parte Um".[18] Hurd criticou o *Hulk* de 2003, embora o tivesse produzido, prometendo que, daquela vez, Hulk não teria "três tamanhos diferentes".[19]

Quando a conversa se voltou para Norton e a questão de como o ator terminara em um projeto de super-herói, ele respondeu, para visível surpresa de todos: "Bom, eu escrevi o filme."[20]

Do ponto de vista de Penn, muitas das mudanças que Norton fez no roteiro foram superficiais, possivelmente porque grande parte do filme já passara pelo esboço sequencial e pela visualização, e porque Norton tentava garantir sua posição, caso houvesse uma interferência em relação aos créditos da Associação de Escritores da América. "Eu escrevi que ele andaria para leste usando boné azul e agora ele andava para oeste usando boné vermelho",[21] disse Penn. "E chamei a vizinha do andar de cima de Lorina, e ele mudou para Malina ou algo assim."

Penn admitiu: "Ele realmente mudou algumas coisas no fim. Eu escrevi uma cena na qual, quando Ross pega Banner no hospital que aparece no início do filme, ele o joga para fora do helicóptero. Era um momento bastante chocante. Eles passaram isso para um momento no qual ele decide saltar sobre o Harlem. Essa é uma grande diferença: eu achava que [a versão original] seria uma cena muito bacana, e não entendi por que ele saltaria sobre o Harlem, já que, teoricamente, poderia matar muita gente."

Quando os créditos finais foram determinados, houve, como esperado, uma decisão da Associação de Escritores da América: ela determinou que Penn seria o único roteirista creditado, dando-lhe tanto o orgulho público pela autoria quanto futuros cheques residuais. Mesmo assim, Norton pensava no roteiro como seu e acreditava tê-lo imbuído dos tons míticos de um conto de Prometeu.

Antes do começo das filmagens, disse Leterrier, "fizemos 'ensaios' durante três semanas".[22] Norton estabelecera uma boa conexão com Hurt, apesar de eles só terem duas cenas juntos. Assim, de acordo com Leterrier, o processo de "ensaio" se resumiu a "Tim, Liv e eu observando William e Edward conversarem".

Enquanto a produção do *Homem de Ferro* de Favreau foi caracterizada por coquetéis e pelo mantra da "plausibilidade", o set de Leterrier era uma

avalanche de atividade caótica, inspirada pela abordagem dos cineastas de
Hong Kong com quem ele aprendera. Como disse Williams, "quando se está
trabalhando com Louis, todos tendem a captar a incrível energia dele. E tudo
que você quer fazer é seguir em frente".[23] As filmagens ocorriam constantemente em múltiplas unidades: equipes de dublês, tomadas complementares
de helicópteros e até mesmo atores encenando diálogos.

Durante o primeiro mês, Leterrier estava com o pé engessado, mas
isso não pareceu retardá-lo. Com a bengala em uma mão e um megafone
vermelho na outra, ele aparecia onde quer que sua atenção fosse mais
necessária. Quando precisava estar em outro lugar, confiava que os atores
principais fariam seu trabalho, e assim Norton e Roth assumiram o controle das cenas mais significativas de seus personagens. "Louis consegue
filmar cenas de ação de olhos fechados", disse Williams. "Acho que cenas
mais sutis teriam sido um desafio para ele. Parece fácil filmar, porque o
set está calmo e não há duzentas pessoas em torno. Mas, às vezes, pode
ser delicado, por causa do diálogo."

Sempre que Roth e Norton estavam livres, eram convocados pela equipe
de efeitos visuais para produzir mais cenas de referência. Com o sistema
MOVA, o mais avançado da época, eles não precisavam atuar diante de telas
verdes com dezenas de pontos em seus rostos. Em vez disso, eram borrifados
com pó iridescente. A luz refletida, que resultava em milhares de pontos
precisos, era capturada para criar um mapa digital de suas interpretações.
Williams explicou os benefícios: "O sucesso de um personagem CGI depende dos micromovimentos oculares, dos músculos durante as expressões
faciais, da sutileza nos dedos e dos pequenos músculos."

Embora Norton tivesse transformado seu desejo de interpretar tanto
Banner quanto Hulk em um dos pontos-chave da negociação antes de assinar o contrato, quando a equipe digital começou a coletar os dados que
permitiriam que Hulk se movesse, ele não se mostrou interessado em vestir
o traje e trabalhar com Terry Notary e seus colegas na captura de movimentos. Usar o MOVA associado à captura de movimentos foi um compromisso
que permitiu que Norton contribuísse para as cenas do Hulk, embora seus
dados faciais não se traduzissem bem em um modelo CGI que não se parecia com ele. De qualquer modo, esses recursos foram abandonados quando

ficou claro que Norton não estava disposto a trabalhar as horas necessárias para criar uma performance em CGI.

Todas as expressões do Hulk foram criadas com quadros-chave, significando que foram renderizadas sem nenhum dado capturado de um ator. Keith Roberts, então diretor de animação da Rhythm & Hues, disse diplomaticamente: "Hulk não possui as expressões de Edward Norton, mas os dois são muito similares em timing facial."[24]

Notary foi mais direto: "[Norton] não estava realmente envolvido nas coisas do Hulk, a menos que estivesse se transformando. Ele não esteve muito presente na coisa toda."[25]

Roth, ao contrário, adorou trabalhar com Notary mais uma vez, e periodicamente vestia o traje de captura de movimentos. "Tente isso, amigo!",[26] dizia ele a Notary, que o descreveu como "um daqueles atores quintessenciais que gostam de se envolver, querem ter certeza de que sairão bem nas imagens, assim como seus personagens".[27]

Os dados de MOVA de Roth se provaram mais úteis para a Rhythm & Hues, disse Williams, porque "era possível ver o que ele estava tentando fazer".[28]

Enquanto muito esforço coletivo era focado em produzir uma versão do Hulk que agradasse aos espectadores, Roth e a equipe de produção tinham mais liberdade com o Abominável. "Era importante acertar naquilo que todo mundo reconhecia como o icônico Hulk",[29] disse Sims. "Mas, no caso do Abominável, embora ele fosse um personagem importante, não tínhamos que ser tão fiéis aos quadrinhos, porque ele não era um astro." Tampouco precisavam fazer com que o Abominável se parecesse com Roth e, de acordo com Sims, "não havia quase nenhuma semelhança" entre o ator e seu monstruoso alter ego. Leterrier, no entanto, notou um traço que deliciou o ator: o Abominável tinha versões desbotadas, mas visíveis, das tatuagens de Roth.

*

A produção terminou oficialmente em novembro de 2007, logo após a filmagem do cameo de Stan Lee como o cidadão desafortunado que bebe o sangue de Banner em uma garrafa de refrigerante. Leterrier começou a editar as cenas ao lado de Vincent Tabaillon, e Norton trabalhou com eles para modelar o filme. A equipe de efeitos visuais correu para terminar tudo antes do verão de 2008. No início das filmagens, eles haviam planejado 660 cenas em CGI, mas agora parecia que seriam quase 750. Embora não tivesse essa intenção, a Marvel Studios criava outra tradição pela qual se tornaria infame: as esmagadoras exigências feitas aos artistas de CGI.

Leterrier e Norton terminaram a edição de *O incrível Hulk*, que então tinha longos 135 minutos. Os cenários principais estavam todos presentes, mas as cenas de um taciturno dr. Banner em fuga ofuscavam a ação. Para enfatizar que o filme era um recomeço para o personagem, Leterrier filmara cenas das origens de Hulk e as inseriria pela primeira hora do filme, em sequências de flashback. Os espectadores de teste, confusos, acharam que as cenas eram do *Hulk* de 2003 — o que ia na contramão das intenções dos cineastas. A Marvel queria um filme que empolgasse o público, mas estava recebendo algo introspectivo e casmurro.

A Marvel Studios ainda não tinha dois anos, mas já entendia a importância de uma batalha apoteótica — dentro e fora das telas. Enquanto pressionavam por mudanças, os executivos do estúdio tiveram um confronto final com Edward Norton, o Hulk que eles mesmos haviam criado. Tentando salvar a situação, Maisel, Feige, Leterrier e Norton se reuniram. Norton repetiu que só aceitara o filme porque haviam lhe prometido grande controle, e ficou irado porque a Marvel agora tentava transformar seu épico emocional em um blockbuster trivial de verão.

Norton citava frequentemente o mito de Prometeu para explicar suas intenções com Hulk. Ele pensava no filme como retrato de um homem fora de controle, estabelecendo um personagem complexo que poderia ser desenvolvido nas sequências que ele afirmava querer fazer. A Marvel Studios, por sua vez, achava que tinha aceitado as demandas de Norton durante o desenvolvimento e a produção, com frequência acatando suas sugestões sob o credo não oficial de "a melhor ideia vence". Agora, porém, Norton estava usando sua posição na sala de edição para incluir uma quantidade excessiva de cenas com Banner; o que ele chamava de desenvolvimento do personagem, os executivos da Marvel consideravam autoindulgência.

Embora os efeitos visuais fossem ser aprimorados até o último minuto, já não havia tempo para refazer nada do zero: as sequências de ação eram imutáveis. A discussão era sobre o que aconteceria entre elas. A edição de Norton, por exemplo, começava com Bruce Banner no Ártico, tentando suicídio — sem sucesso, porque se transformava em Hulk antes de morrer. O Hulk então causava um terremoto que revelava brevemente um easter egg: o Capitão América congelado sob a tundra. A Marvel acreditava que a tentativa de suicídio era uma abertura sombria demais para o que era, fundamentalmente, um filme de aventura. Quando várias rodadas de notas e memorandos não resolveram os problemas subjacentes, o estúdio quis retomar o controle. Em *Homem de Ferro*, dar liberdade criativa ao diretor e ao astro funcionara de modo brilhante; *O incrível Hulk* estava demonstrando os riscos dessa abordagem.

Norton pontuou que deixou claro desde o início seu desejo de participar ativamente da criação e disse aos executivos da Marvel que eles estavam quebrando sua promessa. E não ficou calado a respeito disso. Feige, impassível, decidiu fazer uma edição mais curta e comercial do filme, incluindo Leterrier no processo, mas não Norton. (Três editores foram creditados: Tabaillon, Rick Shaine e John Wright.) Embora os instintos cinematográficos de Leterrier tendessem ao rápido e frenético, ele aprendera com seus erros com Tony Kaye e fez um imenso esforço tanto para não levar os conflitos para o lado pessoal quanto para se manter diplomático em público. "Foi culpa tanto da Marvel quanto de Edward",[30] disse o diretor. "E minha. Foi culpa de todo mundo! E de ninguém, de certa maneira. Lamento que [a Marvel e Norton] não tenham chegado a um acordo no qual poderíamos ter trabalhado juntos." Norton reduziu suas aparições promocionais para o filme ao mínimo contratual, provavelmente para benefício de todas as partes envolvidas.

Agora com 112 minutos, o filme foi um modesto sucesso de bilheteria em 2008, impulsionado pelo lançamento de *Homem de Ferro* algumas semanas antes. Maisel se mostrou correto sobre as sequências renderem mais ou menos o mesmo que os originais: depois de todo o drama fora das telas, *O incrível Hulk* faturou 264 milhões de dólares no mundo todo, muito próximos dos 245 milhões do *Hulk* de Ang Lee. O resultado foi bom o bastante para validar o acordo com o Merrill Lynch, mesmo que parecesse pequeno perto dos 585 milhões de *Homem de Ferro*. (Uma cena final, improvisada, tendo Downey como Tony Stark — para enfatizar que os dois primeiros filmes da Marvel Studios ocorriam no mesmo universo — foi acrescentada sem o envolvimento de Norton.)

Quaisquer planos de novos filmes do Hulk a serem lançados pela Universal foram engavetados, já que nem Norton nem a Marvel queriam trabalhar juntos de novo. Quando o estúdio começou a produzir mais filmes e *Os Vingadores* começou a parecer realidade, não um sonho, os fãs presumiram que Norton faria parte da equipe, interpretando Hulk novamente.

Feige, normalmente um fiel defensor da política de ser discreto sobre os entreveros de bastidores, não a estendeu a Norton. Na mais franca declaração pública que fez durante seus primeiros dez anos na Marvel Studios, em 2010 ele publicou um comunicado de imprensa que dispensava Norton do papel, embora citasse o nome da maioria dos outros astros do estúdio:

> Tomamos a decisão de não chamar Edward Norton para interpretar o papel-título de Bruce Banner em *Os Vingadores*. Nossa decisão definitivamente não foi baseada em fatores monetários, mas sim na necessidade de um ator que personifique o espírito criativo e colaborativo de nossa equipe. *Os Vingadores* exige participantes que saibam ser parte do todo, como evidenciado por Robert, Chris H., Chris E., Sam, Scarlett e todos os nossos outros talentos. Nas próximas semanas, esperamos anunciar o nome de um ator que atenda a esses requisitos e seja apaixonado por esse icônico papel.[31]

"Isso foi mesquinho",[32] disse Norton. "Foi uma atitude defensiva em torno da marca ou algo assim. No fim, eles não queriam algo longo, sombrio e sério. Mas não importa. Tivemos discussões positivas sobre as sequências e quanto tempo exigiriam, e não era para mim. Honestamente, eu pediria mais do que eles gostariam de pagar. Mas não foi por isso que não quis fazer outro filme do Hulk. Eu fiz o primeiro, e fiz todas as outras coisas que queria, e o que Kevin Feige fez foi provavelmente uma das melhores execuções de um plano de negócios em toda a história da indústria de entretenimento. Um acionista da Disney teria aplaudido de pé o que eles conseguiram fazer."

8
Alguma montagem necessária

"E se eu dissesse que nós estamos montando uma equipe?"
O incrível Hulk

Jon Favreau não era somente o diretor do primeiro sucesso da Marvel Studios; também era, na prática, seu gerente de recursos humanos. Quando precisou montar um equipe para trabalhar em *Homem de Ferro*, ele chamou várias pessoas experientes de seu filme anterior, *Zathura: uma aventura espacial*. Muitas delas ainda continuaram na Marvel tempos depois de sua saída — e algumas terminaram dirigindo o estúdio.

Zathura, de 2005, foi a amplamente não apreciada sequência de *Jumanji*. A premissa: algumas crianças brincam com um jogo de tabuleiro que envia sua casa para o espaço sideral. Fora uma filmagem complicada, cheia de efeitos práticos (como um cenário que tinha de ser inclinado 40 graus quando a casa era capturada por um campo gravitacional), mas que ocorrera sem problemas. Por isso, um dos primeiros telefonemas que Favreau fez ao começar a trabalhar em *Homem de Ferro* foi para Louis D'Esposito, o sereno produtor executivo de *Zathura* que também servira como gerente de produção para as questões cotidianas.

D'Esposito participou de uma reunião, na primavera de 2006, com Favreau, Kevin Feige, Avi Arad e Ari Arad. "Kevin, Avi e Ari não disseram uma palavra",[1] lembrou ele, rindo. "Só eu e Jon falamos. Em seguida, eles me ofereceram o trabalho."

Nascido no Bronx, em 1958, D'Esposito trabalhava com cinema havia décadas, passando de assistente de produção (em filmes como *Amor sem fim* e a comédia de Rodney Dangerfield *Tudo por uma herança*) a segundo assistente do diretor em fracassos de grande orçamento como *Chorus Line: em busca da fama* e *Ishtar*. E se tornara primeiro assistente do diretor — a pessoa que cuida do set e do elenco a fim de que o diretor possa se concentrar no roteiro — em 1987, no áspero romance de Abel Ferrera *Inimigos pelo destino*. Ele trabalhara como primeiro assistente do diretor nos quinze anos seguintes, em mais de vinte filmes (indo de *Garra de campeões* a *Eu sei o que vocês fizeram no verão passado*). Nesse ponto, decidira que não daria o salto para diretor. Mesmo assim, era extremamente talentoso em solucionar problemas no set, de modo que, a partir de 2003, tornou-se produtor executivo, trabalhando no policial *S.W.A.T.* e no drama de Will Smith *À procura da felicidade*.

Ele acabou ficando conhecido como o cabeça-fria da produção da Marvel Studios — literalmente, já que mantinha seu escritório gelado, com o ar-condicionado 10 graus abaixo de todos os outros. Também era defensor da meditação transcendental, praticada por figuras criativas como os Beatles e David Lynch, e convenceu os outros executivos da Marvel Studios de seus benefícios. Os praticantes dizem que a meditação desbloqueia a criatividade e ajuda a manter um notável grau de foco. "Você recebe seu mantra e não pode contá-lo a ninguém",[2] disse D'Esposito. "Parte de mim acha que todos temos o mesmo mantra."

De acordo com o produtor Craig Kyle, os dois mantras principais partilhados pelos funcionários da Marvel eram mais explícitos: "A dor é temporária, o filme é para sempre"[3] e "Se não vier no sábado, não se dê ao trabalho de vir no domingo". Kyle comentou: "Os filmes foram muito, muito, muito difíceis."

D'Esposito frequentemente chegava ao set usando camiseta e jeans e, quanto mais bem-sucedida a Marvel Studios se tornava, menor era a probabilidade de ele usar gravata no lançamento de um filme. Ele se sentia confortável operando nos bastidores, garantindo que as produções corressem de modo eficiente e que a Marvel contratasse os atores certos. Se quisesse ver seu personagem favorito em um filme da Marvel, você tinha de falar com Feige; se quisesse trabalhar em um filme da Marvel, você tinha de falar com D'Esposito.

Para *Homem de Ferro*, D'Esposito contratou alguns colegas de *Zathura*, incluindo o designer de produção J. Michael Riva, a figurinista Lauri Gaffin e o produtor executivo Peter Billingsley. (Billingsley, o ex-ator-mirim famoso por interpretar Ralphie em *Uma história de Natal*, também teve um pequeno papel em *Homem de Ferro*, que reprisou em *Homem-Aranha: longe de casa*, em 2019.) E D'Esposito conhecia uma audaciosa e inabalável supervisora de efeitos visuais com experiência em super-heróis chamada Victoria Alonso.

Alonso nascera em Buenos Aires em 1965. Durante sua infância, o governo argentino fora dirigido em diferentes momentos por Juan Perón, sua viúva Isabel Perón e uma junta de direita. "Minha adolescência se passou durante a ditadura militar",[4] disse Alonso. "Estava muito envolvida com as manifestações e segurava faixas na primeira fila." Mas, em certa manifestação, como a faixa era muito pesada, ela a entregara a outra pessoa e ficara ligeiramente atrás, o que salvara sua vida quando os soldados abriram fogo contra os manifestantes. "Eles atiraram na primeira e na segunda fila", afirmou ela. "Quando a terceira fila estava prestes a ser atingida, tivemos a chance de fugir."

Seu pai, um psicólogo, morrera quando Alonso tinha 6 anos. "Minha mãe não se casou novamente",[5] disse ela. "As pessoas estavam sendo presas e mortas", mas a mãe de Alonso fora capaz de proteger a família em função de seu alto cargo no Ministério da Educação. "Ela nos manteve seguros; ela nos manteve fortes; ela nos manteve com a mente aberta."

Quando tinha 19 anos, Alonso fora para os Estados Unidos, matriculando-se na Universidade de Washington, onde estudara psicologia — o que a fazia se sentir mais próxima do pai ausente — e cinema. Ela planejava ser atriz. "Era a única coisa que eu imaginava poder ser no cinema."[6] Após a formatura, passara seis meses fazendo testes para peças em Seattle, sem sucesso. Então tivera duas epifanias: a primeira era que amava contar histórias mais do que amava interpretar. A segunda era que preferiria ser uma produtora tomando decisões a uma atriz à mercê dos produtores. Ela se mudara para Los Angeles e trabalhara em três empregos enquanto descobria como se tornar produtora: pela manhã na Alaska Airlines, à tarde como mensageira na Paramount Pictures e nos fins de semana como garçonete do Black Angus Steakhouse. (E só conseguiu sobreviver porque comia as sobras das refeições da primeira classe da Alaska Airlines.) De algum jeito, encontrara tempo para ajudar a produzir uma peça sobre Frida Kahlo na Fundação Bilíngue de Artes, que levara a um trabalho como assistente de produção e depois a um emprego fixo como produtora de efeitos visuais na Digital Domain. Durante oito anos, viajara pelo mundo, de uma produção à outra — tudo, de *Shrek* a *Peixe grande e suas histórias maravilhosas* —, até se cansar da vida nômade.

Antes de *Homem de Ferro*, D'Esposito e Alonso haviam trabalhado juntos no filme de super-herói de Will Smith *Tonight He Comes* (mais tarde reintitulado como *Hancock*), que ficara tanto tempo em *turnaround* que os dois produtores partiram para outros projetos. (*Turnaround* é quando um estúdio entrega um projeto em pré-produção para ser desenvolvido por um estúdio diferente, mantendo o projeto vivo, mas também atrasando o lançamento.) Quando D'Esposito telefonou para Alonso e lhe ofereceu o emprego, mencionou que era em Los Angeles, o que a fez aceitar imediatamente, sem nem mesmo perguntar qual era o filme.

Alonso foi convocada para o escritório da Marvel Studios que ficava em cima da loja da Mercedes em Beverly Hills. Enquanto esperava pelo início da entrevista formal, conversou com um homem de cabelo encaracolado que parecia familiar, embora ela não soubesse dizer de onde o conhecia. Quando D'Esposito entrou na sala, comentou "Estou vendo que já conheceu nosso diretor"[7] e a apresentou a Favreau.

Sem se deixar afetar, ela informou a Favreau: "Você é mais alto do que eu achava que seria."

"É, todo mundo diz isso."

Alonso perguntou então: "Em que filme vamos trabalhar?"

"Em um filme de super-herói chamado *Homem de Ferro*", respondeu Favreau.

"Ok, vamos lá. Desde que seja filmado em Los Angeles." (A insistência de Favreau de manter a produção de *Homem de Ferro* em Los Angeles foi o fator decisivo para que Alonso, entre outros, trabalhasse para a Marvel.)

Baixinha, franca e com mania de gesticular enquanto fala, Alonso rapidamente se tornou um elo indispensável entre as agências de efeitos digitais, onde centenas de artistas de CGI trabalhavam em estações de alta tecnologia dentro de salas mal iluminadas, e os diretores dos dois primeiros filmes da Marvel, nenhum dos quais tinha muita experiência com imagens computadorizadas. Foi Alonso quem ensinou a Jon Favreau como um diretor podia guiar o processo de CGI a fim de obter os melhores resultados.

"Ela é um tesouro",[8] disse Craig Kyle. "O segredo da Marvel? É aquela mulher. Ela vive na escuridão porque sua vida está na pós-produção, mas é a mulher mais vibrante, irreprimível e extraordinária que já conheci. Ela trata as pessoas maravilhosamente bem, e torna o impossível possível."

O maquiador Jamie Kelman lembrou-se de um momento no qual Alonso ficou aflita. Demonstrando a diferença entre superfícies planas e brilhantes na computação gráfica, ela usou pequenas órbitas como referência visual, com um lado fosco e cinzento e o outro brilhante e cromado. Mas, quando todo mundo começou a chamar os objetos de "bolas", ela insistiu que eram "esferas". "Ela não queria dizer 'bolas'",[9] comentou Kelman com uma risadinha.

Quando *Homem de Ferro* chegou aos cinemas do país, Feige já descobrira quão essenciais eram D'Esposito e Alonso, e sabia que a Marvel Studios precisava deles. Ele ofereceu a D'Esposito o título de "presidente de produção física". O produtor aceitou com alguma relutância, porque gostava da liberdade de pular de projeto em projeto, porém, mais tarde, disse que o "sim" foi a melhor decisão que já tomou em sua carreira.

Alonso também ficou hesitante, dizendo a Feige que era produtora, não "garota de estúdio". Feige disse que ela continuaria a fazer um filme após o outro, somente com mais responsabilidade e controle. Ela então propôs ser encarregada de toda a pós-produção, de modo que departamentos diferentes não tivessem propósitos conflitantes. Feige concordou, e Alonso se tornou responsável não somente pelos efeitos visuais, mas pela edição, mixagem de som, trilha sonora e conversão em 3D na pós-produção de todos os filmes.

Nos dezesseis anos seguintes, Kevin Feige, Louis D'Esposito e Victoria Alonso seriam a troica governante da Marvel Studios. Naqueles primeiros dias, os três estavam muito motivados e muito mais interessados em criar um estúdio e fazer filmes do que ficar sob os holofotes. Embora suas responsabilidades se sobrepusessem, eles tinham suas próprias esferas (e não bolas!) de influência. "Havia muito entrosamento com aqueles dois",[10] afirmou Alonso. "Reconhecíamos as especialidades de nossos departamentos. Se houvesse um problema no roteiro, é claro que procurávamos Kevin. Se houvesse um problema com a produção, procurávamos Lou."

Ou, como disse D'Esposito: "Eu lidava com telefonemas de agentes falando de acordos com atores, escritores, diretores etc. Victoria cuidava da pós-produção. Kevin, obviamente, lidava com tudo que envolvia a criação."[11]

✳

Homem-Aranha e *X-Men* haviam ensinado a Feige o valor de um produtor que acompanhava todo o projeto, do desenvolvimento do roteiro à pós-produção, garantindo continuidade de visão. Embora a Marvel Studios tivesse acesso a muitos especialistas, ele queria que um produtor criativo fosse designado para cada filme. E não teve de procurar muito para encontrar candidatos jovens e ávidos para trabalhar.

Stephen Broussard, nascido em Los Angeles, começou na Marvel assim que saiu da escola de cinema da Universidade Estadual da Flórida (onde recebeu um prêmio por um curta chamado *The Plunge* [O mergulho]); ele foi assistente tanto de Feige quanto de Ari Arad (o filho de Avi). Jeremy Latcham (assistente de David Maisel), ao contratar Broussard, disse que ele não devia esperar uma promoção. Alguns meses depois, no entanto, Maisel finalizou o acordo com o Merrill Lynch. Latcham, previamente pessimista sobre suas perspectivas profissionais, percebeu que agora a Marvel podia ser um lugar no qual ele poderia fazer filmes, não somente fotocópias. Quando Maisel contou a Feige sobre as aspirações de seu assistente, Feige concordou em contratar Latcham como produtor júnior.

Do mesmo modo, após um ano trabalhando como assistente de Feige, Broussard estava carregando uma caixa até o carro do chefe no estacionamento quando criou coragem e pediu uma promoção: um momento que os funcionários da Marvel chamam de "conversa do estacionamento". Feige estava consciente da ambição e das habilidades de seu assistente e o promoveu.

"Subitamente, estávamos trabalhando em *Homem de Ferro* e *O incrível Hulk*",[12] disse Feige. "Ambos começaram apresentando ideias para os roteiros. Em certo momento, eu disse: 'Vocês não podem trabalhar em ambos.'" Feige nomeou Latcham executivo de criação de *Homem de Ferro* e designou Broussard para *O incrível Hulk*. Feige precisava cuidar dos futuros lançamentos da Marvel Studios e não passava tanto tempo no set quanto gostaria, então contava com os jovens produtores para serem seus representantes, realizando o mesmo trabalho que havia feito para Lauren Shuler Donner.

No último fim de semana de maio de 2008, entre o lançamento do blockbuster *Homem de Ferro* e o quase desastre de *O incrível Hulk*, Feige reuniu os principais produtores da Marvel para um refúgio criativo em Palm Springs, a cidade balneária no deserto a algumas horas de Los Angeles.

Na era da fábrica de pipas, a pequena equipe da Marvel Studios às vezes passava horas matando o tempo enquanto Avi Arad fechava seus acordos. Durante aqueles dias de brainstorming e enrolação, Feige ficara amigo de Craig Kyle. O tranquilo Kyle, que trabalhara nos desenhos animados *X-Men: Evolution* e *Homem-Aranha: a nova série animada*, estava encarregado dos projetos de animação da Marvel; ele era, até o último fio de cabelo, um nerd dos quadrinhos.

Mais ou menos na mesma época em que Avi Arad saíra da Marvel Studios, Feige e Kyle haviam feito algumas visitas a Palm Springs em fins de semana com as esposas. (A esposa de Feige, Caitlin, é enfermeira cardiologista; eles se casaram em 2007.) Mesmo então, Feige já mergulhava nos detalhes da mitologia Marvel, transformando-se em especialista em quadrinhos. "Ele levava pilhas e pilhas de revistas e ficava sentado na sombra, porque detesta sol, devorando tudo",[13] lembrou Kyle. Feige não crescera obcecado por quadrinhos, mas, nas palavras de Kyle, "vi Kevin mergulhar naquele universo profundo e quase ilimitado e consumir tudo até saber tanto quanto eu, e até mesmo me superar em algumas áreas".

Agora Feige retornava a Palm Springs com Kyle (que recentemente havia transicionado da animação para live-action), Broussard e Latcham. Repletos de pilhas de seus DVDs e quadrinhos favoritos, os quatro produtores planejavam se trancar em uma casa alugada e descobrir quais filmes viriam a seguir. (Broussard estava meio distraído: a pós-produção de *O incrível Hulk* fora difícil e, duas semanas antes do lançamento, os efeitos visuais ainda estavam sendo finalizados.) Eles viram *Homem de Ferro* no cinema local, a primeira vez em que passaram pela experiência em meio a uma multidão de leigos.

Embora estivessem se divertindo, eles prestaram muita atenção às reações da plateia. Depois discutiram como *Homem de Ferro* tinha um tom diferente dos filmes de super-herói feitos até então. Favreau, Robert Downey Jr. e o editor Dan Lebental haviam encontrado uma maneira de equilibrar seriedade e tolice, criando grandes momentos dramáticos e então introduzindo uma piada sem diminuir os personagens. Para os produtores, aquele parecia o modelo a ser seguido nos futuros filmes da Marvel. (Também era um lembrete sobre a alquimia e a incerteza de qualquer produção: nem mesmo as pessoas encarregadas do filme podiam controlar totalmente o resultado.) Eles cobriram as paredes da casa alugada de papel pardo e usaram canetas de feltro coloridas enquanto cogitavam ideias para o futuro da Marvel Studios.

"A conversa sobre os filmes",[14] disse Broussard, "decorreu em uma linha tênue entre 'O que queremos ver em um filme assim?' e 'O que é realmente estúpido em um filme assim?'." Feige fora capaz de guiar o estúdio na direção de filmes que funcionavam tanto para recém-chegados quanto para especialistas porque, sendo relativamente novo no mundo dos quadrinhos, abordara a experiência com a perspectiva de quem estava de fora desse universo.

"Quando Kevin assumiu o controle do estúdio, ele foi verdadeiramente capaz de dizer 'Vejam, aqui estão os trajes, as sagas, os traços de personalidade, os easter eggs'",[15] disse Kyle. "Mas ele não estava somente atendendo aos desejos dos fãs; estava ensinando as pessoas a não temerem aquilo que talvez não conhecessem desde a infância. Para ser honesto, não acho que o papel de Kevin poderia ter sido desempenhado por um geek dos quadrinhos."

Em pouco tempo, a equipe de Palm Springs chegou a um consenso sobre os três próximos filmes da Marvel — *Homem de Ferro 2*, *Thor* e *Capitão América: o primeiro vingador* — e uma ideia básica de como seriam. Feige entregou um filme a cada executivo de criação. Como veterano de *Homem de Ferro*, Latcham foi a escolha natural para *Homem de Ferro 2*. Kyle, que já produzira animações sobre Thor e estava animado com a ideia de ver o personagem no cinema, ficou com *Thor*. Isso deixou Broussard com *Capitão América: o primeiro vingador*; ele ainda estava finalizando *O incrível Hulk*, então tiraria um tempo antes de começar a pensar na história do homem fora de seu tempo.

A Marvel ainda não usava a terminologia "Fase Um" em público. Isso implicava uma "Fase Dois", ou seja, que a saga Marvel continuaria por muito mais tempo do que os fãs imaginavam. No entanto, os produtores em Palm Springs sabiam que queriam encerrar os primeiros cinco filmes do estúdio com *Os Vingadores*, que reuniria todos os heróis da Fase Um — e, em caráter privado, já planejavam a Fase Dois.

Thor parecia o personagem mais difícil de adaptar, porque o material usado como fonte estava mergulhado em uma versão cósmica da mitologia nórdica que seria difícil de reproduzir em escala humana nas telas. A melhor série dos quadrinhos, de autoria do escritor e artista Walt Simonson entre 1983 e 1987, abandonara totalmente o tradicional alter ego humano (dr. Donald Blake) do herói. A Marvel Studios já encomendara um roteiro, localizado entre os vikings durante a Idade Média, mas os produtores queriam que o deus do trovão fosse capaz de se aliar ao Homem de Ferro, então precisavam encontrar uma maneira de fazer com que o personagem funcionasse na Midgard (a Terra) do século XXI.

Uma das ideias para *Homem de Ferro 2* era uma cena na qual o Homem de Ferro voava até a Disney World. Isso evoluiu para a "Expo Stark", realizada no Queens, no local da Feira Mundial de 1964 (em frente ao apartamento no qual Favreau já havia morado). E era imperativo, decidiram os executivos durante o refúgio, desenvolver propriamente a S.H.I.E.L.D.. De algum modo, a agência de espionagem precisaria estar ligada a qualquer vilão, ainda não determinado, que Tony Stark viesse a enfrentar.

Os produtores discutiram a melhor maneira de lidar com o Capitão América, o supersoldado cuja história de criação estava inextricavelmente ligada à Segunda Guerra Mundial. Seu primeiro impulso foi dividir o filme em duas partes, com a primeira situada na década de 1940 e a segunda nos dias atuais. Os executivos da Marvel Entertainment em Nova York já haviam deixado sua opinião bem clara: eles queriam o filme situado o máximo possível nos dias atuais e achavam que filmes de época eram danosos. Mas, quando os produtores dividiram a história, viram-se atraídos para o passado, para quando a identidade do Capitão América se formara. Decidiram pressionar para que *Capitão América* fosse um filme de época. Feige comentou com o grupo que *Os caçadores da arca perdida* era um filme de época, assim como um de seus favoritos da década de 1990, *Rocketeer*.

Focar na origem de Steve Rogers daria mais peso emocional a sua estreia, tanto para os espectadores quanto para as pessoas trabalhando no filme. "*Capitão América* ocupa um lugar muito especial em meu coração",[16] disse Alonso, "por causa do que faz pelas crianças mais novas no ensino médio. Quanto mais diferente você é, mais sofre com isolamento ou bullying."

*

Em outubro de 2008, com o desenvolvimento dos três filmes já avançado, a Marvel fez novas contratações que se tornariam essenciais para seu futuro. O novo assistente de Feige era Jonathan Schwartz, que viera da William Morris Agency, mas tinha pouquíssima experiência com produção de filmes: nunca havia se deparado com uma lista de chamada. E D'Esposito recontratou Brad Winderbaum, que fora seu assistente durante as filmagens de *Homem de Ferro*. Seu novo trabalho era estruturar uma linha do tempo oficial dos filmes da Marvel, conciliando os eventos dos dois filmes já lançados com os dos esboços de *Homem de Ferro 2* e *Thor*.

Winderbaum percebeu que os filmes inadvertidamente implicavam algo que ele chamou de "grande semana Fury": os eventos de *O incrível Hulk*, *Homem de Ferro 2* e *Thor* se sobrepunham durante uma semana frenética para Nick Fury e a S.H.I.E.L.D.. Winderbaum também estabeleceu o "marco zero"[17] da linha do tempo da Marvel: a declaração pública de Tony Stark admitindo ser o Homem de Ferro. Assim como os fãs e criadores de *Star Wars* definiram a batalha de Yavin (o clímax do primeiro filme, quando Luke Skywalker explode a Estrela da Morte) como marco para os eventos da saga, a Marvel Studios organizou seu calendário em antes e depois da admissão de Tony.

Já foram produzidas muitas séries de filmes antes. Os exemplos mais recentes são *Harry Potter, Jornada nas estrelas* e os filmes de James Bond, embora nenhum deles fosse tão extenso quanto o agora amplamente esquecido *Blondie* (baseado em uma tirinha de jornal), com 28 sequências entre 1938 e 1950. A Marvel Studios, no entanto, queria algo diferente das séries convencionais. Anunciara filmes interconectados, não sequências tradicionais. Deixando claro que os eventos nos filmes não eram idênticos aos dos quadrinhos e enfatizando que todos faziam parte de uma história mais ampla, a Marvel Studios começou a se referir a seu mundo fictício com um nome um pouco grandioso demais, mas inegavelmente memorável, assim como os próprios filmes. O primeiro uso público do termo ocorreu em 2010, quando Feige o deixou escapar durante a divulgação de *Homem de Ferro 2*: Universo Cinematográfico Marvel.

9
O demônio na garrafa

"De que adianta ser dono de um carro de corrida se não pode pilotar?"
Homem de Ferro 2

Ele levou a mão à garganta, assegurando-se de que estava no lugar. Então olhou em torno do estúdio vazio em Hollywood e passou as mãos pelo cabelo, sem saber exatamente o que procurava. *Homem de Ferro 2* ainda nem começara a ser filmado e Jon Favreau já estava exausto.

No fim de semana de lançamento de *Homem de Ferro*, David Maisel e Kevin Feige levaram Favreau e Robert Downey Jr. para jantar no Mr. Chow, em Beverly Hills, um elegante restaurante chinês decorado com obras de Andy Warhol. Para celebrar a excelente bilheteria do filme, Maisel tinha algo a oferecer a seu diretor e seu astro, para além da lagosta com pimenta-preta: ele recebera permissão de Ike Perlmutter para comprar o carro dos sonhos de cada um deles. Até mesmo o obsessivamente frugal Perlmutter entendia a importância de manter Favreau e Downey felizes.

Maisel conspirara com as esposas de ambos para saber que carro comprar: para Downey, um Bentley de cor customizada que só chegaria em algumas semanas. Para Favreau, uma Mercedes top de linha que esperava por ele no estacionamento. "Eles dirigiram aqueles carros por muito tempo",[1] disse Maisel.

O jantar foi mais que a celebração de um trabalho bem-feito. A Marvel Studios queria que seu terceiro lançamento fosse *Homem de Ferro 2*, e queria o mais rápido possível. Após o sucesso de *Homem de Ferro* e *O incrível Hulk*, Maisel sabia que, em breve, a Marvel Studios poderia se sustentar sem precisar de sua linha de crédito no Merrill Lynch. Fazer uma sequência lucrativa parecia a maneira mais certa de garantir o futuro financeiro do estúdio. "Todo mundo a bordo para produzir *Homem de Ferro 2* em dois anos?", perguntou Maisel durante o jantar. "Se todo mundo estiver pronto, aprovarei o filme agora mesmo."

Favreau não tinha certeza. Ele estava satisfeito com o fato de *Homem de Ferro* ter sido um sucesso depois de todo o trabalho duro, mas já fizera filmes populares no passado e sabia que não devia deixar a animação subir à cabeça. "Felizmente, eu sabia o que significava me conectar com o público, e era algo maravilhoso, mas também desorientador",[2] disse ele. "Tudo muda um pouco. É como uma banda que lança uma música de sucesso: você passa de tocar na garagem para tentar descobrir como lançar outros sucessos."

Ele também sabia quão brutal era um cronograma de dois anos, que não permitiria os coquetéis e as discussões informais da produção de *Homem de Ferro* — não somente exercícios de camaradagem, mas sessões colaborativas nas quais os criadores descobriram meios de fazer o filme funcionar. Enquanto ele considerava a oferta, o estúdio anunciou que a sequência chegaria aos cinemas em abril de 2010. A Marvel estava tão ávida para transformar seu sucesso em franquia — e impulsionar o eventual filme dos Vingadores — que anunciou o lançamento antes de fechar oficialmente com Favreau e Downey.

Maisel lidou com a reação: "Eu me lembro de receber muitos telefonemas zangados dos representantes nos dias seguintes, dizendo: 'Ei, talvez você devesse ter nos informado antes de falar com nossos clientes sobre produzir um filme em dois anos.'"[3]

Favreau ficou ainda mais preocupado quando assistiu a *O incrível Hulk*, lançado algumas semanas depois de *Homem de Ferro*. O filme incluía uma cena pós-créditos na qual Tony Stark se encontra com o general "Thunderbolt" Ross para dizer que está montando uma equipe — para Favreau, aquele era um lembrete de que ele não controlava o personagem Stark. Feige o acalmou, dizendo que podiam contornar a cena, se necessário, e ela não precisava afetar a história que Favreau contaria em *Homem de Ferro 2*. A cena poderia ter ocorrido em qualquer momento, disse Feige, dado que as narrativas dos quadrinhos frequentemente saltam para o futuro distante. (No fim das contas, a Marvel Studios decidiu que a cena pós-créditos ocorrera na mesma semana dos eventos exibidos em *Homem de Ferro 2*.)

Foram necessários dois meses para finalizar os detalhes, mas, em julho de 2008, Favreau concordou em dirigir a sequência. Downey também assinou após renegociar seu contrato. Ele interpretara Tony Stark no primeiro filme por um salário menor que os dos protagonistas de filmes de ação, supostamente recebendo cerca de 500 mil dólares, mas obteve um aumento substancial em *Homem de Ferro 2*, chegando perto dos 10 milhões de dólares, e negociou ainda mais dinheiro para *Homem de Ferro 3*. Mais significativamente, comprometeu-se com o filme dos Vingadores em troca de mais 10 milhões de dólares e uma boa fatia dos lucros, o que se mostraria uma decisão brilhante. A Marvel Entertainment estava disposta a pagar tanto por Downey porque *Homem de Ferro 2* era uma aposta mais segura que *Thor* ou *Capitão América*, seguindo o axioma de Maisel segundo o qual as sequências faturam mais ou menos a mesma coisa que seus predecessores.

✳

Embora Favreau e Downey não pudessem se dar ao luxo de determinar lentamente a história da sequência, eles ao menos já haviam estabelecido um tom atraente — ágil, irônico, meio cínico — no primeiro filme. Como disse Downey, "no primeiro *Homem de Ferro*, havia a intenção de tratar o tema com seriedade, mas não nos levarmos muito a sério".[4]

Para escrever o roteiro, Downey sugeriu Justin Theroux, então mais conhecido por atuar em filmes de David Lynch, como *Cidade dos sonhos*. Ele conhecera Theroux no set de *Trovão tropical*, uma comédia de ação dirigida por Ben Stiller, que narrava a problemática produção de um filme sobre a guerra do Vietnã. Theroux era um dos escritores; Downey era um ator que utilizava o Método e sofria a ilusão de realmente ser o personagem negro que interpretava.

Downey levou Theroux para uma reunião com Favreau e Feige. "Foi muito orgânico. E claramente não orquestrado",[5] disse Theroux. "Eu expliquei do que gostara no primeiro filme, ideias de para onde ele poderia ter ido, os temas que achara interessantes." Ele conseguiu o trabalho.

O primeiro impulso do grupo foi explorar os excessos da vida de playboy de Tony Stark, adaptando a famosa história em quadrinhos de 1979, *O demônio na garrafa*, que vê Tony sucumbir ao alcoolismo. Feige convenceu os cineastas a não tornarem Tony dissoluto demais; embora Favreau e Downey não quisessem abandonar completamente a ideia, concordaram em mudar o foco do roteiro. Dentro e fora da armadura de Homem de Ferro, Tony teria de lidar com seu legado familiar e sua própria arrogância.

Gwyneth Paltrow retornou como interesse romântico no papel da resignada Pepper Potts. Mas Terrence Howard já não interpretaria o coronel James "Rhodey" Rhodes, melhor amigo de Tony e ligação com a Força Aérea dos Estados Unidos — e não por escolha própria. "Não houve explicação",[6] reclamou Howard. "Aparentemente, os contratos que escrevemos e assinamos não valiam o papel em que foram impressos. Promessas não foram cumpridas."

Como primeiro ator a assinar para o *Homem de Ferro* original, Howard recebera um salário mais alto em função de sua prestigiosa indicação ao Oscar, dando credibilidade ao projeto e recebendo 3,5 milhões de dólares por um papel secundário (sete vezes mais que o salário relatado de Downey). Agora a Marvel já não precisava de seu dispendioso verniz de respeitabilidade, mas Howard culpou o contrato renegociado de Downey. "Quando chegou a hora de fazer o segundo filme", disse ele, "a pessoa que eu ajudei a se tornar o Homem de Ferro pegou o dinheiro que deveria ter sido meu."

Howard concordara em ser Rhodes parcialmente porque esperava que o personagem se tornasse um super-herói, o Máquina de Combate, com sua própria armadura high-tech. No primeiro filme, essa possibilidade é somente insinuada, quando Rhodes murmura "Quem sabe na próxima" ao olhar para uma armadura prateada. No entanto, agora que a Marvel Entertainment já tinha ideia de como seria o futuro do UCM, a ideia era que o Máquina de Combate aparecesse em vários filmes, e não pretendia conceder ao ator dentro da armadura aumentos constantes a partir de um salário-base de 3,5 milhões de dólares.

Uma história foi vazada para a *Entertainment Weekly*, sugerindo que Favreau ficara insatisfeito com a atuação de Howard no primeiro *Homem de Ferro* e tivera de refazer muitas cenas porque não conseguira obter uma sequência decente na sala de edição. Embora Howard fosse frequentemente descrito como um ator difícil — talentoso, mas volátil —, Favreau tivera o cuidado de nunca fazer queixas públicas. A Marvel pode ter achado que o atrito parecia uma razão mais palatável para dispensá-lo que as questões financeiras.

Don Cheadle, que se destacara em *Onze homens e um segredo* e *Boogie Nights: prazer sem limites* e recentemente fora indicado ao Oscar por *Hotel Ruanda*, fora considerado para o papel de Rhodes dois anos antes. Com Howard fora de cena, Cheadle recebeu um telefonema lhe oferecendo o papel enquanto estava na festa de aniversário da filha. Era um acordo para seis filmes que provavelmente tomariam uma década de sua vida e incluiriam projetos que sequer haviam sido concebidos, e ele tinha uma hora para decidir. Se dissesse não, informou o executivo da Marvel ao telefone, eles passariam para o próximo nome da lista.

"Estou na festa da minha filha",[7] disse um ligeiramente atordoado Cheadle.

"Ah! Ok, então, você tem duas horas", respondeu o executivo da Marvel.

Cheadle discutiu os prós e contras de se unir à franquia com a esposa enquanto eles fugiam de ataque inimigo no jogo de laser tag. "Você nunca fez algo assim",[8] disse ela. "Um filme com muitos efeitos especiais, grande orçamento, para todos os gêneros e idades. Você *quer* fazer um filme assim?" Enquanto fingia ser um herói em um filme de ação empunhando um blaster de ficção científica, Cheadle decidiu que sim, ele queria interpretar um herói empunhando um blaster de ficção científica — com um orçamento maior que o permitido por uma festa de aniversário. Cheadle supostamente recebeu 1 milhão de dólares por sua atuação em *Homem de Ferro 2*; Howard teria recebido algo entre 5 e 8 milhões.

A resposta de Ike Perlmutter à nova contratação é um dos momentos mais feios da história da Marvel. Ele supostamente disse a Andy Mooney, então presidente de produtos da Disney, que ninguém notaria porque todas as pessoas negras "parecem iguais".[9]

Confrontada com o racismo declarado do CEO da Marvel, a maioria dos funcionários fazia vista grossa, aceitando-o como ponto negativo de um emprego dos sonhos ou mesmo inventando desculpas. "Ike Perlmutter não discrimina, nem se importa com diversidade",[10] afirmou uma pessoa que trabalhou para ele. "Ele só se importa com o que pode trazer dinheiro."

Outro integrante crucial do elenco era a Viúva Negra, a superespiã russa transformada em super-heroína ocidental, que parecia um personagem com grande potencial de crossover. A Viúva Negra, Natasha Romanoff, originalmente apresentada como vilã em uma revista de 1964 do *Homem de Ferro*, foi concebida para o filme como agente da S.H.I.E.L.D. que poderia ser potencialmente um dos fundadores dos Vingadores.

Das mulheres que fizerem teste para o papel, Favreau estava mais entusiasmado com a atriz britânica Emily Blunt, que se destacara em *O diabo veste Prada* e recentemente interpretara o papel da rainha Vitória em *A jovem rainha Vitória*. Ela estava interessada, mas havia um obstáculo: durante a filmagem de *O diabo veste Prada*, ela assinara um acordo de múltiplos filmes com a 20th Century Fox, e agora era obrigada a trabalhar em uma infame adaptação de *As viagens de Gulliver* estrelada por Jack Black. A comédia começaria a ser filmada no Reino Unido em março de 2009 e *Homem de Ferro 2* começaria a ser filmado em Los Angeles no mês seguinte. A Fox não estava disposta a mudar seu cronograma de produção para permitir que um filme da Marvel compartilhasse o tempo de Blunt.

"Não é como se ele não estivesse no meu patamar. Não era isso. Adorei *Homem de Ferro* e queria trabalhar com Robert Downey Jr.",[11] disse Blunt. "Eu tinha um contrato para *As viagens de Gulliver* — mesmo eu não querendo fazer *As viagens de Gulliver*. Foi triste para mim, porque me orgulho das minha decisões profissionais."

Em vez disso, a Marvel assinou um contrato com Scarlett Johansson. Com 24 anos no dia em que as filmagens começaram, ela era uma ex-atriz-mirim que fizera a transição para o trabalho adulto, mais sutil, amplamente em filmes indies, e era mais conhecida por contracenar com Bill Murray em *Encontros e desencontros*. Durante meses, ela se dedicou ao treinamento físico necessário para interpretar a Viúva Negra, exercitando-se cinco horas por dia ou mais, aprendendo as técnicas de combate usadas nas telas e praticando acrobacias. Sob a supervisão de um nutricionista, ela comeu tanto sashimi de atum que, brincando, disse que processaria a Marvel por envenenamento por mercúrio.

"Eu estava totalmente fora da minha zona de conforto no que se refere à parte física do trabalho",[12] disse ela. Mas fez questão de compensar sua inexperiência: Favreau a elogiou por ser a integrante mais dedicada do elenco quando se tratava de acrobacias. Johansson queria que, tanto quanto possível, o público a visse, e não sua dublê Heidi Moneymaker, arriscando a vida durante as cenas de luta, e gostava da adrenalina de enfrentar guarda-costas gigantescos. Johansson ficou tão confortável com as cenas de ação que brincou com os momentos nos quais, no meio do combate, a Viúva Negra ajeita o cabelo, chamando-os de "momentos comercial de shampoo".[13]

Tanto Johansson quanto Moneymaker se tornaram especialistas no movimento que é a marca registrada da Viúva Negra: derrubar o oponente ao saltar e fechar as pernas em torno de seu pescoço [tesoura voadora]. No set, elas chamavam os movimentos da personagem em torno de adversários maiores de "saltos da Viúva". "Eu nunca fizera gaiola labirinto com seres humanos antes",[14] disse Moneymaker. "Foi divertido. Como ginasta, você se balança nas barras da gaiola, mas não em pessoas."

Enquanto Favreau se aproximava do início das filmagens, supervisionando o trabalho de centenas de técnicos, ele estava consciente de que a Marvel tinha planos que iam muito além daquele filme e seu imenso orçamento. Sabia que Kevin Feige estava preparando o terreno para um filme dos Vingadores. "Kevin estava estabelecendo as bases de planos muito maiores",[15] disse ele. "Coisas incluídas em *Homem de Ferro 2* — como Tony Stark pesquisando a história do pai e abrindo seu armário — conectavam-se a coisas acontecendo em *Capitão América*, das quais eu não tinha conhecimento."

Uma das maneiras mais simples de criar continuidade entre um filme e o seguinte era contratar Samuel L. Jackson para interpretar Nick Fury. Os representantes de Jackson enfrentaram algumas dificuldades inesperadas ao negociar seu acordo — além do fato de a Marvel não oferecer dinheiro suficiente, ela queria um contrato para nove filmes. Mesmo que Jackson tivesse 60 anos quando as câmeras começaram a rodar em *Homem de Ferro 2*, ele regularmente trabalhava em quatro ou mais filmes por ano, e queria continuar aceitando tantos quanto pudesse. "A pessoa comum vai trabalhar todos os dias, com exceção de umas duas semanas de férias por ano",[16] afirmou ele. "Eu faço a mesma coisa e todo mundo diz que sou workaholic. Qual é a diferença?"

Uma cena originalmente concebida como Tony Stark sendo convocado por Fury para uma reunião de alto nível em uma instalação da S.H.I.E.L.D. na Costa Leste foi trabalhada para se tornar mais descontraída e divertida: em vez disso, Fury se encontra com Stark em uma loja de donuts em Los Angeles, resmunga "Sou a pessoa mais real que você já conheceu" e revela que a nova assistente pessoal de Stark na verdade é a Viúva Negra trabalhando disfarçada. No fim do filme, quando Fury diz a Stark que ele não tem o que é preciso para ser um vingador (deixando espaço para o crescimento do personagem), telas de TV ao fundo passam clipes de *O incrível Hulk* de Louis Leterrier como se fossem notícias de última hora — estabelecendo *Homem de Ferro 2* como predecessor de *O incrível Hulk* na linha do tempo do Universo Cinematográfico Marvel, que rapidamente se tornava mais complicada do que até mesmo Feige havia previsto.

Entre os filmes do Homem de Ferro, Jon Favreau encaixou algumas horas em um estúdio de gravação a fim de fazer uma interpretação vocal para *Força-G*, uma animação de 2009 sobre, sim, um esquadrão de operações especiais formado por porquinhos-da-índia. Outro roedor no elenco era Sam Rockwell, que fora considerado como possível Tony Stark antes do teste de Downey. Durante uma sessão de gravação de *Força-G*, Favreau perguntou a Rockwell se ele não gostaria de interpretar Justin Hammer, o sórdido antagonista de Stark: um fabricante de armas obcecado em replicar a tecnologia do Homem de Ferro.

Embora Theroux escrevesse a toda velocidade, Favreau não tinha um roteiro para mostrar a Rockwell, já que a história mudava o tempo todo. "Eu não sabia qual direção o personagem tomaria",[17] disse Rockwell. Mas ele respeitava Theroux — eles haviam se conhecido em um festival de teatro em Williamstown, Pensilvânia, muitos anos antes — e aceitou.

"Assisti Gene Hackman como Lex Luthor, George C. Scott em *Desafio à corrupção*, Bill Murray em *Kingpin*. Tentei encontrar muitas coisas diferentes para incorporar", afirmou Rockwell em relação à interpretação do vilão. Um detalhe gracioso que acrescentou foi o amor de Hammer pelo açúcar: em praticamente todas as cenas, ele consome, sem explicação, algum tipo de doce, como um pirulito ou uma fatia de bolo.

"Favreau só queria alguém que pudesse acompanhar a esgrima verbal de Downey",[18] disse Rockwell. "Consegui, mas por pouco. Downey é muito rápido. Fizemos um bate e volta no plenário do Senado. [A cena na qual Tony Stark testemunha perante o Senado dos Estados Unidos é cheia de improvisos.] Foi como se fôssemos pistoleiros, vendo quem atirava mais rápido."

Essa foi a primeiríssima cena de *Homem de Ferro 2* a ser filmada, em 6 de abril de 2009 — quase exatamente na metade do exíguo cronograma de produção. Estavam presentes no set do Senado Downey, Rockwell, Paltrow, Cheadle, o comediante Garry Shandling (interpretando um senador beligerante), dezenas de extras e bonecas infláveis usando perucas e ternos para formar a multidão. (Foi uma decisão econômica, mas incomum: a maioria das produções cria multidões com recortes de papelão.) Downey se dirigiu ao elenco e à equipe, dizendo, em relação a Favreau: "Ocasionalmente, vocês podem nos ver como se estivéssemos à beira de prestar favores sexuais um para o outro e/ou como não estivéssemos nos falando. Não fiquem alarmados, é somente a simbiose de trabalharmos juntos."[19] Favreau sorriu palidamente, já imaginando quão exausto se sentiria ao final daquela simbiose.

Para o principal antagonista do filme, os cineastas precisavam de alguém que pudesse forçar Tony Stark a confrontar os aspectos menos respeitáveis de sua história familiar e, não incidentalmente, também pudesse explodir coisas. O resultado foi o Chicote Negro, Ivan Vanko, antigo colaborador de Howard (pai de Tony), que o Stark mais velho permitira ser apagado da história. Em uma escolha ressonante, Vanko foi interpretado por Mickey Rourke, um ex-garoto de ouro que passara anos exilado de Hollywood.

Tanto Downey quanto Rourke haviam sido indicados ao Oscar no início de 2009 — por *Trovão tropical* e *O lutador*, respectivamente — e, durante o banquete de celebração, Downey convencera Rourke a participar do elenco de *Homem de Ferro 2*. As negociações entre Rourke e a Marvel quase azedaram quando o estúdio ofereceu somente 250 mil dólares — a despeito do sucesso do primeiro *Homem de Ferro*, a Marvel Entertainment mantinha um olho atento nos salários. Quando Rourke quase desistiu, a Marvel relu-tantemente aumentou a oferta.

Rourke resolveu que, se iria interpretar um supervilão dos quadrinhos empunhando chicotes que estalavam com energia destrutiva, ele iria até o fim — e, como se saía bem tanto nas cenas de ação quanto nos diálogos, os cineastas decidiram ser indulgentes. Ele falava com um pesado sotaque russo, áspero como uma faca serrilhada, e interpretou muitas das cenas com uma cacatua branca.

"A cacatua",[20] disse Favreau, "não estava no roteiro original." Favreau acatou o desejo de Rourke de ter um animal de estimação nas telas, tanto para manter o astro feliz quando por gostar do ar de pirata que ele dava a Vanko. Quando a cacatua foi incorporada, o filme suportou sua presença com um novo diálogo (para os humanos, não para o pássaro). Os cineastas até mesmo gravaram a cena de morte da cacatua — Vanko quebra seu pes-coço —, mas decidiram que era muito perturbadora, especialmente para as crianças.

Rourke ajudou a desenhar as muitas tatuagens de Vanko, feitas durante seus anos em uma prisão russa. Isso causou certa confusão quando o filme foi editado e Feige notou uma tatuagem no pescoço de Vanko que dizia "LOKI". Favreau explicou que não era uma alusão ao antagonista do futuro filme do Thor, mas um tributo a um dos cães de Rourke, que morrera logo antes de as filmagens começarem. Feige insistiu que a tatuagem não podia aparecer no filme — isso confundiria o público —, então a equipe de efeitos visuais teve que apagá-la digitalmente em todas as cenas (embora fãs com olhos de águia a vissem em algumas breves aparições).

Além de tudo que já tinha proposto, Rourke também contratou treina-dores de chicote, encheu a boca de dentes de ouro e viajou pelo mundo para mergulhar no passado de Vanko. Uma semana antes de começar a filmar com Rourke, Favreau disse que só se encontrara com o ator uma única vez, mas Rourke lhe telefonava e enviava mensagens da Rússia. "Ele decidiu viajar para a Rússia e conhecer uma prisão, o que mostrava seu compro-metimento. Ele me enviou frases que queria traduzir para o russo e dizer à cacatua, e eu respondi: 'É uma prerrogativa sua.'"[21]

A equipe e o elenco de *Homem de Ferro 2* ficaram fora do caminho de Rourke; quem visitava o set era instruído a não o interromper nem se aproximar dele. Rourke até mesmo insistiu em só falar com Rockwell depois que eles filmassem a cena na qual seus personagens se conhecem. E também fez tudo que pôde para controlar a maneira como sua interpretação seria editada; ele criou o hábito de gesticular de modo exótico ou comer no meio de cenas elaboradas, que ele sabia serem caras demais para refazer. "Eu queria acrescentar camadas e cores, e não somente criar um vilão russo totalmente assassino e vingativo",[22] afirmou Rourke mais tarde. Embora tenha sido capaz de fazer isso no set, sem interferência, ele disse que, a despeito de seus melhores esforços, a maioria das nuances de seu desempenho foi cortada do filme. "A Marvel só queria um vilão unidimensional",[23] resmungou ele. "Se está trabalhando para o estúdio errado ou com um diretor que não tem colhões, eles só querem um vilão malvado."

Rourke não foi o único com exigências incomuns. No primeiro *Homem de Ferro*, Downey exigira que todos os computadores dos laboratórios de Stark tivessem teclados Classic Maya. O designer visual Ryan Meinerding foi encarregado de criá-los: "Era possível ver a fumaça saindo dos ouvidos dele",[24] disse o editor de animatic da Marvel, James Rothwell. "Mas parecia um teclado profissional." Rothwell brincou que, se a antiga língua maia fosse ressuscitada, a Apple só precisaria empregar o design de Meinerding.

Em *Homem de Ferro 2*, Downey foi ainda mais longe. Sua filosofia pessoal era uma mistura de crenças que até mesmo ele tinha dificuldade para explicar. "Não sei onde me encaixo",[25] disse ele em 2004. "Partido Verde Espiritual? Já mergulhei em toda aquela coisa Hare Krishna, que é bastante extrema. Hoje me considero judeu budista. Mas houve muitas vezes em que o catolicismo salvou meu rabo." Quando foi filmada a sequência na pista de corrida de Mônaco, seu carro, por insistência sua, foi pintado com símbolos místicos — uma escalada em relação ao primeiro *Homem de Ferro*, no qual alguns integrantes da equipe disseram ter encontrado cristais no set, colocados lá por instrução de um dos conselheiros espirituais de Downey.

★

Como *Homem de Ferro 2* começou a ser filmado sem um roteiro final e a abordagem espontânea de Downey dera certo da primeira vez, o ator agora tinha ainda mais liberdade para improvisar. Sua verve espirituosa ajudou a infundir em Tony Stark a inteligência e o charme adorados pelo público. O lado ruim era que, às vezes, os improvisos lançavam o roteiro em direções inesperadas, e Theroux tinha de passar a noite revisando, tentando dar sentido à história. O estresse era tão grande que Theroux não resistiu e, durante algum tempo, ficou sem conseguir sair da cama.

O filme se afastou cada vez mais da inspiração de *O demônio na garrafa*. No início, a produção filmara uma cena na qual um pálido Stark vomitava no banheiro do avião, aparentemente sentindo os efeitos da noite anterior, e Pepper lhe dizia, "Sua aparência é a mesma de sempre. Você parece estar de ressaca". A cena foi rapidamente descartada (embora um breve trecho, no qual Pepper joga o capacete do Homem de Ferro para fora do avião, forçando Stark a voar atrás dele, tenha sido incluído em um trailer). Theroux disse: "Não queríamos a versão *Despedida em Las Vegas* de *Homem de Ferro 2*."[26]

Favreau, entrementes, estava ocupado com as elaboradas sequências de ação. Na maioria dessas cenas, os movimentos da câmera são determinados com semanas de antecedência: em uma pequena sala na Marvel Studios, o cinematógrafo Matthew Libatique já usava uma plataforma digital para mover sua câmera virtual pelo mundo das cenas de captura de movimentos. Favreau o supervisionava e fornecia orientações estéticas como "Há muita conveniência nesse enquadramento".[27] Essas sessões davam à equipe de Victoria Alonso um necessário ponto de partida para os efeitos especiais, tanto digitais quanto práticos.

A última cena de ação do filme, em um jardim japonês digitalmente inserido no Flushing Meadows Park, é uma elaborada cena de batalha na qual o Homem de Ferro e o Máquina de Combate enfrentam um exército de robôs da Hammer (protótipos de armas de Justin Hammer roubados por Ivan Vanko). Para garantir que o filme não atolaria em um pântano de CGI, Favreau procurou um animador tradicional, Genndy Tartakovsky, criador das séries bidimensionais *Samurai Jack* e *O laboratório de Dexter* (sem mencionar *Star Wars: a guerra dos clones*).

"Jon era um fã e gostava da sensibilidade que eu tive em *Samurai*",[28] disse Tartakovsky. "Eu sabia o que gostaria de ter em determinada situação e tentava dar isso a ele — e ele poderia usar tudo ou nada."

Assim como no *Homem de Ferro* original, a luta apoteótica foi uma das primeiras sequências concebidas e uma das últimas a ser terminadas. Dessa vez, Favreau achou a edição mais fácil, porque Tartakovsky lhe dera efeitos distintos que ele podia mover como se fossem módulos. Por exemplo, ele criara um laser giratório para o Homem de Ferro que cortava múltiplos robôs ao meio; Favreau moveu o efeito para o fim da luta (e acrescentou um marcador para que Cheadle dissesse: "Da próxima vez, comece com isso").

Tartakovsky viu uma edição inicial que modificava substancialmente sua batalha. Ele achou que funcionava, mas era menos surpreendente. "Ficou meio comum", disse ele. "Então na outra vez em que vi a cena, estava um pouco mais parecida com a original."

Em janeiro de 2010, com o lançamento previsto para dali a oito meses, o diretor de animação Marc Chu teve uma conversa que chamou de "venha para Jesus"[29] com Favreau. O que eles fariam para que a sequência final funcionasse? A resposta foi uma refilmagem que ampliou o Chicote Negro, colocando-o em uma armadura de luxo com chicotes extragrandes. "Toda aquela batalha no jardim japonês foi uma dessas reinvenções de terceiro ato nos dois meses finais", disse Chu.

Àquela altura, Favreau estava abatido e descabelado, às vezes usando uma camisa xadrez abotoada só até a metade. No Abbey Road Studios, em Londres, onde supervisionava tanto Dan Lebental editando o filme quanto John Debney gravando a trilha sonora, ele tentou explicar a situação: "Muitas coisas têm que acontecer para que o filme funcione. Estamos atrasados. Demos a nós mesmos menos tempo que da última vez, e esse projeto é muito mais ambicioso. Foi por isso que tive medo quando começamos tão tarde — menos de dois anos para fazer tudo, ou seja, criar a história, definir, preparar, filmar, editar e dar todos os retoques finais. Não é uma desculpa — faremos um grande filme —, mas deixa todo mundo sob imenso estresse. Já era uma ideia muito ambiciosa, para começo de conversa, e ainda temos que produzi-la a toda velocidade. Muitas pessoas vão virar noites em claro. Centenas de pessoas já estavam virando."[30]

Como planejado, o filme foi lançado em abril de 2010. Foi outro sucesso, tendo uma bilheteria ligeiramente maior que a do primeiro *Homem de Ferro*. (O filme custou cerca de 200 milhões de dólares, 60 milhões a mais que o primeiro, com um faturamento global de 623 milhões.) As críticas, porém, foram ambíguas, e o público não o amou tanto quanto o antecessor. Embora tivesse verve e algumas cenas muito bacanas, o roteiro remendado indicava como o estresse da produção apressada ficara transparente nas telas.

Favreau chegara ao fim da linha: ele não tinha interesse em descobrir como fazer *Os Vingadores* funcionar, em lidar com as interferências cada vez mais frequentes da Marvel ou em se esgotar mais do que já fizera para dar lucro a Ike Perlmutter. Ele permaneceu na Marvel como ator, fazendo meia dúzia de aparições como "Happy" Hogan e até mesmo tendo um romance nas telas com a tia May de Marisa Tomei. E, como diretor, foi encarregado de outras extravagâncias de CGI, incluindo *Mogli: o menino lobo* e *The Mandalorian*. Mas nunca mais dirigiu um filme do UCM depois de *Homem de Ferro 2*.

10
Não há cordões em mim

"O mundo está diferente e nenhum de nós pode mais voltar."
Capitão América: o Soldado Invernal

Em 2005, a Marvel Studios começou a se aventurar no mundo dos parques temáticos, um esforço que começou com a proposta de um brinquedo do Homem-Aranha. Mohammed Khammas, CEO do Al Ahli Holding Group, trabalhava em uma iniciativa imobiliária em Dubai. Ele tinha planos ambiciosos para propriedades residenciais e um grande parque temático recoberto, e queria que um dos brinquedos tivesse o Aranha como tema.

David Maisel disse: "Fui a Dubai e gostei tanto de Mohammed que, em uma semana, passamos de um único brinquedo para um parque temático da Marvel no valor de 1 bilhão de dólares."[1] Khammas pagou um grande adiantamento pelos direitos; Maisel e Kevin Feige entusiasticamente começaram a ter ideias para um parque da Marvel que pudesse rivalizar até mesmo com a Disney World. "Eu e Kevin adoramos parques temáticos", disse Maisel. "Durante anos, nos divertimos muito projetando brinquedos para o parque."

O parque não teria sido legalmente possível em grande parte dos Estados Unidos, mas, nos Emirados Árabes Unidos, não haveria problemas. Quando dirigia a Marvel, tentando aumentar o fluxo de caixa para poder adquirir outras empresas, Ron Perelman assinara um contrato com a Universal Studios que previa uma área temática da Marvel no parque Islands of Adventure, em Orlando. Em termos incomumente generosos para a Universal, o acordo era perpétuo, desde que personagens da Marvel estivessem presentes, e proibia a Marvel de exibir esses mesmos personagens em qualquer parque rival a leste do rio Mississippi. (O rio Mississippi era uma maneira arbitrária, mas efetiva, de dividir o país ao meio: os dois maiores territórios de parques temáticos ficam em lados opostos dos Estados Unidos, na Flórida e na Califórnia.) Quando Ike Perlmutter assumiu o controle da Marvel Entertainment, sua equipe viu esse acordo como um grande problema potencial, em grande parte porque não havia recurso legal que pudesse ser usado para reobter os direitos.

Com o início da recessão global de 2008, Khammas teria de cancelar todos os seus ambiciosos planos em Dubai. Mais tarde, Maisel descreveu isso como "uma pena, mas uma vitória para nós, porque ficamos com o dinheiro".[2] (Khammas reviveria o projeto quando a economia melhorasse, inaugurando o parque temático Motiongate em 2016, sem conteúdo da Marvel.)

Ainda em 2005, Bob Iger se tornou CEO da Walt Disney Corporation, substituindo Michael Eisner, e imediatamente voltou sua atenção para os pontos fracos do conglomerado de entretenimento. Sua prioridade era ressuscitar a marca Disney Animation. Os filmes mais recentes e amados da Disney não vinham de sua própria divisão de animação, mas da Pixar Animation Studios, cujas produções eram distribuídas pela Disney. Iger queria simplesmente comprar a Pixar, mas seu proprietário, o fundador da Apple, Steve Jobs, não estava disposto a vender. No ano anterior, a Disney e a Pixar não haviam conseguido chegar a um acordo para um novo contrato de distribuição. Quando Iger mencionara a aquisição, Jobs o convidara para ir a Cupertino, na Califórnia, onde realizara uma reunião com as principais mentes da Pixar para discutir os prós e os contras de um potencial acordo. O quadro branco logo ficara cheio de desvantagens de vender para uma corporação de entretenimento gigantesca, incluindo "A cultura Disney destruirá a Pixar!"[3] e "A DISTRAÇÃO MATARÁ A CRIATIVIDADE DA PIXAR".

Iger não se deixara desencorajar, porque ficara profundamente impressionado com a visita à Pixar, dos talentos à arquitetura. Ele escreveu em sua autobiografia: "O que eu vi me deixou sem fôlego."[4] Iger convenceu Jobs de que não queria deslocar o pessoal da Pixar quase 600 quilômetros para sudeste, até Los Angeles, e disse acreditar que o estúdio devia permanecer autônomo. A Disney então comprou a Pixar por 7,4 bilhões de dólares em ações. A maioria delas foi para Jobs, transformando-o no maior acionista individual da Disney.

O acordo, finalizado em janeiro de 2006, funcionou como esperado. O chefe de animação da Pixar, John Lasseter, foi nomeado diretor criativo da Pixar e da Walt Disney Feature Animation, onde supervisionava o departamento de animação. Embora Lasseter tenha sido demitido em desgraça em 2018, durante anos as duas divisões da Disney prosperariam em amigável rivalidade: a Pixar chegou a novos patamares criativos com *Up: altas aventuras* e *Divertida mente*, ao passo que a Disney produziu dois de seus mais bem-sucedidos filmes de animação de todos os tempos, *Frozen: uma aventura congelante* e *Frozen 2*. Após o acordo com a Pixar, Iger começou a procurar outras empresas independentes para expandir o portfólio de propriedades intelectuais da casa do Mickey.

No outono de 2008, David Maisel solicitou uma reunião com Iger; eles se conheciam desde a breve passagem de Maisel pela Disney, quando ele seguira Michael Ovitz. Também haviam conversado por telefone após o lançamento de *Homem de Ferro*, quando Maisel avisara a Iger que ele devia adiar o lançamento de *As crônicas de Nárnia: príncipe Caspian*, a fim de que os dois filmes não entrassem em conflito. De acordo com Maisel, a resposta de Iger fora: "*Homem de Ferro*? Não tenho medo do *Homem de Ferro*."[5]

A Hasbro abordara a Marvel sobre o canal que queria criar, chamado "The Hub", que poderia ser uma oportunidade para vender mais brinquedos. Maisel queria se reunir com Iger para ver se a Disney tinha uma oferta mais atraente para uma parceria de TV. Se não tivesse, ao menos ele conheceria melhor a principal competidora da The Hub. Nenhuma das partes tratou a reunião como prioridade; o escritório de Iger a marcou para fevereiro de 2009.

"Não parecia haver uma urgência real",[6] lembrou Maisel. A reunião de fevereiro foi uma conversa geral sobre estratégia televisiva e a melhor maneira de lidar com o fim iminente do mercado de DVDs. "Foi uma reunião relativamente curta", disse Maisel. "Ela aconteceu durante a semana do

Oscar, e as pessoas estavam muito ocupadas." A Pixar levou o prêmio na categoria melhor filme animado daquele ano (por *WALL-E*), mas nenhuma das animações da Disney foi ao menos indicada (embora a divisão de Miramax tenha recebido algumas indicações por *Dúvida*). "Eles se saíram muito mal em filmes live-action naquela ocasião", disse Maisel. "Eram obviamente fortes em animação, mas fracos em live-action."

Iger sabia muito bem disso. A Disney queria produzir entretenimento para todos os grupos etários: animação para crianças mais novas; parques temáticos e séries da Disney Channel para crianças mais velhas e adolescentes; e programas nos canais ABC e ESPN para jovens adultos — muitos dos quais começavam suas próprias famílias, reiniciando o ciclo. A demografia mais fraca eram os homens jovens. Parece que não havia um número suficiente deles ligado à ESPN como se fosse uma endovenosa. Com a divisão de animação escorada pela aquisição da Pixar, Iger se perguntava como atrair os jovens fãs de cinema — e a reunião com Maisel despertou seu interesse pela igualmente jovem Marvel Studios. (Os fãs da Marvel não eram exclusivamente jovens do sexo masculino — os filmes eram e ainda são amados por muitas mulheres e até mesmo avós —, mas a economia moderna do show business tende a considerar gêneros artísticos inteiros como destinados a demografias específicas. Essa perspectiva, embora seja efetiva, em termos de grande volume, costuma distorcer tanto a arte quanto o público.)

Como Iger não era fã de quadrinhos, precisou aprender sobre o elenco de personagens Marvel. Ele comprou o livro ilustrado *Enciclopédia Marvel* e começou a estudar. Havia outra reunião com Maisel marcada para maio de 2009, mas, antes disso, ambos perceberam que as duas empresas poderiam estabelecer uma excelente parceria: a Disney desejava acesso aos jovens devotados à Marvel, e a Marvel precisava do poder de marketing da Disney. Quando Iger aventou a ideia de uma aliança, um Maisel nada surpreso fez a pergunta adequada: a Disney queria comprar a Marvel? Iger admitiu que estava intrigado.

"Então você precisa falar com Ike",[7] disse Maisel. Ele informou a Iger que ainda não abordara o assunto com Ike Perlmutter e "Bob concordou que eu falaria com Ike primeiro. Se Ike não se mostrasse interessado, Bob não insistiria".

Não era a primeira vez que a Disney pensava em comprar a Marvel. Em 1995, quando Ron Perelman era dono da empresa (antes da falência), a Disney se interessara, mas o então CEO Michael Eisner se recusara a sequer considerar. A diretoria temia que os personagens da Marvel fossem maduros demais e prejudicassem a reputação de marca familiar da Disney. Maisel se lembra de Eisner ficar furioso com a mera sugestão de comprar a Marvel, porque odiava o fato de a empresa ter cedido os cruciais direitos a um parque temático em Orlando (o que impediria a Disney de utilizar os personagens da Marvel no Walt Disney World). Iger, no entanto, acreditava que isso se dera porque Eisner era intensamente devotado à identidade Disney. "Havia a suposição, na época",[8] disse ele, "de que a Disney era uma marca única e monolítica."

Iger tinha um relacionamento mais colaborativo com a diretoria da Disney e uma perspectiva diferente sobre como fundir sua identidade com a da Marvel. "Eu tinha uma preocupação diferente dos que temiam adquirir uma empresa decididamente mais ousada que a Disney", disse Iger. "Não era o que a Marvel faria com a Disney, mas como os fãs leais à Marvel reagiriam à associação conosco. Seria possível destruir parte de seu valor ao adquiri-la?" Iger acreditava poder convencer o conselho da Disney a comprar a Marvel, se Perlmutter pudesse ser persuadido a vender a primeira empresa com a qual já quisera ficar.

Depois de conversar com Maisel, Perlmutter ficou curioso o bastante para convidar Iger para uma reunião no escritório da Marvel Entertainment no centro de Nova York. Iger aceitou e viajou sozinho, em vez de levar consigo um grupo de vice-presidentes. Iger descreveu a sala de Perlmutter como "frugal"; o bilionário ofereceu ao convidado uma banana e uma garrafa de água da Kirkland, a marca da Costco, onde ele e a esposa ainda faziam compras no fim de semana, em busca de descontos. Embora ambos soubessem a razão da visita, o CEO da Disney iniciou a conversa com cautela, contando a Perlmutter sobre sua própria carreira no mundo dos negócios. Quando Perlmutter perguntou a respeito da aquisição da Pixar, Iger aproveitou para explicar como garantira que ela manteria sua própria cultura após ser adquirida pela Disney. E então disse que estava interessado em fazer algo similar com a Marvel.

Perlmutter não disse sim, mas sugeriu retomar a conversa naquela noite na Post House, uma churrascaria na East 63rd Street. O jantar foi até tarde, com Perlmutter contando histórias sobre como começara vendendo produtos nas ruas do Brooklyn. Iger esboçou as possibilidades de sinergia Disney-Marvel e o que a venda significaria para ambas as empresas. "Ele ganharia muito dinheiro com a venda para a Disney",[9] comentou Iger, "mas assumira o controle da Marvel quando ela estava com problemas e a recuperara. Acho que a noção de outro CEO chegar e simplesmente comprá-la não lhe agradava, mesmo que ele fosse ganhar uma fortuna."

No dia seguinte, Perlmutter disse a Iger que estava considerando a questão, mas não tinha certeza de que a venda seria uma boa ideia. Iger percebeu que o acordo não decidido com um quadro branco, então convidou Perlmutter e a esposa Laurie para jantarem novamente no Post House alguns dias depois, com ele e sua esposa Willow. Eles se sentaram na mesma mesa, mas o jantar foi puramente casual, sem conversas sobre negócios. Perlmutter não concordou com a venda naquele momento, mas Iger sabia que ele estava processando a ideia. David Maisel começou a discutir os detalhes de um potencial acordo com Kevin A. Mayer (vice-presidente executivo) e Thomas O. Staggs (diretor financeiro e de operações) da Disney.

"Aqui estão as coisas com as quais Tom e Kevin vão encrencar",[10] avisou Maisel a Iger antes do início das negociações formais. "Não temos os direitos do Homem-Aranha. Não temos os direitos dos X-Men nem do Quarteto Fantástico. Não podemos estar em parques temáticos a leste do Mississippi, então vocês não poderão usar os personagens da Marvel em seu maior parque temático, em Orlando. Ainda temos quatro filmes a ser distribuídos pela Paramount, e vocês não podem colocar as mãos neles, a menos que os comprem."

Maisel estava preparado para refutar cada uma dessas objeções. "Permita que eu esclareça essas questões. Se tivéssemos os direitos do Homem-Aranha, o preço aumentaria em 1 bilhão de dólares. E aumentaria ainda mais se tivéssemos os X-Men. E, para todos os personagens que ainda temos, criamos um universo que não requer os restantes. A questão dos parques temáticos a leste do Mississippi é um problema, admito, mas você pode tê-los em qualquer outro lugar." Maisel queria vender a Marvel Entertainment

por volta de 50 dólares a ação, representando uma valorização de 30% de
seu preço na época.

Perlmutter ainda hesitava, então Iger telefonou para Steve Jobs, "que
alegava jamais ter lido uma revista em quadrinhos na vida",[11] em busca de
ajuda. A essa altura, Jobs confiava de olhos fechados em Iger, então apenas
perguntou: "Isso é importante para você? Você quer muito? É um caso como
o da Pixar?"[12] Quando Iger respondeu que sim, Jobs ligou pessoalmente
para Perlmutter, dizendo como a Disney adquirira a Pixar sem destruir sua
criatividade ou cultura.

"Ele disse que você é um homem de palavra",[13] relatou Perlmutter a Iger.
O acordo seria fechado. A Disney concordou em pagar algo em torno de 50
dólares por ação da Marvel, em um total de 4 bilhões de dólares. A parte
de Perlmutter foi de quase 1,5 bilhão.[14] A oferta, uma mistura de dinheiro
e ações, transformou Ike Perlmutter no segundo maior acionista individual
da Disney — logo atrás de Steve Jobs.

Antes do anúncio oficial, as empresas já estavam ocupadas nos bastidores, preparando-se para a fusão. Maisel, por escolha própria, deixaria a
Marvel. Ele executara seu plano de negócios, deixara sua marca na indústria
e ganhara uma pequena fortuna com a venda: "Eu contei a Bob na primeira
ou segunda reunião. Não queria que fosse surpresa. E disse que confiava em
Kevin para gerir o estúdio."[15]

Quando o acordo foi anunciado, alguns fãs da Marvel reclamaram —
como temera Iger — da perspectiva de seus super-heróis favoritos se transformarem em personagens da Disney. A seção de comentários do website da
Marvel foi inundada de temores, incluindo um fã que achava que a marca
ficaria "tão diluída e infantilizada que as aventuras serão tão excitantes
quanto *Spot, um cão da pesada*".[16]

Feige se reuniu com Iger e expôs todo o escopo de seus planos para o
Universo Cinematográfico Marvel — como os filmes do Homem de Ferro,
Hulk, Thor e Capitão América preparariam o caminho para *Os Vingadores*
e como isso poderia levar a ainda mais crossovers e sequências, com propriedades como Doutor Estranho e Pantera Negra esperando nos bastidores.

Feige acreditava que os crossovers não eram simples presentes para os
fãs, mas "completamente inerentes ao DNA da Marvel".[17] Em suas pala-

vras, "os leitores mais ferrenhos de quadrinhos tiveram durante décadas a experiência do Homem-Aranha chegando à sede do Quarteto Fantástico, de novos integrantes se unindo aos Vingadores e do Hulk irrompendo subitamente nas páginas de uma revista do Homem de Ferro. Há algo inerentemente incrível nisso. Achamos que seria divertido se os espectadores dos cinemas tivessem a mesma emoção, em uma tela muito maior e mais global".

A opinião de Iger sobre os planos de Feige: "Eles me pareceram brilhantes."[18]

★

No verão de 2009, *Homem de Ferro 2* já encerrara as filmagens principais, *Thor* já assinara contratos com seus principais atores e *Capitão América: o primeiro vingador* contava com o diretor Joe Johnston (o homem por trás de *Rocketeer*, que Feige citara como seu filme de época favorito), pronto para gravar um filme ambientado na década de 1940. Os produtores criativos da Marvel esperavam outro refúgio de fim de semana em Palm Springs para planejar *Os Vingadores*, mas Feige os surpreendeu com o convite para um jantar de domingo à noite em um restaurante escocês de Los Angeles chamado Tam O'Shanter. Lá, ele contou sobre a aquisição pela Disney e disse que Iger estava entusiasmado sobre o que os recursos da Disney poderiam significar para a Marvel.

Quando os produtores finalmente se reuniram em Palm Springs, depois que o acordo foi anunciado, eles determinaram como inserir o "Tesseract" (um item mágico baseado no Cubo Cósmico das revistas em quadrinho) nos próximos filmes, a fim de que ele se tornasse um elemento crucial em *Os Vingadores*. Podiam estabelecer sua origem em *Capitão América*: ele estaria escondido em um vilarejo europeu até que o vilão Caveira Vermelha o encontrasse. Crucialmente, o Tesseract tornaria mais fácil situar o filme durante a Segunda Guerra Mundial sem que as sequências de batalha se transformassem em banhos de sangue, porque, em vez de usar armas, os soldados da HYDRA usariam armas de energia e lança-chamas. Isso agradou à cúpula da Marvel em Nova York, já que os brinquedos resultantes seriam mais interessantes e — tecnicamente — não figuras de ação nazistas.

Os dois primeiros filmes da Marvel Studios haviam sido produzidos com mínima interferência de Nova York. Jon Favreau recebera notas sobre o roteiro de *Homem de Ferro* do popular escritor da Marvel Mark Millar, mas também conseguira feedback de uma ampla variedade de pessoas, incluindo cineastas não afiliados à Marvel, como J. J. Abrams e Shane Black. Após o sucesso de *Homem de Ferro* e *O incrível Hulk*, no entanto, Nova York quis exercer mais controle sobre o processo. Eles alegaram que isso serviria para que a Marvel Studios agisse em sinergia com os outros esforços da Marvel Entertainment. Porém, a maioria dos funcionários da Marvel Studios presumiu que a motivação subjacente era o fato de os filmes terem se tornado a parte mais interessante e glamourosa dos negócios da Marvel.

Por ordem de Perlmutter, a Marvel Entertainment criou um grupo chamado Comitê Criativo. Seus integrantes eram Dan Buckley, presidente da Marvel Entertainment; Joe Quesada, diretor criativo da Marvel Entertainment; Brian Michael Bendis, o escritor-astro da Marvel Comics; Louis D'Esposito, da Marvel Studios; Kevin Feige; e Alan Fine, recém-promovido a vice-presidente executivo sob ordens diretas do CEO (visto por todos como porta-voz do comitê). Perlmutter exigiu que a Marvel Studios obtivesse aprovação para todas as principais decisões, começando com quais filmes seriam produzidos, inclusive elencos e roteiros. Algumas notas do comitê eram produtivas, mas, em muitas instâncias, parecia tentar atrapalhar o trabalho da Marvel Studios. Um dos primeiros conflitos foi sobre *Capitão América: o primeiro vingador*. Fine acreditava que o público da Marvel não queria ver um filme situado amplamente na década de 1940. Feige e D'Esposito insistiram que precisavam estabelecer o Capitão América antes de produzir *Os Vingadores*: o filme tinha de *mostrar* que Steve Rogers era um homem fora de seu tempo, não apenas insinuar essa noção. As reuniões se tornaram "discussões aos berros",[19] mas Feige prevaleceu. Esse, no entanto, não seria o fim de seus problemas com o comitê. (Fine não quis responder a perguntas sobre seu tempo na Marvel para este livro.)

De acordo com Craig Kyle, produtor da Marvel, Feige queria "o que a Pixar tinha. Mas como desenvolver uma equipe criativa na qual as mentes mais experientes da empresa pudessem se reunir e oferecer insights para nos ajudar a tomar as melhores decisões em cada etapa, e então apresentar versões do filme a essas mesmas pessoas, a fim de obter insights adicionais?".[20] (Na Pixar, o *Brain Trust* — nome oficial da equipe criativa — incluía os principais diretores e se reunia a cada poucos meses, produzindo insights francos e incrivelmente úteis entre colegas de trabalho.) "A ideia por trás dessa equipe era reunir nossos melhores talentos, falar franca e produtivamente e produzir os melhores filmes que pudéssemos", disse Kyle. "Era um grande sonho, porque o modelo da Pixar é, na maior parte do tempo, belo e perfeito. O nosso não foi."

Em 31 de agosto de 2009, a Disney comprou oficialmente a Marvel. Após somente dois filmes da Marvel Studios, a noção de quatro tentativas garantidas pelo acordo com o Merrill Lynch se tornou ultrapassada, agora que a Marvel tinha acesso ao capital e ao financiamento da Disney. A Marvel ganhara dinheiro suficiente com *Homem de Ferro* e *O incrível Hulk* para pagar com tranquilidade o dinheiro devido ao Merrill Lynch, e os dez personagens oferecidos como garantia permaneceram seguramente sob custódia da Marvel.

O acordo de distribuição com a Paramount, no entanto, só expiraria após *Os Vingadores* e *Homem de Ferro 3*. *Os Vingadores* seria um momento crucial — a prova de conceito do Universo Cinematográfico Marvel. Com bilhões de dólares investidos na Marvel, a Disney estava ávida para assumir a distribuição, dando ao filme o impulso mais poderoso possível e colhendo os resultados. Para a maior associação de personagens da história, a Disney não estava interessada em trabalhar com outro distribuidor.

Contudo, a Paramount não queria ceder as propriedades Marvel. Recentemente, perdera o direito de distribuição dos filmes da DreamWorks SKG (quando a Viacom comprara a DreamWorks), e dependia dos filmes da Marvel para manter sua margem de lucro. Conseguir um acordo levou um ano, mas, em outubro de 2010, os estúdios concordaram que, por 115 milhões de dólares, a Disney ficaria com a distribuição de *Os Vingadores* e *Homem de Ferro 3*. Se qualquer um dos filmes superasse as expectativas (como ambos fariam), a Paramount receberia um bônus (chegando a 9% no caso de *Homem de Ferro 3*).

Finalmente, a Marvel também encontrou uma maneira de contornar o acordo com a Universal Studios que apresentava heróis da Marvel no parque temático Islands of Adventure. Os parques da Disney poderiam exibir conteúdo da Marvel desde que não incluíssem heróis específicos do acordo, como Hulk, Homem-Aranha e o Quarteto Fantástico, nem usasse "Marvel" no nome das atrações. A inclusão da Marvel nos parques da Disney começou devagar, com alguns artistas fantasiados de heróis, mas logo se expandiu, com brinquedos com temas Marvel em propriedades da Disney ao redor do mundo. Em Anaheim, o California Adventure Park apresentava os Guardiões da Galáxia em uma nova versão do brinquedo Torre do Terror, que finalmente se expandiria para um Campus dos Vingadores, com um show do Doutor Estranho e um restaurante chamado Pym's Test Kitchen.

A Marvel não foi a única aquisição da Disney com o objetivo de ajudar a empresa a atingir o público masculino. Depois que Iger concluiu o acordo com a Marvel, ele se voltou para a Lucasfilm, lar das franquias *Star Wars* e *Indiana Jones*. Em 2012, a Disney pagou 4 bilhões de dólares pela Lucasfilm. Mais uma vez, Iger enfrentou fãs preocupados com a "disneyficação" dessas propriedades; mais uma vez, ele pouco interferiu na nova e lucrativa subsidiária.

Feige, por sua vez, ficou animado com a aquisição da Marvel pela Disney, e não somente porque tinha ótimas memórias das férias que sua família passava no Disney World todos os anos quando ele era criança. "Eu nunca tinha passado por uma situação em que alguém compra a empresa para a qual eu trabalho",[21] disse ele, "mas sempre confiamos que eles seriam capazes de elevar o nível do que estávamos fazendo. Nós tivemos bons estúdios parceiros antes da Disney, mas não uma família. Como provou todos os anos desde então, a Disney tem a melhor equipe de marketing da indústria."

11
Nossa marca são os Chris

"Os músculos dele parecem fibras de metal cotati."
Vingadores: guerra infinita

As revistas em quadrinhos *Thor* se baseavam na mitologia viking e nos Edas nórdicos, mas regularmente apresentavam o deus do trovão enfrentando supervilões modernos como o Homem-Absorvente. As pessoas gostavam de descrever a linguagem dos quadrinhos como "shakespeariana", mas o que queriam dizer é que Stan Lee polvilhara os diálogos de Thor com floreios arcaicos suficientes para que ele parecesse um homem de outro século.

A pessoa contratada para dirigir *Thor*, Kenneth Branagh, já dirigira muitas peças do verdadeiro William Shakespeare tanto nos palcos quanto nas telas, e viu conexões mais profundas que a falsa linguagem elisabetana de Lee. "Temos interesse pelo que acontece nos corredores do poder, seja a Casa Branca ou o palácio de Buckingham",[1] disse ele. "Shakespeare tinha interesse pela vida das famílias reais medievais, mas usava os mitos romanos e gregos para os mesmos propósitos. Acho que Stan Lee aproveitou os mitos que Shakespeare não usara."

Branagh reconheceu que, embora as apostas da história de Thor fossem cósmicas, os atores eram humanos: "Se os atores levam essas apostas a sério, tudo é muito passional e intenso. Essa observação das fragilidades humanas — embora se tratem de deuses — nas pessoas em posições de poder é uma obsessão dos **grandes** contadores de histórias, incluindo Shakespeare e o universo **Marvel**."

Feige tinha uma referência cultural ligeiramente mais contemporânea em mente: *O poderoso chefão*. "É sobre pais e filhos, e sobre os filhos precisarem responder pelas ações dos pais",[2] afirmou ele.

A Marvel Studios procurou primeiro não Branagh, mas Matthew Vaughn, que debutara com o filme de ação *Nem tudo é o que parece* e então dirigira a cativante adaptação do romance de Neil Gaiman *Stardust: o mistério da estrela*. E os executivos do estúdio inicialmente contrataram Mark Protosevich (*A cela, Eu sou a lenda*) para escrever um roteiro de *Thor* sem especificar o que queriam, porque ainda não sabiam. No roteiro resultante, Odin bane Thor para a Terra durante a Idade Média, onde ele é escravizado por escandinavos até que Lady Sif e os Três Guerreiros o encontram.

A Marvel rapidamente chegou à conclusão de que preferia *Thor* ambientado na era moderna, mas, com a greve dos escritores de 2007-2008 ainda em curso, não tinha como encomendar revisões do roteiro de Protosevich. Quando a greve terminou, o contrato com Vaughn já estava expirado; ele deixou o projeto e escreveu o ultraviolento filme de super-herói/justiceiro *Kick-Ass: quebrando tudo*. A Marvel encomendou um novo roteiro a J. Michael Straczynski (criador da série televisiva *Babylon 5*) e abordou o diretor Guillermo del Toro (*O labirinto do fauno, Blade II*), mas ele optou por trabalhar na série de filmes *O Hobbit*, produzida por Peter Jackson. (Essa foi uma decisão ruim: a MGM Studios estava com problemas financeiros tão sérios que não conseguiu pagar a produção. Depois de esperar na Nova Zelândia por dois anos, del Toro desistiu e dirigiu *Hellboy II*.) A Marvel Studios conversara com o diretor de thrillers D. J. Caruso antes de decidir que a experiência de Branagh dirigindo meia dúzia de adaptações de Shakespeare para o cinema (incluindo algumas cenas de batalha) seria útil em *Thor*. Embora Branagh, o mais famoso e respeitado diretor de qualquer filme da Marvel até aquele ponto, tivesse quase 50 anos, ainda tinha a reputação de menino-prodígio: com 20 e poucos anos, seu trabalho em uma versão cinematográfica de *Henrique V* obtivera indicações ao Oscar tanto de melhor ator quanto de melhor diretor.

Embora a Marvel Studios pretendesse produzir um filme por ano, no início de 2009 adiou o lançamento de *Thor* para 2011. Mesmo com o novo cronograma, a produção seria apertada. Ashley Edward Miller e Zack

Stentz, que haviam trabalhado juntos nas séries *Andrômeda* e *O extermi-nador do futuro: as crônicas de Sarah Connor*, receberam um telefonema de seu agente. Miller contou a história: "A Marvel procurava roteiristas de TV porque eram rápidos. Com sorte, por serem uma equipe, seriam ainda mais rápidos. E, com mais sorte ainda, teriam noção de ficção científica e histórias em quadrinhos. E, com muita, muita sorte, conheceriam Thor."[3] Miller disse a Stentz: "Acho que cumprimos todos esses requisitos."

Logo os escritores estavam em uma reunião na sede da Marvel Studios, expondo sua visão do deus do trovão para uma sala cheia de gente, incluindo um cara de barba desalinhada que não conheciam, usando jeans, camiseta e tênis Chuck Taylor. Mas, quando ele abriu a boca e falou com um ressoante e bem-modulado sotaque britânico, os roteiristas perceberam que era Branagh. Eles foram contratados e começaram a trabalhar para ele, debatendo questões essenciais, como o papel de Thor no mundo moderno e o nome de seu martelo. "Uma das coisas que eu mais me lembro daquelas reuniões",[4] disse Stentz, "é a de Branagh não gostar do nome Mjölnir porque era difícil de pronunciar. Ele se virou para nós e perguntou 'Precisamos chamar o martelo de Mjölnir? Eu sei que ele é feito de um metal chamado uru ou algo assim. Não podemos chamá-lo de Uru? Ou os fãs vão me esganar?' Kevin [Feige] deu um sorrisinho: 'Eles vão te esganar, Ken.' 'Muito bem. Então não vamos fazer isso.'"

Enquanto Miller e Stentz escreviam o roteiro, Branagh trabalhava com a diretora de elenco da Marvel, Sarah Halley Finn. Stentz se lembra de ver praticamente todas as atrizes notáveis de Hollywood entre 25 e 30 anos irem até o escritório da produção para ler diálogos de Jane Foster, cientista terráquea e interesse romântico de Thor. Ele descreveu a reação de Branagh imediatamente após uma reunião com Natalie Portman. "Ele ficou encantado", disse Stentz. "Não de maneira romântica, mas em razão de sua inteligência. Jane é física, e precisávamos de alguém que pudesse transmitir essa inteligência. Foi isso que atraiu Branagh. Ele disse que a última coisa que queria era 'a física nuclear Denise Richards'." (Richards interpretara a física nuclear dra. Christmas Jones no filme de James Bond *007 – o mundo não é o bastante*, sendo alvo de muita chacota e recebendo o prêmio Razzie de "pior atriz coadjuvante" em 1999.)

Branagh era um ímã para atores de primeira linha. Portman disse que assinou o contrato porque achou que Branagh dirigindo *Thor* certamente seria "superestranho".[5] Anthony Hopkins se uniu ao elenco, interpretando o Pai de Todos, Odin, porque era fã do trabalho teatral de Branagh. Mas encontrar o homem certo para o papel-título se provou mais desafiador. Segundo Finn, "procuramos atores para o Capitão América e Thor ao mesmo tempo, e ambos pareciam muito arriscados".[6]

✳

Finn se candidatara à diretora de elenco de *Homem de Ferro* e, após conseguir o cargo, nunca mais fora embora. Ainda que o sistema de estúdios de Hollywood costumasse valorizar a continuidade nos bastidores — para citar somente um exemplo, a figurinista Edith Head trabalhou para a Paramount Pictures por 44 anos, de 1924 a 1967, ganhando oito prêmios Oscar —, essa abordagem fora descartada, e os produtores montavam uma nova equipe a cada filme. Mas a Marvel Studios, que valorizava a consistência e a confiabilidade, preferia contratar profissionais talentosos e mantê-los na casa. Finn, como Louis D'Esposito e Victoria Alonso, seria um pilar crítico do novo sistema de estúdio da Marvel. A ambição de criar um universo compartilhado de filmes exigia ênfase na continuidade não somente nos filmes, mas em toda a estrutura organizacional por trás das cenas.

Juntamente com Jon Favreau, Finn fora uma defensora de Robert Downey Jr. Em *Homem de Ferro 2*, ela estivera por trás da decisão de contratar Scarlett Johansson para o papel de Viúva Negra, embora a atriz não fosse conhecida por filmes de ação ou cenas com acrobacias. Finn disse que a Marvel a encorajara a focar no melhor ator para o personagem, em vez de conseguir o nome mais famoso possível. Ironicamente, dado seu próprio status como funcionária registrada da Marvel, ela tendia a não se preocupar com as trajetórias de longo prazo dos personagens e encorajava seus jovens atores a fazerem o mesmo. "Se começar a analisar os quadrinhos, as coisas podem ficar confusas rapidamente",[7] observou ela. "Eu aprendi a seguir a visão do diretor para o projeto e tentar entender sua abordagem e a história que ele quer contar."

A contratação de Downey estabeleceu os termos para as demais contratações da Marvel: em quase todos os casos, o estúdio valorizava mais os testes que a reputação. Quando escolhia um ator para um papel, Finn tipicamente chamava os principais escolhidos para um teste de elenco com uma pequena equipe de filmagem, os principais produtores e (idealmente) o diretor. O primeiro teste era ler um diálogo [conhecido no jargão da indústria como "faceta"] ao vivo ou, se o ator não estivesse em Los Angeles, gravado. Outros testes podiam envolver novas facetas a fim de exibir diferentes aspectos do personagem, cenas com outros atores para testar a química potencial e até o uso de trajes ou cenários para ver quão natural se sentia o ator em um mundo de super-heróis.

Em nome da continuidade, a Marvel Studios reviveu outra prática do antigo sistema de Hollywood: contratos de longo prazo, em geral para nove filmes. Embora a justificativa imediata fosse o fato de a Marvel precisar de seus super-heróis disponíveis para crossovers e associações, a motivação subjacente era financeira. Depois que Downey usara o sucesso de *Homem de Ferro* para negociar salários astronômicos, a Marvel Studios queria ter a certeza de que seus jovens talentos estariam amarrados a contratos de muitos anos. (Essa era outra razão para Finn não focar no nome mais famoso possível para cada papel.)

O desafio de Finn em Thor era encontrar "um ator que pudesse interpretar um personagem asgardiano — o que, para nós, quase equivalia a shakespeariano — e, mesmo assim, ser completamente mundano e inspirar empatia".[8] Em 2004, quando Avi Arad quase negociara um filme do Thor com a Sony, o principal competidor pelo papel fora Daniel Craig. Ele continuava sendo um candidato forte, mas declinou porque se comprometera com a franquia James Bond. Outros atores que a Marvel considerou seriamente incluíam Charlie Hunnam (*Filhos da anarquia*), Joel Kinnaman (ator sueco praticamente desconhecido nos Estados Unidos na época), Tom Hiddleston (ator britânico também pouco conhecido nos Estados Unidos), Alexander Skarsgård (*True Blood*) e Liam Hemsworth (ator australiano, outro desconhecido). O princípio orientador, segundo Branagh: "Que ele não seja como Fabio*."[9]

---

* Em alusão ao personagem Fabio de *Noite de reis*, de Shakespeare. [N. do E.]

Para qualquer ator estrangeiro tentando fazer sucesso em Hollywood, a representação adequada era essencial. Liam Hemsworth era representado pela ROAR Management, cujo cofundador, William Ward, descobrira ele e seu irmão Chris quando buscava talentos na Austrália. Ambos eram atores de TV com aspirações maiores. Ward já havia levado Chris Hemsworth a Hollywood e o confiara a Ilene Feldman, a agente que o ajudara a ser chamado em 2009 para um remake de *Jornada nas estrelas*. Em uma memorável sequência de abertura, Hemsworth interpretava o corajoso mas condenado pai do capitão Kirk.

Chris Hemsworth tinha cabelo castanho curto, rosto barbeado e sotaque norte-americano. A Marvel Studios viu seu teste para Thor e o dispensou. Logo depois, ele foi para Vancouver trabalhar no filme de terror *O segredo da cabana*. O diretor Drew Goddard e o produtor Joss Whedon, que o haviam encorajado a fazer o teste para *Thor*, viram que Chris não estava entre os principais competidores para o papel nos artigos de revistas. "Por que você não está na lista?",[10] perguntaram eles. "O que aconteceu?"

"Não sei", respondeu ele. "Acho que mandei mal no teste."

Encorajado por Goddard e Whedon e impulsionado pela rivalidade fraterna — "frustração porque meu irmão mais novo foi mais longe que eu" —, ele tentou conseguir uma segunda chance. (Liam avançara o suficiente no processo para fazer um teste para *Thor* usando uma das perucas de Pepper Potts.) Chris gravou um novo diálogo em seu quarto de hotel em Vancouver, com a mãe lendo as falas de Odin, e muitos na Marvel subitamente viram seu apelo. "Quando veio para o teste de elenco e contou uma história sobre os feitos de Thor",[11] disse Branagh, "ele o fez com muito realismo, de um jeito muito divertido e com certo senso de perigo. Foi capaz de incorporar o personagem de uma maneira que nos pareceu correta."

Finn, Feige e Branagh não queriam perder Tom Hiddleston, que gravara um diálogo para o papel principal, mas retornou para fazer um teste ao vivo para Loki, o irmão maquinador de Thor. Branagh trabalhara com Hiddleston na série de detetive *Wallander*, e Feige, tendo visto o ator em uma produção de *Ivanov*, de Chekhov, no Teatro Wyndham, em Londres, concordou com o diretor que Hiddleston tinha a envergadura para interpretar um personagem para o qual a Marvel tinha grandes planos. Nas palavras de Stentz: "A ordem acima de todas as outras era que eles queriam que Loki fosse o vilão de *Os Vingadores*. Eles disseram, literalmente, que, mesmo que eu fracassasse em todos os outros aspectos, precisava transformar Loki em um vilão tão bom quanto Magneto."[12]

Reunindo-se na sede da Marvel Studios em uma manhã de sábado de maio de 2009, a equipe de *Thor* tomou a decisão final: Chris Hemsworth seria Thor e Hiddleston, Loki. Feige caminhou ansiosamente em torno da mesa de reuniões. "Essas serão suas decisões mais importantes", avisou ele a Branagh. O diretor estava confiante em suas escolhas, embora não tivesse como saber se os atores teriam química.

Hiddleston interpretou Loki, um gigante de gelo abandonado ainda bebê e criado para acreditar que era irmão biológico de Thor, dotado de muita astúcia e profundidade de sentimentos. O produtor de *Thor*, Craig Kyle, lembrou de um almoço com o elenco no qual Branagh conversou com os atores sobre dinâmica familiar. Ele se virou para Rene Russo, que interpretaria a mãe de Loki e Thor, Freya, e perguntou se ela contaria a verdade a Loki; ela respondeu que não. "Nós olhamos uns para os outros e respondemos 'É claro que não. É o Loki. Ele é mau'",[13] contou Kyle. "Mas ela disse: 'Não, é porque ele é muito sensível.' Ela respondeu como mãe de um garoto emotivo. E tinha aquele marido poderoso e um filho atlético, que era idêntico ao pai, e aquele outro garoto, à sombra desses dois grandes homens."

A sombra lançada por Chris Hemsworth se tornaria muito maior. "Não sei se você se lembra",[14] disse Stenz, "mas, quando anunciaram Hemsworth, todo mundo ficou perguntando: 'Quem? O pai do capitão Kirk? Aquele surfista australiano magrelo?' O lance é que Branagh tem um olho incomparável para o elenco. Ele é muito bom. Então nós respondíamos: 'Se Ken diz que ele é o cara, então ele é o cara.' De fato, ele viu coisas em Hemsworth que a maioria ainda não vira. Nesses filmes de super-herói, o elenco representa uns 70% do sucesso. Se você escolher o ator certo para o papel — e não o ator quase certo —, a mágica acontece."

Hemsworth aceitou imediatamente, assinando um acordo para múltiplos filmes. Whedon e Goddard deram a ele a coleção de histórias em quadrinhos *Os Supremos*, para que conhecesse Thor. "Eu li os quadrinhos",[15] disse Hemsworth, "e vi que o cara pesava uns 200 quilos." Branagh o

aconselhou a ficar "o maior que pudesse" e Hemsworth iniciou um rigo-
roso regime de exercícios para ganhar massa magra. Ele já tinha um porte
atlético, mas o objetivo era fazer com que parecesse um deus. Trabalhando
com o treinador de celebridades Duffy Gaver, ele ganhou quase dez quilos
de músculos em oito meses. Durante esse tempo, também trabalhou no remake de *Amanhecer violento*, levantando pesos várias vezes ao dia quando
não estava filmando.

Após gravar o remake, ele retornou para a prova final do traje de Thor:
"Alguns minutos depois, minhas mãos começaram a ficar dormentes", disse
Hemsworth, "e todo mundo concordou que não ficou bom." As medidas
tiradas para seus trajes somente três semanas antes já estavam tão diferentes
de suas dimensões atuais que a armadura feita para acentuar seus músculos
estava interrompendo sua circulação. Branagh disse ao ator que ele estava
oficialmente "grande o bastante". Hemsworth parou de ingerir muitas calorias e treinar com muito peso e passou a adotar um programa com pesos
russos que manteve sua massa muscular, em vez de aumentá-la.

Escolher o ator para interpretar Thor foi difícil porque ele era um deus;
escolher o ator para interpretar o Capitão América foi difícil porque ele
personificava a antiga moral norte-americana, sem ser brega. "Quando
trabalhei no elenco de *Capitão América*",[16] disse Finn, "eu não entendia
para onde estávamos indo; não tinha ideia. Quando Kevin começou a falar
sobre *Os Vingadores*, fiquei zonza."

Com Thor e Loki, a Marvel Studios, através de uma mistura de habilidade e sorte, conseguira exatamente o que precisava com um par de atores
desconhecidos. Mas estava disposta a procurar nomes um pouco mais famosos para interpretar Steve Rogers. "Sabíamos qual era o núcleo essencial
de qualidades que procurávamos",[17] afirmou Finn, "mas a propriedade não
era muito conhecida. As pessoas não entendiam bem, parecia um pouco um
filme B, algo datado." Ryan Philippe fez testes, assim como Garrett Hedlund,
Jensen Ackles, Chace Crawford e (em um intervalo de *The Office*) John
Krasinski. Alguns dos finalistas, incluindo Krasinski, foram chamados para
testes que incluíam usar o traje do Capitão América em um set de época.
Krasinski, que trabalharia em *Doutor Estranho no multiverso da loucura*
como o super-herói de membros de borracha Reed Richards, mais tarde

contou a história de estar seminu quando um enorme Chris Hemsworth entrou vestido de Thor. Krasinski olhou para seu próprio corpo, sem camisa, e concluiu que não fora feito para interpretar um Adônis.

Alguns dos outros atores que fizeram testes para Capitão América também terminaram em papéis diferentes no UCM. Wyatt Russell, filho de Kurt Russell e Goldie Hawn, fez seu primeiro teste de elenco profissional com Sarah Halley Finn. Uma década depois, ele finalmente carregaria o escudo do Capitão América como John Walker (o alter ego do personagem Agente Americano) na série da Disney Plus *Falcão e o Soldado Invernal*.

Sebastian Stan também fez testes para Steve Rogers. "Mas vimos algo que era um pouco mais sombrio, um pouco mais provocativo",[18] disse Finn. "E, ao continuarmos com o processo, pareceu que o melhor papel seria o de Bucky." Bucky Barnes, amigo do Capitão América, era um dos raros personagens da Marvel que morrera e permanecera morto. Nos quadrinhos, ele morreu heroicamente ao fim da Segunda Guerra Mundial e permaneceu morto durante várias décadas, até que Ed Brubaker elaborou um enredo que o reviveu como Soldado Invernal, um assassino soviético que sofreu lavagem cerebral. A Marvel Studios não demoraria cinquenta anos para transformar Bucky no Soldado Invernal. Stan assinou um contrato para nove filmes, o que, para os fãs que acompanhavam as notícias de Hollywood, diminuiu ligeiramente o impacto da aparente morte de Bucky em *Capitão América: o primeiro vingador*.

Quem também fez testes para Capitão América foi o ator de *Parks and Recreation* Chris Pratt. Finn ficou intrigada com o ator, mas decidiu que "não era a escolha perfeita".[19]

"Encontrar o Capitão América foi muito difícil e levou muito tempo"[20] disse Feige. "Comecei a pensar que não seríamos capazes de encontrá-lo e, se não encontrássemos um Capitão América, o que faríamos com *Os Vingadores*? Será que a coisa toda desmoronaria?"

Havia um ator no qual o estúdio estava realmente interessado, mas que declinara o convite para o teste de elenco. Chris Evans já interpretara um super-herói da Marvel, o petulante Johnny Storm, também conhecido como Tocha Humana, nos dois filmes do Quarteto Fantástico que Tim Story dirigira para a Fox. Finn estava muito familiarizada com o trabalho dele. "Eu e meus dois filhos mais velhos assistimos a *Quarteto Fantástico* umas cem vezes",[21] disse ela. "Demos voltas e voltas e retornarmos ao Chris."

Havia muitas razões pelas quais Evans parecia perfeito para o papel. "Ele é norte-americano. Havíamos contratado um bocado de britânicos, mas queríamos um norte-americano. E que fosse um grande ator, charmoso, afável e tudo mais. Contudo, além das qualidades óbvias, acho que havia outras, um pouco mais difíceis de discernir: sua humildade, a sensação de que ele seguia uma bússola moral, que era um cara com o qual era muito fácil se identificar. Ele demonstrava vulnerabilidade, além de força, então podíamos levá-lo do magrelo Steve para Capitão América."

A Marvel Studios convidou Evans para uma reunião. "Nós o chamamos, mostramos as artes, mostramos o que estava acontecendo no filme",[22] lembrou Feige. Eles ofereceram um acordo para nove filmes interpretando Steve Rogers, sem a necessidade de testes. "Ele levou dois dias para decidir", disse Feige. "Aquele foi um fim de semana difícil."

Evans tomou sua decisão e, mais uma vez, a resposta foi não. "Receber a oferta foi a epítome da tentação",[23] explicou o ator. "A melhor oferta de emprego, na maior escala possível. É o tipo de coisa para que você deve dizer não. Parecia a coisa certa a fazer. Eu vi as artes, os trajes, e tudo pareceu bom. Mas quando acordei no dia seguinte depois de dizer não, me senti melhor ainda."

Ele acrescentou: "Eu gosto da minha privacidade. O bom do cinema é que há muita liberdade envolvida: você faz o filme e então tem tempo livre. Se um desses filmes for um sucesso e mudar sua vida, você tem a oportunidade de [...] se afastar. Se esse for o caso. Tirar algum tempo, pensar nas coisas e recomeçar."[24] Se *Capitão América: o primeiro vingador* fosse um sucesso, Evans não teria essa oportunidade, porque interpretaria Steve Rogers várias vezes seguidas.

Robert Downey Jr. telefonou para ele e o encorajou a aceitar o papel, dizendo que a fama resultante expandiria suas oportunidades como ator, em vez de restringi-las. Para seduzir Evans, a Marvel Studios reduziu o acordo a somente seis filmes: uma trilogia do Capitão América e três filmes dos Vingadores. Evans ainda estaria preso ao papel por mais ou menos uma década, o que o assustava. Mas, às vezes, decidiu ele, "talvez a coisa que mais o assusta seja a coisa que você tem que fazer".[25] E ele aceitou.

A Marvel anunciou a contratação em abril de 2010, mas Evans levou anos para deixar de se preocupar. Mais tarde, confessou estar tomado pelo medo e pelo desprezo por si mesmo durante o primeiro filme. O mantra se repetindo em sua cabeça era: "Acabo de assinar minha sentença de morte; minha vida acabou. Não acredito que fiz isso. Essa não é a carreira que eu queria."[26] Ele relaxou quando percebeu que os filmes do Capitão América eram realmente bons. "A coisa que mais me preocupava era fazer filmes de merda", disse ele. "Eu não queria fazer filmes de merda e ser contratualmente obrigado a produzir lixo."

Evans também embarcou em um esforço intensivo, semelhante ao de Hemsworth, para modelar o corpo, centrado em algumas horas diárias de treinamento com pesos. Para ele, o aspecto mais desafiador do programa foi a alta ingestão de calorias. "Eu comia o tempo todo",[27] reclamou. "Parece bom, mas você não come, sei lá, cheeseburgers. Você tem que comer frango branco sem gosto e arroz. E fica muito estufado, é uma sensação bastante desconfortável." Mas ele se ateve ao programa e alcançou resultados impressionantes.

Finn disse não ter nenhum insight profundo sobre quais atores são capazes de passar pelas aceleradas transformações físicas necessárias para se tornarem super-heróis. "Felizmente, esse não é meu trabalho. Meu trabalho é encontrar a personificação do personagem. [A aparência física] é responsabilidade de outra pessoa. Mas eu diria que isso é a essência de todo o processo, sabe como? Precisa existir uma disposição para se submeter aos rigores intensos que o papel requer do ator."[28]

Ela se lembrou de sua primeira reunião com Hayley Atwell para discutir o papel de Peggy Carter, a superespiã que desenvolveria um relacionamento com o Capitão América, e a atriz, "em seu mais perfeito sotaque britânico, disse que estava cansada de filmes de época e queria ser durona. E então trabalhou muito, muito duro. Saber que essa disposição existe é ótimo, mas nunca foi uma condição. A mentalidade sempre foi encontrar a pessoa que faria o personagem ganhar vida".

★

Finn identificou a contratação de outro Chris como o momento de maior orgulho de sua longa carreira na Marvel: ela percebeu que Chris Pratt poderia interpretar o Senhor das Estrelas em *Guardiões da Galáxia*, o filme de 2014 dirigido por James Gunn sobre uma gangue relutantemente heroica de desajustados do espaço sideral. Pratt era conhecido como o bobalhão Andy Dwyer da série da NBC *Parks and Recreation*, mas Finn se lembrava do brilho que ele demonstrara em seu teste para Capitão América anos antes: "Fiquei muito empolgada, procurei James [Gunn] e ele respondeu: 'Chris Pratt de jeito nenhum, não tem nada a ver.'"

Ela secretamente manteve Pratt na curta lista para interpretar o Senhor das Estrelas enquanto contratava o restante do elenco. Testou Chadwick Boseman para o papel de Drax e Lupita Nyong'o para o papel de Gamora, e, embora os dois papéis tenham ficado com outras pessoas (Dave Bautista e Zoe Saldaña, respectivamente), ambos os atores causaram uma impressão boa o bastante para receber papéis importantes em *Pantera Negra*, anos depois. Outro exemplo foi a atriz escocesa Karen Gillan, que fizera testes para Sharon Carter (agente secreta que é sobrinha de Peggy Carter) em *Capitão América: o Soldado Invernal*. O papel foi para Emily VanCamp, mas Finn percebeu que a atriz seria perfeita para o papel da irmã de Gamora, Nebula, porque tinha um ar angelical mesmo quando projetava ameaça.

Ainda não havia um ator para interpretar o Senhor das Estrelas, então Finn convenceu Gunn a deixar que Pratt ao menos fizesse um teste para o papel (lembrando como isso ajudara a mostrar que Downey era adequado para interpretar Tony Stark). Pratt ficou curioso, embora cético sobre ser o homem certo para o papel. Mas seu teste foi o tipo de momento com o qual os diretores sonham: "Chris entrou na sala, fizemos o teste e foi realmente mágico. Dez segundos depois, James se virou para mim e disse: 'É ele.'"

Para conseguir um corpo de super-herói, Chris Pratt tinha um caminho mais longo a percorrer que seus dois outros xarás. Ele intencionalmente ganhara peso para fazer seu personagem em *Parks and Recreation* parecer mais "largado". A Marvel chamou Duffy Gaver, o treinador que trabalhara com Hemsworth. "Recebi um telefonema e eles queriam saber se eu estava disponível para treinar Chris Pratt. Disseram que ele acabara de sair de lá e seria o protagonista da próxima franquia",[29] lembrou Gaver. Ele rapidamente pesquisou o nome de Pratt no Google e concordou. "Acho que, na época, o corpo de Chris funcionava para o tipo de ator que ele era, mas estava na hora de mudar."

Vinte minutos depois, Gaver estava ao telefone com Pratt. Eles tomaram um café e começaram a treinar no dia seguinte. "Chris estava muito preparado para trabalhar", disse Gaver. Embora Finn insistisse não vetar atores com base em sua devoção aos exercícios, Gaver só podia julgar pelas pessoas que a Marvel encaminhava, e inferiu que, em algum ponto do processo, os atores que não demonstravam o nível necessário de comprometimento eram eliminados. "A Marvel contrata pessoas por vários anos, e quer que elas sejam muito dedicadas e disciplinadas. Me chamaram para treinar pessoas que já haviam passado por muitos testes até chegar àquele ponto."

Gaver usou Pratt como exemplo para seus outros clientes, dizendo que toda a academia prestava atenção nele quando se exercitava. "Não porque fosse um astro, o que, na época, ele não era", disse o treinador. "Chris chegava a pingar de tanto suor e ficava sem fôlego. Era só mais um cara se matando na academia."

A Marvel também apresentou Pratt ao nutricionista Philip Goglia, que aumentou a ingestão de Pratt para 4 mil calorias por dia, mais um copo de água para cada meio quilo de peso corporal. "Eu urinava o dia inteiro",[30] afirmou Pratt. "Essa parte foi um pesadelo."

Seis meses depois, Pratt esculpira o próprio corpo à imagem de um super-herói. Os roteiristas de *Parks and Recreation* haviam escrito uma cena para a sétima temporada na qual seu personagem, Andy Dwyer, tirava a camisa. "Percebemos que não poderíamos fazer isso",[31] falou o showrunner Michael Schur. "Andy não tem uma forma humana perfeitamente construída, com abdômen definido e bíceps gigantescos."

No Instagram, Pratt postou uma selfie sem camisa com a legenda: "Seis meses sem cerveja." Foi a primeira selfie de um astro da Marvel a viralizar, enquanto o mundo se espantava com sua transformação física. Durante toda a sua história, Hollywood vendera o corpo feminino para os espectadores, e atrizes jovens haviam passado fome e feito cirurgias plásticas para atingir ideais praticamente impossíveis. A Marvel Studios não produziu os primeiros filmes a enfatizarem o corpo masculino, mas, ao apresentar super-heróis musculosos em um blockbuster após o outro, criou um mundo no qual a forma masculina é tão maleável quanto a feminina — e apresentada rotineiramente como objeto de fantasia. Como o dr. Abraham Erskine com seu soro do supersoldado, a Marvel Studios decidiu que podia criar seus próprios espécimes superiores e se beneficiar com os resultados.

Os superpoderes, não sendo reais, podem funcionar da maneira que os criadores de filmes e quadrinhos quiserem: é uma escolha extremamente literal achar que grandes poderes equivalem a grandes músculos. Mas a Marvel usou essa convenção de gênero, tanto que os atores que não tinham físicos definidos sentiram necessidade de mudar. Sebastian Stan admitiu que, quando chegou ao set de *Capitão América: guerra civil*, "estava tão inseguro em torno daqueles caras imensos que comecei a malhar pesado e comer muito. Quando cheguei para fazer *Soldado Invernal*, já era um pouco maior. O braço [prostético] ficou meio apertado — começou a interromper minha circulação".[32]

Embora o torso de Robert Downey Jr. estivesse quase sempre encoberto por um terno ou uma armadura de CGI, trabalhar em um filme de super-herói fez com que ele também transformasse seu corpo. Ele já fazia ioga, artes marciais e musculação, mas decidiu ir atrás da hipertrofia: "Sinto que tenho uma janela de cinco a sete anos e, se ainda fizesse mais filmes depois disso, os efeitos óticos e o CGI terão avançado o suficiente para melhorar minha aparência."[33]

Chadwick Boseman, astro de *Pantera Negra*, disse que os exercícios nunca terminam. "Mesmo que você mude o tipo de atividade — digamos, mesmo que precise ficar menor para um papel e então ganhar músculos novamente para a Marvel —, há certas coisas que precisa continuar fazendo."[34]

Paul Rudd, assim como Pratt conhecido como ator cômico, entrou em forma para interpretar o Homem-Formiga. "Isso provavelmente mudou minha vida",[35] afirmou Rudd, falando de seu treinamento para a Marvel. "Transformou completamente a maneira como me alimento e me exercito. Exercícios e dieta se tornaram o cerne da minha vida, o que nunca foi o caso." Rudd planeja continuar com essa rotina, para manter tanto sua via-bilidade como astro do cinema quanto seu bem-estar. "Eu me sinto muito melhor", admitiu ele. "Provavelmente preciso agradecer à franquia por alguns anos adicionais de vida."

Talvez a transição mais surpreendente de todas tenha sido a do comediante Kumail Nanjiani, que, após anos interpretando nerds fofinhos, revelou seus músculos em *Eternos*, de 2019. "Vou manter minha opinião para mim mesmo",[36] disse, com uma risada, outro comediante e ator da Marvel quando perguntado sobre o novo físico de Nanjiani. "Ele está muito... malhado. Extraordinariamente malhado."

Alguns métodos para ganhar massa magra vão além da dieta e da musculação. Embora sejam proibidos pelas ligas esportivas, muitos tratamentos com esteroides são perfeitamente legais. O dr. Todd Schroeder, professor associado de fisioterapia clínica e diretor do Centro de Pesquisa de Exercícios Clínicos da Divisão de Biocinesiologia e Fisioterapia da Universidade do Sul da Califórnia, estima que mais da metade dos astros da Marvel use alguma forma de droga estimulante do desempenho (PED em inglês) a fim de conseguir o físico desejado. "Ao menos a curto prazo",[37] falou ele, "acho que entre 50% e 75% deles fazem isso." Em 2013, para uma investigação sobre o PED mais popular da indústria cinematográfica, o hormônio do crescimento humano, o *Hollywood Reporter* entrevistou vários agentes e empresários que consideravam seu uso um dos segredos "não tão secretos" de Hollywood — talvez tão comum quanto o Botox e o Restylane.

Como comentou o dr. Schroeder, "hoje em dia, isso é algo esperado e, sob os cuidados de um médico, realmente aceito. Muitos atores não falam abertamente sobre o assunto, mas trabalham com um médico, além do nutricionista e do treinador, formando uma equipe. Não é inteligente o ator tentar fazer isso sozinho. O fato é que você pode tomar esteroides, testosterona, diferentes andrógenos e hormônio do crescimento por um curto período, sem efeitos permanentes no organismo. Não é como se ficasse viciado" — embora exista, acrescentou o dr. Schroeder, o potencial de vício psicológico. Se o ator adora sua nova forma física e a maneira como as pessoas reagem a ela, pode se sentir compelido a mantê-la.

Mas o auge da forma física não é algo que se possa manter indefinidamente. "Especialmente ao envelhecer", disse o dr. Schroeder. "Como Robert Downey Jr.: ele fez todos aqueles [filmes do] Homem de Ferro e, em alguns, estava realmente em forma, mas mantê-la é desafiador. É um mundo muito duro lá fora. O que as pessoas esperam de você, de sua aparência, e tentar atender a essas expectativas. Lamento por esses atores, especialmente os que estão em papéis da Marvel, que os contrata para múltiplos filmes."

Também há o estresse de manter uma carreira na Marvel e, simultaneamente, trabalhar em papéis não tão super-heroicos assim. Aaron Williamson, um dos principais treinadores de Hollywood, foi treinador e consultor de filmes como *Quarteto Fantástico*, *G.I. Joe: retaliação*, *O exterminador do futuro: gênesis* e *Vizinhos*. "Os atores querem ficar em frente à câmera e surpreender todo mundo",[38] afirmou ele. "Eles chegaram ao limite, fazendo todo o possível para parecer super-humanos [...] Alguém pode fazer um filme no qual tem uma aparência 'normal' e, no projeto seguinte, parecer um super-herói insanamente musculoso. Sem algum tipo de ajuda, é impossível ir de um extremo a outro da noite para o dia."

"Há preocupações com a saúde no uso a longo prazo, mas, a curto prazo, não há problema",[39] disse o dr. Schroeder. "Assim, se você está se preparando para um papel e receberá 10 milhões de dólares para ter certa aparência, por que não fazer isso sob os cuidados de um médico? Tomar algumas coisas que não são naturais, mas mudarão seu corpo, dando a ele a aparência desejada e a você o merecido reconhecimento?"

O dr. Schroeder enfatizou que falava a partir de suas próprias experiências e observações, não do acompanhamento em primeira mão de algum astro da Marvel. Sobre Chris Hemsworth, disse: "Ele sempre esteve em boa forma. Sua família, sua genética — todos eles, se fizerem algum exercício, ficam em excelente forma física, e ele levou isso para o próximo nível. Muitas pessoas dizem 'Ah, ele com certeza usou esteroides'. Minha opinião? Não, não usou."

A Marvel Studios não precisava contratar astros particularmente em forma. Como a fabricante de brinquedos que ainda era, ela simplesmente criava seus próprios heróis de ação.

12
Fugitivos

"Alguém do nosso lado querendo revelar
uma super-habilidade fantástica?"
Capitão América: guerra civil

Os roteiristas juniores do Programa de Escritores da Marvel tinham bilhetes dourados para a melhor fábrica de chocolate de Hollywood. Quando um filme da Marvel estava sendo gravado, eles podiam visitar o set; quando não estava, podiam dividir o elevador com Chris Evans ou encontrar Paul Rudd no corredor. Diariamente, eram testemunhas da criação do Universo Cinematográfico Marvel — ainda que tivessem de desvendar muitos mistérios por si mesmos.

O escritor Christopher Yost lembrou de um dia notável: "Alguns escritores estavam no set e um cavalo entrou com o equipamento de captura de movimentos, coberto de bolinhas de rastreamento."[1] Ele sacudiu a cabeça, ainda pasmo. "Nunca descobrimos o que eles estavam fazendo."

Assim como aquele cavalo, os integrantes do Programa de Escritores não sabiam direito como tinham chegado ao set. As origens do programa estão no fluxo de trabalho da equipe de desenvolvimento visual da Marvel Studios: assim que um filme entrava em produção, a equipe era designada para o filme seguinte, construindo bibliotecas de imagens antes mesmo que o diretor fosse escolhido. Isso ajudou a estabelecer consistência visual em todo o UCM, quer o filme fosse em Malibu ou Asgard, e permitia que o estúdio lançasse vários filmes no mesmo ano.

Em 2009, o produtor Stephen Broussard recebeu uma missão: montar outra linha de produção, dessa vez com roteiristas. Muitos estúdios e redes de TV de Hollywood ofereciam incentivos a jovens escritores: os estúdios se beneficiavam do fluxo de talentos promissores, ao passo que os escritores passavam de seis a doze meses em um estúdio, aprendendo sobre a indústria. Rapidamente, Broussard tinha uma pilha de amostras de roteiro para ler.

Os escritores selecionados assinariam um contrato de um ano com a Marvel Studios, durante o qual estariam à disposição para retoques emergenciais nos roteiros. Ainda mais importante, dariam sugestões para os super-heróis não utilizados dos quadrinhos Marvel. Para participar, tinham de assinar um contrato não negociável de setenta páginas que incluía uma cláusula de não divulgação e estipulava que a Marvel seria dona de todo o trabalho que fizessem sob sua égide.

Edward Ricourt conseguiu uma entrevista graças a sua história *Ano 12*, situada na Terra doze anos após uma invasão alienígena; ele entrou na prestigiada *Black List* [Lista Negra] de roteiros promissores mas não produzidos. Ele se reuniu com Broussard e com o produtor Jeremy Latcham, que colocou três revistas em quadrinhos na mesa e chamou atenção dele para a de Luke Cage, também chamado de Power Man, o super-herói de inspiração *blaxploitation* com pele indestrutível. Sendo negro, Ricourt se perguntou se esse era o motivo da escolha. Mas "eles disseram 'Queremos fazer isso, *realmente* queremos fazer isso'".[2] Ricourt admitiu que podia ter algumas ideias.

Quando entrou no Programa de Escritores, ele recebeu uma sala ao lado da de Nicole Perlman. "Eles disseram o quanto tinham gostado dos meus roteiros",[3] lembrou Perlman, falando de sua primeira conversa com os executivos da Marvel. E comentaram: "Mas você provavelmente não quer trabalhar em algo tão sessão da tarde quanto um filme de super-herói." Perlman, que é esperta, sarcástica e ligeiramente boêmia, garantiu que, embora não tivesse lido muitos quadrinhos, adorava ficção científica e entretenimento de massa. Isso foi o bastante para a Marvel, que lhe ofereceu um contrato. "Fomos informados de que teríamos acesso à pilha residual — as propriedades menos importantes —, poderíamos escolher uma propriedade e começar a trabalhar nela. Quando necessário, eles nos chamariam para reescrever ou 'polir' projetos já em produção."

Christopher Yost entrou no Programa de Escritores meses depois, mas já tinha uma década de história com a Marvel. Em 2001, quando ainda era aluno do programa de cinema da USC, ele decidira telefonar para a empresa à procura de um estágio e acabou entrando para a Marvel na era Arad, que na época só fornecia consultoria sobre suas propriedades a outros estúdios, em vez de produzir seus próprios filmes. O trabalho de Yost era preparar relatórios sobre personagens pouco lembrados, como o Lobisomem na Noite. Depois do estágio, Yost terminara os estudos e, após a formatura, recebera um telefonema do produtor Craig Kyle, que o contratara para a série de animação *X-Men: Evolution*. Os dois haviam criado uma nova versão do Wolverine: uma jovem clone, X-23, que se provara tão popular que fizera a transição da TV para os quadrinhos (e, finalmente, conseguira um papel importante no filme *Logan*, de 2017). Em 2010, Kyle, que na época trabalhava na Marvel Studios, convidou Yost para o Programa de Escritores. Para sua entrevista, Yost teve de apresentar ideias sobre um dos projetos prioritários de Kevin Feige: o filme do Pantera Negra. "É importante que não pareçamos ter um elenco completamente branco, europeu",[4] afirmou Feige, falando dos filmes da Marvel.

O Programa de Escritores mudava de local toda hora. Sempre que a Marvel estava filmando, alugava para a produção um espaço adjacente aos novos sets de filmagem e realocava os escritores, a fim de que estivessem disponíveis para revisões de emergência. "Os escritórios eram sempre temporários",[5] disse Yost. "Eu não sabia disso quando comecei, e decorei minha sala com imagens inspiradoras e itens do meu home office. Mudei de sala quase instantaneamente. Você sempre tinha a sensação de não ser a primeira pessoa a ocupar aquele espaço, tampouco a última." Na primeira sala de Yost, o telefone ainda tinha uma etiqueta da equipe da série *Ally McBeal*, que apresentara seu último episódio oito anos antes. "Aquele deveria ter sido o primeiro sinal de alerta", admitiu ele.

Onde quer que estivessem, os escritores se acostumavam a estar no mesmo prédio da ação, mas tão longe dela quanto fisicamente possível. Yost ia trabalhar de scooter para percorrer a longa distância até sua sala. "Em um dos escritórios, eu era a única pessoa no andar", disse ele. "Era estranho e assustador, e não tinha lanches. Mas era silencioso, então escrevi muito."

Procurando uma propriedade pouco apreciada na qual trabalhar, Perlman escolheu *Guardiões da Galáxia*. Ela nunca ouvira falar dos quadrinhos, mas, dos títulos da pilha residual, parecia o mais próximo da ficção científica pura. Pediu ao bibliotecário da Marvel todos os quadrinhos já publicados, esperando um punhado de participações da obscura equipe interestelar em revistas de outros personagens. Em vez disso, o bibliotecário apareceu com um carrinho cheio de revistas dos *Guardiões* publicadas desde 1969. "Ele trouxe caixas e mais caixas",[6] disse ela. Podia escolher a versão da equipe que bem entendesse — ninguém ligava para os personagens —, e ficou com a edição de 2008, de autoria de Dan Abnett e Andy Lanning, com o piadista Rocket Raccoon [Rocky Racum no Brasil] e Groot, a árvore senciente.

Embora se esperasse que essa primeira equipe de escritores trabalhasse no horário regular, das 9 às 17 horas, seu supervisor, Broussard, estava envolvido na produção de *Capitão América: o primeiro vingador*, e os líderes do estúdio — Feige, Louis D'Esposito e Victoria Alonso — estavam ocupados demais com os filmes sendo produzidos para acompanhar o programa. Deixados por sua própria conta, às vezes os escritores passavam o dia conversando sobre filmes e lendo quadrinhos antigos. Eles ficavam atentos a qualquer história boa do Doutor Estranho, já que o personagem era um dos favoritos de Feige. Em outras ocasiões, atravessavam a rua e trabalhavam por algum tempo na livraria Barnes and Noble, só para ter uma mudança de ares. Isso seria impensável alguns anos depois, quando a Marvel aprimoraria seus protocolos de segurança para evitar o vazamento de segredos.

★

A Marvel percebeu que precisava de um produtor que pudesse acompanhar o Programa de Escritores e outros projetos que talvez levassem anos para ser desenvolvidos. Nate Moore, produtor executivo de filmes prestigiados como *Uma verdade inconveniente* e *O caçador de pipas*, candidatou-se ao cargo.

Ele crescera no sul da Califórnia, alimentado por uma dieta constante de blockbusters, e agora queria produzir alguns. Quando apresentou seu currículo, chamou atenção de Kevin Feige, que percebeu que eles já se conheciam: Moore fora assistente de produção do primeiro filme do

Homem-Aranha, de Sam Raimi. Em vez de fazer uma entrevista formal, Feige convidou Moore para tomar café.

Jodi Hildebrand, uma amiga de Moore que fora executiva da Sidney Kimmel Entertainment, supervisionando filmes indies como *A garota ideal*, candidatou-se ao mesmo cargo. Moore e ela só perceberam que estavam competindo depois de reuniões encorajadoras com Feige. Quando ela retornou para outra rodada de entrevistas, a Marvel informou que faria ofertas aos dois.

Hildebrand assumiu o desenvolvimento do filme do Homem-Formiga, dirigido por Edgar Wright, e um novo projeto chamado *Fugitivos*, uma adaptação da série de quadrinhos de Brian K. Vaughn e Adrian Alphona sobre adolescentes que descobrem que seus pais são supervilões. Moore ficou encarregado do Programa de Escritores. "Não tenho talento para escrever",[7] disse Moore. "Tentei escrever roteiros, mas não ficaram bons. Não tenho olho para dirigir. Mas adoro estar por perto dos contadores de histórias e solucionar problemas. Meu cérebro ama quebra-cabeças. Fazer um filme é como montar um quebra-cabeça muito complicado."

Feige queria encontrar roteiristas para *Pantera Negra*, *Punho de Ferro* e *Doutor Estranho*, mas primeiro Moore fez com que os escritores apresentassem ideias para um remake de *Blade* que fosse distinta dos três filmes estrelados por Wesley Snipes no papel de caçador de vampiros (sem mencionar a série televisiva da Spike em 2006, estrelada por Sticky Fingaz), tentando criar mais uma oportunidade para a Marvel diversificar sua linha de heróis.

Perlman estivera trabalhando no roteiro de *Guardiões da Galáxia* sem muito feedback, já que os principais executivos da Marvel costumavam estar fora do escritório, produzindo filmes. Quando Moore chegou e comentou o roteiro, ela mudou o protagonista: de Nova para Peter Quill, o Senhor das Estrelas. Perlman concordou com Moore que o protagonista devia ser mais rebelde, mais parecido com Han Solo; Nova tinha a distinta energia de uma policial espacial. Perlman deu a Quill alguns bens preciosos da década de 1980, a década de sua infância: brinquedos *Star Wars*, um Atari e, crucialmente, um toca-fitas. Após quatorze esboços, o estúdio disse que aprovaria o filme. Foi um triunfo para ela, mas também uma validação do Programa de Escritores.

Joe Robert Cole chamou atenção da Marvel por causa de um drama policial que escrevera na tradição de *Chinatown*. O estúdio o convidou a criar um esboço para um filme sobre o personagem Máquina de Combate, e Feige se disse impressionado com o resultado. Contudo, a Marvel criou outros planos para o personagem e deixou de lado todo o trabalho sobre o personagem. Então ofereceu a Cole uma posição no Programa de Escritores. Ele mergulhou em uma montanha de quadrinhos sobre os Inumanos, uma raça superpoderosa de humanoides que, em vários pontos da história da Marvel, viviam em uma cidade isolada nas montanhas ou em uma área rica em oxigênio na Lua.

Hildebrand, entrementes, preparava o filme *Fugitivos* para que a Marvel tivesse ao menos um projeto além de *Vingadores* pronto para produção caso *Guardiões da Galáxia* não desse certo. Feige e Hildebrand concordaram que *Fugitivos* deveria ter o clima de um filme de formação de John Hughes, mas os pais, além de adultos sem noção, seriam supervilões. No fim do filme, os adolescentes descobririam seus próprios poderes, cresceriam mais rapidamente que o planejado e entrariam para o Universo Cinematográfico Marvel. Para a direção, Hildebrand escolheu Peter Sollett, que fizera dois filmes indies centrados em personagens na mesma faixa etária de *Fugitivos*, *O verão de Victor Vargas* e *Nick & Nora: uma noite de amor e música*. Ela acreditava que Sollett estava pronto para dirigir um blockbuster. Para encontrar um roteirista, eles se reuniram com muitas pessoas, incluindo Drew Pearce, que criara uma série cômica de super-heróis para a TV britânica chamada *No Heroics* [Sem heroísmo].

No Heroics foi cancelada após uma única temporada e Pearce voou para Los Angeles, onde passou quatro semanas de 2009 desenvolvendo um piloto para a ABC. O piloto não foi filmado, então ele retornou a Londres, onde se casou com a cineasta Amy Barham, que engravidou logo em seguida. Pearce foi para Los Angeles novamente em abril de 2010 e participou de uma reunião na Marvel. Ficou surpreso com sua sincronia com os executivos.

"As coisas atingiram um crescendo",[8] disse Pearce. "Eles perguntaram: 'Se você pudesse escrever para qualquer propriedade Marvel, qual seria?' E eu respondi: 'Não seria um clássico. Seria *Fugitivos*. É tão cinemático.'" Surpresos, os executivos da Marvel concordaram e disseram que, na verdade, já planejavam o filme. "Meu coração disparou. E então disseram: 'Mas já temos vinte escritores trabalhando nisso.'"

Pearce não foi contratado em nenhuma de suas outras reuniões em Los Angeles, e a má sorte se estendeu ao voo de volta para a Inglaterra, que foi cancelado quando o vulcão Eyjafjallajökull entrou em erupção na Islândia, vomitando uma grande nuvem de cinzas sobre o Atlântico Norte e impossibilitando viagens aéreas em toda a Europa. Pearce ficaria preso nos Estados Unidos durante semanas.

Dormindo no sofá de um amigo, ele decidiu dar uma guinada em sua vida. "Eu escrevi um documento no estilo *Jerry Maguire* para todos os meus representantes: 'Se vou ficar preso em um sofá em Los Angeles enquanto minha esposa grávida está sozinha em casa, preciso que a notícia se espalhe. Ficarei na cidade por mais duas semanas: *consigam-me trabalho*.' E não obtive resposta." Durante 24 horas, Pearce suspeitou, com o estômago embrulhado, que fora longe demais. Mas então recebeu um e-mail de Jodi Hildebrand, da Marvel.

"Ouvi dizer que ainda está na cidade",[9] disse ela. "Só para você saber, um dos escritores de *Fugitivos* precisou abandonar o projeto, então temos uma vaga."

Como sua coleção de quadrinhos estava a oito fusos horários de distância, sob uma nuvem de cinzas vulcânicas, ele correu até a Meltdown Comics, na Sunset Boulevard, e comprou os dois primeiros volumes de *Fugitivos*. Após ler e dissecar a história durante todo o fim de semana, Pearce apresentou sua versão do filme à Marvel. Ele passou pelo processo de seleção que reduziu os escritores "de vinte para doze, de doze para cinco, de cinco para três e de três para dois"[10] e começou a conversar com o diretor Peter Sollett.

E conseguiu o trabalho. "Então escrevi meu primeiro roteiro pago para a Marvel", disse ele. Embora o trabalho corresse bem e ele recebesse notas encorajadoras, ficou claro que o cronograma da Marvel estava preenchido por filmes que prepariam o lançamento de *Os Vingadores* e, depois, contariam histórias individuais dos seus integrantes. Em Londres, Pearce recebeu um telefonema e teve de atendê-lo do lado de fora. De pé, na chuva, perto de Exmouth Market, ele ouviu Hildebrand dizer: "Não vamos continuar." O filme estava morto.

"O codinome de *Fugitivos* era *Small Faces*", revelou Pearce. (Em referência a uma influente banda de rock da década de 1960.) Sempre que queria
lembrar do longa-metragem que quase fora feito, ele olhava para uma fotografia que tirara na porta de um escritório da Marvel em Manhattan Beach,
com seu reflexo visível no vidro. "Um escritório de produção com a logo de
Small Faces no estilo da logo dos Fugitivos", contou ele melancolicamente.
"Então, sim, era real. Acho que as pessoas não entendem isso, mas o filme
seria feito."

Quando não estava trabalhando em *Fugitivos*, Hildebrand ajudava
Moore e Feige a recrutar mais candidatos para o Programa de Escritores.
Ela escolheu Eric Pearson, um amigo que trabalhava com vendas em Los
Angeles enquanto tentava encontrar emprego como escritor. Para sua
entrevista, Pearson apresentou a ideia de um filme estrelado por Manto e
Adaga, um par de adolescentes fugitivos (sim, mais fugitivos) que haviam
sido os favoritos dos fãs na década de 1980: Manto (garoto negro e gago)
podia se teletransportar, ao passo que Adaga (garota branca e rica) lançava
lâminas de energia.

Pearson preparou uma história detalhada para Hildebrand, Moore e
Feige. *Tão* detalhada que, no meio do terceiro ato, Feige o interrompeu
e perguntou exatamente quão longo seria o filme. Mas admirou a atenção
que Pearson dera aos detalhes e lhe deu uma vaga no Programa de Escritores no mesmo dia. Pearson recebeu uma tarefa imediata: polir o esboço
de um roteiro de *Luke Cage* que Feige queria colocar em produção o mais
rapidamente possível.

Ele rapidamente aprendeu a rotina dos escritórios Marvel: a vida errante,
os tapetes cinzentos, as instalações espartanas. Shane Black, um dos mais
bem pagos escritores da história de Hollywood, famoso por seu trabalho
em filmes de ação que incluíam *Máquina mortífera*, visitou a Marvel para
discutir a possibilidade de escrever e dirigir um filme e ficou chocado com a
falta de conforto. Ele fez questão de zombar da cultura de economia imposta
por Ike Perlmutter. Quando Black pegou um bagel na cozinha, ele deixou
um bilhete para o principal executivo da Marvel, Louis D'Esposito, e 1,25
dólar em espécie, lembrou Drew Pearce.

✳

Algumas ideias desenvolvidas no Programa de Escritores não chegaram a lugar algum; muitas se transformaram ao longo do caminho. A Hulu encomendou a série televisiva *Fugitivos* e a ABC Family (operando como Freeform) lançou a série *Manto & Adaga*. Os personagens Luke Cage e Punho de Ferro conseguiram uma série cada (na Netflix), assim como os Inumanos (na ABC). O Programa de Escritores acabou se tornando uma fonte de tensão no interior da empresa, com o Comitê Criativo tentando assumir a supervisão. Os executivos de Los Angeles encerraram o programa em 2014. (Ele foi retomado em 2016.)

Mesmo tendo durado somente dois anos em sua versão original, o Programa de Escritores da Marvel não se limitou a permitir que jovens talentosos passeassem por uma espaçonave; ele lhes deu a chance de pilotá-la. Alguns permaneceram na empresa durante anos. Embora seu filme sobre os Inumanos não tivesse sido produzido, Joe Robert Cole ajudou a escrever o roteiro de *Pantera Negra* e sua sequência, *Pantera Negra: Wakanda para sempre*, nos quais Nate Moore foi produtor executivo. Eric Pearson se tornou um parceiro constante do UCM, trabalhando nos roteiros de *Viúva Negra* e *Thor: Ragnarok*, sem mencionar várias alterações não creditadas em outros roteiros.

Quando entrou no Programa de Escritores, Yost pôde escolher quais personagens da pilha residual queria adaptar. Ele estava particularmente interessado nos Thunderbolts (uma equipe de supervilões disfarçados de super-heróis), no Quarteto Futuro (uma família de pré-adolescentes superpoderosos que, inesperadamente, não são fugitivos) e no Capitão Britânia (dr. Brian Braddock, um britânico que adquire poderes quando recebe o Amuleto do Direito de Merlin). Porém, assim que chegou, todos os escritores do programa foram inseridos na produção do quarto filme do UCM, *Thor*, fazendo retoques.

"Eles me davam algumas páginas",[11] disse Yost, "e eu me virava e os via no set com Kenneth Branagh e Chris Hemsworth, filmando cenas que acabariam no filme. Foi uma época incrível."

Perlman estava ainda mais animada "porque eu tinha uma paixonite por Kenneth Branagh. Quando estava no ensino médio, fiz parte do fã-clube dele. Tinha uma camiseta e tudo".[12] Como acontece frequentemente com roteiristas do sexo feminino, ela foi encarregada de aprimorar a protagonista (que, em *Thor*, era Jane Foster, interpretada por Natalie Portman). "Eles me deram o roteiro inteiro e disseram: 'Queremos que você cuide da Jane. Mas, se quiser alterar outras cenas, vá em frente.' Então trabalhei um pouquinho em Odin e em Thor quando ele está na cidade."

O dia favorito de Yost durante as filmagens de *Thor* foi um dos últimos: Jeremy Renner fora contratado para interpretar o Gavião Arqueiro, o que significava que a produção finalmente podia gravar sua cena. O Gavião Arqueiro foi introduzido como um atirador de elite do governo — embora usasse arco e flechas — que talvez precisasse impedir Thor de reobter seu martelo. "Estávamos no estacionamento atrás de um mercado Ralph",[13] lembrou Yost. "Tínhamos um grande guindaste e estávamos fazendo chover." Joss Whedon, que já trabalhava no roteiro de *Os Vingadores*, escrevera um diálogo para Renner, assim como Yost, e o ator filmou sua breve cena de todas as maneiras imagináveis. Yost, que estava com o laptop, criava diálogos na hora. Feige estava sentado a seu lado, observando a estreia do mais novo integrante da equipe dos Vingadores.

"Foi estranho, mas do jeito mais maravilhoso, ver como tudo se encaixa", lembrou Yost. "Era a mágica de Hollywood — em um estacionamento atrás de um mercadinho."

13
Os heróis mais poderosos da Terra

"Somos uma equipe? Não, somos uma combinação química
que provoca o caos. Somos uma superbomba."
Os Vingadores

"A essência do cinema é saber para onde você está indo",[1] disse Joss Whedon.
"A glória do cinema é nunca saber como vai chegar lá."

Na década de 1990, Whedon era um roteirista de sucesso (recebendo
uma indicação ao Oscar por *Toy Story*) e um muitíssimo bem-pago retoca-
dor de roteiros (trabalhando em *Velocidade máxima*, *Waterworld: o segredo
das águas* e *Twister*). Quando o recém-criado canal WB lançou uma série
baseada em seu roteiro para o filme *Buffy: a caça-vampiros*, foi lhe oferecido
o cargo de showrunner, basicamente como cortesia — mas ele aceitou.

Whedon transformou a série em algo extraordinário: todas as semanas,
a história da garota que matava vampiros em uma pequena cidade da Califórnia usava monstros da Boca do Inferno como metáfora para as agonias da
adolescência. A jornada heroica de Buffy Summers durante sete temporadas
(de 1997 a 2003) foi espirituosa, desbocada e de partir o coração — geralmente tudo ao mesmo tempo.

Ele escrevia diálogos muito afiados e saturados de referências à cultura
pop moderna, mas que soavam como as comédias de antigamente; era formalmente inventivo (um episódio de *Buffy* era um musical, ao passo que
outro era totalmente silencioso) e enfatizava as experiências das mulheres.

Foi saudado como herói feminista e ícone geek, e uma popular camiseta trazia as palavras (na tipografia de Star Wars) "JOSS WHEDON AGORA É MEU MESTRE". (Décadas depois, quando se revelou que Whedon dirigira seu programa de modo cruel e arbitrário e tirara vantagem de sua posição para dormir com várias jovens, os fãs se sentiram não somente decepcionados, mas também traídos. Whedon estava longe de ser o pior criminoso #MeToo de Hollywood, mas sempre se apresentara como algo melhor que um sórdido produtor de TV.)

Shonda Rhimes, criadora de *Grey Anatomy* e *Escândalos: os bastidores do poder*, disse que "redescobriu a televisão"[2] assistindo *Buffy*. Russell T. Davies, que produziu o remake de *Doctor Who* para a BBC, disse: "*Buffy* mostrou ao mundo todo, e a toda uma indústria em expansão, que escrever sobre monstros, demônios e o fim do mundo não é um trabalho formulaico, e pode desafiar os melhores. Joss Whedon elevou o nível para todos os escritores — não somente escritores de gênero ou nicho, mas todos nós."[3]

Longe das multidões geek que o adoravam, Whedon era mais influente que bem-sucedido. *Buffy* (e seu spin-off *Angel*) nunca teve grande audiência, e séries subsequentes, como *Firefly* e *Dollhouse*, foram rapidamente canceladas. Em 2008, no auge da greve dos escritores, Whedon estava vendendo um musical estrelado por Neil Patrick Harris, *Dr. Horrible Sing-Along Blog*, para download via internet, e parecia que passaria o restante da carreira escrevendo para seus devotados seguidores. Foi quando Kevin Feige decidiu que ele era exatamente o homem de que a Marvel precisava.

∗

Whedon crescera em Nova York e era fã de quadrinhos, especialmente *Os fabulosos X-Men* e o integrante mais jovem da equipe, Kitty Pryde. "Se houve uma influência maior sobre Buffy que Kitty, não sei qual foi",[4] disse Whedon. "Ela era uma adolescente descobrindo que tinha um grande poder e aprendendo a lidar com ele." Ele não somente escreveu roteiros para *Surpreendentes X-Men* entre 2004 e 2008, como também poliu o roteiro de *X-Men* em 2000, fornecendo tanto a melhor frase do filme (Wolverine provando sua identidade ao dizer a Ciclope: "Você é um idiota") quanto a pior

(Tempestade perguntando: "Você sabe o que acontece com um sapo quando é atingido por um raio?"). Whedon afirmou que foi durante as filmagens de *X-Men* que ele e Feige levantaram pela primeira vez a possibilidade de fazer um filme juntos. Mas, durante muitos anos ainda, Feige não estaria no controle da Marvel Studios e, até *Serenity: a luta pelo amanhã* (o filme de 2005 que continuava a história de *Firefly*), Whedon não tinha dirigido um longa-metragem.

Em 2010, antes de *Thor* e *Capitão América: o primeiro vingador* ao menos começarem a ser filmados, Feige perguntou a Whedon se ele gostaria de ser consultor de *Os Vingadores*. Embora a Marvel já tivesse decidido momentos importantes do filme — o estúdio sabia, por exemplo, que ele terminaria com uma grande batalha contra alienígenas em Nova York e já começara a gerar a arte conceitual para essa sequência —, ainda não sabia como unir heróis díspares em uma única equipe. Superequipes eram a especialidade de Whedon: quando suas séries tinham um único protagonista, ele invariavelmente o cercava de um grupo de poderosos e coloridos desajustados. (No caso de *Buffy*, os coadjuvantes apelidaram a si mesmos de "a gangue Scooby".)

"Tudo que escrevo",[5] disse ele, "tende a se transformar em uma equipe de super-heróis, mesmo que eu não tenha essa intenção. Sempre começo querendo ser solitário, porque a) é mais simples e b) esse isolamento é algo com que simpatizo como escritor. Mas sempre termino com uma equipe."

"Mostramos o que estávamos fazendo em *Thor* e *Capitão América* e como imaginávamos a estrutura de *Os Vingadores*",[6] falou Feige. "Ele gostou." No escritório da Marvel Studios, Feige exibiu parte da arte que já fora gerada para *Thor*, *Capitão América: o primeiro vingador* e *Os Vingadores*. A imagem que chamou particularmente atenção de Whedon foi a de um portal se abrindo sobre a Torre dos Vingadores em Manhattan e o Homem de Ferro voando até ela.

Feige contratou Whedon para dirigir *Os Vingadores* — novamente, ele queria um diretor com as habilidades necessárias para solucionar os problemas que a Marvel encontrara no filme, e achou alguém bem-sucedido, mas não no auge da carreira (e que, portanto, era mais barato). Whedon insistiu em escrever o roteiro. "Havia um roteiro",[7] admitiu. "Mas eu não pretendia filmar uma palavra dele."

O roteiro inicial de *Os Vingadores* era de Zak Penn, que foi jogado para escanteio mais uma vez, como fora quando Edward Norton assumira *O incrível Hulk*. "Joss não estava na lista de diretores sobre os quais conversáramos",[8] afirmou Penn. "Ouvi que reescreveria o roteiro. Ele nem sequer quis se reunir comigo. Sabe, sempre telefono para o escritor que vou substituir. Acho que é uma questão de cortesia."

A falta de comunicação foi particularmente dolorosa porque Penn conhecia Whedon havia muito tempo; ambos estudaram na Universidade Wesleyan. Achando que a situação talvez fosse igualmente desconfortável para Whedon, Penn resolveu telefonar. "Ele disse: 'Não estou desconfortável. Vou reescrever tudo o que você fez'", lembrou Penn. "Ficou aparente que ele não tinha nenhum interesse de me envolver no filme."

Ele afirmou que recuou quando Whedon lhe disse para tirar seu nome do roteiro que passara anos desenvolvendo: "Meus filhos cresceram enquanto eu trabalhava nele. Contaram para todos os amigos a respeito. O que aconteceria quando esses amigos perguntassem: 'Seu pai não trabalhou em *Os Vingadores*?'" A resposta de Whedon, de acordo com Penn: "O que acontecerá quando meus filhos acharem que você escreveu metade da história?"

Penn não gostou de ser chutado de outro filme da Marvel, embora, nesse caso, ao menos tenha sido por um escritor aclamado, não um protagonista. "Ele é um babaca. É uma pessoa horrível, e foi realmente surpreendente", falou Penn. "É bom lembrar que meu bônus é baseado nos créditos; assim, milhões e milhões de dólares, literalmente, que não são o problema aqui, saíram do meu bolso e foram para o bolso de Joss."

"Comecei o roteiro do zero",[9] disse Whedon, e, de fato, o resultado do filme reflete sua voz e seu modo de contar histórias. "Li [o roteiro de Penn] uma vez e nunca mais o abri", repetiu ele. "Não quero insistir nisso, mas eu mereci aqueles créditos."

Sem surpresa, houve outra intervenção da Associação de Escritores da América antes que o filme fosse lançado. Whedon recebeu crédito pelo roteiro e partilhou o crédito da história com Penn, deixando ambos insatisfeitos.

Algumas das grandes cenas de ação já haviam sido visualizadas pelo departamento de arte. Os produtores da Marvel Studios queriam que Loki usasse o Cubo Cósmico (o poderoso artefato dos quadrinhos que ainda não se chamava "Tesseract"). Também queriam que a S.H.I.E.L.D. tivesse um aeroporta-aviões. E queriam que os Vingadores se reunissem em Nova York para a sequência final, olhando para o céu enquanto os invasores alienígenas desciam sobre eles.

Joss Whedon reuniu todos esses elementos. "Fizemos um número insano de alterações", lembrou Whedon. "Escrevi esboços inteiros que não têm nenhuma relação com o que acabou sendo filmado. Houve um momento no qual achamos que não teríamos Scarlett [Johansson], então escrevi muitas páginas estreladas pela Vespa. Não foram usadas. Também temi que o personagem daquele ator britânico [Tom Hiddleston] não fosse suficiente para enfrentar os heróis mais poderosos da Terra e parecesse que estávamos torcendo pelo mais fraco. Então escrevi um esboço com Ezekiel Stane, o filho de Obadiah Stane. Kevin deu uma olhada e disse: 'Não.' Louis D'Esposito retrucou: 'Sim, Kevin, está tudo errado, mas é muito bom. É *errado de um jeito bom.*'"

Whedon não estava reinventando os Vingadores ou lhes dando uma versão pós-moderna. "Sou um contador de histórias antiquado, a ponto de ser quase pedante em minha estrutura e moralismo",[10] disse ele. "Não preciso destruir um mito para melhorá-lo — isso já foi feito. Tudo que quero é fazer com que as pessoas se importem com os personagens."

Em julho de 2010, Feige publicou seu brusco comunicado de imprensa anunciando formalmente que Edward Norton não interpretaria o Hulk. Isso colocou o estúdio sob intensa pressão: havia um grande painel de *Os Vingadores* planejado para a San Diego Comic-Con duas semanas depois, e a Marvel queria apresentar todo o elenco. Ela ofereceu o papel de Bruce Banner a Mark Ruffalo, que fora considerado por Louis Leterrier para *O incrível Hulk* anos antes. O ator se tornara cada vez mais famoso desde então, e acabara de coestrelar *Minhas mães e meu pai*, que lhe renderia uma indicação ao Oscar. Ruffalo não tinha certeza se queria fazer parte de um filme de ação tão grandioso, então Whedon, que o queria para o papel, entregou-lhe algumas páginas do roteiro, esperando que ele se interessasse.

Ruffalo telefonou para Norton e recebeu sua bênção; os dois brincaram que o Hulk era o Hamlet de sua geração e, em algum momento, todo mundo acabaria interpretando o papel.

A Marvel Studios e os representantes de Ruffalo negociaram o contrato até o último minuto. Na noite anterior ao painel da Comic-Con, Ruffalo recebeu um telefonema de seu agente: "Olhe pela janela às 5 da manhã. Se houver um carro lá na frente, você ficou com o papel. Se não houver, volte a dormir."[11]

Na manhã seguinte, uma limusine esperava por ele. Ruffalo entrou e foi até o aeroporto, onde pegou um avião para San Diego. "Eu estava feliz", disse ele. "E morrendo de medo."

Como Norton, Ruffalo usaria a tecnologia MOVA para capturar suas expressões faciais, mas, como o novo design do Hulk realmente se parecia com ele, os dados seriam muito mais úteis para a equipe de CGI renderizando o personagem. Ruffalo mergulhou de cabeça na chance de interpretar o monstro verde. "Eles tomaram a decisão radical de fazer com que o Hulk se parecesse comigo", afirmou ele, uma escolha que o deixou muito satisfeito. "Era sempre muito estranho ver o Hulk se transformar em um personagem totalmente diferente."

O diretor de animação Marc Chu lembrou-se da primeira vez em que fez captura de movimentos com Ruffalo: "Meu animador estava usando o traje e Mark também. O animador era o Thor e ele, obviamente, o Hulk. Mark simplesmente saiu correndo e começou a dar porradas no animador."[12]

Chu se perguntou brevemente se precisaria chamar o departamento de recursos humanos. Qual era o protocolo para um ator e um animador se atacando? "Ele queria tocar o lado animalesco de Hulk, e *não parava*", disse Chu, atônito. (Tanto Ruffalo quanto o animador ficaram bem.)

A principal questão de Ike Perlmutter com *Os Vingadores* era o fato de querer que todos os integrantes da equipe fossem homens. Embora a Disney agora fosse dona da Marvel, Perlmutter era um dos maiores acionistas individuais da Disney; e, como o CEO Robert Iger prometera, continuou gerindo a Marvel como seu reino pessoal. Ele conhecia seu negócio — e, ainda mais que a Marvel, seu negócio eram os brinquedos. Perlmutter sacudia tabelas com dados escolhidos a dedo para mostrar que figuras de ação femininas não vendiam, que quadrinhos protagonizados por mulheres vendiam menos que os protagonizados por homens e que filmes anteriores baseados em super-heroínas haviam sido fracassos de bilheteria. Whedon, no entanto, insistiu que os Vingadores precisavam de ao menos uma mulher, idealmente a Viúva Negra.

Feige apoiou Whedon. Ruffalo contou que, em certo momento, o chefe do estúdio lhe disse: "Posso não estar aqui amanhã. Ike não acredita que alguém vá querer assistir a um filme de super-herói estrelado por uma mulher. Se eu ainda estiver por aqui amanhã, você saberá que venci a batalha."[13] Feige continuou no cargo e a Viúva Negra continuou na equipe.

Whedon anunciou publicamente que acrescentaria uma segunda mulher ao filme — quando se tratava de questões de gênero em Hollywood, a medida do progresso era extremamente baixa. O personagem era a agente da S.H.I.E.L.D., Maria Hill, interpretada por Cobie Smulders. Quando a Marvel lançou os brinquedos de Os Vingadores, havia múltiplos tipos e tamanhos de figuras de ação para cada integrante da equipe, com exceção da Viúva Negra, que tinha uma única boneca de 10 centímetros. Maria Hill não ganhou nenhuma.

Para manter seu elenco feliz, Whedon contatou cada um dos astros no início do processo, obtendo informações sobre o que queriam e o que consideravam fora dos limites. Chris Evans confiava nele e disse que faria o que fosse preciso. Scarlett Johansson falou que Whedon ficou "com os olhos marejados" quando relatou o passado da Viúva Negra e quão jovem era Natasha Romanoff quando fora forçada a começar a treinar. Robert Downey Jr., no entanto, acreditava que Tony Stark devia ser o foco do filme. "Estou acostumado às pessoas fazerem o que digo, assim como ele",[14] afirmou Whedon, rindo. Finalmente, ele persuadiu Downey de que o filme seria mais forte se envolvesse toda a equipe. No set, encontraram um método confortável de trabalho. Se Downey não estivesse satisfeito com algum trecho, Whedon criava três páginas de diálogos alternativos enquanto as câmeras filmavam outra cena.

Quando Downey viu que Whedon era capaz desse brilhantismo quase instantâneo, exclamou: "Ah, assim é fácil. Você faz todo o trabalho e eu escolho do cardápio."[15]

Whedon comentou secamente: "Eu dava coisas para ele dizer e, de modo geral, ele as dizia."[16]

Ele criou sequências para introduzir cada um dos personagens, uni-los, separá-los e então uni-los novamente como Vingadores para a batalha final. Em uma referência ao chamado dos quadrinhos, *Avengers assemble* [Vingadores, avante], por algum tempo Whedon quis chamar o filme de *Avengers: Some Assembly Required* [Vingadores: Alguma montagem necessária].* Talvez sua maior criação tenha sido o incidente que forçaria a equipe a se unir: o assassinato do agente Coulson (interpretado por Clark Gregg), o operativo da S.H.I.E.L.D. já visto em *Homem de Ferro, Homem de Ferro 2* e *Thor*, que em *Os Vingadores*, antes de morrer, revelaria ser um grande fã do recém-descongelado Capitão América.

Whedon preferiu não incluir muitas propriedades consagradas da Marvel em seu filme, porque elas vinham com um longo passado e décadas de associações. Quando chegou a hora de escolher que raça alienígena invadiria Nova York, por exemplo, ele não quis os krees de pele azul nem os metamorfos skrulls, as duas raças mais famosas dos quadrinhos da Marvel. O estúdio ficou feliz em reservar ambas para projetos futuros. Whedon escolheu os chitauris, da linha de quadrinhos *Os Supremos*, porque tinham poucas histórias e, desse modo, permitiam o máximo de liberdade criativa.

A Marvel pensara em usar Loki ou Hulk como a ameaça que uniria os Vingadores. O estúdio dissera a Tom Hiddleston para se manter disponível durante as filmagens, no caso de ser necessário, mas o ator só descobriu em fevereiro de 2011, quando Whedon terminou o roteiro, que seria o principal antagonista do filme.

No fim de abril, os atores de *Os Vingadores* se reuniram em Albuquerque, Novo México, o mesmo estado em que *Thor* fora filmado por questões fiscais. Evans e Johansson ficaram amigos ao estrelar o filme de 2004 *Nota máxima* (um fiasco sobre alunos do último ano do ensino médio que roubam cópias dos testes) e, no set, jogavam Game Boy ou saíam para dançar. Longe das câmeras, Evans se tornou o líder da equipe. Quando convocou os

---

* Trocadilho com dois sentidos do verbo *to assemble*: "reunir" e "montar" (móveis ou peças). [*N. da T.*]

atores para se reunirem em um bar local, enviou mensagens de texto com a ordem: "Vingadores, avante."

Ruffalo e Samuel L. Jackson chegaram a Albuquerque um dia antes. Jackson queria fazer uma reclamação. Whedon conversara com ele antes de escrever o roteiro e o ator, então com 62 anos, fizera um único pedido em relação a Nick Fury: ele não queria correr. Jackson pegou o roteiro e apontou para a parte onde Fury corre para o deque do aeroporta-aviões com um lançador de foguetes. "O que está escrito aqui? Está escrito que eu corro!"[17]

"Só dessa vez", garantiu Whedon. "Você só vai correr uma vez."

Jackson chamou Whedon de "filho da puta", o que soou como uma bênção vindo de um ator que usava essa expressão mais que qualquer um no planeta.

A última tendência para os blockbusters de verão era o lançamento simultâneo de uma versão 3D com ingressos mais caros. *Thor* e *Capitão América: o primeiro vingador* ganharam versões em 3D, e a Marvel queria que *Os Vingadores* também tivesse. Whedon nunca tinha dirigido um filme dessa forma e, como teste, usou uma câmera 3D para filmar uma cena pós-créditos para *Thor* com Tom Hiddleston e Stellan Skarsgård. Quando foram necessárias várias horas para que a câmera funcionasse corretamente, ele decidiu que a filmagem de *Os Vingadores* não podia ser tão lenta. O filme teria de ser convertido na pós-produção.

Para facilitar a conversão para 3D, ele filmou as cenas que não eram de ação de maneira simples, favorecendo mais a profundidade que a movimentação das câmeras. Isso deixou os produtores de *Os Vingadores* — Feige, D'Esposito, Victoria Alonso e Jeremy Latcham — com medo de que o filme não oferecesse o mesmo espetáculo visual dos filmes anteriores. A Marvel enviou constantemente produtores até o set do Novo México para monitorar o trabalho de Whedon, o que o deixou irritado. Ele achou que a supervisão constante refletia falta de confiança, e estava certo. Embora os executivos conhecessem sua habilidade para contar histórias e seu talento para os diálogos, confiavam muito menos em sua perspicácia visual e, após anos produzindo séries de TV com orçamentos limitados, lá no fundo o diretor partilhava das mesmas dúvidas. Mas diretor e estúdio chegaram a um acordo, planejando as sequências de ação tão meticulosamente quanto possível.

Sempre que Whedon e o diretor de fotografia Seamus McGarvey não trabalhavam com animatics detalhados (basicamente, esboços sequenciais animados), os produtores acrescentavam um nível adicional de escrutínio. Quase toda cena do filme foi cuidadosamente coreografada — um nível de preparação que se tornava essencial quando a ação incluía os chitauris digitais.

A parte mais difícil da produção foi a batalha de Nova York, filmada no Novo México, onde vastos sets recobertos representavam a parte central de Manhattan. Cada sequência de ação exigia que Whedon conduzisse múltiplos departamentos em perfeita harmonia durante horas, dado que mesmo as cenas mais simples eram tornadas complexas pelas demandas da conversão em 3D e da multiplicidade de efeitos especiais em CGI.

"Foi a pior parte da filmagem",[18] lembrou Whedon. "A mais difícil e aquela na qual os produtores tinham menos confiança no que eu fazia. Na maior parte do tempo, isso não era problema, mas incomodou durante esse momento particular. Havia o temor de que meu trabalho não fosse suficientemente cinético. Foi no meio das filmagens, estávamos todos cansados e, quando eu chegava para trabalhar, era tudo enxofre e chamas. E eu pensava: *Será que o inferno poderia não ser tão literal?*"

Todos os atores, incluindo aqueles nos trajes cinzentos de captura de movimentos que representavam os chitauris de CGI, tiveram de filmar as cenas várias vezes, frequentemente sendo recobertos de poeira e detritos das explosões. Os trajes dos Vingadores terminaram com um realista desgaste de combate, e os atores se viram exaustos e meio zonzos.

Whedon tivera uma ideia para a cena pós-créditos, derivada de seu profundo conhecimento dos quadrinhos da Marvel. Em uma vinheta, ele revelara que o exército chitauri de Loki fora cedido por Thanos, um dos vilões mais aterradores do universo Marvel, um grande alienígena púrpura com o queixo enrugado e uma séria obsessão pela morte. Whedon não estava tentando estabelecer Thanos como próximo inimigo dos Vingadores. Ele só queria fornecer uma explicação para a origem do exército de Loki e dar um presentinho aos fãs. A Marvel Studios, por sua vez, estava tão focada na produção que aprovou a inclusão de Thanos sem pensar muito no que isso significaria para os próximos filmes.

Com as filmagens encerradas no prazo, Whedon foi para a sala de edição com Lisa Lassek (que editara *Serenity: a luta pelo amanhã* e *O segredo da cabana*) e o editor regular da Marvel, Jeffrey Ford. As cenas cheias de diálogos ficaram tão boas quanto o esperado, mas a batalha de Nova York parecia dolorosamente lenta. Uma cena em particular, a de todos os Vingadores usando seus poderes simultaneamente, fora muito difícil de acertar; mais tarde, na pós-produção, Whedon quis abandoná-la. A liderança da Marvel foi obrigada a lembrá-lo de que os filmes de quadrinhos eram fundamentalmente uma mídia visual e que, em uma união de super-heróis, era essencial que os super-heróis se unissem de fato.

A batalha de Nova York "era a razão de estarmos lá. Era a razão de a plateia estar lá, a razão de eu estar lá",[19] concordou Whedon. Mas seu maior prazer veio das cenas nas quais os Vingadores tinham momentos pessoais de conexão e desconexão: "As cenas intimistas foram as mais divertidas de criar e certamente as mais divertidas de filmar, porque as filmagens foram [...] o oposto da diversão."

Toda essa dor valeu a pena. Quando *Os Vingadores* foi lançado, em maio de 2012, seu sucesso foi imediato, batendo vários recordes de bilheteria enquanto se encaminhava para ser o primeiro filme de 1 bilhão de dólares da Marvel Studios. Na verdade, faturou 1 bilhão de dólares mais rapidamente que qualquer outro filme e, com uma bilheteria global de 1,5 bilhão, foi na época o terceiro filme mais lucrativo de todos os tempos.

Para Ike Perlmutter, *Os Vingadores* foi a recompensa por cada aposta que ele fizera na Marvel nas duas décadas anteriores. Para a Disney e para Bob Iger, foi um filme de live-action que atingiu sua demografia mais fraca, validando praticamente sozinho a aquisição da Marvel. Para Robert Downey Jr., foi um grande negócio: o acordo de partilha dos lucros que ele negociara rendeu aproximadamente 50 milhões de dólares. Para Kevin Feige e o restante da liderança da Marvel Studios, representou a brilhante e imensamente lucrativa execução de um plano de longo prazo. Significava que, no futuro próximo, todo filme da Marvel teria o desempenho de uma sequência, com uma plateia já cativada e que só cresceria de um filme para o seguinte.

O restante de Hollywood observou o sucesso da Marvel de perto. Já houvera crossovers cinematográficos antes, indo de *Alien vs. Predador* e *Às voltas com fantasmas*, mas nenhum tivera o sucesso financeiro do Universo Cinematográfico Marvel. Outros estúdios começaram a procurar potenciais filmes de "universo compartilhado", embora fossem descobrir que isso não era tão fácil quanto a Marvel fazia parecer.

A Sony tentou, durante anos, produzir filmes com inimigos do Homem-Aranha, os vilões do Sexteto Sinistro; o estúdio periodicamente cancelava e retomava o projeto. A Universal tentou lançar um "Dark Universe" com seus personagens de terror, mas o engavetou após um único filme e uma esquisita sessão de fotos. A Warner Bros. trabalhou muito para unir os heróis da DC na Liga da Justiça, um esforço que a fez perder dinheiro três vezes (quando o diretor George Miller tentou lançar a equipe de super-heróis em 2007; quando o estúdio contratou Whedon para salvar o filme inacabado do diretor Zack Snyder, *Liga da Justiça*, em 2016; e quando pagou Snyder para fazer uma versão estendida do diretor em 2021, que ficou conhecida como *Snyder Cut*). Depois do lançamento de *Os Vingadores*, que abalou as fundações da indústria, a Disney começou a trabalhar em uma franquia de live-action chamada *Descendentes*, que uniu os filhos de vários vilões de seus filmes de animação, finalmente o entregando ao Disney Channel, onde teve um modesto sucesso. Um dos raros universos compartilhados que funcionou foi um que a maioria das pessoas nem sequer compara com o da Marvel: o MonsterVerse da Legendary Entertainment, que começou com lucrativos filmes do Godzilla e do King Kong (estrelados por atores do UCM como Elizabeth Olsen, Aaron Taylor-Johnson, Tom Hiddleston, Samuel L. Jackson e Brie Larson) e terminou no enfrentamento dos kaijus em 2021, em *Godzilla vs. Kong*.

Analisando as falhas de seus competidores, Feige ofereceu um conselho: "Não se preocupe com o universo. Preocupe-se com o filme. Todo mundo na Marvel Studios sabe que o filme individual é mais importante que o retrato geral. Se pretendemos plantar no filme uma semente que será incrível e renderá frutos três filmes depois, mas essa semente não funciona e começa a atrapalhar o filme atual, adeus. Faremos algo diferente mais tarde. Fazemos o filme funcionar agora."[20]

Para Joss Whedon, *Os Vingadores* foi uma prova notável de sua visão e sua habilidade como cineasta, e ele não queria se afastar após o lançamento. Outros diretores, incluindo Jon Favreau, Kenneth Branagh e Joe Johnston, rapidamente ficaram exauridos por seu trabalho no estúdio, mas Whedon estava disposto a retornar imediatamente, não somente para preparar a sequência de *Os Vingadores*, mas também para ajudar a modelar todo o Universo Cinematográfico Marvel. A Marvel Studios também queria continuar com ele e o contratou para analisar os roteiros que levariam ao próximo filme dos Vingadores, tornando-o, na prática, a figura criativa central da Fase Dois do UCM. Whedon sempre pensara em si mesmo não como artista de nicho, mas como criador que podia produzir filmes altamente bem-sucedidos, com grandiosidade e substância. Agora ele tinha o faturamento das bilheterias para provar isso.

"O filme de sessão da tarde, aquele que você leva para dentro de casa, sempre foi meu favorito. Não o 'eu assisti e agora me sinto sujo'",[21] disse ele. "Quero que o filme lhe dê o bastante para que você saiba que fala sobre *algo*." Às vezes, esse algo pode ser "Por favor, assista ao meu filme", brincou Whedon. "Mas tentei fazer com que esse fosse somente o subtexto."

FASE DOIS

14
Dinastia M

"São monstros e mágica, nada para que fomos treinados."
Os Vingadores

Quando Peter Jackson filmou simultaneamente os três filmes de *O senhor dos anéis* em 1999 e 2000, as cenas principais exigiram quatorze meses, com unidades trabalhando em sets e locações espalhados por toda a Nova Zelândia. Em alguns dias, Jackson supervisionava vários sets remotamente de sua sede em Wellington, realizando as tarefas de cineasta, feiticeiro e controlador de tráfego aéreo. Milhares de pessoas trabalharam para tornar a trilogia possível, mas nenhum grupo foi mais importante que a equipe de design da Weta (a produtora de Jackson). Os artistas da Weta garantiam que os vários esforços da produção se unissem sem falhas e os três filmes parecessem se passar na mesma versão da Terra-Média.

Foi um feito sem paralelos na história do cinema — até que a Marvel o superou. O departamento de desenvolvimento visual da Marvel não se limitou a dar vida ao mundo dos quadrinhos em dezenas de filmes e séries de TV. Ele também deu ao Universo Cinematográfico Marvel forte continuidade visual, embora tal universo incluísse uma arena de gladiadores, um planeta distante, um depósito em São Francisco e incontáveis outros cenários.

Como muitos outros aspectos da Marvel Studios, o departamento de desenvolvimento visual tinha suas raízes em decisões *ad hoc* tomadas durante a produção do primeiro *Homem de Ferro*. Quando Jon Favreau concordou em dirigir o filme, a Marvel já tinha uma sala cheia de artistas produzindo, a partir dos quadrinhos, imagens tanto do Homem de Ferro quanto do Hulk. Quando assumiu a liderança da equipe de arte conceitual de *Homem de Ferro*, ele se assegurou de incluir dois homens que haviam trabalhado com ele em sua fracassada tentativa de produzir *Uma princesa de Marte* em 2005: Phil Saunders e Ryan Meinerding.

Ambos estavam empolgados com a ideia de trabalhar em um grande filme de super-herói, particularmente um da Marvel: quando Meinerding era criança, sua mãe comprara uma toalha de praia do Homem-Aranha pela qual ele e o irmão brigavam constantemente (Meinerding ainda a tem). Eles foram para o escritório abarrotado da Marvel em Beverly Hills. Lá, não somente tinham acesso direto a Favreau, como podiam exibir seu trabalho para qualquer produtor ou astro que aparecesse para uma visita. "Se tivesse sorte, você poderia dizer 'Adorei seu trabalho em *Ritmo de um sonho*'",[1] lembrou o artista James Rothwell, falando da vez em que conheceu Terrence Howard. Inicialmente, Saunders focou na armadura Mark III que se tornaria a marca registrada do Homem de Ferro. Ele estava expandindo o trabalho de Adi Granov, que criara uma versão especialmente elegante do traje para a história *Extremis*, nos quadrinhos; a Marvel Studios também contratara Granov.

"Eu queria uma armadura crível e tridimensional que pudesse ser usada por um ser humano",[2] disse Granov. Nos quadrinhos, ele precisara simplificar o design, para permitir que fosse repetido página após página, mas, "para o filme, fui capaz de fazer todas as coisas que gostaria de ter feito nos quadrinhos".

Meinerding trabalhava na armadura Mark I, o primeiro e desajeitado traje que Tony Stark constrói com sucata. Saunders assumiu a liderança da armadura Mark II, inspirando-se nos brilhantes aviões de alumínio de Howard Hughes. O industrial costumava insistir para que todos os rebites externos de suas aeronaves fossem lixados, tanto por propósitos aerodinâmicos quanto para aumentar o apelo visual.

Quando chegou a hora de a Stan Winston Studios (desde então renomeada Legacy Effects) criar armaduras físicas, os artistas pediram a colaboração dos designers que haviam trabalhado por tanto tempo em tantas versões. "A fabricação do primeiro traje foi o momento no qual entendemos como uma armadura real, vestida por um ator, iria se mover",[3] afirmou Saunders.

Novamente, a Marvel Studios enfatizou o valor da continuidade. Em muitos estúdios, os artistas conceituais são contratados por um período inicial ou algumas semanas de pré-produção e dispensados quando as câmeras começam a rodar. A Marvel, no entanto, manteve o contrato dos designers mesmo depois que seu trabalho em *Homem de Ferro* foi concluído, em grande parte porque precisava deles para já começarem a trabalhar nos próximos filmes (*Homem de Ferro 2*, *Thor* e *Capitão América: o primeiro vingador*). Por causa disso, os artistas também estavam disponíveis durante a pós-produção do primeiro *Homem de Ferro*, significando que, quando a Marvel construiu modelos digitais da armadura para que o CGI pudesse ampliar os efeitos práticos, Meinerding e Saunders estavam por perto. Eles conheciam cada ranhura de cada armadura tão bem que ajudaram a corrigir (ou ignorar) as proporções virtuais.

Susan Wexler, uma artista visual que trabalhava na mesa ao lado de Meinerding, disse: "Não há palavras suficientes no dicionário para descrever o brilhantismo de Ryan."[4]

Joss Whedon também o elogiou: "Ele sabe trazer os quadrinhos à vida, superando até mesmo Alex Ross, de uma maneira que nunca vi antes."[5]

Com três outros filmes encaminhados, a Marvel Studios finalmente deixou o escritório em cima da loja da Mercedes-Benz em Beverly Hills e ocupou um espaço maior nos estúdios Manhattan Beach, em Raleigh, em parte porque Louis D'Esposito defendera a importância de ter pré-produção, produção e pós-produção no mesmo endereço.

Meinerding sabia que a Marvel precisaria de mais artistas se quisesse desenvolver os três filmes simultaneamente. (Ele tinha a esperança de reduzir sua esmagadora carga de trabalho, mas não deu certo: durante *Homem de Ferro 2*, Favreau dependia tanto dele que o artista terminou com doze diferentes tarefas de desenvolvimento visual. Por algum tempo, ele deixou de ir para casa à noite e passou a dormir sob sua mesa.) Meinerding procurou Kevin Feige e Craig Kyle e recomendou um designer que conhecera quando trabalhara com videogames: Charlie Wen. Feige imediatamente chamou Wen para uma entrevista.

"[Feige] me convenceu quando falou do longo período no qual eu desenvolveria um trabalho superantecipado para *Os Vingadores*, anos antes de o desenvolvimento e o roteiro sequer começarem",[6] disse Wen. "Mas, quando cheguei, a primeira tarefa foi criar o mundo de *Thor*."

A primeira tarefa de Wen foi projetar Mjölnir, o martelo de Thor. Normalmente, um artista de desenvolvimento visual começa com os protagonistas, mas a Marvel achava que o martelo era o aspecto mais icônico da aparência de Thor. Wen desenhou dezenas de versões. Algumas eram simples blocos retangulares claramente derivados dos quadrinhos, mas outras tinham formas mais elaboradas, parecendo machados rombudos ou esferas achatadas. Wen queria dar aos cineastas o máximo de opções, mas temia que, se eles selecionassem alguma das mais ornamentadas, o filme inteiro se tornaria rococó, porque todas as outras decisões de design se baseariam em Mjölnir: "Felizmente, Kevin Feige e Kenneth Branagh escolheram algo que não era bizarro demais e preferiram uma versão mais simples do martelo."

Entrementes, Wen e o artista conceitual E. J. Krisor criaram uma armadura medieval de três metros de altura. Ela se chamava "Destruidor" e lutaria contra Thor no ato final do filme. O Destruidor apareceria nas telas como efeito digital, mas a Legacy Effects fabricou e esculpiu uma versão em tamanho real, tanto para conseguir referências de luz para a equipe de CGI quanto para dar aos atores uma noção do que estariam enfrentando.

Meinerding começou a trabalhar em *Capitão América: o primeiro vingador* e seus primeiros esboços foram retratos em preto e branco do personagem durante a Segunda Guerra Mundial que mostram o artista buscando um meio-termo entre a aparência dos quadrinhos e um traje que não parecesse ridículo em um set realista da década de 1940. Ele se inspirou em *The Adventures of Captain America* [As aventuras do Capitão América], uma série de quatro revistas de 1991 que contava as primeiras aventuras do super-herói, antes de ele passar décadas em hibernação. Meinerding adorava a maneira como o artista Kevin Maguire renderizara uma versão particular de Steve Rogers, já tendo recebido o soro do supersoldado, mas ainda em roupas civis. "A primeira versão",[7] disse Meinerding, "foi baseada nesse conceito [...] o Capitão América de jaqueta preta de couro e capacete."

Joe Johnston, diretor de *Capitão América: o primeiro vingador*, sentia-se em casa no departamento de desenvolvimento visual. Ele começara em Hollywood trabalhando nos filmes de *Star Wars* como artista conceitual e especialista em efeitos (ele desenvolveu o visual de Boba Fett, por exemplo). O designer de produção Rick Heinrichs disse: "Joe parecia mais feliz e confortável quando estava no departamento de arte, longe das preocupações orçamentárias e de todas as difíceis decisões que precisavam ser tomadas."[8]

A pedido de Johnston, a equipe de produção de *Capitão América* construiu uma sala secreta, escondida atrás de um grupo de cenografistas. Andy Nicholson, o diretor de arte, afirmou: "Quando Joe queria se esconder de todo mundo e desenhar, ele passava o dia lá e ninguém conseguia encontrá-lo. Os produtores chegavam perguntando 'Cadê o Joe?' e a orientação era responder 'A gente não o viu hoje'. Mas ele estava na sala, desenhando, porque era assim que gostava de operar. Então saía de lá com vinte belas páginas de arte."[9]

✱

No fim de 2010, a Marvel Studios oficialmente encarregou Charlie Wen e Ryan Meinerding do novo departamento de desenvolvimento visual, que também incluía Andy Park, Rodney Fuentebella e Jackson Sze. O estúdio contratava freelancers quando necessário, mas o design dos heróis principais agora estava nas mãos de artistas com experiência Marvel. Os líderes da Marvel Studios confiavam tanto nos artistas que começaram a desenvolver filmes em torno das imagens que eles criavam, em uma extraordinária inversão da abordagem usual de Hollywood, na qual os artistas visuais são contratados para "traduzir" as imagens depois que o roteiro é escrito.

"Nós criamos o departamento de desenvolvimento visual, uma coisa inventada que não existe de fato em Hollywood",[10] falou Park. "Somos uma equipe de artistas, em geral seis ou sete, e criamos personagens e trajes. Muitas vezes são trajes, porque se trata de atores reais, mas também há personagens de CGI como Thanos e Hulk. Pegamos esses personagens do mundo dos quadrinhos e os transportamos para o mundo real. É claro que, mais tarde, eles contratam figurinistas, e temos que colaborar com eles."

Alexandra Byrne, a figurinista de *Thor*, fora indicada ao Oscar quatro vezes, vencendo em 2007 por seu trabalho em *Elizabeth: a era de ouro*. Mas, na Marvel, seu trabalho era dar vida às imagens do departamento de desenvolvimento visual, do capacete com asas à capa — a primeira capa de qualquer personagem do UCM. Inspirada na capa esvoaçante das rende-rizações, ela testou vários tecidos carmesim de revestimento de parede. (O que significa que a piada do Homem de Ferro em *Os Vingadores* — "Tua mãe sabe que usas a cortina dela?" — foi muito adequada.) Byrne criou a capa com suportes que permitiam que se arqueasse dramaticamente sobre os ombros de Chris Hemsworth e costurou pesos na barra para que se movesse e esvoaçasse, mas mantivesse a forma. Ela trabalhava a partir de esboços de desenvolvimento visual, mas criar uma versão física foi mais complicado do que imaginara. O processo envolveu tantas tentativas e erros que Byrne chamava as versões rejeitadas de "cemitério das capas".[11]

"Estamos projetando, essencialmente, a aparência e a sensação do filme",[12] afirmou Park. Da maneira como ele via as coisas, a cultura da Marvel Studios era mais a de uma startup tecnológica que a de um estúdio tradicional. "Eles não necessariamente aderem às normas de Hollywood." Quando foi contratado, Park imediatamente começou a trabalhar em *Os Vingadores*. Como não havia mais nenhuma sala livre, ele ocupou um camarim, com espelhos iluminados, banheiro privativo e uma estrela na porta. "Eles só jogaram uma mesa lá dentro", falou Park com uma risadinha.

As reuniões semanais para cada filme se transformaram em reuniões semanais para todo o departamento de desenvolvimento visual, e era quando Wen e Meinerding apresentavam o trabalho da equipe para todos os produtores criativos da Marvel (além de diretores, figurinistas e equi-pes de produção no caso de filmes já em pré-produção). Cada reunião era centrada em torno de uma apresentação de slides mostrando heróis, vilões, armas e cenários. Designs que não despertavam nenhuma reação eram discretamente abandonados.

Um passo crucial para o departamento de desenvolvimento visual após tomar algumas decisões de design era um "quadro-chave" para cada sequência importante do filme, mostrando um visual ou estado de espírito particular (os quadros-chave eram a parte favorita de Meinerding). Para

Os Vingadores, Avi Granov supervisionou um teste crucial: dada a extrema variedade de backgrounds e concepções, os heróis poderiam realisticamente ficar juntos? A imagem de Granov com Capitão América, Thor, Homem de Ferro, Gavião Arqueiro, Viúva Negra e Hulk em círculo, ombro a ombro, convenceu o estúdio de que o filme funcionaria. Quando o quadro gerado pelo departamento de arte ganhou vida em uma cena na qual a câmera circulava dramaticamente em torno dos heróis, esse se tornou um dos momentos mais icônicos do filme de Joss Whedon.

Rodney Fuentebella começou sua carreira na Marvel Studios com quadros-chave para *Capitão América: o primeiro vingador* e *Os Vingadores*, ilustrando o Capitão entrando na batalha com seu escudo e Tony Stark caindo da Torre Stark e vestindo a armadura do Homem de Ferro em pleno ar. Quando Whedon esboçava um novo cenário durante a produção roteiro — digamos, Hulk atravessando uma janela quebrada do aeroporta-aviões e pulando na direção de um Quinjet —, Fuentebella ficava encarregado da visualização.

"Quando trabalhei no quadro-chave de Loki encontrando o Capitão América, com aquele mar de pessoas se curvando para Loki",[13] disse Fuentebella, "tirei muitas fotografias de referência, de vários ângulos, comigo mesmo e minha esposa curvados. E me diverti muito alterando nossa aparência para criar uma cena diversificada, com vários tipos de pessoas. [Com] a pose para o Capitão América, tive que imaginar qual seria minha aparência como super-herói." Ele confessou: "Não tenho o físico de um super-herói, então olhar para fotografias minhas e imaginar aquelas poses enquanto interpretava o Capitão foi muito engraçado."

Enquanto Fuentebella posava como Capitão América, Meinerding ficava no lugar de Loki. O restante da equipe de desenvolvimento visual ajudava interpretando a multidão de observadores aterrorizados que se ajoelhava perante o deus nórdico. Todos foram para fora tirar fotos ao ar livre, e Meinerding levou o pé de uma luminária para usar como cetro de Loki. No meio da sessão de fotos, Kevin Feige e Louis D'Esposito chegaram e viram o departamento de desenvolvimento visual da Marvel ajoelhado diante de Meinerding. Sem surpresa, os líderes do estúdio quiseram saber o que estava acontecendo.

"Estou reforçando a cultura corporativa",[14] respondeu Meinerding.

*

Embora as revistas em quadrinhos da Marvel englobassem uma variedade quase impossível de estilos artísticos, o departamento de desenvolvimento visual da Marvel Studios era focado no fotorrealismo. Os artistas analisavam décadas de diferentes versões do traje de um super-herói, mas sempre pensando em como pareceriam nas telas. Detalhes específicos — tecidos, cotas de malha, partes de armaduras — precisavam ser decididos muito antes que o traje fosse fabricado para uso nas telas ou acrescentado digitalmente na pós-produção. Preparando-se para *Os Vingadores*, cada artista passou uma semana inteira aprimorando o visual de um dos heróis principais, com Meinerding, Wen e Park supervisionando o processo. O resultado final foi determinado pelas notas geradas durante as reuniões semanais.

Ao mesmo tempo que as tecnologias relevantes avançavam, o mesmo acontecia com os processos da Marvel. Na época de *Vingadores: guerra infinita* (2018) e *Vingadores: ultimato* (2019), a equipe de desenvolvimento visual conseguia fazer renderizações 3D completas nos computadores. Os líderes do departamento viam os personagens de todos os ângulos e, quando um visual era aprovado, entregavam o modelo computadorizado diretamente às equipes de produção.

O fluxo de trabalho visual da Marvel também mudou quando o estúdio começou a fazer uso mais intensivo de processos de pré-produção como esboços sequenciais e animatics. Muitos cineastas de todos os gêneros encomendam esboços sequenciais desde que Walt Disney criou o processo em 1933. A Pixar, por exemplo, cria e, se necessário, recria o filme em esboços sequenciais antes de gastar qualquer dinheiro fazendo seus personagens se moverem. Animatics são animações grosseiras desses esboços sequenciais ou, como disse o editor de animatics da Marvel, James Rothwell, "criamos um daqueles desenhos animados que passam no sábado de manhã na TV antes de criarmos o longa-metragem em si".[15] Animatics dão aos diretores uma noção de como serão as cenas e, segundo Rothwell, são "uma ferramenta para ajudar o diretor a conseguir o que quer do produtor em um momento inicial". Algumas cenas podem ter centenas de efeitos visuais diferentes, levantando a questão sobre se os filmes live-action da Marvel não são, no fundo, filmes de animação.

Os animatics estão envolvidos no processo de pré-visualização ao renderizar um filme de ação em 3D (e então sobrepor movimentos da câmera virtual). Inicialmente, a Marvel empregava a pré-visualização somente para testes ocasionais ou cenas difíceis, mas 2014 foi, discretamente, um divisor de águas. Em *Capitão América: o Soldado Invernal*, o estúdio usou a técnica para fornecer a planta-baixa das maiores sequências de ação, incluindo a batalha de Steve Rogers com um Quinjet, a épica perseguição de Nick Fury e a apoteótica queda do aeroporta-aviões da S.H.I.E.L.D. Quase dois terços do filme foram pré-visualizados antes de filmados, eliminando o palpite — e a espontaneidade — do processo de produção. A cinematografia e o ritmo passaram a ser determinados com antecedência. A Marvel jamais retornou aos antigos métodos.

Todos os filmes da Marvel desde *Soldado Invernal* receberam primeiro um esboço criado em colaboração com a Third Floor, uma empresa de pré-visualização em 3D fundada em 2004 por um grupo de artistas de efeitos visuais que havia trabalhado em *Star Wars: a vingança dos Sith*. A pré-visualização se tornou uma ferramenta para eliminar ideias que não funcionavam. Por exemplo, em uma versão inicial da caçada de Fury em *Soldado Invernal*, o carro dele deveria voar. Rothwell lembrou: "Ele sairia voando e a cena se transformaria em uma perseguição aérea. Então Kevin disse 'Não há carros voadores no Universo Marvel', e isso foi o fim da ideia."[16]

O uso mais intensivo de pré-visualização gerou sequências de ação mais elaboradas e ajudou a agilizar o processo de produção. Mas também levou a críticas de que o estúdio destruíra a mágica da improvisação que pode ocorrer no set e se transformara em uma linha de produção. Favreau, Whedon e Branagh haviam feito escolhas pessoais e idiossincráticas em seus filmes; agora, argumentavam alguns críticos, parecia não importar muito quem dirigia o filme.

"Já assisti a filmes nos quais é possível ver que eles simplesmente filmaram a pré-visualização",[17] afirmou Whedon. "E o filme fica radicalmente melhor ou pior, dependendo do talento envolvido na pré-visualização."

Quando Lucrecia Martel se reuniu com a Marvel Studios para discutir a direção de *Viúva Negra* (que acabaria ficando com Cate Shortland), a Marvel disse estar procurando uma diretora porque queria focar na personagem de Scarlett Johansson. Ela lembrou: "Eles também disseram: 'Não se preocupe com as cenas de ação, porque cuidaremos delas.' E eu pensei: *Bem, eu adoraria conhecer Scarlett Johansson, mas também adoraria dirigir as sequências de ação.*"[18]

A abordagem de pré-visualização da Marvel levou alguns diretores do UCM a tentar enfatizar suas próprias contribuições — efetivamente dizendo ao mundo que haviam dirigido as grandes sequências de seus próprios filmes. Chloe Zhao, que dirigiu *Eternos*, declarou: "Meu Deus, durante um ano e meio, três vezes por semana, duas horas por dia, eu me sentava em frente à telona tomando decisões sobre cada detalhe dos efeitos visuais."[19]

James Gunn, que dirigiu *Guardiões da Galáxia* e *Guardiões da Galáxia vol. 2*, insistiu que, "embora alguns diretores da Marvel usem a pré-visualização para projetar sequências de ação, outros a usam como ferramenta para criar suas próprias sequências. Em ambos os filmes, a pré-visualização foi integralmente construída a partir de meus próprios esboços sequenciais".[20]

"Nosso processo criativo não mudou, ele se solidificou",[21] insistiu Victoria Alonso. Ela acreditava que a cultura e o fluxo de trabalho da Marvel eram fortes, e o desafio era fazer com que todos os fornecedores externos de efeitos visuais — a Marvel passou a contratá-los com cada vez mais frequência conforme o UCM se expandia — trabalhassem em harmonia. "Antes, estávamos tentando encontrar nosso ritmo", disse ela. "[Agora] você contrata entre nove e treze empresas para ajudá-lo — e precisa estabelecer seu ritmo com cada uma delas."

Os artistas e executivos de estúdios externos, muitos dos quais passaram incontáveis horas ao telefone com Alonso, citaram-na frequentemente como sua maior defensora em face de diretores indecisos ou inexperientes. Funcionários mais abaixo da cadeia de comando, no entanto, aqueles que executavam os pedidos de última hora para produzir os milagres visuais dos quais a Marvel dependia desde que reformulara o fim de *Homem de Ferro*, aprenderam a pensar no nome de Alonso como sinônimo de uma carga de trabalho insustentável.

Na Marvel Studios, a equipe de desenvolvimento visual se sentia parte da família. Meinerding passara de dormir debaixo da mesa para uma das mentes criativas mais influentes do estúdio. "Temos muita sorte por ter no cargo mais alto da empresa alguém como Kevin Feige, que realmente respeita e aprecia a arte desenvolvida para um filme",[22] disse ele. "Em qualquer outro lugar de Hollywood, pessoas como nós estão na base da cadeia alimentar."

15
Cidade proibida

"Você está em um relacionamento comigo. Nada jamais vai ficar bem."
Homem de Ferro 3

Em 2007, a bilheteria total dos cinemas na República Popular da China foi de 255 milhões de dólares; em 2013, aumentara em uma ordem de magnitude, superando os 3,6 bilhões. Essa não era somente uma medida do crescimento da economia do país. A China iniciara um grande programa de construção de cinemas e começara a exibir filmes "melhorados" em formatos lucrativos, como IMAX e 3D. Esses esforços tornaram o povo chinês o segundo maior público do mundo — obviamente a caminho de se tornar o primeiro. Os estúdios norte-americanos queriam desesperadamente se conectar com as centenas de milhões de cinéfilos na China, mas não era fácil fazer com que um filme chegasse aos cinemas chineses. O governo exercia um controle muito estrito sobre o conteúdo — um filme que desagradasse aos censores acabaria impedido de ser exibido, sendo essa a razão pela qual raramente há vilões chineses nos filmes hollywoodianos do século XXI — e fazia todo o possível para proteger e favorecer a incipiente indústria cinematográfica nacional.

Muitas vezes, os filmes norte-americanos passavam por um período de quarentena após o lançamento, que durava de semanas a meses, antes de serem exibidos na China (dando aos contrabandistas muito tempo para vender DVDs no mercado paralelo), e as empresas estrangeiras eram limitadas na porcentagem das bilheterias chinesas que podiam receber: somente 15%, em oposição aos 45% das empresas chinesas que distribuíam filmes não chineses. O UCM se tornava gradualmente mais popular na China; ao passo que *Homem de Ferro* só faturara 15,2 milhões de dólares, *Os Vingadores* vendera 86,3 milhões de dólares em ingressos. Os 15% da Marvel, no entanto, haviam sido de somente 12,9 milhões.

Durante anos antes de comprar a Marvel, a Disney estivera lenta e delicadamente expandindo sua presença no mercado chinês. Inaugurara uma Disney World em Hong Kong, em 2005, na cidade semiautônoma que já fora colônia britânica. Mas queria uma presença maior no continente, que seria vista mais favoravelmente pelo governo chinês que a iniciativa em Hong Kong. Todavia, só recebeu permissão para construir um parque temático em solo chinês quando fez uma parceria com uma empresa local, o recém-criado Shanghai Shendi Group. Como uma empresa chinesa detinha o controle acionário do parque de 3,75 bilhões de dólares, a Disney World de Xangai foi aprovada. A construção começou em 2011.

Com tanto dinheiro em jogo no mercado cinematográfico chinês, surgiram os intermediários, ávidos para ajudar os estúdios a navegar pela burocracia estrangeira e explicar Hollywood para a China. (Os axiomas tão familiares aos norte-americanos não são universais: pipoca com manteiga não é popular nos cinemas chineses, mas sim ameixas secas e sementes de girassol.) Um desses intermediários foi a DMG Entertainment, fundada pelo produtor norte-americano Dan Mintz com os sócios chineses Bing Wu e Peter Xiao. A DMG começou a fazer comerciais de marcas norte-americanas na TV chinesa e então passou para a distribuição de filmes como *Crepúsculo* (a empresa era suficientemente chinesa para receber 45% das bilheterias).

A produtora Endgame Entertainment vinha trabalhando com o diretor Rian Johnson em seu filme de viagem no tempo *Looper: assassinos do futuro*; em 2011, a Endgame chamou a DMG para ser sua parceira. A ideia era filmar majoritariamente na Louisiana, com algumas semanas em Paris para flashbacks idílicos mostrando o protagonista, Joe (o ator Joseph Gordon-Levitt), e sua mulher. Após a parceria, a sequência de Paris foi realocada para Xangai e a atriz chinesa Summer Qing foi escolhida para interpretar a mulher de Joe.

Para que um filme fosse oficialmente considerado uma coprodução chinesa, um terço do elenco tinha de ser local ou um terço da duração tinha de ser ambientado na China. Audaciosamente, os produtores de *Looper* pediram esse status. O governo não o concedeu, mas considerou *Looper* uma "produção assistida" — o que era quase tão bom. Significava que o filme não passaria pela quarentena e os produtores poderiam ficar com 100% das bilheterias. *Looper* faturou 176,5 milhões de dólares no mundo todo e foi um sucesso, embora não na escala de *Os Vingadores*, lançado no mesmo ano com um faturamento global de 1,5 bilhão de dólares. Na China, no entanto, o status favorável da produção significou que *Looper* rendeu 20,2 milhões de dólares, contra os 12,9 milhões de *Os Vingadores*.

A DMG alardeou o sucesso de *Looper* para a Marvel. Mintz prometeu: "Vamos consolidar sua marca e torná-la global."[1] Ike Perlmutter gostou da ideia, mas os executivos da Marvel Studios na Califórnia achavam que o filme seguinte já tinha problemas demais sem colocar o mercado chinês na conta.

★

Jon Favreau não queria dirigir *Homem de Ferro 3*. Depois de filmar *Homem de Ferro* e *Homem de Ferro 2* praticamente sem intervalo entre um e outro, ele estava exausto — e não gostava muito da ênfase da Marvel em crossovers e associações.

"Em teoria, *Homem de Ferro 3* será uma sequência ou continuação de *Thor*, *Hulk*, *Capitão América* e *Vingadores*",[2] disse Favreau em 2010. O universo compartilhado do UCM não o atraía: "Não faço ideia do que seja isso. E desconfio de que nem eles sabem."

Favreau recusou o cargo e Robert Downey Jr. indicou Shane Black, que o dirigira em *Beijos e tiros*, a comédia/mistério de 2005 coestrelada por Val Kilmer que impulsionara o retorno de Downey. Antes de se tornar diretor, Black fizera nome com o roteiro de *Máquina mortífera*, que o tornara um dos mais bem-pagos roteiristas de Hollywood.

Black tinha um bom relacionamento com Downey, o que era importante. Como disse Downey: "No que me diz respeito, tenho direito de dar opinião sobre tudo."[3] E, após o sucesso de Joss Whedon com *Os Vingadores*, os líderes da Marvel gostaram da ideia de contratar outro escritor/diretor: se uma única pessoa cuidasse da história, dos personagens e do desempenho, os gênios visuais do estúdio fariam o resto. Black chegou ao escritório da Marvel em Manhattan Beach para discutir *Homem de Ferro 3* com Kevin Feige e Stephen Broussard.

"A Marvel foi muito atenciosa",[4] disse Black. "Eles não sabiam quem seria o vilão. Expressaram o desejo de que fosse o Mandarim, mas estavam dispostos a aceitar que não fosse. Eles queriam que a história fosse sobre a destruição de Tony Stark, e uma cena que recebi no primeiro dia foi sua casa e seu laboratório totalmente destruídos."

O escritor Drew Pearce também trabalhava em ideias para o próximo filme do Homem de Ferro. Depois que a Marvel abruptamente cancelara *Fugitivos* em 2010, seu primeiro filho, Noah, nascera e ele ficara em Londres, vivendo do dinheiro que recebera pelos esboços do roteiro. Pearce regularmente acordava para alimentar Noah às 3h30 — e, durante seis semanas, usou esse tempo para pensar em ideias para a franquia *Homem de Ferro*, segurando o filho com uma mão e digitando com a outra. "Não sei se foi por causa da extraordinária falta de sono, dos hormônios de ter um filho e querer desesperadamente sustentá-lo e também contar histórias, mas escrevi um roteiro para *Homem de Ferro 3*",[5] lembrou ele.

Pearce telefonou para Jodi Hildebrand, produtora da Marvel, que confirmou suas suspeitas de que era bizarro que um roteirista profissional trabalhasse, sem ser pago, em um personagem que não lhe pertence. "Ela disse: 'Isso é maluquice. Em termos legais, provavelmente não posso aceitar.'" (Os estúdios de Hollywood não recebem os roteiros não solicitados de propriedades intelectuais que controlam, no caso de terem uma ideia similar e acabarem sendo processados.) Sem se deixar abater, Pearce enviou a ela seu texto sobre o Homem de Ferro, dizendo a si mesmo que, como ela não o pedira, tudo estava certo.

Embora o raciocínio de Pearce não fosse legalmente correto, a tática funcionou. Em janeiro de 2011, ele recebeu um telefonema da Marvel dizendo que Feige estava em Londres (conferindo as gravações da trilha sonora de *Thor* em Abbey Road). Pearce tinha tempo para se encontrar com o presidente do estúdio? Com certeza. Da última vez em que haviam conversado, antes de *Fugitivos* ser cancelado, eles haviam discutido as possibilidades dos *Marvel One-Shots*, histórias menores que ocorreriam entre os filmes principais. O escritor presumiu que esse era o assunto que Feige queria discutir.

Em um Starbucks perto de Abbey Road, Pearce rapidamente localizou o boné de Feige, mas, quando o cumprimentou, descobriu que o documento que ele carregava em seu iPad era a história do Homem de Ferro. "Meu primeiro instinto foi entrar em pânico",[6] disse Pearce, "porque percebi que não lembrava uma única palavra, já que escrevera em meio à total privação de sono, em um momento de absoluta insanidade."

Feige começou a conversa dizendo: "Obviamente, não filmarei esta história."[7] Mas eles discutiram o personagem por duas horas e, algumas semanas depois, Pearce recebeu oficialmente a tarefa de escrever *Homem de Ferro 3*. Dois dias depois, no entanto, ele soube que o estúdio contratara Black como diretor. Pearce presumiu que fora demitido, mas Broussard insistiu que a Marvel queria que trabalhassem juntos. Contudo, ele permaneceu cético: "Sou um reserva e ele é um roteirista incrivelmente famoso. Acha mesmo que isso vai funcionar?"[8]

Feige e Broussard chamaram Black e Pearce para Simi Valley, onde o diretor Joe Johnston refilmava cenas de *Capitão América: o primeiro vingador*. A produção encontrara um trecho de floresta que combinava com a primeira filmagem e rodava sequências nas quais o Capitão lançava seu escudo, derrubando agentes da HYDRA. A reunião começou como Pearce temera. "Eu não sabia que Drew fazia parte do projeto quando o aceitei, então me rebelei",[9] afirmou Black. "Eu disse: 'Com licença, tem um britânico barbudo na sala, o que ele está fazendo aqui?' E eles responderam: 'Ele vai escrever o esboço com você.' E eu retruquei: 'Não, não vai.'"

Black já tinha um parceiro de escrita que queria incluir no projeto, mas a Marvel o convenceu a tentar trabalhar com Pearce durante uma semana antes de tomar a decisão final. Durante aquele período, Pearce chegou à casa de Black todas as manhãs com um café da 7-Eleven e um cookie. "O cookie era para o cachorro e o café era para ele",[10] disse Pearce. "Fiz isso na maior cara de pau." Eles descobriram que tinham um senso de humor parecido e se aproximaram graças ao amor mútuo por *Esquadrão implacável*, o filme de ação de 1973 estrelado por Roy Scheider como policial corrupto.

Uma semana depois, Black e Pearce foram ao escritório da Marvel conversar com Feige e Broussard. Os executivos pareceram felizes com o progresso —, mas, quando a reunião terminou, Pearce percebeu quão frágil era sua situação; Black tinha muito mais influência que ele e, além disso, um projeto seu já fora engavetado pela Marvel. Embora estivesse aterrorizado, sabia que precisava se impor. "Aquele momento exigiu muita coragem", acrescentou ele.

Pearce ficou em pé e disse: "Essa semana com Shane foi brilhante e produtiva, e eu adoraria e me sentiria honrado se pudesse escrever *Homem de Ferro 3* com ele. Mas preciso ser uma parceria mútua. Eu lhe darei a melhor versão do filme que ele quiser dirigir, mas nós dois temos que trabalhar juntos."

Todo mundo ficou em silêncio. "O confronto direto não é necessariamente um dos princípios do processo de produção da Marvel", comentou Pearce. O que não é incomum em Hollywood: havia muito a indústria operava com expressões sorridentes durante encontros pessoais entusiasmados e notas de rejeição entregues por intermediários.

De acordo com Pearce, "Shane também se levantou e disse: 'Trabalhamos juntos a semana toda. Descobri que é um cavalheiro e um homem honrado, e ficaria feliz em escrever *Homem de Ferro 3* com ele.' E a coisa mais louca é que, entre aquele dia e o lançamento do filme, dois anos e meio depois, ninguém mais tocou em um teclado para escrever *Homem de Ferro 3*, com exceção de Shane ou eu mesmo". Foi um filme da Marvel que não terminou com um intervenção da Associação de Escritores da América.

Esse nível de controle sobre o roteiro era incomum na Marvel, mas o estúdio ficou feliz com a história que a dupla criou: Tony Stark, abalado após os eventos de *Os Vingadores*, deixa o mundo acreditar que está morto e se esconde no Tennessee. Ele conhece um parceiro improvável (um garoto local chamado Harley Keener) enquanto investiga uma tecnologia poderosa mas perigosa, chamada Extremis, e reconsidera o valor da própria vida após quase morrer em defesa da Terra em *Os Vingadores*. Também havia os esperados momentos de ação, incluindo um ousado resgate quando caras malvados explodiam o Força Aérea Um em pleno voo, em um cenário que os roteiristas chamaram de "sequência do barril de macacos".*

Black confidenciara a Pearce que não gostava muito de pessoas, mas adorava cães. Assim, quando os dois escritores trabalharam no "barril de macacos", Pearce disse que Black "imaginou a cena como vinte cães, em vez de vinte pessoas, caindo pela traseira de um jumbo. Isso gerou nele a emoção necessária para acreditar na cena".

O Comitê Criativo da Marvel Entertainment em Nova York não ficou tão entusiasmado com o roteiro. "Não quero causar problemas para ninguém, mas os comentários que recebemos do Comitê Criativo foram brutais. E de gente que tinha acesso ao Ike, se você entende o que estou dizendo", afirmou Pearce, referindo-se a Ike Perlmutter. "Definitivamente houve uma reação ao fato de estarmos criando o que eles chamaram de 'filme de dupla policial da década de 1980'. Eu respondi: 'Ótimo, vamos fazer um filme de dupla policial da década de 1980 então.'"

A maior questão era o vilão. Os fãs da Marvel esperavam pelo Mandarim, que Jon Favreau erroneamente divulgara ser o antagonista no primeiro *Homem de Ferro*. Antes de Favreau decidir não retornar à franquia como diretor, ele dissera à imprensa que *Homem de Ferro 3* provavelmente apresentaria o Mandarim, que por muito tempo fora o vilão mais malvado dos quadrinhos do herói. "Você tem que incluir o Mandarim",[11] disse Favreau. "O problema é que ninguém quer vê-lo da maneira como é descrito nos quadrinhos. Ele tem dez anéis mágicos — isso simplesmente não parece certo."

E, como falou Black, o Mandarim, um senhor da guerra chinês, era baseado em estereótipos asiáticos racistas. Ele era uma releitura superficial de Fu Manchu, o personagem de um romance *pulp* que debutara em 1912 e se tornara uma das mais notórias e perniciosas dessas caricaturas. Chris Fenton, da DMG Entertainment, que tentava facilitar a entrada da Marvel no mercado chinês, avisou ao executivo Tim Connors: "O Mandarim nos deixa de cabelos em pé. Ele tem a aparência e as atitudes estereotipicamente depreciativas de um homem chinês. Ele não somente tem uma barba longa e fina que está sempre penteando com os dedos, como usa uma linguagem

---

* Analogia ao brinquedo "Barrel of Monkeys". [*N. do E.*]

pejorativa conhecida como "xing ling", repetindo clichês que imitam provérbios chineses."[12]

Black e Pearce tentaram minimizar os problemas do Mandarim sem excluí-lo totalmente do filme. Em um primeiro esboço, o Homem de Ferro lutava com cinco supervilões diferentes, reduzindo o impacto de qualquer um deles individualmente. Pearce estava no banheiro na casa de Black quando a solução lhe ocorreu. "Eu e Shane a apresentamos a Kevin dois dias depois",[13] afirmou ele. "Kevin adorou desde o início e nos apoiou durante todo o processo." A versão cinematográfica do Mandarim não teria nada em comum com a versão dos quadrinhos, para além do nome; ele seria um terrorista de etnia indefinida. No meio do filme, Stark descobriria que o Mandarim era um ator britânico contratado por uma *think tank* do mal para encobrir os perigosos experimentos com o Extremis. O verdadeiro vilão seria o líder dessa *think tank*.

Roteirista e diretor queriam que o vilão fosse uma mulher. Black esperava chamar Jessica Chastain para o papel de Maya Hansen, mas ela declinou. A atriz britânica Rebecca Hall foi contratada para seu lugar. "Tínhamos uma vilã",[14] falou Black. "Havíamos terminado o roteiro e recebemos um memorando que, sem medir palavras, dizia: 'Não pode ser assim, porque o brinquedo não venderá tão bem se for uma mulher.'" Ele deu um longo suspiro de frustração. "Então tivemos que mudar todo o roteiro por causa de brinquedos. Mas não foi culpa de Feige. Foi da Marvel corporativa."

Presa no meio do conflito estava Hall, que viu seu personagem perder importância conforme a produção avançava. "Ela não era inteiramente a vilã — houve várias fases no processo —, mas eu assinei um contrato para fazer algo diferente do que acabei fazendo",[15] acrescentou a atriz. No meio das filmagens, perguntaram-lhe o que ela acharia se sua personagem fosse abruptamente assassinada, em vez de chegar ao fim do filme, como originalmente planejado. "Eu briguei um pouco e então disse: 'Bom, então vocês precisam me dar uma cena de morte decente, além de mais uma cena com o Homem de Ferro.' Robert Downey Jr. me apoiou nesse pedido."

Com Maya Hansen assassinada e o Mandarim, interpretado por Sir Ben Kingsley, desmascarado como um farsante, o papel de vilão principal ficou com Guy Pearce como o genial cientista Aldrich Killian: o último grande nome do elenco coadjuvante.

✳

Antes de as filmagens começarem, Fenton e Mintz, da DMG Entertainment, insistiram junto à Marvel Studios para adequar *Homem de Ferro 3* ao mercado chinês e tirar proveito das regras de coprodução. Mas, em uma reunião com Feige e Louis D'Esposito, receberam uma recusa. Perlmutter relutantemente deixara de apoiar a iniciativa chinesa porque a Disney não queria que a Marvel fizesse nada que pudesse interferir com o grande projeto da Disney World em Xangai.

Fenton e Mintz não desistiram, enfatizando o valor cultural e econômico de construir uma ponte entre as duas maiores superpotências do mundo. E se Harley Keener, o garoto que fica amigo de Tony Stark no Tennessee, fosse um aluno de intercâmbio chinês? O líder chinês Xi Jinping fizera intercâmbio nos Estados Unidos, vivendo com uma família do Iowa em 1985.

De acordo com Fenton, D'Esposito disse: "A ideia do garoto chinês não vai rolar. Não estamos interessados em ter o companheiro de *Indiana Jones* [*e o templo da perdição*] em *Homem de Ferro 3*."[16] A sugestão de Feige: um médico chinês que removeria do peito de Tony Stark os estilhaços que ameaçavam sua vida. "E o nome dele será dr. Wu." Quando lhe perguntaram se essa era uma referência dos quadrinhos da Marvel, Feige respondeu que não, só "uma grande música de Steely Dan".

Correndo o risco de enfurecer a Disney, a Marvel aceitou a DMG como coprodutora, mas fez o mínimo possível para atrair o público da China, publicamente minimizando a quantidade de conteúdo chinês no filme. Na San Diego Comic-Con de 2012, Black até mesmo disse a uma sala lotada de fãs: "Algumas partes do filme serão filmadas na China, mas a primeira unidade não estará lá. Não contem a ninguém."[17]

De acordo com Fenton, Feige garantiu à DMG que o dr. Wu seria um "personagem crucial", ficando ao lado de Tony Stark na cena final, quando ele joga seu agora desnecessário reator ARC no mar. Isso não aconteceu, mas, mesmo assim, Feige prometeu: "Vamos descobrir um jeito de ter algo na China. Deixe-me trabalhar nisso."[18]

A maior parte de *Homem de Ferro 3* foi filmada em Wilmington, Carolina do Norte. O personagem de Harley Keener foi interpretado por Ty Simpkins, que tinha 11 anos quando as filmagens começaram. Ele filmou a maioria de suas cenas junto com Downey, que colocou o jovem ator sob suas asas quando ele chegou à locação.

"Robert foi conversar com ele",[19] lembrou Simpkins. "Ele disse: 'Ei, cara, vamos nos conhecer melhor e repassar as cenas em que trabalharemos juntos. Você gosta de pizza?'"

Simpkins respondeu que sim. Quando chegou à casa alugada de Downey à beira-mar, ele descobriu que estava equipada com colchões infláveis na piscina e pistolas de água Super Soaker. E Downey providenciara cinquenta minipizzas de vários tipos. A explicação para o excesso: "Eu não sabia de qual você gostava."

Infelizmente, no meio das filmagens, Downey quebrou o tornozelo na última sequência de ação, que se passa em uma plataforma de petróleo. Guy Pearce lembrou: "Ele tinha que pular de uma plataforma para outra e estar preso ao cabo. Queriam ensaiar e ele disse que não precisava."[20] Downey pulou antes que o responsável segurando o cabo estivesse pronto e caiu de mau jeito. As filmagens foram interrompidas por cinco ou seis semanas.

Ao serem retomadas, Downey ainda estava mancando, então Black o filmou da cintura para cima (e, quando necessário, usou CGI para digitalmente colar seu rosto no corpo de um *stand-in*). O ferimento acabou com qualquer possibilidade de Downey filmar uma cena em Xangai. Em vez disso, a Marvel Studios encaixou cenas extras filmadas na China com os atores chineses Wang Xueqi (dr. Wu) e Fan Bingbing (sua assistente não nomeada). Na versão norte-americana, o dr. Wu realiza a operação e nunca mais é visto, mas a versão chinesa estendeu essa sequência; acrescentou uma cena na qual o dr. Wu bebe leite e telefona para J.A.R.V.I.S. (a IA de Stark) para oferecer apoio contra o Mandarim; e incluiu um comercial do leite Gu Li Duo no início do filme. (O mercado chinês de leite estava agitado: a principal fabricante fizera um recall de sua fórmula infantil em função da contaminação por mercúrio, e a indústria precisava convencer os cidadãos a confiar novamente no leite.)

As novas cenas, vistas somente na China, acrescentaram quatro minutos à duração total de *Homem de Ferro 3*. Muitos fãs chineses consideraram a iniciativa uma demonstração de cinismo por parte da Marvel. O jovem fã chinês Liu Kunpeng reclamou: "A versão chinesa tratou o público chinês como idiota. Quero ver a mesma versão que o restante do mundo."[21]

Mesmo assim, as cenas adicionais fizeram diferença. A Marvel pôde lançar *Homem de Ferro 3* sem passar pelo período de quarentena e ficar com a participação integral das bilheterias chinesas. O filme se saiu melhor no país que qualquer filme do UCM antes dele, faturando 121 milhões de dólares após o lançamento em maio de 2013. (Também foi um sucesso no restante do mundo, faturando 1,215 bilhão de dólares no total.) A Marvel não faria novas parcerias com a DMG ou outras empresas chinesas, mas seus filmes continuariam a vender muito bem na China.

A Marvel se beneficiou de um timing perfeito, chegando ao auge no exato momento em que o mercado chinês explodia e lançando um fluxo constante de filmes que eram exóticos, mas compreensíveis para o público da China. "As pessoas amam a Marvel precisamente por ser tão diferente do conteúdo local",[22] disse Sky Shi, um produtor chinês. Franquias mais antigas, como *Star Wars*, não eram tão bem-sucedidas na China porque os filmes originais haviam sido produzidos décadas antes e, assim, as séries nunca tiveram a chance de construir uma plateia cativa.

Nos sete anos seguintes, as bilheterias da Marvel continuaram crescendo na República Popular da China, culminando em um faturamento de 629,1 milhões de dólares em 2019 por *Vingadores: ultimato*. Logo após esse triunfo, no entanto, os filmes da Marvel se viram incapazes de atravessar a Grande Muralha. Na maioria dos casos, o estúdio nunca recebeu uma explicação oficial para o bloqueio da Administração de Cinema (que é parte do braço publicitário do Partido Comunista Chinês), mas conseguia imaginar o que acontecera.

Shang-Chi e a lenda dos dez anéis (2021) tinha longas sequências ambientadas na China e estava cheio de mitologia chinesa, mas seu astro, Simu Liu, chamara a China de país de "terceiro mundo"[23] em 2017. O filme foi impedido de ser lançado. Similarmente, Chloe Zhao, a diretora de *Eternos* (2021), nascida na China, chamara o país de "lugar onde há mentiras por toda parte"[24] em uma entrevista de 2013. Seu filme tampouco chegou aos cinemas chineses. (A breve inclusão de um casal gay pode ter ajudado.)

A Administração de Cinema parecia estar enfatizando sua posição: embora o UCM fosse imensamente popular, a China não precisava dele. *Doutor Estranho no multiverso da loucura* (2022) também foi banido — talvez por causa do breve vislumbre, em uma rua de Nova York, de uma máquina de jornais amarela com exemplares do *The Epoch Times*, publicado pelo movimento Falun Gong, que se opõe ao Partido Comunista Chinês. *Thor: amor e trovão* (2022) também não foi aceito, possivelmente por causa de referências casuais ao fato de os personagens secundários Valquíria e Korg não serem heterossexuais. (Nenhum deles é humano, mas isso não pareceu importar.)

A Marvel Studios crescera de modo constante durante sua curta história, quer a medida fosse seu impacto cultural, as bilheterias ou o número de lançamentos. Agora enfrentava um recuo involuntário. Quase quatro anos se passaram sem que houvesse um único filme da Marvel Studios na China; o banimento foi interrompido no início de 2023 para *Pantera Negra: Wakanda para sempre* (alguns meses após o lançamento no restante do mundo) e *Homem-Formiga e a Vespa: Quantumania*.

Ao enfrentar dificuldades, a Marvel Studios se mostrou disposta a fazer o que fosse necessário para aumentar sua receita global. A fim de aplacar a China e outros países conservadores, removeu referências casuais à homossexualidade de seus filmes. Isso significou cortar um brevíssimo relacionamento em *Wakanda para sempre* e remover placas e bandeiras queer que aparecem ao fundo nas cenas de *Quantumania* passadas em São Francisco.

Essa última decisão exigia a intervenção do departamento de efeitos visuais, mas frustrou tanto Victoria Alonso, uma mulher queer, que ela se recusou a fazer a edição, assim como qualquer um em sua equipe. D'Esposito entregou a tarefa a um fornecedor externo. Essa foi uma rachadura na frente unida da liderança da Marvel — uma dentre muitas, que acabariam levando a uma ruptura pública e tumultuada.

Mas a Marvel estava de volta à China. Embora o governo chinês não explicasse o retorno do UCM, observadores notaram que, em 2022, as bilheterias haviam caído 36% em relação ao ano anterior, ficando atrás do mercado norte-americano. A China produzira algumas franquias domésticas, como o filme de guerra *A batalha do lago Changjin* e o blockbuster de ficção científica *Terra à deriva* (e suas sequências), mas os cinemas chineses ainda queriam lançamentos hollywoodianos para manter os assentos ocupados.

A China precisava da Marvel e a Marvel precisava da China, e quase todo mundo, de ambos os lados, estava disposto a sacrificar princípios para que a associação funcionasse.

16
Controle remoto

"Desafio incita conflito e conflito gera catástrofe."
Capitão América: guerra civil

Em abril de 2013, por volta da época em que *Homem de Ferro 3* era lançado em todo o mundo, a Marvel Studios mudou novamente, dessa vez para a sede da Walt Disney, em Burbank, famosa pelas estátuas dos sete anões de *Branca de Neve* esculpidas em pedra. O novo escritório não era tão encardido quanto os anteriores, embora a mobília ainda fosse descombinada e gasta. Reveladoramente, a Marvel Studios ficava em uma ponta da propriedade e a Marvel Television na outra. Embora supostamente partilhassem um propósito comum, as duas divisões corporativas mantinham a maior distância possível uma da outra.

A Marvel Entertainment criou a Marvel Television em 2010, o mesmo ano em que *Homem de Ferro 2* foi lançado nos cinemas. Ike Perlmutter e seu braço direito, Alan Fine, promoveram o publicitário Dan Buckley, dando-lhe um novo título (presidente das divisões digital, de impressão e de animação) e a importante tarefa de criar uma divisão de televisão. Os executivos de Nova York a concebiam não como subsidiária da Marvel Studios, mas uma divisão separada que receberia ordens diretamente deles, através do Comitê Criativo. Após os surpreendentemente lucrativos filmes do Homem de Ferro, a Marvel Entertainment viu uma oportunidade de ganhar dinheiro na tela pequena e quis ficar no controle da iniciativa.

Buckley contratou Joseph "Jeph" Loeb III para ser vice-presidente executivo e diretor de televisão da Marvel TV. Loeb, que já produzia filmes quando Kevin Feige ainda estava no ensino médio, tinha credibilidade tanto como cineasta quanto como nerd das comédias. Ele crescera nos subúrbios de Nova York e Boston e fizera mestrado em Cinema na Universidade de Columbia em 1979. Após o mestrado, Loeb e seu parceiro de escrita Matthew Weissman haviam se mudado para Los Angeles. Eles não tinham contatos e, para pagar o aluguel enquanto escreviam roteiros, Weissman trabalhava em um salão de videogames e Loeb era bartender no T.G.I. Friday's. Mas eles venderam dois roteiros no mesmo ano: *Comando para matar*, que se tornou um sucesso com Arnold Schwarzenegger, e *Garoto do futuro*, um sucesso ainda maior com Michael J. Fox. (A cena de "surfar sobre a van" de *Garoto do futuro* foi baseada nas travessuras embriagadas de Loeb enquanto era aluno da Columbia.)

Em 1991, Loeb apresentara à Warner Bros. a ideia de um filme estrelado pelo Flash. Embora o filme não tivesse ido para a frente, a ideia o levou a escrever revistas em quadrinhos durante toda a década de 1990, tanto para a DC quanto para a Marvel, trabalhando em personagens importantes como Batman, Superman e Hulk. Em 2002, ele retornou a Hollywood com a série sobre a juventude do Superman, *Smallville*, além de escrever e produzir *Lost* e *Heroes*. O trabalho de Jeph Loeb às vezes beirava a bobeira — ele adorava piadas de "tiozão do pavê" —, mas adquiriu um tom pesaroso quando seu filho adolescente, Sam, morreu de câncer ósseo em 2005.

Após ser comprada pela Disney, a Marvel teve acesso à emissora de TV ABC — mas precisava de séries. O diretor Guillermo del Toro expressara interesse em uma série do Hulk, mas acabou optando pelo filme *Círculo de fogo*. A escritora Melissa Rosenberg desenvolveu uma série centrada em Jessica Jones, a superpoderosa detetive particular criada pelo escritor Brian Michael Bendis e pelo artista Michael Gaydos, mas a parceria não deu certo porque a ABC queria que o foco da série passasse para a amiga de Jessica Jones, Carol Danvers (a futura Capitã Marvel).

Loeb e a Marvel Television então criaram duas séries para a emissora de TV a cabo ABC Family, *Manto & Adaga* e *Harpia*, mas ambas empacaram no desenvolvimento. (Em 2018, sete anos depois do início do trabalho em

Manto & Adaga, a série foi lançada na emissora Freeform, onde durou duas temporadas.) Eles tentaram vender a série *O Justiceiro* para a Fox, que recusou. Os únicos programas que a Marvel Television conseguiu colocar no ar foram séries de animação como *Esquadrão de heróis*. Mas *Os Vingadores* mudou tudo.

Enquanto o filme de 1 bilhão de dólares ainda estava nos cinemas, a ABC e a Marvel Television discutiram como levar o Universo Cinematográfico Marvel para a televisão. A conversa aconteceu sem a Marvel Studios, que queria que seus filmes fossem eventos: um blockbuster após o outro, não somente episódios de séries televisivas apresentados em uma tela maior. Os líderes da Marvel Studios viam o spin-off televisivo como sinergia forçada.

Mesmo assim, a Marvel Television apresentou a ideia de uma série de TV para Joss Whedon: *Agentes da S.H.I.E.L.D.*, sobre as aventuras de agentes secretos da organização dirigida por Nick Fury. A série poderia capitalizar o sucesso do UCM, mas com um orçamento de TV (ou seja, sem efeitos especiais elaborados). Whedon já negociava um acordo de três anos para escrever e dirigir a sequência de *Vingadores* e fornecer consultoria sobre os outros filmes da Fase Dois. Em agosto de 2012, ele assinou um grande contrato para esses projetos e *Agentes da S.H.I.E.L.D.*, supostamente no valor de 100 milhões de dólares. (Ele contestou o valor — "Nossa, não vou receber 100 milhões por *Vingadores 2*",[1] escreveu ele em um website de fãs —, evitando a pergunta sobre se receberia isso no contrato geral.)

A Marvel Studios planejava revelar que a S.H.I.E.L.D. estava tomada por traidores alguns filmes depois, e não pretendia alterar seus planos para facilitar a vida da Marvel Television. "Eles disseram, logo no início: 'Ei, estamos pensando em fazer uma série sobre os agentes da S.H.I.E.L.D.'",[2] lembrou Kevin Feige. "E Joss disse: 'Acho que vou aceitar.' Eu respondi: 'Legal. Vai com Deus. Mas destruiremos a S.H.I.E.L.D. em *Soldado Invernal*. Façam o que quiserem. Mas saibam desde já que faremos isso.'"

Whedon seguiu em frente mesmo assim, escrevendo um piloto com seu irmão Jed Whedon e a esposa de Jed, Maurissa Tancharoen. Eles centraram a série no agente Coulson (Clark Gregg), que fora empalado por Loki em *Os Vingadores*. Coulson estava morto nos filmes, mas misteriosamente vivo na televisão. Joss Whedon dirigiu o piloto e, em maio de 2013, a ABC aprovou a série. "[A Marvel Studios] não queria que eu fizesse [a série]",[3] admitiu Whedon mais tarde. "Foi mais ou menos assim: 'Joss, queríamos que você escrevesse *Vingadores 2*. Em vez disso, você criou uma série de TV, seu idiota.' 'Achei que vocês queriam que eu fizesse isso!' 'Não, só queríamos que você escrevesse o filme.' 'Ah, foi mal.'"

Para fazer com que a série parecesse mais essencial, o Comitê Criativo pressionou para que *Agentes da S.H.I.E.L.D.* reagisse a eventos desenvolvidos nos filmes do UCM. O primeiro teste promocional foi a sequência *Thor: o mundo sombrio*, de novembro de 2013. A Marvel Television queria uma história envolvendo asgardianos. Embora a Marvel Studios tivesse concedido acesso a alguns de seus cenários e adereços, não estava disposta a emprestar nenhum dos personagens do UCM. Em vez disso, a série filmou um episódio em Londres após a batalha final do filme: a equipe da S.H.I.E.L.D. ajuda a limpar a cena quando encontra um artefato e um "guerreiro asgardiano" (o astro convidado Peter MacNicol).

O próximo crossover, em abril de 2014, foi muito mais desafiador. Em *Capitão América: o Soldado Invernal*, a S.H.I.E.L.D. é destruída quando Steve Rogers descobre que foi infiltrada pelos vilões quase nazistas da HYDRA. A maioria do elenco de *Agentes da S.H.I.E.L.D.* só soube dessa guinada ao assistir a uma versão inicial do filme. (Enfatizando a falta de respeito da Marvel Studios pela Marvel Television, um filme centrado na S.H.I.E.L.D. não mencionava, nem de passagem, que o agente Coulson, que não aparecia no UCM desde *Os Vingadores*, na verdade estava vivo.) No último episódio da primeira temporada, a série precisou reinventar sua premissa. A Marvel Studios relutantemente aprovou um cameo de Samuel L. Jackson como Nick Fury, que nomeou Coulson diretor da S.H.I.E.L.D. e disse que ele tinha que reconstruir a agência.

Joss Whedon se tornou o rosto criativo do UCM, mais proeminente que Feige. Ele estava desenvolvendo a sequência de *Vingadores*, polindo roteiros para os filmes da Fase Dois da Marvel e administrando a vontade do Comitê Criativo de ver *Agentes da S.H.I.E.L.D.* ligada ao UCM. "Aquele período foi [...] complicado",[4] disse Whedon. "Muitas pessoas que não estavam ligadas à série chegavam para mim e diziam: 'Ah, então, eu tenho aqui esse ator convidado e você tem que incluí-lo.' Às vezes, eu ficava perdidinho. Já era difícil o bastante quando eles diziam: 'Falando nisso, em *Homem de Ferro 4*, ele será interpretado por Linda Hunt como uma aranha humana.' E eu tinha que responder: 'Ah, tudo bem. Vou dar um jeito.'" Após a primeira temporada de *Agentes da S.H.I.E.L.D.*, Whedon se afastou das responsabilidades de produção que compartilhava com o irmão e a cunhada e deixou a série nas mãos deles. A atração continuou discretamente por sete temporadas, até 2020, mas, após o primeiro ano, com exceção de alguns atores convidados, a Marvel Television praticamente desistiu de integrar sua ação aos filmes UCM.

★

A criação da Marvel Television não impediu a Marvel Studios de encomendar seus próprios curtas-metragens. O copresidente do estúdio, Louis D'Esposito, realizando o antigo sonho de se tornar diretor, foi para trás das câmeras e filmou curtas como parte da série *Marvel One-Shot*. Geralmente incluídos como bônus em DVDs e blu-rays, os *One-Shots* exploravam momentos ou personagens para os quais os filmes principais não tinham tempo. *Agente Carter*, incluído nos discos de *Homem de Ferro 3*, apresentava Hayley Atwell reprisando seu papel em *Capitão América: o primeiro vingador* como agente secreta da década de 1940. Com base na reação positiva ao curta de quinze minutos, a ABC encomendou uma série *Agente Carter*, criada pelos roteiristas de *Capitão América*, Christopher Markus e Stephen McFeely.

A equipe de produção de *Agente Carter* teve menos atrito com a Marvel Studios que a equipe de *Agentes da S.H.I.E.L.D.*, talvez porque a série tivesse sido criada a partir de uma série de D'Esposito, talvez por ser situada setenta anos antes da ação principal no UCM. Atwell retornou para um cameo em *Capitão América: o Soldado Invernal*, interpretando uma versão envelhecida de Peggy Carter. A atriz falou com entusiasmo sobre como sua série poderia acompanhar a vida de Peggy ao longo dos anos, talvez avançando uma década a cada temporada. Mas, após duas temporadas aclamadas pela crítica, a série foi cancelada em razão da baixa audiência.

Em 2012 e 2013, alguns dos acordos de licenciamento que Avi Arad fizera durante seu tempo na Marvel finalmente venceram, anos após sua saída, e vários super-heróis voltaram para casa. Quando a New Line anunciou que não filmaria novas sequências de *Blade*, a Marvel reobteve os direitos do caçador de vampiros. Similarmente, a Fox deixou expirar seus direitos sobre Demolidor e Elektra, uma década depois dos muito criticados filmes estrelados por esses personagens, e a Sony deixou expirar seus direitos sobre o personagem Luke Cage sem jamais ter feito um filme com o super-herói negro de pele indestrutível. Nicolas Cage estrelara um dos favoritos de Arad, o motociclista demoníaco Johnny Blaze, em *Motoqueiro Fantasma* (2007) e *Motoqueiro Fantasma: espírito de vingança* (2011). Embora o primeiro filme tivesse sido um surpreendente sucesso, a amplamente criticada sequência faturara 100 milhões de dólares no mundo todo, metade da bilheteria do original. Em 2013, quando Cage anunciou que não voltaria a interpretar o personagem, os direitos rapidamente retornaram à Marvel.

Kevin Feige tinha dossiês sobre todos esses personagens nos arquivos da Marvel Studios, assim como ideias para integrá-los ao Universo Cinematográfico Marvel. O Comitê Criativo, porém, decidiu que Feige estava muito ocupado com os Vingadores, sem mencionar o filme *Guardiões da Galáxia*, e, ignorando os protestos da Marvel Studios, entregou os personagens à Marvel Television. Uma nova versão do Motoqueiro Fantasma (não Johnny Blaze, não Nicolas Cage) fez uma aparição em *Agentes da S.H.I.E.L.D.*, mas Jeph Loeb tinha planos maiores para os outros.

A Marvel Television e a Marvel Entertainment queriam criar o equivalente televisivo de *Os Vingadores*: quatro séries diferentes cujos personagens formariam uma equipe. A audiência de *Agentes da S.H.I.E.L.D.* era boa o bastante para que a Marvel pedisse um compromisso de longo prazo a uma plataforma de streaming; após apresentar secretamente a ideia a várias plataformas, ela anunciou um acordo com a Netflix em novembro de 2013.

A Netflix era a escolha lógica. O serviço de streaming iniciara um sério esforço para expandir seu conteúdo original, tendo lançado sua primeira série de prestígio, *House of Cards* (estrelada por Kevin Spacey e Robin Wright), em fevereiro daquele ano. E, no ano anterior, assinara com a Disney um acordo que a tornava a primeira parada dos filmes da Disney após o lançamento nos cinemas, incluindo os filmes da Marvel. "A Marvel é uma marca conhecida e amada",[5] disse o chefe de conteúdo da Netflix, Ted Sarandos. Assim, a Netflix se comprometeu com espantosos sessenta episódios: quatro temporadas de *Demolidor*, *Jessica Jones*, *Luke Cage* e *Punho de Ferro*, levando à associação chamada *Os Defensores*. As séries seriam ambientadas e filmadas em Nova York, já que a cidade concedera à Marvel Television um grande desconto nos custos de produção.

Loeb percebia o valor dos heróis "comuns" da Marvel, que podiam estrelar histórias televisivas que não exigiam superpoderes chamativos — ou, dito de outro modo, não precisavam de efeitos especiais caros. A Marvel Television faria séries sobre heróis que usavam socos para solucionar problemas.

Joss Whedon, imerso na sequência de *Os Vingadores*, não estava disponível para as séries, então, para reescrever o Demolidor, a Marvel Television contratou um frequente colaborador de Whedon, Drew Goddard (diretor de *O segredo da cabana* e roteirista de *Cloverfield: monstro*). Goddard argumentou que a Netflix era uma mídia melhor para o Demolidor que o cinema, não somente porque o orçamento menor se adequava ao escopo do personagem, mas também porque a série poderia explorar Matt Murdock com mais profundidade e se aventurar em um território mais adulto.

"O lance sobre Matt Murdock é que ele não está salvando o mundo. Ele só está mantendo seu bairro seguro",[6] disse Goddard. "Então ia parecer errado ter naves espaciais caindo no meio da cidade. Mas a Marvel não está no negócio de produzir filmes de 25 milhões. Eles fazem coisas grandes, como deveriam. Temos mais liberdade para produzir a série na tela pequena, e dar um tom mais adulto."

Goddard, anunciado como showrunner de *Demolidor* em dezembro de 2013, escreveu os dois primeiros episódios, mas pediu demissão quatro meses depois. Ele também trabalhava com Amy Pascal, copresidente da Sony Pictures Entertainment, em um filme sobre o Sexteto Sinistro, implementando o plano do estúdio de expandir a franquia *Homem-Aranha* dentro de seu próprio universo. Goddard escreveu um roteiro no qual o Homem-Aranha (então interpretado por Andrew Garfield) seria um dos protagonistas de um filme com inúmeros vilões. O estúdio esperava lançá-lo em 2016, logo após *O espetacular Homem-Aranha 2*, e ofereceu a direção a Goddard. Ele rapidamente aceitou o que prometia ser o trabalho mais bem-pago que já tivera. Acreditava ter cumprido sua obrigação em relação à série *Demolidor* com dois episódios, e a Marvel já conversava com um novo showrunner, Steven S. DeKnight (outro parceiro de Whedon).

Mesmo assim, quando ele foi para a Sony, a Marvel reagiu com rancor. "Estive em reunião na Marvel o dia inteiro",[7] disse Goddard em um e-mail para Pascal em março de 2013. "Eles avançam lentamente pelos sete estágios do luto." Nos meses seguintes, Goddard e a Marvel negociaram os termos da partida. A barganha sobre o pagamento e o título de Goddard foi entediante. Incomum foi o fato de envolver não somente Jeph Loeb, da Marvel Television, mas também Fine, da Marvel Entertainment, e até mesmo o CEO da Marvel, Ike Perlmutter.

"Tentei ajudar",[8] escreveu Pascal em um e-mail para o presidente da Columbia Pictures, Doug Belgrad, durante as negociações de Goddard. "Não me ofereci, mas Ike telefonou várias vezes [...] Acho que ele está tentando assustar todo mundo, e eles não têm argumentos realmente fortes."

DeKnight assumiu como showrunner de *Demolidor*, e a série resultante — um *noir* visceral e existencial, com uma boa porção de culpa católica — foi um sucesso. Embora o Universo Cinematográfico Marvel rotineiramente tivesse batalhas sem sangue, em *Demolidor* a violência era intensa e tinha consequências, dado que os personagens usavam balas, não feixes repulsores. Charlie Cox, que interpretou Matt Murdock e seu alter ego Demolidor, costumava aparecer na tela com machucados e pontos. Vincent D'Onofrio, que teve um desempenho notável como Wilson Fisk (Rei do Crime), esmagou a cabeça de um capanga ao batê-la repetidamente contra a porta de um carro.

A Netflix imediatamente encomendou uma segunda temporada de *Demolidor*. Quando o filme do Sexteto Sinistro foi postergado indefinidamente, Goddard até mesmo retornou à série como consultor. Entrementes, a Marvel Television ressuscitou *Jessica Jones*, que Melissa Rosenberg desenvolvera para a ABC alguns anos antes. Krysten Ritter estrelou como Jessica Jones, a superpoderosa detetive particular que tem problemas com bebida.

Em um roteiro angustiado, mas cuidadoso, a série explorou temas como agressão sexual e estupro.

As séries da Marvel Television faziam referências brincalhonas a sua existência no mesmo universo dos Vingadores. Os personagens se referiam a Thor, por exemplo, como "o homem com o martelo" e a Hulk como "o grandalhão verde". A Marvel Studios, no entanto, recusava-se obstinadamente a ceder seus personagens ou atores. (E seus filmes continuaram a tradição de ignorar todos os desenvolvimentos das séries televisivas. Os Defensores não foram convidados para a festa em 2019, quando todos os outros super--heróis da Terra se uniram para derrotar Thanos em *Vingadores: ultimato*.)

Publicamente, os líderes das duas divisões rivais tinham o cuidado de não dizer nada que pudesse chamar atenção para a rixa. "Não queremos nada em nossas séries que contradiga o que acontece nos filmes",[9] declarou Loeb. "Os filmes fornecem a direção. Eles estabelecem a linha do tempo do UCM e o que acontece nele. Nosso trabalho é navegar pelo interior desse mundo."

"O futuro é longo",[10] afirmou Feige vagamente. "Há muitas séries de TV sendo produzidas e, com sorte, continuaremos a produzir muitos filmes. Em algum momento, haverá um crossover. Crossover, reboot ou algo do gênero."

Embora a falta de colaboração fosse uma desvantagem significativa para a Marvel Television, as séries tiravam proveito do fato de serem projetos em menor escala. Como a Netflix não revelava dados de audiência, uma série era considerada um sucesso se as pessoas acreditassem que se saía tão bem quanto *House of Cards* e *Orange Is the New Black* ou, ao menos, gerasse um burburinho similar. Não se esperava que as séries vendessem brinquedos: quando *Jessica Jones* foi lançada em 2015, ela se tornou o primeiro projeto da Marvel centrado em uma mulher (a menos que se inclua o fracassado filme da Fox, *Elektra*) e, no ano seguinte, *Luke Cage*, com Mike Colter no papel-título, foi o primeiro centrado em um personagem negro. Feige lutara durante anos para lançar filmes estrelados por personagens femininos e racializados e fora constantemente bloqueado por Perlmutter e pelo Comitê Criativo; agora, as séries televisivas de Loeb iam ao ar sem resistência da cúpula da Marvel em Nova York.

De todos os heróis de quadrinhos a florescerem na era *Black Lives Matter* [Vidas Negras Importam], talvez nenhum fosse mais adequado ao momento que Luke Cage, um homem que obtivera seus poderes após ser preso injustamente e sujeitado a horríveis experimentos. Luke Cage surgiu na Marvel Comics em 1972; no século XXI, depois que policiais mataram Eric Garner, Michael Brown, Tamir Rice e muitas outras pessoas negras, a noção de um negro invulnerável teve grande repercussão. Como disse Cheo Hodari Coker, showrunner de *Luke Cage*, gerando muitos aplausos durante a San Diego Comic-Con de 2016, "o mundo está pronto para um homem negro à prova de balas".

"Não tinha como eu ter previsto isso",[11] disse Coker, falando de como seu comentário foi amplamente divulgado através de GIFs e memes. "Como as pessoas estão falando da relevância de uma série comparada ao *Black Lives Matter*, o que sinto é que toda arte negra que é conscientemente negra ajuda a humanizar a experiência negra e dizer que nossas vidas importam. Isso vai além de uma hashtag."

A versão de Luke Cage criada por Edward Ricourt nunca saiu do Programa de Escritores. Mas o escritor foi contratado para *Jessica Jones*, a série que apresentou Cage, a fim de dar consultoria sobre o personagem enquanto a série de Coker era desenvolvida. As primeiras temporadas de *Jones* e *Cage* foram bem-recebidas tanto pelos telespectadores quanto pelos críticos. A Iniciativa Defensores, no entanto, ruiu ao introduzir seu quarto herói, o imortal Punho de Ferro, um homem branco envolvido em antiquado misticismo asiático (o herói Danny Rand obtém seus poderes de kung fu na cidade mágica de K'un-Lun). "Não eram superpoderes muito impressionantes",[12] admitiu o showrunner Scott Buck. "Era só um cara que batia com muita força."

Embora alguns fãs esperassem que a série reinventasse o protagonista, tornando-o asiático, a Marvel Television contratou um ator inglês branco, Finn Jones (*Game of Thrones*), além de Jessica Henwick, uma atriz inglesa de descendência singapuriana (também conhecida por *Game of Thrones*). Finn Jones disse que, antes de a série ser filmada, ele passou por três intensas semanas de musculação e treinamento em artes marciais, mas, quando as filmagens começaram, não tinha tempo para se preparar adequadamente para as sequências de ação. "Eu aprendia as cenas de luta quinze minutos antes de filmá-las, porque o cronograma era muito apertado. O diretor de acrobacias me explicava a coreografia e eu filmava direto."[13]

Em uma entrevista de 2021, esse coordenador de acrobacias, Brett Chan (*Warrior, Marco Polo*), fez uma careta quando o assunto *Punho de Ferro* foi abordado. Ele disse: "Passamos 21, 22 horas por dia tentando fazer com que funcionasse e então os diretores diziam 'Ah, não' ou a Marvel dizia 'Ah, não, todo mundo está brigando e o ator não quer treinar'. Provavelmente por isso é que as melhores sequências são com Jessica Henwick, porque ela treinava quatro horas por dia — embora não tivesse nenhuma experiência com artes marciais."[14]

Punho de Ferro não foi bem-recebida, suas cenas de ação foram consideradas medíocres e sua ótica racial, terrivelmente antiquada. "Uma das coisas mais preocupantes em *Punho de Ferro* é o fato de Danny Rand ser o clássico salvador branco",[15] observou o crítico cultural da NPR Eric Deggans. "Trata-se de personagens brancos, quase sempre do sexo masculino e frequentemente desajustados que encontram seu verdadeiro chamado ao encontrar um ambiente de pessoas de outra cor e passam a liderá-las. Em *Punho de Ferro*, Rand treinou em uma cidade oculta com monges budistas e se tornou seu maior guerreiro. Enquanto ele salva o dia com estilos de luta nascidos na cultura asiática, atores asiáticos interpretam mentores, interesses românticos, companheiros e vilões."

Loeb não ajudou ao chegar à Comic-Con de 2018 usando um quimono de caratê e faixa na cabeça, dizendo que aprendera os segredos do Punho de Ferro com o sr. Miyagi (o mentor de *Karatê Kid: a hora da verdade*). Foi claramente uma brincadeira, da qual a atriz Jessica Henwick tentou participar, mas acabou pegando muito mal. (Loeb não quis responder a perguntas sobre seu tempo na Marvel Television para este livro.)

Os Defensores, filmada imediatamente após *Punho de Ferro*, uniu todos os personagens da Marvel na Netflix para defender Hell's Kitchen, um perigoso bairro de Manhattan. Em uma tacada de sorte, a Marvel Television convenceu Sigourney Weaver a interpretar a vilã Alexandra. Marco Ramirez, que dividia as tarefas de produção com Douglas Petrie, disse: "Foi insano descrever um personagem durante quatro meses como 'Ela é do tipo Sigourney Weaver' e então Jeph Loeb, da Marvel TV, dizer: 'Estou com ela ao telefone.'"[16]

Jessica Jones, Luke Cage e *Punho de Ferro* só chegaram à segunda temporada, ao passo que *Demolidor* conseguiu uma terceira. Até mesmo o Justiceiro, introduzido como personagem secundário em *Demolidor*, ganhou duas temporadas na Netflix. Contudo, após *Os Defensores*, o experimento da Netflix chegou ao fim. Serviços de streaming dependem de divulgação, sempre buscando séries que atraiam novos assinantes. Com *Os Defensores*, no entanto, o boca a boca foi terrível.

∗

Nem todo personagem perdido retornou à Marvel. A Fox aprovou *Quarteto Fantástico*, de Josh Trank, mas então retirou o problemático projeto do diretor, filmou novas sequências e reeditou o roteiro, resultando em uma grande confusão. (O filme "colcha de retalhos" foi lançado em 2015, mais ou menos na mesma época em que a Marvel levou ao ar suas séries na Netflix.) O estúdio se saiu melhor com a franquia *X-Men*, produzindo spin-offs, prequelas e crossovers, incluindo sucessos como *X-Men: dias de um futuro esquecido* e *Deadpool*.

A Marvel Entertainment (ou seja, Perlmutter e Fine) se ressentia profundamente do fato de a Fox reter os direitos dessas propriedades. *Quarteto Fantástico*, a revista que lançara a Marvel Comics, era o carro-chefe da empresa desde 1962 — mas, em 2014, deixou de ser publicada a fim de não fornecer publicidade gratuita para um filme da Fox. Da mesma forma, embora *X-Men* estivesse entre as revistas mais populares da Marvel, a empresa subitamente fez tudo que pôde para retirar a ênfase dos mutantes e substituí-los pelos também poderosos Inumanos. A família real de uma raça superpoderosa vivendo fora da sociedade humana era coadjuvante dos quadrinhos Marvel desde 1965, mas um roteiro de 2013 aumentou sua proeminência ao transformar humanos em Inumanos (através da "Névoa Terrígena").

"Isso teve tudo a ver com o fato de os direitos de filmagem serem controlados por uma corporação rival",[17] afirmou Chris Claremont, escritor de longuíssima data dos X-Men, durante a New York Comic Con de 2016. "A atitude corporativa da editora é: 'Por que deveríamos nos esforçar para promover um título que beneficiará os filmes de uma corporação rival quando poderíamos usar a mesma energia, entusiasmo e foco em nossas propriedades?' Daí que a ascensão dos Inumanos é o novo equivalente dos mutantes. Eu gostaria que não fosse assim, mas não estou falando dos meus 5 bilhões de dólares."

A Marvel Studios vinha desenvolvendo um filme dos Inumanos havia anos, mas Feige nunca ficava satisfeito com o roteiro e não queria brigar com a Fox em nome de Perlmutter. (Uma batalha por procuração, contra a Marvel Television como representante do Comitê Criativo, era suficiente para ele.) Assim que Feige retirou o filme dos Inumanos do cronograma de lançamentos (em abril de 2016), a Marvel Entertainment ordenou que Loeb rapidamente produzisse conteúdo para a TV. Dois meses depois, os Inumanos apareceram em *Agentes da S.H.I.E.L.D.*

A Marvel Television imediatamente começou a trabalhar em uma série e, em novembro de 2016, a ABC se comprometeu a levar ao ar uma temporada de oito episódios, em uma coprodução com a IMAX. Isso significou que os dois primeiros episódios de *Inumanos* foram filmados em formato IMAX e exibidos em telas IMAX em setembro de 2017. As constrangedoras críticas foram acompanhadas de péssimos resultados nas bilheterias, e os donos de cinemas trocaram os episódios de *Inumanos* pela versão IMAX de *It: a coisa* o mais rapidamente possível.

A série também não se saiu bem na tela pequena. Em função das restrições orçamentárias, muitos inumanos foram privados de poderes. Medusa, a rainha inumana que tinha cabelo ruivo e preênsil — caro de se produzir em CGI —, raspou a cabeça. O cão teletransportador Dentinho foi gravemente ferido a fim de que a maioria da ação se passasse em uma única locação (a série foi filmada na ilha havaiana de Oahu). A atração foi rapidamente cancelada. Uma das estrelas brincou: "Ao menos ganhei uma viagem para o Havaí."[18]

Quão determinada estava a Marvel Studios a minimizar qualquer conexão com a Marvel Television? Quando desenvolveram um filme estrelado por outra superequipe obscura, os Eternos, os criadores foram instruídos a não mencionar qualquer local do Havaí. O estúdio não queria correr o risco de que o público se lembrasse dos Inumanos.

Em 2017, Anthony Mackie, que interpretava o Falcão nos filmes da Marvel e, quatro anos depois, estrelaria uma das primeiras séries da Marvel Studios, foi questionado sobre a possibilidade de maior integração entre as divisões de cinema e televisão da Marvel. Afinal, sete anos após a criação da Marvel Television, não havia muita sinergia corporativa visível para além de alguns cameos de Samuel L. Jackson em *Agentes da S.H.I.E.L.D.* Mackie disse francamente que os fãs não deviam esperar crossovers. "Tudo é diferente: universos, mundos, empresas, designs. Kevin Feige é muito específico sobre como quer que o Universo Marvel seja visto no mundo do cinema. Não funcionaria. Não funcionaria de jeito nenhum."[19]

17
À esquerda

"O ar-condicionado está funcionando perfeitamente."
Capitão América: o Soldado Invernal

"Tentamos ser honestos em todas as situações",[1] disse o roteirista Stephen McFeely, falando de si mesmo e de seu parceiro de escrita, Christopher Markus. Ele queria dizer que os dois tentavam integrar sombra e luz tanto em seu trabalho quanto em suas vidas. "Mesmo que esteja no hospital ao lado de meu avô morrendo de câncer, farei uma piada no corredor", disse ele. "Será o único jeito de conseguir chegar à máquina de refrigerantes."

Essa abordagem foi útil na franquia *Capitão América*, na qual o heroísmo sempre tem um subtom de tragédia: Steve Rogers salvava o mundo repetidamente, mas quase todo mundo que ele conhecia e amava morrera muitos anos antes. Depois que McFeely e Markus escreveram o roteiro do filme de 2011 *Capitão América: o primeiro vingador*, a Marvel Studios os contratou para a sequência antes mesmo de lançar o original.

A sequência não tinha de seguir diretamente os eventos de *Os Vingadores*, que estava em produção na época, mas precisava ser situada no século XXI, não na década de 1940. (O roteiro de Joss Whedon para *Vingadores* tinha algumas boas cenas sobre a pouca familiaridade do Capitão com o mundo moderno, como quando o homem descongelado orgulhosamente comenta: "Eu entendi essa referência.") E o estúdio queria trazer de volta Sebastian Stan como Bucky Barnes. Mais precisamente, queria a encarnação vilanesca de Bucky como Soldado Invernal, o assassino que sofre lavagem cerebral e é mantido escondido pelos soviéticos durante décadas.

Markus e McFeely releram as revistas em quadrinhos do escritor Ed Brubaker e do artista Steve Epting que apresentavam o Soldado Invernal e desenvolveram múltiplas ideias para Kevin Feige. Ele disse para focarem em um filme que parecesse um thriller político, saturado de conspiração e corrupção. De certa maneira, o UCM forjara seu próprio gênero: histórias modernas de super-herói que levavam seus personagens a sério, mas mantinham certa leveza, oferecendo ao público uma diversão baseada tanto em heroísmo quanto em situações absurdas. Mas o UCM tinha um apetite voraz: ele engolia outros gêneros. *Thor* guinara na direção de uma peça shakespeareana de verão, ao passo que *Homem de Ferro 3* empregara os tropos dos filmes de duplas de policiais. Feige, querendo superar as expectativas do público, planejava ir além.

Jon Favreau comparou o domínio de mercado dos filmes de super-herói aos faroestes de meados do século XX: "Há certo nível de conforto, em épocas muito desafiadoras para a distribuição cinematográfica, [em saber que] as pessoas irão aos cinemas para ver um bom filme de super-herói."[2] Isso dava aos diretores o potencial de desafiar os limites do gênero: "O que John Ford produzia com os faroestes era drasticamente diferente do que havia sido feito antes, através de *No tempo das diligências*, *Rastros de ódio* e *Crepúsculo de uma raça*."

Para o oitavo filme do UCM, Markus e McFeely se baseariam em clássicos da paranoia, incluindo *A trama*, *Maratona da morte* e *Três dias do Condor*. Eles apelidaram seu roteiro de "Três dias do Capitão América".[3]

Os escritores achavam que o Capitão América deveria passar o filme fugindo de forças misteriosas até descobrir que o mundo não era o que ele acreditava ser. Um thriller real da década de 1970 terminaria com uma nota ambígua, sugerindo que o mundo era irremediavelmente corrupto e o conhecimento adquirido pelo personagem não fazia qualquer diferença. No UCM, o Capitão América precisava lutar contra a grande conspiração e vencer. McFeely e Markus passaram a maior parte da primavera e do verão de 2011 tentando conseguir isso, até terem uma reunião crucial com Feige, que disse: "Acho que estamos prontos para destruir a S.H.I.E.L.D."[4]

Isso revelou a trama do filme, afirmou McFeely, "porque, sinceramente, àquela altura não sabíamos qual seria o terceiro ato".[5]

Eles receberam sinal verde para incluir quaisquer personagens da Marvel que não fossem estrelar seus próprios filmes da Fase Dois após *Os Vingadores* e, quando tiveram certeza de que a história seria sobre a S.H.I.E.L.D. estar tomada por traidores, incluíram Nick Fury, Viúva Negra e Gavião Arqueiro, os três maiores nomes afiliados à agência. Mas as cenas do Gavião Arqueiro acabaram ficando com a Viúva Negra porque Jeremy Renner estava filmando *Trapaça* e *O mensageiro*, tornando sua agenda muito complicada. Desistir do Gavião Arqueiro teve a vantagem de aumentar o contraste entre o Capitão América e a Viúva Negra, apresentando a ética antiquada dele contra a moralidade moderna e mais nebulosa dela.

Após dirigir o Programa de Escritores de Marvel, Nate Moore ascendera na hierarquia de produtores e fora convidado a participar do refúgio criativo de 2012, após o lançamento de *Os Vingadores*, com Feige, Louis D'Esposito, Jeremy Latcham, Stephen Broussard e Craig Kyle. Lá, defendera a história dos Guardiões da Galáxia que Nicole Perlman vinha desenvolvendo, mas perdera a produção para Latcham, que tinha prioridade. Moore fora designado para o próximo filme do Capitão América. Quando discutiu os personagens com Markus e McFeely, ele defendeu aquele que fora um de seus super-heróis negros favoritos durante a infância, um companheiro de longa data do Capitão América nos quadrinhos: o Falcão.

"Precisamos introduzir o Falcão, eu me lembro de amar o personagem quando era criança",[6] disse ele.

Eles se mostraram céticos, achando que o personagem alado tinha uma aparência ridícula. "O cara com asas?",[7] perguntaram a Moore. "As pessoas gostam do Falcão?"[8]

Ele respondeu enfaticamente: *"As pessoas amam o Falcão."*[9]

O diretor Ryan Coogler, que trabalharia com Moore em *Pantera Negra* e sua sequência, disse: "Ele é fã dos quadrinhos. Também é um homem negro e acho que, quando entrou na Marvel, sentiu-se no dever de incluir esses dois personagens específicos — Falcão e Pantera — no UCM."[10]

Moore prevaleceu. Sam Wilson (o Falcão), apresentado em 1969, foi o primeiro super-herói afro-americano da Marvel Comics — T'Challa, o Pantera Negra, não é norte-americano — e um dos únicos personagens negros de quadrinhos a não ter "Black" no nome de super-herói. Sam Wilson foi campeão de vendas, ao lado de Steve Rogers, entre 1971 e 1978, um período no qual, por 88 edições, o quadrinho foi intitulado *Captain America and the Falcon* [Capitão América e Falcão].

A Marvel queria Anthony Mackie (*Half Nelson: encurralados*, *Guerra ao terror*) para o papel; Mackie estava ávido para participar, tendo se tornado ator porque desejava ser tanto caubói quanto super-herói. Ele sabia o peso cultural do personagem. "Quando fiquei sabendo que tinha conseguido o papel, comecei a chorar",[11] disse ele. "Percebi que, dali a dois anos, algum garotinho negro estaria à minha porta, vestido de Falcão para o Halloween. Quando era criança, não tive isso."

Embora estivesse satisfeito com *Capitão América: o primeiro vingador*, Feige queria para a sequência um diretor mais disponível para os produtores da Marvel Studios que Joe "Sala Secreta" Johnston. E, para a Fase Dois do UCM, buscava diretores mais confortáveis com o emergente método da Marvel, que exigia grande colaboração com os departamentos visuais. Feige, descrito como "o cara tranquilão",[12] gostava de ter reuniões livres com os diretores para sentir sua energia antes de discutir qualquer projeto particular. Ele reduziu a lista a três candidatos para a sequência do Capitão América: George Nolfi, escritor-diretor de *Os agentes do destino*; F. Gary Gray, um diretor de vídeos musicais que fizera a transição para longas-metragens como *Sexta-feira em apuros*, *A negociação* e *Uma saída de mestre*; e os irmãos Joe e Anthony Russo.

✱

"Fomos criados em uma grande família italiana",[13] afirmou Anthony Russo. "Gostamos da noção de comunidade, de sentar em torno da fogueira e contar histórias." Eles cresceram em Cleveland, Ohio; Anthony nasceu em 1970; Joe, em 1971. Desde cedo, amavam filmes (tudo, de Bowery Boys a François Truffaut) e sonhavam em dirigi-los; ao ficar mais velhos, descobriram que trabalhar juntos tornava esse objetivo mais plausível. Enquanto estudavam na Universidade Case Western Reserve, os Russo produziram uma comédia independente, *Pieces*, que foi aceita no Slamdance Festival de 1997.

Embora nunca tenha sido lançada, *Pieces* atraiu a atenção do diretor Steven Soderbergh, que produziu (com o ator George Clooney) o roteiro seguinte dos irmãos, o filme de assalto de 2002, *Tudo por um segredo*. "Quando entramos no negócio, éramos cineastas artísticos muito convencidos", disse Anthony Russo com uma risada. "Só alguém como Steven Soderbergh teria falado algo sobre nosso primeiro filme — e dou graças a Deus por isso. Francamente, foi ele quem nos ensinou a fazer filmes comerciais."

Mas, antes de qualquer coisa, eles fizeram séries. Eles ganharam um Emmy pela direção, em 2003, do piloto de *Arrested Development: caindo na real*, a inovadora série de câmera única sobre a autocentrada família Bluth, e foram seus produtores executivos, além de dirigir treze outros episódios. Em 2009, também dirigiram o piloto de *Community*, uma série também de câmera única sobre um grupo de estudo em uma faculdade comunitária, e novamente foram produtores executivos, além de dirigir 34 episódios. (A Associação de Diretores da América exige uma licença especial para que duas pessoas possam ser listadas como diretoras de um episódio; embora os Russo trabalhassem juntos, todos os episódios das séries, com exceção dos pilotos, foram creditados a um ou outro.) As duas séries tinham elencos incomumente grandes, e os irmãos demonstraram habilidade na hora de garantir que nenhum ator fosse negligenciado.

Anthony Russo explicou a estética da dupla: "Entendemos múltiplas histórias, entendemos múltiplas marcas, somos ambiciosos, gostamos da vanguarda e somos — isso se tornou um termo pejorativo, então não uso mais — populistas."[14] Anthony estava mais inclinado a ser espontâneo, ao passo que Joe era mais comedido, mas, quando trabalhavam juntos nos set, suas mentes se tornavam uma só. Não importava quem instruía o elenco ou a equipe técnica porque, sem precisar se falar, eles concordavam sobre o que era necessário.

Os Russo encorajaram Dan Harmon, o criador de *Community*, a usar a série como vitrine para paródias de outros gêneros de cinema e televisão, e alguns dos melhores episódios foram versões perfeitas de documentários históricos e especiais de férias. O primeiro a chamar atenção foi uma paródia de filme de ação intitulada "Combate moderno", ambientada em uma competição universitária de paintball. O episódio foi dirigido por Justin Lin (já conhecido por seu trabalho na franquia *Velozes e furiosos*), mas os Russo dirigiram os dois outros episódios da história no ano seguinte: o faroeste "Por um punhado de paintballs" e o pastiche de ação "Por mais um punhado de paintballs". Os episódios foram engraçados, mas também demonstraram profundo entendimento dos filmes que satirizavam. Kevin Feige, ávido telespectador de comédias, adorou os episódios e marcou uma reunião com os Russo. ("Kevin ama comédias; e gosta de muitas que são realmente interessantes e alternativas",[15] disse Paul Rudd, que ficou impressionado com a familiaridade de Feige com o personagem Neil Hamburger, criado pelo cômico Gregg Turkington.)

Feige e os irmãos se entenderam imediatamente, partilhando a mesma natureza obsessiva que se destacava mesmo no mundo do cinema, que costuma atrair muitas personalidades intensas. Depois dos episódios de paintball, os irmãos queriam fazer um filme de ação de verdade. Outro chefe de estúdio teria rido, mas Feige concordou que eles estavam prontos. F. Gary Gray tornou a decisão mais fácil ao se comprometer com outro projeto (*Straight Outta Compton: a história do N.W.A.*) e, em junho de 2012, a Marvel anunciou que os irmãos Russo seriam os diretores de *Capitão América: o Soldado Invernal*. Feige disse à multidão na San Diego Comic-Con que, se eles ainda não eram conhecidos, seriam em breve.

Durante seu tempo como showrunner de *Community*, Harmon estivera em constante conflito com a NBC, e a emissora o deixara de fora de sua própria série durante uma temporada, antes de fãs e integrantes do elenco exigirem seu retorno. (Após *Community*, ele criou a série de animação *Rick e Morty* para o Adult Swim.) Ele reconheceu que os Russo tinham a habilidade diplomática que lhe faltava, permitindo que se dessem bem na altamente colaborativa Marvel Studios. "Você precisa ser meio político, além de criativo, para navegar por essas águas. Ou, pensando de maneira mais saudável, precisa não ser megalomaníaco",[16] afirmou Harmon. "Orson Welles não funcionaria bem na Marvel." Mas os irmãos Russo? "Eles sempre foram colaborativos acima de tudo."

O segredo público da Marvel Studios era que Kevin Feige era o diretor nos bastidores de todos os filmes. Sua abordagem participativa na moldagem e nos retoques finais de cada filme do UCM ia muito além da de um executivo típico — e excedia até mesmo o envolvimento criativo da maioria dos produtores. O sistema funcionava bem, desde que os diretores que ele contratava aceitassem a situação e ele não estivesse envolvido em projetos demais.

Assim que aceitaram o cargo, os Russo se reuniram com Ed Brubaker para discutir os segredos do Soldado Invernal. Joe Russo disse que, quando lera os quadrinhos durante a infância, sempre achara o Capitão América certinho demais, e imaginara o ator Steve McQueen no papel, a fim de lhe dar um pouco mais de ousadia. "Mas o que Brubaker fez foi brilhante",[17] elogiou ele. "Ele desconstruiu completamente a mitologia e o tornou muito relevante. E, usando a espionagem, associou o personagem a um gênero que podia suportá-lo e torná-lo mais interessante. Tivemos muita sorte de contar com esse material."

Os irmãos então se envolveram no processo de desenvolvimento, que já estava em curso com Markus e McFeely, os principais produtores criativos (Feige, D'Esposito, Moore e Victoria Alonso) e os artistas visuais da Marvel. Esboços iniciais do roteiro começavam com um flashback da Segunda Guerra Mundial, mas isso foi rapidamente abandonado em favor da abordagem de um navio militar sequestrado: o Capitão América salta de um avião sem paraquedas e luta contra um vilão conhecido nos quadrinhos como Georges Batroc. Batroc sempre fora um personagem absurdo, mas, no filme, passou de saco de pancadas francês para ameaça crível.

Para cada sequência de ação, os irmãos levavam um portfólio de referências visuais para os colaboradores estudarem. Para a sequência do navio, eles coletaram os mais frenéticos vídeos de ação que conseguiram encontrar, das cenas de luta de Jason Bourne a disputas de MMA. Anthony Russo era fascinado pela velocidade com que os lutadores de MMA davam socos e, enquanto assistiam a lutas, os Russo haviam notado Georges St-Pierre, um canadense de Quebec que era campeão do UFC. Eles o contrataram para interpretar Batroc.

Desde sempre uma coisa muito mencionada na Marvel Comics era que todo escritor recém-chegado queria um roteiro no qual o aeroporta-aviões da S.H.I.E.L.D. caísse. Havia algo irresistível em armas de guerra gigantescas despencando do céu. Agora os Russo fariam isso acontecer na tela. Os aeroporta-aviões seriam modelos novos, projetados por Tony Stark, fabricados pela S.H.I.E.L.D. e sequestrados pelos quase nazistas da HYDRA, capazes de ataques letais em qualquer lugar do planeta.

A inspiração para esses aeroporta-aviões ocorreu durante uma visita ao *Sea Launch Commander*, um navio atracado em Long Beach, na Califórnia, cogitado pelos Russo para ser a locação da sequência de abertura com Batroc. Quando descobriram que o navio era tão grande por ser uma plataforma de lançamento de satélites, os irmãos decidiram tornar a vigilância governamental e os ataques com drones cruciais para o roteiro. Essas preocupações se tornariam notícia de primeira página em 2013, no meio da produção do filme, quando Edward Snowden vazasse milhares de documentos secretos sobre os programas de vigilância da Administração de Segurança Nacional (NSA em inglês) e a realidade alcançasse a ficção.

"É difícil fazer um filme político que não aborde algo atual",[18] disse Anthony Russo. "É isso que torna um thriller político diferente de um thriller comum. E é isso que amplifica a paranoia do personagem e a experiência de paranoia da plateia. Mas também somos muito obcecados por cultura pop e adoramos usar algo da atualidade, então pressionamos por cenas que, feliz ou infelizmente, ressoaram quando Snowden delatou a NSA. O assunto já estava no *zeitgeist*. Todos líamos artigos questionando ataques com drones, ataques preventivos, liberdades civis — o Obama falando sobre quem eles matariam [...] Queríamos colocar tudo isso no filme porque seria um contraste com a [maneira de pensar] daquela geração [do Capitão América]."

Embora os Russo trabalhassem em sintonia com o maquinário de produção da Marvel, em alguns aspectos iam na contramão dos métodos habituais do estúdio. Por exemplo, eles insistiram em ter o máximo possível de cenários físicos e efeitos práticos, mesmo que as cenas fossem ser trabalhadas digitalmente. Anthony Mackie elogiou sua abordagem: "O que os Russo fizeram de tão bom foi querer ficar com o live-action, que é uma arte moribunda. Se pudesse ser construído, eles construíam. Se pudesse ser feito,

eles faziam. Eles queriam o mínimo de CGI. Por isso o filme é tão bom."[19]
Ironicamente, o Falcão foi o personagem cujo desempenho terminou sendo
mais dependente de CGI, de acordo com a Industrial Light e Magic. Sempre
que o Falcão abre as asas em *Soldado Invernal*, o personagem é um dublê
digitalmente renderizado de Mackie.

Quando *Homem de Ferro 2* foi lançado, Samuel L. Jackson disse: "Ainda
não transformamos Fury num cara fodão. Ele é só papo."[20] Em *Soldado
Invernal*, finalmente houve uma boa razão para dar uma sequência de
ação a Fury, porque o filme tratava da batalha pelo futuro da S.H.I.E.L.D.
e as apostas sobem drasticamente quando o líder da agência se envolve
fisicamente. Os criadores do filme operavam sob as mesmas limitações de
Whedon em *Os Vingadores*, ou seja, o fato de que Jackson, com 64 anos no
primeiro dia de filmagem, não estava disposto a correr. Em *Soldado Invernal*, ele não teria de fazer isso: estaria ao volante de um carro high-tech que
os assassinos perseguiriam pelas ruas de Washington.

Markus e McFeely haviam incluído a perseguição em seus primeiros
roteiros, mas os Russo a expandiram consideravelmente. Seu portfólio
visual para as sequências épicas incluía perseguições clássicas do cinema
(*Operação França*), entradas modernas (a série Jason Bourne novamente)
e cenas da vida real. Os Russo disseram aos artistas conceituais e editores
de animatics da Marvel para construir a sequência como um "momento de
tensão" no qual a plateia veria Nick Fury preso em uma situação cada vez
mais grave, por mais tempo que o esperado.

O outro "momento de tensão"[21] no roteiro de Markus-McFeely que os
Russo queriam enfatizar era a luta no elevador, quando Steve Rogers foge da
sede da S.H.I.E.L.D. ao descobrir que a organização foi corrompida, derro-
tando um esquadrão inteiro de infiltrados da HYDRA. Para as sequências
de combate individual, os Russo e a equipe visual da Marvel desenvolveram
uma extensa coleção de esboços sequenciais e montagens, ditando a aparência geral e as cenas principais, mas a coreografia da luta foi entregue a
James Young (que também era dublê de Sebastian Stan).

Após estudar o portfólio dos Russo para cada luta, Young a coreografava
com sua equipe de dublês, filmando-a com uma câmera comum ou com o
celular. Os Russo assistiam aos vídeos e indicavam os ataques de que gos-

tavam ou cenas que precisavam ser modificadas. Finalmente, aprovavam a coreografia. Então Young e sua equipe a ensinavam aos atores. No caso da luta no elevador, Evans teve de filmar a maior parte da ação: como o espaço era pequeno, seria difícil incluir um dublê sem que isso ficasse óbvio.

Anthony Russo disse que ele e o irmão adoraram as cenas de ação que enfatizavam o caráter do Capitão América, um humano em um mundo de super-humanos, retirando seu poder tanto da moral quanto dos músculos. "Essencialmente, ele é um homem, só que mais",[22] disse ele. "Ele não está voando pelo céu ou se transformando em outra coisa. Então usamos uma abordagem de realismo hardcore sobre o que um filme de super-herói pode ser, no nível da ação."

Enquanto acessórios criativos como esboços sequenciais, arte conceitual e figurinos se acumulavam, os Russo escolhiam seus elementos favoritos e os incorporavam aos animatics; em seguida, viam o que funcionava e modificavam o que fosse necessário. Monty Granito, supervisor de pré-visualização de *Soldado Invernal*, disse que os Russo pediram que ele reconstruísse repetidamente os animatics da sequência final, na qual Steve Rogers tem seu último confronto com Bucky Barnes enquanto o Falcão derruba múltiplos aeroporta-aviões sobre Washington: "Eles separavam uma ou duas cenas e diziam: 'Essas estão boas. Reconstrua toda a sequência em torno delas.' Eu reconstruía tudo e eles diziam: 'Ótimo, essas quatro cenas estão excelentes. Reconstrua toda a sequência em torno delas.'"[23] As pré-visualizações poderiam poupar muito esforço na pós-produção — se a Marvel Studios não tivesse o hábito de revisar seus filmes até o último minuto.

A experiência dos Russo como produtores executivos foi tão crucial quanto a como diretores, dado que o método de filmagem da Marvel favorecia gestores fortes, não autores. Os irmãos seguiram o conselho que Steven Spielberg dava aos jovens diretores que o procuravam antes de um filme: "Ele dizia: 'Contrate um personal trainer e fique em forma, porque será um teste de resistência'",[24] lembrou Anthony Russo. Eles tinham equipamento de musculação nos escritórios de produção; no set, consumiam bebidas saudáveis de um verde brilhante.

"Joe e Anthony tinham o vigor necessário para se manter em movimento",[25] afirmou Feige.

A fotografia principal de *Capitão América: o Soldado Invernal* — que recebeu o codinome *Queimadura do freezer* — durou três meses na primavera de 2013, com filmagens em Washington, Los Angeles e na cidade natal dos Russo, Cleveland. O elenco incluía Robert Redford como Alexander Pierce, o oficial sênior da S.H.I.E.L.D. que se revela um traidor. Redford foi escolhido não somente por ser um ícone do cinema, mas também por ser um elo vivo com os thrillers políticos da década de 1970, tendo estrelado *Três dias do Condor* e *Todos os homens do presidente*.

Samuel L. Jackson nunca contracenara com Redford antes, mas seus personagens eram amigos de longa data. Na manhã da primeira cena, Jackson procurou o ator mais velho: "Conversamos sobre golfe, sobre a vida, sobre filmes. Quando entramos no set, a sensação era de que já tínhamos passado algum tempo juntos, ou que nosso passado nos conectava."[26]

As filmagens foram tranquilas, confirmando a crença de Feige de que os Russo estavam prontos para trocar paintballs por projéteis de verdade. Ele lembrou: "Joe e Anthony eram muito claros e tinham ambições muito elevadas, dizendo coisas como: 'Queremos fazer a melhor perseguição de qualquer filme da Marvel, talvez de todos os tempos.' Eu respondia: 'Parece bom. Vamos tentar.'"[27] Feige sorriu: "E eles conseguiram."

Feige também gostou da disposição dos irmãos de incluírem conexões com o Universo Cinematográfico Marvel, o tipo de pedido que sempre irritava Jon Favreau. O *Soldado Invernal*, por exemplo, fornecia uma informação que seria revisitada em um filme posterior também dirigido pelos Russo, *Capitão América: guerra civil*: a de que Bucky Barnes matara o pai de Tony Stark. "Se você é um geek dos quadrinhos como eu, gosta desse tipo de coisa",[28] disse Joe Russo. "Trata-se de uma estranha tapeçaria de escritores e diretores trabalhando juntos para criar esse universo."

Capitão América: o Soldado Invernal foi um dos melhores filmes do UCM, um tenso thriller de ação no qual um homem vestido de branco, vermelho e azul confronta um mundo cinzento. O filme faturou 714 milhões de dólares no mundo todo, quase o dobro da bilheteria de *Capitão América: o primeiro vingador* — àquela altura, a Marvel Studios já lançara tantas sequências que superavam as projeções que reescrevera as regras de Hollywood sobre o desempenho esperado das franquias. Assim que eles terminaram seu trabalho em *Soldado Invernal*, Feige contratou os Russo para dirigir o terceiro filme do Capitão América, e Markus e McFeely para escrever um roteiro que concluiria a trilogia, finalizando a história de Steve Rogers e Bucky Barnes.

Ou esse era o plano — até o dia em que Feige entrou na sala da Marvel Studios compartilhada por Markus e McFeely e disse duas palavras decisivas: "Guerra civil."

18
Nós somos Groot

"Está todo mundo de pé agora.
Um bando de zé ruela, formando um círculo."
Guardiões da Galáxia

Anos depois, pediram que os astros dos filmes *Os Vingadores* identificassem momentos decisivos na história da Marvel Studios, os que fizeram a empresa deixar de ser a startup experimental bem-sucedida de Kevin Feige e a transformaram em uma gigante do entretenimento praticamente intocável. Nenhum deles citou seus próprios filmes, nem mesmo os que haviam batido recordes de bilheteria. Eles indicaram a aventura capa e espada estrelada por um guaxinim geneticamente modificado e uma árvore falante.

"*Guardiões da Galáxia* abriu outra porta para o Universo Marvel",[1] disse Mark Ruffalo. "Ele podia ir para o espaço, podia ser engraçado, podia ser colorido, tinha um estilo totalmente desconectado do restante do Universo Marvel."

"Em certos aspectos, *Guardiões da Galáxia* é o melhor filme da Marvel",[2] admitiu Robert Downey Jr.. "E é estranho que alguém com — ocasionalmente — um ego do tamanho do meu diga isso."

Feige afirmou que o filme é o "melhor exemplo do espectador validando nossos instintos mais esotéricos [...] sobre quão longe ele está disposto a ir conosco. Um grupo ridículo formado por uma árvore, um guaxinim e um cara que não entende metáforas. Adoramos isso".[3]

"Parece tão simples agora",[4] disse uma fonte que trabalhou durante o desenvolvimento e o lançamento de Guardiões. "Mas não se esqueça de que tentar vender a ideia de uma árvore falante e um guaxinim era a coisa mais idiota do mundo. Uma das coisas que a gente mais falava era: 'Estamos morrendo de medo de sermos os únicos a acreditar nisso.' Pensávamos: Isso é tão bom, mas será que as pessoas vão comprar essa ideia?"

A roteirista Nicole Perlman, que em 2011 deixara o Programa de Escritores da Marvel depois de completar seu período de dois anos, foi recontratada quase imediatamente para revisar o roteiro de Guardiões da Galáxia. Ela não conseguia acreditar que a Marvel realmente filmaria sua louca história de ficção científica. Na verdade, embora o estúdio estivesse entusiasmado, a cúpula de Nova York se mostrava muito mais cética e temia que os personagens não fossem reconhecidos. A equipe de desenvolvimento visual em Los Angeles, no entanto, já renderizava digitalmente a equipe — o travesso protagonista Peter Quill, conhecido como Senhor das Estrelas; o irascível Rocket Raccoon; Gamora, a assassina de pele verde; o literal Drax, o Destruidor; e a árvore senciente Groot —, então o estúdio devia estar falando sério.

"Durante anos, eu disse a meus pais: 'Estou trabalhando em um filme sobre um guaxinim — bom, não apenas um guaxinim, mas um guaxinim e uma árvore falante.' E eles respondiam: 'Ah, coitadinha. Não se preocupe, vamos apoiá-la quando você passar por seu primeiro fracasso.'"[5] Mas, quando um executivo da Marvel sugeriu que Rocket Raccoon poderia ser um fiasco como Jar Jar Binks, Feige apoiou Perlman, insistindo: 'Não, não. Vamos manter o Rocket.'"[6]

Para uma sequência do início do filme no qual Quill rouba um precioso orbe, Feige pediu a Perlman que inventasse um planeta alienígena, mais tarde chamado de Morag, que ainda não tivesse sido visto em filmes. Ela recorreu à própria infância, lembrando-se de uma visita à Disney World na qual não pudera fazer o passeio de Vinte mil léguas submarinas porque o submarino estava em manutenção. "Eles usaram folhas de compensado para que ninguém conseguisse vê-lo",[7] disse ela, "mas havia um buraquinho e eu espiei por ele. Havia muitos destroços de naufrágios, mas nenhuma água. Eu guardei essa imagem. Quando Kevin pediu um planeta de ficção científica, pensei: *Que tal um mundo que teve todos os seus oceanos removidos? Talvez ele tenha perdido sua lua e isso acabou com as marés.*"

Perlman presumiu que não seria a última a mexer no roteiro. "Eu sabia que eles trariam um escritor-diretor",[8] afirmou ela. "Esse sempre foi o plano. Não sou uma escritora de comédia, e aquele era um projeto cômico. O projeto sempre foi irreverente, irônico."

Durante as breves reuniões para "sentir a vibe" entre Feige e os integrantes da Associação de Diretores da América, ele procurava pessoas que tivessem o talento e o humor extravagante para lidar com um grupo de desajustados do espaço sideral. A curta lista incluía Peyton Reed (*Teenagers: as apimentadas*); a equipe formada por Anna Boden e Ryan Fleck (*Half Nelson: encurralados*); e James Gunn.

Gunn crescera nos arredores de St. Louis, Missouri, obcecado por filmes de terror de baixo orçamento como *A noite dos mortos-vivos* e *Sexta-feira 13* e, aos 12 anos, gravara filmes de 8 mm que mostravam seus quatro irmãos sendo devorados por zumbis. (Todos os irmãos terminaram no show business; um deles, Sean Gunn, tinha um papel recorrente em *Gilmore Girls*.) "Usávamos lenços de papel, xarope Karo e corante alimentício vermelho — é assim que se faz sangue",[9] disse Gunn.

Ao longo dos anos, ele fora cantor de uma banda de punk-rock, atendente de hospital e romancista (*The Toy Collector* [O colecionador de brinquedos]). Ele se formou em Artes Plásticas na Universidade de Columbia, mas disse que aprendeu muito mais sobre contação de histórias ao se mudar para Hollywood em 1998, a fim de trabalhar no estúdio de filmes de terror de baixo orçamento Troma Entertainment (*O vingador tóxico*) por 400 dólares semanais.

No Troma, Gunn se atirou com entusiasmo em todos os aspectos do negócio, desde procurar locações a desenhar pôsteres. Ele escreveu a comédia shakespeareana de humor ácido *Tromeo & Juliet* e a sátira de super-herói *Os especiais* antes de seus dois maiores trabalhos para um estúdio: os roteiros do filme de live-action *Scooby-Doo* em 2002 e o remake de *Madrugada dos mortos* em 2004. Também coestrelou o falso documentário de 2004 *Lollilove* com a então esposa Jenna Fischer (que na época ainda não tinha estrelado o famoso papel de Pam Beesly em *The Office*); eles se divorciaram em 2008, mas permaneceram amigos. "Não éramos muito bom casados, mas somos excelentes divorciados",[10] falou Gunn.

Gunn dirigiu seus próprios roteiros em *Seres rastejantes* (2006) e *Super* (2010). O primeiro era um filme de terror sobre parasitas alienígenas, o segundo sobre um cozinheiro de lanchonete que se tornava vingador, mas ambos eram cheios de sangue e humor ácido. Gunn tinha uma atitude punk-rock em relação ao humor: ele sabia divertir, mas gostava igualmente de enojar.

Nada disso parecia torná-lo uma boa escolha para o Universo Cinematográfico Marvel, mas ele se reuniu com Feige logo após o lançamento de *Homem de Ferro*. "Eu sabia que ele gostara do que eu havia feito, e ele sabia que eu era fã da Marvel",[11] lembrou Gunn. "Eu amei, amei, amei *Homem de Ferro*. Acho que mudou o gênero. Mas não fazia ideia de que cresceria tanto e se tornaria aquilo que se tornou."

Em 2011, Feige marcou outra reunião com Gunn e lhe mostrou a arte conceitual de *Guardiões da Galáxia*, incluindo uma cena com Rocket Raccoon, um guaxinim de noventa centímetros usando macacão. Inicialmente, Gunn não ficou interessado, mas, depois da reunião, não conseguiu parar de pensar no projeto e percebeu que, se aceitasse, teria muita liberdade. Os quadrinhos da Marvel ofereciam uma analogia. Gunn lembrou que, quando era criança, "havia revistas Marvel mais genéricas, básicas, que funcionavam no dia a dia. E, de vez em quando, chegava alguém como Frank Miller — que começou a desenhar e escrever *Demolidor* —, com uma história muito visionária e peculiar. E ela estava conectada ao Universo Marvel, mas também era uma obra de arte única. Alguns dos filmes eram mais básicos e outros mais arriscados. Eu queria que o filme fosse tanto da Marvel quanto de James Gunn. E queria que fosse 100% ambos".[12]

Agora que queria o trabalho, Gunn não sabia como consegui-lo. Mas ele tinha o e-mail de Joss Whedon. (Eles se conheciam de vista; Whedon contratara Sean Gunn para um episódio de sua série *Angel* e até mesmo nomeara um dos principais personagens da série, Charles Gunn, em referência aos irmãos.) "Eu escrevi um e-mail dizendo: 'Ei, estou tentando conseguir esse trabalho. Você pode me ajudar?'"[13]

Whedon respondeu: "Você tá atrasado, porra. Já falei de você pra todo mundo."[14]

✳

Com alguma ajuda de Whedon, que disse que *Os especiais* era um dos melhores filmes de super-herói já feitos, Gunn conseguiu *Guardiões da Galáxia* em setembro de 2012. Ele foi apresentado ao produtor Jeremy Latcham e recebeu a última versão do roteiro. Como Perlman esperava, ela não foi a última escritora do filme; durante o verão, Chris McCoy mexera no esboço. Então o diretor imediatamente começou a reescrevê-lo para refletir sua própria sensibilidade. "Não acho que exista grande diferença entre escrever e dirigir um filme, não para mim",[15] disse ele. "Quando está dirigindo, você somente acrescenta o aspecto visual." Ele admitiu que Perlman "definitivamente deu o chute inicial",[16] mas não deu a ela nenhum crédito além disso. "O conceito original estava lá, e então havia a história e os personagens, que foram recriados por mim."

Novamente, a Marvel acabou com mais uma decisão indo parar na Associação de Escritores da América. A decisão oficial foi de que tanto Gunn quanto Perlman haviam contribuído de maneira significativa e dividiriam igualmente o crédito. Gunn não gostou: "No roteiro de Nicole, tudo é diferente [...] a história [...] o arco dos personagens. Mas é assim que a Associação funciona. Eles preferem os primeiros escritores."[17]

Perlman não quis desafiar Gunn publicamente: "Dou crédito a todo mundo no filme, incluindo James, por torná-lo tão belo."[18] Mas seu amigo Zack Stentz (coautor do roteiro de *Thor*) objetou: "Nicole teve que lutar com unhas e dentes para receber o crédito por *Guardiões da Galáxia*. Mas devido a isso ela é hoje uma proeminente escritora de filmes de ação porque foi a primeira mulher a ter seu nome não somente em um filme da Marvel, mas um filme da Marvel que as pessoas adoraram. Ela deu uma festa quando o filme foi lançado, literalmente chamada 'Foda-se, James Gunn', porque havia vencido a disputa sobre o crédito. O que ainda me deixa enfurecido, e digo isso como fã de James Gunn como diretor, é que ele muito claramente vazou informações para seus amigos e para os círculos da mídia a fim de tentar retirá-la dos créditos. Quando Matthew Vaughn decidiu dar um chilique por recebermos crédito [por *X-Men: primeira classe*], ao menos ele fez isso em seu próprio nome."[19]

Uma coisa com a qual todos concordam é que Perlman criou o conceito do walkman de Peter Quill que James Gunn colocou como ponto central do filme: um símbolo físico da conexão do personagem com a mãe falecida, que crucialmente também servia como veículo para uma trilha sonora de música pop e rock da década de 1970, incluindo sucessos com décadas de idade, como "I'm Not in Love", de 10cc, e "Hooked on a Feeling", de Blue Swede.

"Iniciei o processo lendo as tabelas da *Billboard* com todos os sucessos da década de 1970",[20] explicou Gunn. "Baixei centenas de músicas e fiz uma playlist no iTunes com cerca de 120 que se adequavam ao filme. Eu tocava a playlist em casa — às vezes, criava cenas em torno de uma música; outras vezes, tinha uma cena que precisava de uma música e ouvia a playlist, visualizando várias." Gunn colocou várias canções muito específicas em sua versão do roteiro.

A Marvel Studios adorou, mas não o Comitê Criativo, que exigiu sua remoção. Feige e Latcham precisaram interferir, insistindo que a música era parte do charme da visão de Gunn. Whedon também forneceu o feedback dos cineastas, aos quais o Comitê olhou com mais cuidado. Os primeiros esboços do roteiro seguiam a mitologia de Peter Quill estabelecida nos quadrinhos: seu pai era J'Son, imperador do planeta Spartax, transformando Quill em realeza intergaláctica. Whedon objetou, insistindo que, para o público gostar dele, Peter Quill precisava ser uma pessoa comum, não um príncipe espacial. "Joss me enviou um memorando todo em maiúsculas: 'VOCÊ DEFINITIVAMENTE NÃO TEM UM FILME'",[21] disse Latcham.

Whedon também achava que os diálogos do roteiro tinham um ritmo e um humor muito similares aos de outros projetos do UCM. "Joss estava feliz, mas não tanto quanto os outros",[22] lembrou Gunn. "Eu disse: 'Calma aí, cara.' E ele respondeu: 'Eu gostei disso e daquilo e a história é boa. Mas quero mais James Gunn no roteiro. Está convencional demais, e quero que sejam mais como James Gunn.' E eu disse: 'Tudo bem, o enterro é seu mesmo.'" As piadas se tornaram mais ousadas, forçando os limites do que se podia esperar de um filme da Marvel na era Disney.

Gunn tinha vagas ideias sobre os atores que queria para o filme, mas a diretora de elenco Halley Finn apresentou candidatos que ele não teria considerado, incluindo Chris Pratt como Senhor das Estrelas. O papel de Drax exigia um ator fisicamente imponente, como Jason Momoa (mais tarde Aquaman, mas então conhecido como Khal Drogo em *Game of Thrones*). Momoa, no entanto, recusou, dizendo que já interpretara versões do mesmo personagem e, assim, Finn procurou o ex-lutador Dave Bautista, que tentava conseguir um trabalho como ator.

Bautista leu alguns diálogos, mas ficou muito confuso com o personagem indiferente às metáforas. "Não consegui entender Drax de jeito nenhum",[23] disse ele. Assim, Bautista telefonou para seu coach de atuação, que, felizmente, era um grande fã dos quadrinhos e o ajudou a encontrar o humor seco do personagem. Bautista teve de voar até Londres para fazer o teste com Gunn — a pré-produção já havia começado —, mas conseguiu o papel. (*Guardiões da Galáxia* teve Londres como base porque *Thor: o mundo sombrio* fora filmado lá; quando acabaram as gravações de *Thor*, a Marvel Studios enviou muitos integrantes da equipe diretamente para a próxima produção.)

Gunn decidira que Rocket Raccoon e Groot seriam personagens de CGI, com *stand-ins* no set. Dos cinco guardiões principais, ele agora só precisava de Gamora. A Marvel ofereceu o papel a Amanda Seyfried (*Mamma Mia!*), que recusou: "Eu não queria fazer parte do primeiro filme da Marvel a fracassar. Eu disse: 'Quem quer ver um filme sobre uma árvore falante e um guaxinim?'"[24] Ela acrescentou: "O roteiro era excelente. Minha decisão foi baseada em não querer ser 'aquela atriz' [...] Porque, se você estrela um filme gigantesco como esse e ele fracassa, Hollywood não perdoa. Já vi isso acontecer, e tinha muito medo. Achei que não valia a pena arriscar."

Zoe Saldaña também recusou o papel; tendo trabalhado em *Star Trek* em 2009 e em *Avatar*, de James Cameron, não queria ser rotulada como heroína de ficção científica. Mas Gunn a convenceu a ler o roteiro. "Eu não estava empolgada com o roteiro do ponto de vista de Gamora",[25] disse Saldaña. "Você me quer em todas as cenas, mas eu não falo em nenhuma delas. Então vou estar presente durante seis meses, passando por cinco horas de maquiagem todos os dias, para ser uma mosca na parede em todas as cenas?" Mas Gunn prometeu expandir o papel e ela então se uniu ao elenco.

Karen Gillan, conhecida pelos fãs como Amy Pond, a companheira de *Doctor Who*, foi contratada para interpretar a irmã de Gamora, Nebula, ambas filhas adotivas do supervilão Thanos. Antes de assinar o contrato, Gillan teve de concordar em raspar a cabeça. Mas ela não jogou fora seu longo cabelo ruivo: ele foi transformado em peruca "pelas pessoas que criam os monstros de *Star Wars*".[26] Com a peruca, ela foi capaz de usar o próprio cabelo enquanto filmava sua breve série da ABC *Selfie*.

Embora Gunn insistisse em sets físicos sempre que possível, a filmagem de *Guardiões* tinha muitas lacunas que seriam preenchidas com CGI. "É um ato de imaginação",[27] disse Lee Pace, que interpretou o principal vilão, Ronan, o Acusador. "Mas estava nas mãos de James Gunn; então, é uma criação dele. Aí eu me vi dizendo: 'Ok, vamos lá. Explique o que você está tentando fazer.'"

De algum modo, em uma produção de muitos milhões de dólares repleta de telas verdes, Gunn conseguiu recriar o clima de seus filmes adolescentes de zumbi. Ele contratou o irmão Sean para ser o *stand-in* de Rocket Raccoon. O ator vestia um traje de captura de movimentos e passava a maior parte do tempo de joelhos, a fim de que os outros atores tivessem uma linha de visão correta. (Mas teve de ficar em pé no papel coadjuvante de pirata espacial Kraglin Obfonteri, um dos Saqueadores.) Groot foi interpretado pelo ator polonês radicado em Londres Krystian Godlewski, que usou um traje azul de captura de movimentos com a cabeça do personagem em cima da sua. Chris Pratt, que trabalhara em *Parks and Recreation*, muito receptiva à improvisação, inicialmente evitou fazer o mesmo em *Guardiões*, sabendo quão dispendioso era cada minuto de produção em um grande filme, mas descobriu que seu diretor queria que os atores fossem tão brincalhões e colaborativos quanto possível.

James Gunn estabeleceu um exótico sistema de recompensa para as pessoas que trabalhavam no filme. "Eu deixava uma pilha de potes de massinha no set e, se alguém fizesse um trabalho especialmente bom — fosse um ator, um grip, um dublê ou um assistente de produção —, ganhava uma latinha. Acho que só distribuí quarenta latinhas durante toda a filmagem:

em um cronograma de 85 dias com uma equipe de duzentas pessoas, não foi muito."[28] Cada um dos presentes de Gunn evocava o espírito brincalhão que ele tentava promover. "Abrir uma latinha e sentir o cheiro me transportava para um local criativo, infantil", disse o diretor. "E quem não adora brincar com massinha?"

A despeito de seu conflito com Gunn, Nicole Perlman visitou os sets de Londres e teve a surreal experiência de caminhar por versões reais de seus sonhos: "Muitas coisas eram muito mais bonitas do que eu as imaginara ao escrever."[29]

Para uma das últimas cenas filmadas em *Guardiões da Galáxia*, Gunn decidiu interpretar Baby Groot dançando em um vaso. "Baby Groot dançando sou eu",[30] admitiu ele. "Fiquei constrangido demais para fazer isso na frente dos outros, então mandei que saíssem da sala, liguei a câmera e me filmei dançando. Enviei o vídeo para os animadores e implorei para que não vazassem!" Gunn achou que estava inidentificável, mas, quando viram o filme, seus amigos reconheceram os passos de dança.

Após a fotografia principal, Gunn contratou Bradley Cooper (recentemente indicado ao Oscar por *O lado bom da vida*) para dar voz a Rocket. Os animadores se basearam em três fontes para criar os movimentos do guaxinim: Sean Gunn no set, Cooper enquanto gravava os diálogos e um guaxinim real chamado Oreo. Para dar voz a Groot, a Marvel procurou Vin Diesel, da franquia *Velozes e furiosos*, já que tanto Gunn quanto Feige eram fãs de seu trabalho em baixo profundo como personagem-título da animação *O gigante de ferro*. Diesel hesitou em interpretar um personagem cujo vocabulário se reduzia a três palavras ("eu", "sou", "Groot"), mas, quando mostrou aos filhos uma fotografia dos Guardiões da Galáxia e perguntou qual personagem eles achavam que a Marvel o convidara a interpretar, eles apontaram para Groot. Diesel aceitou ser a árvore.

A Marvel mostrou uma versão inacabada de *Guardiões* durante uma exibição teste e o resultado não foi bom, em parte porque o CGI de Rocket e Groot não estava terminado. Mas todos gostaram de dois elementos essenciais — a trilha sonora e a interpretação de Chris Pratt —, de modo que a Marvel não achou que o filme precisaria de uma grande intervenção. A maior mudança durante as filmagens adicionais foi a decisão de incluir

Thanos. Ele estivera se escondendo nas sombras da narrativa, com Ronan procurando uma das Joias do Infinito em seu nome, o que fazia com que Ronan parecesse o gestor intermediário de uma guerra santa.

Whedon trabalhava para estabelecer Thanos como maior ameaça aos Vingadores; com sua aprovação, o Titã Louco finalmente surgiria na tela. "Queríamos focar na criação da equipe dos Guardiões",[31] disse Feige, "e não estávamos dispostos a perder muito tempo com Thanos, mas quisemos mostrar que havia um cara por trás do cara por trás do cara." Uma prioridade do chefe do estúdio: filmar "uma de minhas cenas favoritas em todo o filme, que era Thanos recostado no trono e sorrindo, algo que faz na capa de todas as revistas em quadrinhos".

Procurando um ator com gravidade suficiente para interpretar o arquivilão do UCM, Finn entrou em contato com Josh Brolin, que recentemente fora indicado ao Oscar de melhor ator coadjuvante por seu papel em *Milk: a voz da igualdade*. Brolin nunca interpretara um personagem baseado em captura de movimentos, então pediu ajuda a seu amigo Mark Ruffalo: "O que você acha, cara? É legal? É divertido?"[32]

Ruffalo respondeu: "Você vai se sentir ridículo. Vai vestir um macaquinho de bebê, vai ter pontos em seu rosto, vai usar um capacete com câmera. Vai ser difícil não ficar vesgo quando estiver interpretando."[33] Todavia, "quando vir o resultado, você não vai acreditar".

Brolin aceitou. Ele filmou suas cenas com o rosto brilhando em função da camada de tinta iridescente e cercado por um monte de câmeras. Ele nem mesmo conseguia ver Gunn lhe dando indicações; o ator achou o processo tão confuso que temeu esquecer suas falas e manteve o roteiro entre os joelhos enquanto estava sentado.

Em julho de 2014, Brolin foi anunciado como Thanos na San Diego Comic-Con e chegou ao palco usando uma Luva do Infinito de espuma. Uma semana depois, *Guardiões da Galáxia* foi lançado. Era o décimo filme do UCM. "Nunca me esquecerei daquela época",[34] afirmou Louis D'Esposito. "Meus amigos diziam: 'Lou, mesmo que o filme não seja um sucesso, você se divertiu muito.' Ninguém achava que *Guardiões* fosse funcionar. Quando funcionou, pareceu um sucesso ainda maior."

Ele era estrelado por personagens pouco familiares até mesmo para os fãs dos quadrinhos, mas teve uma bilheteria de 94 milhões de dólares no fim de semana do lançamento, faturando 773,3 milhões em todo o mundo. A despeito do ceticismo do Comitê Criativo sobre as escolhas musicais de Gunn, a trilha sonora do filme — *Guardiões da Galáxia vol. 1* — chegou a Disco de Platina, vendendo 1,75 milhão de cópias (a segunda trilha sonora mais vendida de 2014, perdendo somente para *Frozen*).

Como comentou Robert Downey Jr., "os filmes *Homem de Ferro, Thor, Capitão América* e *Vingadores* deram à Marvel a oportunidade de pegar o que era essencialmente uma história em quadrinhos que não tinha tanta relevância, menor, recém-criada, e dizer: 'Olhem para isso!'"[35] Downey ficou maravilhado com a improbabilidade do sucesso: "É como se você tivesse um grande quarterback cujo irmão jogasse em outro time e então dissesse: 'Esse é o primo em segundo grau deles, ele arremessa bem e deveria ter uma chance.' E então ele vai lá e vence o Super Bowl."

O "primo em segundo grau" era a equipe dos Guardiões, mas Gunn fora uma aposta igualmente improvável. De algum modo, ele encontrara uma maneira de dar à Marvel exatamente o que ela precisava enquanto fazia exatamente o que ele queria. "Temos um relacionamento muito bom, no qual eles me deixam fazer as coisas do meu jeito",[36] disse Gunn, "e eu realmente dou ouvidos às ideias deles. Jamais me disseram para incluir um personagem ou um elemento no roteiro. Não sei dizer quantas vezes li na internet comentários de pessoas que acreditam entender como a Marvel funciona, e não entendem nada. Quando confiam em você — e acho que conquistei essa confiança nos últimos anos —, eles o deixam em paz. Eu adoro esses caras e adoro trabalhar com eles. Como em um bom casamento, nós simplesmente funcionamos juntos." Ele falou como um homem que, dali em diante, esperava ser, para o melhor ou para o pior, um parceiro da Marvel.

19
Onde está Natasha?

"A verdade raramente faz sentido quando se omitem detalhes essenciais."

Viúva Negra

A Marvel Studios abafou a maioria de suas batalhas internas — a disputa territorial com a Marvel Television, o conflito de longa data com o Comitê Criativo — de maneira tão secreta quanto o Sanctum Sanctorum. Uma exceção foi o confronto contínuo sobre o tratamento dado pelo UCM aos personagens do sexo feminino. Durante anos, toda personagem poderosa do UCM provocava a mesma discussão desgastante na cúpula da Marvel Entertainment: "É realmente necessário ter uma super-heroína?"

Os fãs não precisavam ler blogs ou sites de fofocas para perceber que a Marvel não promovia super-heroínas: eles podiam ver isso nos cinemas e nas lojas de brinquedos. Mas o personagem que tornou o conflito inevitável foi Natasha Romanoff, a Viúva Negra.

Scarlett Johansson estreou no UCM como a ruiva Natasha em *Homem de Ferro 2*. Essa versão da agente Romanoff, com curvas volumosas e um traje justíssimo e decotado, era formidável — ela podia derrotar uma dúzia de seguranças no corredor da Hammer Industries sem transpirar —, mas nem chegava perto de ser a favorita dos fãs que se tornaria mais tarde.

"Só senti que merecia aquele traje no primeiro filme dos *Vingadores*",[1] disse Johansson. "Eu não sabia como as pessoas reagiriam, se me aceitariam no papel da personagem." O visual da Viúva Negra foi atualizado para *Os*

Vingadores, tornando-se mais prático — um corte de cabelo pronto para a ação, mais armas, proteção tática e um decote menos revelador —, mas, ainda mais importante, seu caráter foi fortalecido. "Eu e Joss Whedon conversamos sobre o passado da Viúva Negra",[2] afirmou Johansson. "Quem é ela? Como virou mercenária? Que caminho seguiu para chegar até aqui? Queríamos ver o lado mais sombrio dela — por que ela tivera que adquirir suas habilidades?"

Whedon deu a Natasha um passado; uma amizade significativa com outro agente da S.H.I.E.L.D., o Gavião Arqueiro; e a motivação para fazer reparações morais. Embora não tivesse superpoderes, ela parecia em casa ao lado de Thor, Capitão América e Hulk. O que suscitava a pergunta óbvia: se aqueles personagens estavam estrelando filmes solo, por que ela não estava?

"Não temos nenhum plano definitivo",[3] disse Kevin Feige em 2011 quando lhe perguntaram sobre o filme da Viúva Negra. "Mas começamos a conversar com a Scarlett sobre como seria um filme com a Viúva."

Johansson, por sua vez, via as possibilidades de um thriller de espionagem no UCM. "Pessoalmente, acho que há um potencial maravilhoso para um filme da Viúva Negra. Um filme do [*Identidade*] *Bourne*, que levaria o gênero para uma direção completamente diferente."[4]

O maior obstáculo no caminho da Viúva Negra não era a HYDRA, mas o Comitê Criativo da Marvel Entertainment, que se agarrava à crença de que super-heroínas não geravam merchandising. "Os fabricantes de brinquedos dizem que elas não vendem bem",[5] falou Whedon em 2013. "E o pessoal do cinema cita dois filmes terríveis com super-heroínas e diz: 'Está vendo? Não dá para ser feito.' É burrice."

Não era a primeira vez que o projeto Viúva Negra tinha de responder pelo fracasso de outros filmes. Em 2004, a Viúva fora considerada um dos personagens da Marvel *mais fáceis* de adaptar para o cinema, porque se adequava perfeitamente ao gênero ação/espionagem. O estúdio Lionsgate comprara os direitos da personagem e contratara o roteirista de *X-Men*, David Hayter, para escrever e dirigir o filme. "Infelizmente, quando eu estava terminando o esboço final, vários filmes com heroínas foram lançados",[6] lembrou Hayter com uma careta. "Tivemos *Tomb Raider* e *Kill Bill*, que funcionaram, mas também *BloodRayne*, *Ultravioleta* e *Æon Flux*. Este último não se saiu bem e, três dias após o lançamento, o estúdio afirmou: 'Acho que não é uma boa hora para o filme.' Precisei aceitar que o mercado estava saturado, mas foi doloroso. Eu não só tinha investido muito tempo no roteiro, como também batizei minha filha, que nasceu naquela época, com o nome Natasha."

Uma década depois, em 2014, *Capitão América: o Soldado Invernal* apresentou a Viúva Negra como coprotagonista. Àquela altura, Johansson se sentia segura o bastante para exigir mudanças no roteiro a fim de proteger sua personagem, de modo que fizesse mais que povoar as fantasias sexuais do público. "Quando estávamos gravando *Capitão América: o Soldado Invernal* [...] ela dirige um belo carro e vai buscar o Capitão. Inicialmente o roteiro dizia que ela chegava de sainha branca, de tênis e peruca loira. Isso foi cortado bem rápido. Eu trabalhava com muitos escritores do sexo masculino. Mas as coisas estavam mudando e precisávamos ser parte da mudança."[7]

O Comitê Criativo não tinha interesse em ser parte da mudança. Ike Perlmutter acreditava que brinquedos de super-heroínas não vendiam e, tautologicamente, provava isso ao não os disponibilizar para venda. Essa era sua filosofia desde o início da década de 1990, quando geria a Toy Biz; a popular linha de figuras de ação dos X-Men, projetada por Avi Arad e lançada em 1991, só incluía uma mulher, "Power Glow Storm",[8] que foi produzida em quantidades menores.

Alan Fine, o representante de Perlmutter em Nova York, avaliara corretamente as prioridades da Disney: ela comprara a Marvel (e, mais tarde, a Lucasfilm) porque queria vender para meninos e homens. A Disney já dominava o mercado de produtos licenciados para meninas; não precisava que a Marvel alcançasse jovens e mulheres, e certamente não pressionaria sua subsidiária — à qual prometera liberdade de ação — nessa questão.

Em 8 de agosto de 2014, Ike Perlmutter enviou um e-mail a Michael Lynton, executivo da Sony, continuando uma conversa sobre filmes de super-heroínas. Argumentando que elas eram investimentos ruins, Perlmutter citou três em particular, até mesmo incluindo links para seu faturamento em boxofficemojo.com: *Elektra* ("ideia ruim e resultado muito ruim"[9]), *Mulher-Gato* ("um desastre") e *Supergirl* ("outro desastre").

Sete dias antes de Perlmutter enviar o e-mail, perguntaram a Feige — novamente — quando a Marvel lançaria um filme com uma protagonista. Ecoando as queixas de Whedon no ano anterior, ele disse: "Acredito muito que ainda vamos fazer isso. É injusto dizer que 'as pessoas não querem ver filmes com super-heroínas' e então listar cinco filmes que não foram bem-sucedidos — ninguém gostou porque eram ruins, não porque tinham protagonistas mulheres. Ninguém menciona *Jogos vorazes*, *Frozen*, *Divergente*. Podemos voltar a *Kill Bill* ou *Aliens*. São todos filmes com mulheres."[10] Embora não mencionasse o Comitê Criativo nem Perlmutter, esse comentário, vindo de Feige, foi uma crítica incomumente franca à política de ambos.

✱

Naquela mesma ocasião, *Guardiões da Galáxia* era o filme número 1 do país. Os fãs que gostaram o bastante do filme para entrar em uma loja de brinquedos e comprar figuras de ação logo notaram que nada mudara em relação aos brinquedos da Marvel. O pacote com quatro figuras de ação dos Guardiões não vinha com uma personagem-chave: a esverdeada Gamora. Sua ausência era ainda mais notável porque a interpretação de Zoe Saldaña, no que era provavelmente o segundo papel mais importante do filme, tinha conquistado o público.

No site feminista *Jezebel*, uma mulher escreveu sobre como a filha adorara *Guardiões da Galáxia* e, juntas, elas visitaram a loja Children's Place e tentaram comprar uma camiseta com a personagem de Saldaña. A mãe descobriu que tais camisetas não existiam e enviou uma queixa à loja. Recebeu a seguinte resposta: "Dependemos dos fornecedores para as camisetas licenciadas. A camiseta de *Guardiões da Galáxia*, em particular, é para meninos, e por isso não inclui a personagem Gamora. Tentamos ter um estoque diversificado, mas, infelizmente, não podemos representar todo filme e personagem."[11] Ao ser divulgada, a branda mensagem corporativa causou um ultraje que se disseminou.

"Lembra quando *Os Vingadores* foi lançado há dois anos e a Viúva Negra estava ausente dos produtos e brinquedos?",[12] escreveu em seu site a blogueira Amy Ratcliffe. "Infelizmente, parece que os licenciados Marvel e

Disney não aprenderam com seus erros, porque não há produtos da Gamora, de *Guardiões da Galáxia*, no mercado. Nova hashtag: #ondeestagamora." A hashtag viralizou. O post de Ratcliffe citava vários casos de produtos dos *Guardiões* que excluíam a protagonista.

Após a gritante ausência de produtos relacionados a Gamora, os fãs decidiram voltar sua atenção aos produtos da Viúva Negra quando *Vingadores: Era de Ultron* foi lançado, em maio de 2015. Mesmo que a Marvel Entertainment quisesse responder aos protestos sobre Gamora aumentando a presença da Viúva Negra entre os brinquedos do novo filme dos Vingadores, provavelmente não teria tempo, pois o projeto, a fabricação e a distribuição normalmente exigem muito mais que nove meses. Mas não há evidência de que a Marvel Entertainment tenha demonstrado qualquer interesse em solucionar o problema.

Quando a Marvel saturou o planeta com produtos de *Era de Ultron*, a única figura de ação da Viúva Negra fazia parte de um conjunto da Lego. A única roupa era uma camiseta masculina. Mas ela ganhou uma ecobag. Logo, #ondeestanatasha viralizou nas redes sociais, frequentemente acompanhada de fotos de lojas de brinquedos cheias de produtos da franquia de 1 bilhão de dólares, mas nada da Viúva Negra. Quatro dias antes do lançamento de *Era de Ultron*, Mark Ruffalo se uniu à causa, tuitando: "@ Marvel precisamos de mais produtos #ViúvaNegra para minhas filhas e sobrinhas. Por favorzinho."[13]

Foi uma campanha de protesto muito moderna: ocorreu amplamente nas redes sociais, centrada em pessoas que tentavam dar ainda mais dinheiro a uma corporação que valia 150 bilhões de dólares. Também enfatizava questões de identidade e tentava forçar homens idosos a abandonar alguns de seus preconceitos. A autora e ativista Patricia V. Davis iniciou uma petição on-line para acrescentar a Viúva Negra ao conjunto de figuras de ação dos Vingadores, escrevendo: "Garotinhas precisam receber dos fabricantes de brinquedos mensagens melhores que a de que a contribuição das mulheres não conta ou uma super-heroína vale menos que um super-herói. Atualmente, o sexo feminino constitui 46% dos espectadores de filmes de super-heróis como *Os Vingadores*."[14] Se os números estivessem corretos — e estavam —, a Marvel estaria esnobando quase metade de seu público.

Quando as pessoas assistiram a *Vingadores: Era de Ultron*, a ausência de brinquedos da Viúva Negra pareceu ainda mais ofensiva. O filme exibia uma sequência na qual a Viúva Negra saía de um Quinjet em uma motocicleta e perseguia Ultron (uma inteligência artificial assassina em um corpo de vibranium). Whedon filmara a sequência com efeitos práticos, embora Johansson não pudesse participar por estar grávida. A dublê usara uma máscara de borracha que fora substituída digitalmente. "Parecia-se exatamente com ela, incluindo o branco dos olhos",[15] disse a dublê de longa data de Johansson, Heidi Moneymaker. "Era assustador olhar para alguém usando a máscara, porque não tinha expressões faciais, só aquele pedacinho dos olhos se movendo." A cena da motocicleta saindo do Quinjet, a peça central dos trailers de *Era de Ultron*, inspirou dois conjuntos diferentes de brinquedos. Inacreditavelmente, um deles substituía a Viúva pelo Capitão América, enquanto o outro tinha uma motocicleta pilotada pelo Homem de Ferro — um personagem que pode voar.

A imagem dos Vingadores como clube masculino foi reforçada pelas respostas que os atores Jeremy Renner e Chris Evans deram à pergunta, durante uma entrevista coletiva sobre *Ultron*, relacionada aos sentimentos de Natasha por seus personagens, Gavião Arqueiro e Capitão América. "Ela é uma piranha",[16] disse Renner. "Uma vadia",[17] concordou Evans. Quando a entrevista viralizou, Evans pediu desculpas, dizendo que falara "de maneira muito infantil e ofensiva, que compreensivelmente ofendera alguns fãs".[18] Renner, claramente menos contrito, disse a Conan O'Brien que não se arrependia de ter feito a piada.

Em *Era de Ultron*, o parceiro romântico de Natasha não era Clint Barton, nem Steve Rogers, mas Bruce Banner. Whedon criou uma conexão entre a espiã e o cientista, ambos tomados pelo arrependimento. Whedon brigou para incluir uma cena na qual Natasha Romanoff conta a Bruce Banner sobre sua traumática "cerimônia de graduação" na Sala Vermelha, o programa soviético que a treinara: uma esterilização forçada. O monólogo termina com ela perguntando se ele ainda acredita ser "o único monstro da equipe". A implicação — de que mulheres que não podem ter filhos são de algum modo aberrações, para não dizer aterrorizantes — não foi bem recebida por alguns espectadores. Whedon ajudou a transformar a Viúva Negra em uma personagem mais formidável, mas ele tinha suas próprias limitações.

"*Era de Ultron* traz a Viúva Negra mais uma vez empregando seu charme feminino para promover o crescimento pessoal de seus colegas de equipe",[19] escreveu Jen Yamato para o *Daily Beast*. "Hulk finalmente consegue controlar sua raiva, mas o toque feminino e os sussurros arrulhados dela são literalmente as únicas coisas capazes de acalmá-lo. Em troca, o nerd Bruce Banner desperta em Romanoff seus há muito suprimidos sentimentos femininos ou algo assim — Whedon dá a sua personagem favorita o tipo de problema feminino que somente um homem poderia criar. O resultado é o aprofundamento do caráter da Viúva Negra, há muito esperado, mas que, mesmo assim, reduz a personagem mais durona do UCM a uma casca de super-heroína que é triste por não ser uma mulher completa."

Johansson finalmente respondeu à controvérsia: "Estou feliz pelo fato de as pessoas analisarem as histórias da Viúva e se importarem com elas. Isso é muito melhor que uma reação indiferente [...] Para mim, tudo que fiz como a Viúva faz sentido."[20]

A ironia da abordagem focada em brinquedos da Marvel Entertainment era que, embora a Toy Biz de Perlmutter tivesse engolido a Marvel, a empresa havia muito não era exposta aos altos e baixos do negócio. "O conselho pressionou Perlmutter a sair do negócio de brinquedos",[21] lembrou o advogado da Marvel John Turitzin. "São essencialmente produtos de Natal, e você faz investimentos e toma decisões em fevereiro ou março e torce para que eles vendam bem no fim do ano."

Em 2006, logo depois de David Maisel assinar com o Merrill Lynch o acordo financeiro que deu origem ao Universo Cinematográfico Marvel, a Marvel concedeu uma licença ampla de brinquedos e outros produtos para a Hasbro e vendeu o nome "Toy Biz" para uma empresa chinesa. Desde que houvesse um fluxo constante de novos filmes com personagens da Marvel, a Marvel Entertainment tinha a garantia de substanciais pagamentos de royalties por parte da Hasbro.

Ao assumir o controle da linha de brinquedos da Marvel, a Hasbro criou uma equipe especial destinada às figuras de ação. Os escritórios da Marvel Entertainment coordenavam os esforços da equipe de brinquedos com a produção de filmes, não somente informando os cronogramas para a Hasbro, mas também dando aos projetistas acesso aos arquivos do departamento de desenvolvimento visual da Marvel Studios, incluindo figurinos e imagens dos atores. Às vezes, a Hasbro oferecia conceitos para novos brinquedos, embora David Maisel tenha afirmado que isso nunca ditou o que surgiria na linha de produtos, e muito menos nos filmes. "Lembro de algumas conversas com a Hasbro sobre coisas que eles achavam que dariam bons brinquedos. Mas foi sempre só por diversão."[22] Se uma linha de brinquedos rendesse mais que o pagamento mínimo de royalties, a Marvel ficava com uma porcentagem dos lucros; se fracassasse, a Hasbro ficava com o prejuízo.

O acordo valia a pena para a Hasbro porque os produtos da Marvel vendiam em grande quantidade. De fato, os brinquedos da Hasbro costumavam gerar um faturamento de 800 milhões de dólares por trimestre quando um filme da Marvel era lançado, um pico considerável em relação aos 700 milhões habituais. Mesmo tendo terceirizado a produção, a Marvel Entertainment permaneceu focada na venda de brinquedos e manteve uma equipe de licenciamento. Era ela que decidia de quais personagens seriam feitas figuras de ação e quais apareceriam em outros produtos (como camisetas), enquanto os licenciados arcavam com os custos de produção. Mesmo depois que a receita dos filmes superou os royalties, Perlmutter manteve um foco alucinado nos brinquedos — porque, durante muito tempo, eles haviam pagado as contas.

Essas prioridades não faziam sentido, mas a Marvel Entertainment criara uma estrutura que tornava quase impossível para a Marvel Studios desmentir a entrincheirada crença de que personagens do sexo feminino não vendiam figuras de ação (e, consequentemente, não deviam estrelar seus próprios filmes). Perlmutter não começaria a produzir brinquedos de personagens femininos porque subitamente assumira uma atitude mais esclarecida sobre a ética da representação de gênero — a melhor maneira de convencê-lo a mudar de estratégia seria mostrar que, ao ignorar o grande mercado das meninas, ele deixava de ganhar dinheiro. Mas, aparentemente, essa era uma hipótese que ele não estava disposto a testar.

20
Marvel Studios contra o Comitê

"Eu reconheço que o Conselho tomou uma decisão, mas,
já que é uma decisão idiota, eu prefiro ignorá-la."
Os Vingadores

A Marvel Studios ficava a quase 5 mil quilômetros da sede da Marvel Entertainment em Nova York, mas seus executivos não conseguiam se livrar de
Ike Perlmutter. Quando a Disney comprara a Marvel em 2009, Perlmutter
recebera a garantia do CEO Bob Iger de que a corporação não interferiria
na cultura da Marvel. Na prática, essa cultura consistia em dois elementos
principais, nenhum dos quais estimulava a criatividade. O primeiro era a
coordenação entre as várias divisões para garantir a venda de brinquedos;
o veículo de Perlmutter nesse esforço era o Comitê Criativo. O segundo
elemento era o extremo estoicismo.

"Eles eram mãos de vaca. *Muito* mãos de vaca",[1] lembrou James Gunn.
Quando foi pela primeira vez à Marvel Studios para uma reunião sobre
Guardiões da Galáxia, ele não conseguiu acreditar que aquela era a sede de
um estúdio que produzia filmes de bilhões de dólares. "O escritório parecia
ter sido construído com papelão e fita adesiva."

A Marvel Entertainment sempre analisava as despesas dos escritórios
da Marvel Studios, desde a fábrica de pipas e do prédio acima da loja da
Mercedes-Benz em Beverly Hills até o terreno em Manhattan Beach, levando a medidas de economia que transformavam o ambiente de trabalho,
nas palavras de um roteirista da Marvel, "em uma espelunca".[2]

Quando o distribuidor Chris Fenton visitou o escritório, ele o descreveu, com mais tato, como "despretensioso e meio desarrumado".[3] A recepção não tinha assentos, e Fenton foi orientado a esperar em uma sala de reuniões mobiliada com uma grande mesa e doze cadeiras. "Elas não combinavam", comentou ele. Fenton se sentou em uma cadeira que desabou sob ele. "Que merda", disse a recepcionista, "esqueci de avisar sobre as cadeiras."

Quando os filmes da Marvel entravam em pré-produção em um estúdio de gravação, os funcionários contrabandeavam bebidas e lanches de outras produções no mesmo estúdio, porque os armários da Marvel estavam sempre vazios. Os gerentes não podiam comprar caixas de lenços de papel; os funcionários deviam usar os guardanapos que haviam sobrado do almoço para assoar o nariz.

Assim que a produtora Jodi Hildebrand começou a trabalhar na Marvel Studios, ela notou que muitos bilhetes e memorandos estavam escritos com tinta roxa. "Você gosta das nossas canetas roxas?",[4] perguntou Kevin Feige. Quando abriu o armário de suprimentos pela primeira vez, Hildebrand entendeu: havia um grande estoque de canetas roxas porque os funcionários da Marvel haviam usado todas as pretas e azuis dos pacotes mistos, e o escritório não podia comprar mais até que as roxas tivessem acabado.

Um executivo da Marvel se lembrou de ser repreendido por Perlmutter: "Por que você quer um lápis novo?",[5] perguntou o CEO. "Ainda há cinco centímetros sobrando nesse aí!" Ao menos ele seguia os mesmos padrões. "Ele fazia uma coisa que provocava risos",[6] disse Avi Arad. "Se encontrasse papel usado ou um memorando antigo, ele o rasgava em oito pedaços e pronto: tinha um bloco de notas."

Para os eventos promocionais junto à imprensa, Perlmutter rotineiramente cortava o orçamento, mesmo que já fosse espartano. Certa vez, por exemplo, ele reclamou porque haviam sido incluídos dois refrigerantes por jornalista, em vez de um. Um evento para divulgação de *Os Vingadores* revelou a cultura de frugalidade da Marvel: repórteres famintos pegaram comida em uma suíte próxima, onde a Universal promovia um evento para divulgar *Cinco anos de noivado*. Não é de admirar o fato de os repórteres terem tuitado a respeito.

✳

Perlmutter e seus tenentes podiam tabular com facilidade cada centavo de dólar gasto pelas várias divisões da Marvel. Controlar o trabalho de personalidades criativas e rebeldes era mais complicado, mas isso não impediu a Marvel Entertainment de tentar.

Ele permitiu que *Homem de Ferro* e *O incrível Hulk* fossem filmados com pouquíssima supervisão. Afinal, a Marvel Studios estava gastando dinheiro do Merrill Lynch. Após esses filmes, porém, Perlmutter criou o Comitê Criativo para exercer controle sobre o estúdio.

De acordo com uma fonte da Marvel Studios, "os dois primeiros filmes que fizemos foram, de longe, os melhores em termos de relacionamento com Nova York, porque eles não tinham ideia do que estávamos fazendo. Então simplesmente observaram. Infelizmente, após o lançamento do segundo filme, *Hulk*, eles acharam ter entendido Hollywood. Tinham tudo sob controle e podiam fazer um trabalho melhor que o nosso. A cada sucesso, diziam algo como: 'Ah, meu Deus, é tão fácil. Tão, tão fácil. Pegamos as regras das figuras de ação, aplicamos a Hollywood e ganhamos o máximo possível de dinheiro. É fácil.' E assim, com cada futuro sucesso, chegavam mais notas e mais supervisão opressiva".[7]

Ao menos a Marvel Studios evitou uma das mais nocivas formas de supervisão de Perlmutter: as câmeras de vigilância,[8] das quais havia ao menos vinte no escritório da Marvel Entertainment em Nova York.

O propósito declarado do Comitê Criativo era garantir que as várias divisões da Marvel não trabalhassem em objetivos conflitantes e, especialmente, coordenar os cronogramas de modo que a fabricação de brinquedos, que precisava ser iniciada com muita antecedência, acompanhasse o desenvolvimento dos filmes. Na prática, o Comitê Criativo começou a microgerenciar as operações da Marvel Studios, exigindo mudanças nos roteiros, edições e outras decisões criativas tomadas na Costa Oeste.

O problema só aumentou quando *Os Vingadores* se tornou uma propriedade de 1 bilhão de dólares. Quanto mais dinheiro a Marvel Studios ganhava, mais o Comitê Criativo queria controlá-la.

Quando a Marvel Studios deu início à Fase Dois, o Comitê Criativo se tornou um gargalo de produção, insistindo em ler os roteiros, mas demorando mais que nunca para responder. As notas que vinham de Nova York giravam em torno de uma única ideia: o Universo Cinematográfico Marvel existia para vender brinquedos. Os funcionários da Marvel que estavam familiarizados com o funcionamento do Comitê culpavam o antigo executivo da Toy Biz, Alan Fine, agora vice-presidente executivo e diretor de marketing da Marvel Characters, Inc., visto pelos outros integrantes do Comitê como representante de Perlmutter.

"Não era todo o Comitê Criativo",[9] insistiu uma fonte. "Era Alan Fine, que vinha da área de brinquedos." Ao longo dos anos, muitas histórias foram motivadas pela oportunidade de criar brinquedos. O personagem de quadrinhos e desenhos animados He-Man, inventado pela Mattel, tem um tigre gigante chamado Gato Guerreiro porque a Mattel tinha um excedente de tigres de brinquedo que podiam ser vendidos juntamente com o herói musculoso. Embora os líderes da Marvel Studios se considerassem acima de tudo contadores de histórias, a fonte disse que "a posição de Alan Fine é a de que revistas em quadrinhos e filmes são somente chamarizes para os produtos, que são a verdadeira fonte de renda".

A Marvel frequentemente manifestava suas atitudes inflexíveis em relação a gênero e raça através do Comitê Criativo, especialmente Fine. A falta de produtos da Viúva Negra foi somente o exemplo mais proeminente dessa dinâmica. "De onde ele vem, meninos não compram brinquedos de meninas", continuou a fonte da Marvel. "*Elektra* fracassou e *Mulher-Gato* fracassou, então isso não podia mais ser feito. Mas esse não era o Comitê Criativo. Esse era o babaca do Alan Fine. Garanto que essa não era a opinião de Joe Quesada ou Brian Michael Bendis" (ambos integrantes do Comitê).

Quando *Fugitivos* foi cancelado, o roteirista Drew Pearce suspeitou de que a decisão fora tomada porque *Os Vingadores* ocupara a posição de equipe do UCM, mas o produtor Craig Kyle disse que a decisão foi baseada em... brinquedos. "Estávamos criando heróis brancos entre 20 e 30 anos, e era assim que tinha que ser. Era isso que movimentava o plástico. Esse deveria ser o rumo de nossas histórias. *Fugitivos* foi deixado de lado porque eles não tinham 20 e poucos anos e havia garotas e minorias no grupo. Então foi cancelado."[10]

Também foram removidos do cronograma, a pedido da cúpula de Nova York, o filme do Quarteto Futuro (os irmãos eram jovens demais) e a vilã da sequência de *Thor* em 2013, *Thor: o mundo sombrio*, Hela, a deusa nórdica da morte. Kyle, que produziu *O mundo sombrio*, disse: "O filme original contava a história de Hela, ela seria a nossa vilã. Mas, àquela altura, muitas decisões eram tomadas pelo escritório de Nova York. Eles nos proibiram de seguir nessa direção. E a versão curta foi 'meninos não compram figuras de ação femininas'. Essa foi a verdadeira razão para aquela versão do filme não ser desenvolvida. Também me disseram que as pessoas não compram figuras de ação de personagens negros."[11]

A estrela de *Thor*, Natalie Portman, que relutava em interpretar Jane Foster novamente, insistiu que a Marvel Studios contratasse Patty Jenkins (diretora de *Monster: desejo assassino*), que estava interessada em dirigir um filme de super-herói. "Eles ficaram sabendo que eu queria dirigir um filme de super-herói e, para o crédito deles, me contrataram para um filme que não exigia uma mulher",[12] disse Jenkins.

Jenkins queria que *O mundo sombrio* focasse no romance entre Jane Foster na Terra e Thor em Asgard. Mas o Comitê Criativo não achava que um romance de super-herói pudesse impulsionar as vendas de brinquedos. Jenkins acabou recebendo um esboço revisado por Christopher Yost que tirava a ênfase da história de amor e a colocava em vilões prontos para serem transformados em figura de ação — Malekith, o Elfo Negro, e o MacGuffin cósmico chamado de "o Éter" — e, por fim, desistiu. "Eu não poderia fazer um bom filme com o roteiro que me deram",[13] disse Jenkins. "E ficaria parecendo minha culpa. Seria algo como: 'Ah, meu Deus, uma mulher dirigiu o filme e cometeu todos esses erros.'" Jenkins se tornaria a primeira mulher a dirigir um filme de super-herói para um grande estúdio — quatro anos depois, para a Warner Bros., com o sucesso *Mulher-Maravilha*.

Portman aceitara fazer a sequência de *Thor* especificamente por causa do envolvimento de Jenkins; ela se orgulhava de ajudar a expandir as oportunidades para mulheres em Hollywood. Quando a diretora deixou o projeto, Portman se viu contratualmente obrigada a continuar, mas declarou que não trabalharia mais na franquia, nem mesmo nas refilmagens. Quando o filme precisou acrescentar um beijo importante, a produção chamou a esposa de Chris Hemsworth na vida real, Elsa Pataky (que usou uma longa peruca castanha para a cena).

Para assumir o projeto problemático, a Marvel Studios contratou o diretor Alan Taylor, mais conhecido por seu trabalho em séries televisivas como *Família Soprano* e *Game of Thrones*. De acordo com Taylor, os executivos da Marvel o deixaram em paz durante as filmagens, mas isso mudou na pós-produção. O Comitê Criativo estava convencido de que Loki não aparecia o bastante e suas cenas não eram lá muito divertidas. A solução foi tirar Joss Whedon da sala de edição de *Os Vingadores* e levá-lo para o estúdio de *O mundo sombrio* em Londres, a fim de que reescrevesse todas as cenas de Loki. A cena de abertura, com Loki acorrentado, foi parte das refilmagens — de outro modo, o popular personagem só apareceria quase uma hora depois. A cena dos créditos, filmada por James Gunn, introduziu Benicio del Toro como o Colecionador em uma referência a *Guardiões da Galáxia*. Em uma leve ligação com a TV, a cena pós-créditos envolveu um monstro de gelo de outro reino, deixado na Terra para que os *Agentes da S.H.I.E.L.D.* lidassem com ele. O filme resultante parecia atender mais a outros projetos da Marvel que aos desejos do público.

Taylor não fez amigos na Marvel Studios. "Kevin é uma força todo-poderosa, mas, no fim das contas, um filme vive e morre nas mãos do diretor",[14] disse Kyle. "Às vezes, funciona muito bem; às vezes, não funciona. *O mundo sombrio* mostra o resultado infeliz de escolher a pessoa errada para a franquia errada."

Guardiões da Galáxia estava muito afastado dos eventos centrais do UCM — somente Thanos e uma Joia do Infinito o conectavam à continuidade mais ampla — e foi bastante esquisito que o Comitê Criativo só tenha se envolvido para tentar remover a trilha sonora da década de 1970. Enviaram várias notas sobre o roteiro de Gunn, mas, quando Feige e D'Esposito as ignoraram, o Comitê não insistiu, achando que o inevitável fracasso do filme faria com que a cúpula de Nova York finalmente controlasse Feige. (Em ocasiões assim, as opiniões do Comitê não eram necessariamente monolíticas, mas a voz de Alan Fine era a mais alta.)

"Todos os problemas que tive no primeiro filme foram por causa dessa estranha entidade que interrompia a conversa entre diretor e produtor",[15] disse Gunn. "Sou realmente grato por contar com Kevin. Essencialmente, Kevin ama filmes. E era isto que tentávamos fazer: grande cinema de entretenimento."

Quanto a sua opinião sobre o Comitê Criativo: "Eles são um grupo de escritores de quadrinhos e vendedores de brinquedos. Eu e Kevin éramos neurocirurgiões no meio de uma operação, e estávamos cercados por podólogos."

✳

O grupo de especialistas da Marvel Studios via o Comitê Criativo como um impedimento para criar bons filmes. Quando se reuniam em torno do viva-voz no escritório de Los Angeles, os executivos do estúdio literalmente reviravam os olhos ao ouvir as sugestões estúpidas de Nova York. Embora o Comitê Criativo fosse irritante, na maior parte do tempo ele se limitava a desacelerar os processos da Marvel Studios. Os produtores viam a tarefa de se esquivar do Comitê como parte desagradável de um processo que, no fim das contas, permitia que fizessem a maioria dos filmes que queriam fazer.

Depois de *Guardiões da Galáxia*, no entanto, o Comitê Criativo deixou claro que suas notas deviam ser obedecidas, não ignoradas. Joss Whedon iniciou a produção de *Vingadores: Era de Ultron* e, embora houvesse certeza de que a sequência seria lucrativa, o orçamento ampliado (o elenco, agora todo formado por astros, recebera aumentos significativos) fez com que Nova York esperasse um faturamento substancialmente maior que o bilhão de dólares do original, a fim de que sua margem de lucro não diminuísse. Enquanto Whedon filmava *Era de Ultron* — em locações que incluíam Coreia do Sul, Inglaterra e Itália —, os líderes da Marvel Studios planejavam os filmes da Fase Três.

Robert Downey Jr. era essencial, mas custava caro: ele recebera 50 milhões de dólares por *Os Vingadores* e 70 milhões por *Homem de Ferro 3*. A esse custo, a Marvel não queria fazer um quarto filme do Homem de Ferro, mas Downey estava disposto a aceitar um pouco menos por papéis coadjuvantes em outros filmes do UCM. Feige queria que Downey trabalhasse no terceiro *Capitão América*, que se chamaria *Guerra civil*. Nos quadrinhos, os super-heróis da Marvel haviam se dividido em duas facções, lideradas pelo Capitão América e pelo Homem de Ferro, pela decisão de obedecer ou não à Lei de Registro de Super-Humanos. Os roteiristas de *Capitão América*, Christopher Markus e Stephen McFeely, trabalhando novamente com os diretores Joe e Anthony Russo, receberam a tarefa de descobrir quais heróis seguiriam o Capitão América e quais, o Homem de Ferro — e quem poderia ser chamado para o filme sem que ele se transformasse em um lodaçal de histórias de origem. Os dois Vingadores mais fortes, Thor e Hulk, não pareciam se adequar à disputa, então Joss Whedon fez com que nem sequer estivessem na Terra ao final de *Era de Ultron*.

Os irmãos Russo garantiram a Downey que o Homem de Ferro não seria o vilão do filme. Ele gostou da ideia de *Guerra civil*, principalmente pelo fato de que seria efetivamente coprotagonista de um filme do Capitão América. O Comitê Criativo ficou menos entusiasmado, temendo que o orçamento chegasse às proporções de *Os Vingadores*. Exigiram um esboço de baixo orçamento — especificamente, um que não incluísse o Homem de Ferro. Mas Markus e McFeely haviam construído o roteiro em torno da ideia de que Bucky matara os pais de Tony Stark, criando um racha entre o Homem de Ferro e o Capitão América. Remover Tony do filme significaria começar do zero, e eles resistiram.

"Kevin sempre tinha que escolher suas batalhas porque estávamos lutando em todas as frentes, estávamos lutando para desenvolver futuros filmes",[16] disse Craig Kyle. "Estávamos lutando por filmes que ainda seriam criados. E o Comitê Criativo se tornara uma fossa séptica. Passara de 'Ei, temos algumas ideias que poderiam melhorar a história' para 'Não, não, não e não'. Eles queriam notas sobre suas notas e provas de que haviam chegado. E, quando digo 'eles', estou falando de um cara e de algumas poucas pessoas na sala com ele. As coisas acabaram ficando insuportáveis. Mas tínhamos que engolir. Engolimos durante muitos anos."

Kevin Feige defendia sua posição, mas, no fim das contas, prestava contas a um grupo que era leal a Ike Perlmutter. E ninguém tinha mais autoridade na Marvel que Perlmutter — com exceção do CEO da Disney, Bob Iger. Assim, durante uma reunião com Iger e Alan Horn, presidente da Walt Disney Studios, Feige mencionou os desafios que enfrentava, especificamente o fato de vários projetos serem cancelados e como a "cultura" da Marvel atrapalhava os esforços da Marvel Studios para produzir filmes. Logo depois, Iger deu um telefonema breve, mas enfático. "Telefonei para Ike e disse que sua equipe tinha que parar de criar obstáculos",[17] escreveu ele em sua biografia, *The Ride of a Lifetime*. "Eu estava na indústria havia tempo suficiente para ter ouvido todos os velhos argumentos e aprendido que são somente isto: velhos e fora de sintonia com que o mundo era e com o que ele deveria ser."

Iger não somente instruiu Perlmutter a permitir que *Capitão América: guerra civil* desse um papel proeminente a Robert Downey Jr., como também disse que estava na hora de produzir *Pantera Negra* (estrelado por um herói negro) e *Capitã Marvel* (estrelado por uma mulher). Embora tivesse prometido não interferir na Marvel quando a Disney a comprara, Iger entendeu os riscos de se abster. Feige se estabelecera como gerador confiável de dinheiro nos mais altos escalões de Hollywood e, por isso, sua influência aumentara drasticamente em poucos anos. Para surpresa de Perlmutter, o poder de Feige dentro da empresa agora superava o seu.

✱

Em agosto de 2014, o lançamento bem-sucedido de *Guardiões da Galáxia* contradisse as críticas do Comitê Criativo. Uma fonte da Marvel lembrou das reações no escritório da Marvel Studios: "Estávamos nas nuvens, mas ao mesmo tempo suspirando de alívio. *Funcionou. Nós tínhamos razão.*"[18]

Armado com a bonança da bilheteria de *Guardiões* e operando sob a égide protetora de Iger, Feige pediu que a equipe de relações públicas da Disney organizasse uma apresentação que daria início não somente à Fase Três do UCM, mas também a uma nova era para a Marvel. Seria algo entre uma entrevista coletiva e um evento para os fãs. Internamente, a apresentação ficou conhecida como "Kevin-Con".

Em 2006, Feige fizera sua primeira apresentação para uma sala quase vazia durante a San Diego Comic-Con. "Ninguém deu a mínima",[19] lembrou um fã. "Todo mundo estava tentando participar do painel de *Homem-Aranha 3*. Eles distribuíram pôsteres do *Homem de Ferro* autografados por Jon

Favreau, mas poucas pessoas pegavam." No palco, Feige usara uma camisa grande demais, que o fazia parecer um garotinho brincando de presidente de estúdio.

Oito anos depois, Feige se decidira por um uniforme e raramente aparecia em público vestido de outra maneira. "Ele usa boné de beisebol, tênis e uma jaqueta esportiva sobre uma camiseta da Marvel ou da Disney",[20] disse Chris Hemsworth afetuosamente. "Parece um fã, e demonstra uma honestidade e uma simpatia que normalmente não estão presentes em pessoas tão bem-sucedidas e estabelecidas quanto ele."

Em uma manhã de terça-feira, em outubro de 2014, Feige subiu ao palco do intimista El Capitan Theatre, no Hollywood Boulevard de Los Angeles, um ornamentado cinema pertencente à Disney. Embora sempre tivesse evitado a publicidade, o recém-empoderado Feige entendera que, para ser o capitão do UCM, precisava ser uma figura mais pública. "Ele entende por que isso é importante para contar uma história",[21] disse uma fonte da Disney.

O cinema estava lotado de fãs, um punhado de jornalistas e alguns diretores da Marvel, como Joss Whedon e os irmãos Russo. (Whedon fora o czar da Fase Dois, mas, notavelmente, nesse evento sobre o futuro do UCM, não estava presente no palco.) Feige falou sobre o sucesso de *Guardiões* — o filme mais assistido daquele ano em todo o mundo — e sobre os recordes gerais de bilheteria da Marvel. "Dez filmes, mais de 7 bilhões de dólares",[22] gabou-se ele.

Então divulgou os planos da Marvel Studios — *seus* planos — para os próximos cinco anos, anunciando oito filmes diferentes, incluindo *Doutor Estranho* e *Capitã Marvel*. "Assumimos um bocado de compromissos", afirmou Feige. Mas, com exceção de um único filme — *Os Inumanos* —, todos os projetos seriam realizados.

Feige anunciou a conclusão em duas partes da saga épica das Joias do Infinito, que exigiria mais dois filmes com os Vingadores, gerando arquejos e aplausos — mas esse não foi o clímax da apresentação. Ele chamou Robert Downey Jr. e Chris Evans ao palco, a fim de apresentar o ator que via como futuro do UCM. "Senhoras e senhores", disse Downey, "o Pantera Negra em pessoa, sr. Chadwick Boseman." Quando Boseman subiu ao palco, a multidão foi ao delírio e Downey fez um gesto de triunfo.

Dez anos antes, o Pantera Negra fora um dos personagens oferecidos como garantia para conseguir uma linha de crédito no Merrill Lynch; agora, Feige finalmente podia anunciar o longa-metragem com um super-herói negro que havia muito queria produzir. Na saída do El Capitan, todo mundo que comparecera à Kevin-Con ganhou um pôster do Pantera Negra.

*

Os conflitos de Feige com o Comitê Criativo não significavam que ele apoiasse incondicionalmente os cineastas da Marvel. Joss Whedon acrescentara vários heróis a *Vingadores: Era de Ultron*, aumentando o elenco com Pietro e Wanda Maximoff (conhecidos nos quadrinhos como Mercúrio e Feiticeira Escarlate), sem mencionar a inteligência artificial J.A.R.V.I.S., que se torna corpórea na forma do Visão. Wanda se adequava a um familiar arquétipo de Whedon: uma adolescente poderosa e traumatizada de saia curta e meias sete oitavos. Embora o trabalho de Whedon não sofresse da tradicional dicotomia santa/puta, ele às vezes lançava mão da dicotomia máquina mortífera/fantasia sexual.

Whedon queria incluir ainda mais personagens; ele ouvira sobre *Capitã Marvel* muito antes do anúncio na Kevin-Con e sabia que a presidente da Sony, Amy Pascal, após vários filmes decepcionantes do Homem-Aranha, conversava com Feige sobre levar o personagem para o UCM. Assim, Whedon propôs que os dois aparecessem na cena final de *Era de Ultron*, a fim de fornecer aos geeks dos quadrinhos um hype ainda maior que a presença de Thanos no final de *Os Vingadores*. Feige disse que não havia a menor chance de o Homem-Aranha debutar no UCM com um cameo no final de um filme dos Vingadores, mas deixou Whedon filmar algumas cenas com a Capitã Marvel.

A sequência final ocorre na sede dos Vingadores, no estado de Nova York, com o Capitão América falando com seus novos recrutas, incluindo Visão, Falcão e Máquina de Combate. Whedon filmou cenas com uma extra não creditada no lugar de Carol Danvers, de modo que, quando a Marvel contratasse uma atriz para o papel, ela poderia ser editada no filme e incluída na nova equipe dos Vingadores. "Sabe a maneira como revelamos a

Feiticeira Escarlate [com seu traje] no fim do filme?",[23] lembrou Feige mais tarde. "Aquelas eram cenas da Capitã Marvel. Joss disse: 'A gente escolhe uma atriz depois.' E eu apenas concordei: 'Sim, Joss, escolhemos depois.' [*Sussurro para um associado invisível que não é Whedon:*] 'Não vamos colocá-la nessa cena.'"

Quando terminou a fotografia principal, Feige perguntou ao diretor se ele estaria interessado nos dois próximos filmes dos Vingadores. Whedon recusou. "Eu disse que estava esgotado",[24] lembrou ele. "Acho que eles sabiam que, mesmo que eu pudesse fazer algo, não seria em breve." O exausto Whedon mal conseguira chegar ao fim daquele filme, que dirá de mais dois.

Whedon se mudou para uma casa alugada em Burbank, perto de onde *Era de Ultron* estava sendo editado. A primeira versão conseguiu o raro feito de unir os executivos da Marvel na Costa Leste e na Costa Oeste: todos concordaram que o filme estava uma bagunça. O ato intermediário, como concebido por Whedon, exibia Thor e o dr. Erik Selvig (Stellan Skarsgård) procurando mais informações sobre as Joias do Infinito enquanto os outros Vingadores restauravam a casa de fazenda do Gavião Arqueiro, mas eram sujeitados a pesadelos, cortesia de Wanda. "Os sonhos não foram bem-aceitos pelos executivos",[25] disse Whedon. "Lutei para manter as alucinações e a casa do Gavião Arqueiro."

O estúdio instruíra Whedon a incluir uma sequência com Thor em uma caverna, projetada para introduzir as futuras aventuras do deus do trovão em *Thor: Ragnarok*. Whedon odiara a sequência, mas a Marvel Studios insistiu. "Eles apontaram uma arma para minha cabeça e disseram 'Inclua a caverna ou removeremos a fazenda'",[26] disse Whedon. "Eu respeito esses caras, eles são artistas, mas aquele momento foi muito desagradável."

Em Hollywood, refilmagens excessivas costumam ser um sintoma de uma produção problemática, mas, àquela altura do processo cinematográfico da Marvel, semanas de refilmagem eram rotineiramente incluídas no cronograma de produção. Elas davam a Feige uma maneira de garantir que filmes individuais do UCM se encaixassem adequadamente na saga mais ampla. "Kevin costuma dizer: 'Vamos escrever esse filme até ele estar maduro'",[27] relatou Craig Kyle. "E não está brincando. Não importa quantos esboços tenha o roteiro: enquanto estamos filmando, nosso trabalho é revisitá-los continuamente e perguntar: 'Há uma fala aqui? Um momento que deixamos passar?' Depois que tudo é filmado, as peças vão para casa."

Com "casa", Kyle quis dizer a sede da Marvel Studios, em Los Angeles, onde Feige assistia às gravações e versões iniciais em busca da mágica Marvel. "Enquanto está filmando, você raramente vê Kev por lá", disse Kyle. "Se visita o set, ele é uma presença adorável, mas muito breve. Em geral, está lendo e-mails, de preferência em outro país, a fim de poder trabalhar enquanto as outras pessoas dormem. Então vai para casa. Ele diz: 'Tragam tudo para cá e faremos um filme. Tragam todas as peças e eu montarei o quebra-cabeça.'"

As filmagens adicionais não solucionaram os problemas de Whedon com a sequência da caverna; por fim, ela foi encurtada e transformada em uma visão de Thor criada quase inteiramente em CGI. Após truncar o máximo possível de histórias paralelas na casa do Gavião Arqueiro, a Marvel finalmente decidiu que a sequência estava curta o bastante para não atrapalhar o filme.

Quando *Era de Ultron* foi finalizado, Whedon estava destruído. Ele já conversara com Feige sobre sua intenção de se afastar do UCM, mas emergiu da sala de edição rouco e com olheiras; seu lábio inferior estava partido e descamando. "Estive do outro lado da montanha",[28] disse ele. "E tenho que dizer, foi sombrio. Foi estranho. Foi *horrível*. Um mês e meio atrás, eu me despedi dos meus filhos e fui morar em Burbank, perto do estúdio. Todos os dias, sinto que *Não fiz o bastante, não fiz o bastante, não fiz o bastante. Não estava pronto. Isso é um fracasso. Isso é um fracasso. Isso é um compromisso. Isso é um compromisso.*"

Quanto mais o tenso Whedon conversava com a imprensa, mais claro ficava sua frustração com a Marvel Studios. "Com tanta coisa em jogo, sempre há atrito",[29] afirmou ele. "Faz parte da Marvel questionar tudo. Às vezes, é incrível. E às vezes" — grunhiu ele através dos dentes cerrados, claramente hostil — "é *incrível*."

Sem querer, Whedon fortalecia os argumentos do Comitê Criativo, que estava convencido de que quaisquer problemas com *Era de Ultron* vinham do fato de Feige se recusar a controlar o diretor ou exigir que implementasse as sugestões do Comitê. Whedon não seria o czar da Fase Três do UCM; ele não dirigiria outro filme da Marvel. Uma das regras cardinais de Feige era *Não fale publicamente sobre os problemas*. E Whedon não a seguira.

Simultaneamente, *Capitão América: guerra civil* encontrava obstáculos criados pelo Comitê Criativo mesmo após o telefonema de Iger para Perlmutter. A peça central do filme era uma batalha épica entre a equipe do Homem de Ferro e a equipe do Capitão América em um aeroporto alemão, mas o Comitê propôs uma versão diferente na qual os heróis se uniam para lutar contra um punhado de supersoldados descongelados. Nas palavras de Kyle, "estávamos discutindo *Guerra civil* e eles perguntaram: 'Quem quer assistir a um filme com heróis lutando contra heróis?' Ora, todo mundo. *Todo mundo.* Isso resume o que enfrentamos durante anos".[30]

Os irmãos Russo deram um ultimato: eles fariam a versão de *Guerra civil* que planejavam, com o Capitão América contra o Homem de Ferro, ou desistiriam do filme, muito embora ele já estivesse em pré-produção. Com Feige e Perlmutter se enfrentando e o futuro da Marvel Studios na balança, o CEO da Disney interferiu. "Kevin era um dos executivos mais talentosos da indústria",[31] escreveu Iger em 2019, "mas senti que o relacionamento tenso com Nova York ameaçava a continuidade de seu sucesso. Eu sabia que precisava intervir e, em maio de 2015, tomei a decisão de separar a unidade cinematográfica da Marvel do restante e colocá-la sob supervisão de Alan Horn e da Walt Disney Studios. Kevin se reportaria diretamente a Alan e se beneficiaria de sua experiência, e a tensão com o escritório de Nova York seria aliviada." Mais tarde, Iger afirmou que, embora tivesse dito a Perlmutter que ele continuaria a gerir a Marvel após a compra pela Disney, não prometera que seria para sempre.

Iger esperou até 2023, quando ele e Perlmutter se desentenderam sobre a composição da diretoria da Disney, para contar toda a história: a fim de reafirmar seu controle sobre a Marvel Studios, Perlmutter tentara demitir Feige. "Achei que isso seria um erro e evitei que acontecesse",[32] disse Iger. "Ele não gostou."

★

Quando soube da mudança de regime, a equipe da Marvel Studios ficou em êxtase. "Esperávamos por aquilo havia muito tempo",[33] afirmou Kyle. "E não sabíamos se aconteceria algum dia."

"No minuto em que o Comitê Criativo saiu de cena, houve uma sensação de liberdade",[34] lembrou uma fonte da Marvel. "Um sentimento de alegria, parecido com o de Dobby: 'Estou livre, estou livre!'"

Kyle disse que enviou e-mails para funcionários da Marvel com a mensagem: "Ding, dong, a bruxa está morta."[35]

Após o anúncio oficial da Disney, Feige imediatamente promoveu Victoria Alonso a vice-presidente executiva da produção física, um endosso ao papel dela como executiva essencial da Marvel Studios e uma decisão que fora anteriormente bloqueada pelo Comitê Criativo.

Mesmo após a reestruturação de Iger, os executivos da Marvel em Nova York continuaram resmungando que sua abordagem teria gerado mais lucro. *Vingadores: Era de Ultron* foi o quarto filme mais popular do mundo em 2015, faturando 1,4 bilhão de dólares, mas Alan Fine insistiu que teria faturado ainda mais se estivesse no comando. Kyle lembrou das críticas da Costa Leste: "[Kevin é] uma rocha nesse sentido. Mas ele tem um limite, e acho que foi *Vingadores 2* que o levou a esse limite. Foi um grande sucesso financeiro, mas, de acordo com o que ouvi, alguém disse a Ike que o filme teria faturado mais meio bilhão de dólares se tivessem dado ouvidos a Alan [Fine]."[36] Kyle balançou a cabeça, impressionado com a paciência de seu amigo e colega de trabalho. "Kevin aguenta muita coisa. A quantidade de babaquice que ele tem que engolir pelo bem maior é insana."

Vingadores: Era de Ultron foi lançado globalmente em maio. No fim do verão, o Comitê Criativo foi desfeito. Feige vencera e fora iniciada uma nova era da Marvel Studios — não exatamente como ele planejara, mas de maneira mais favorável do que ousara esperar. E, finalmente, a Marvel Studios podia comprar canetas novas.

21
Wright: o homem certo na hora errada

"A Baskin-Robbins sempre descobre."
Homem-Formiga

Edgar Wright começou a trabalhar em filmes da Marvel mais ou menos na mesma época em que Kevin Feige, mas com menos impacto. Em 2000, Avi Arad convencera a Artisan Entertainment, o miniestúdio que em 1999 tivera um sucesso colossal com *A bruxa de Blair*, a estabelecer uma parceria com a Marvel. As duas empresas criaram uma subsidiária e deram a ela os direitos de filmagem de vários personagens pouco conhecidos da Marvel: Capitão América, Thor (para uma série de TV), Justiceiro, Pantera Negra (que Wesley Snipes já fora chamado a produzir e estrelar), Deadpool (o mercenário tagarela), Homem-Coisa (um monstro do pântano cambaleante), Luke Cage, Punho de Ferro, Morbius (o vampiresco inimigo do Homem-Aranha), Quarteto Futuro, Longshot (um atirador geneticamente modificado de outra dimensão), Mort the Dead Teenager ["Mort, o adolescente morto"] (um personagem cômico que só aparecera em quatro edições dos quadrinhos Marvel) e Homem-Formiga (um super-herói que podia encolher até ficar do tamanho de um inseto). Em uma visita a Los Angeles, Wright — então um jovem diretor britânico de TV querendo ascender na carreira — participou de uma reunião com a Artisan. O estúdio perguntou se ele era fã da Marvel Comics e ele admitiu que sim.

"Eu disse que sempre fui uma criança da Marvel Comics",[1] lembrou ele. "E eles perguntaram: 'Você estaria interessado em algum desses títulos?' O que se destacou foi o Homem-Formiga, porque eu tinha a revista de John Byrne *Marvel Premiere* n. 47, de 1979, que David Michelinie escrevera com Scott Lang, e que trazia uma história muito original. Eu sempre adorei a arte e, quando vi aquilo, uma luz se acendeu dentro de mim." Wright e seu amigo Joe Cornish escreveram um tratamento para um filme de assalto estrelado pelo Homem-Formiga, prontamente rejeitado pela Artisan. Ela desejava entretenimento familiar na linha de *Querida, encolhi as crianças*.

Em 2003, a Lionsgate Entertainment comprou a Artisan por 160 milhões de dólares, o que pôs fim à parceria Marvel/Artisan. A Artisan contratara roteiristas para algumas propriedades Marvel, mas só colocara um filme (*O Justiceiro*) em produção. Nesse ínterim, os filmes *X-Men* da Fox tinham demonstrado que havia um saudável apetite por super-heróis da Marvel, mas a Lionsgate não estava interessada no que via como "restos". Ela permitiu que todos os personagens (incluindo o Homem-Formiga) retornassem à Marvel, com exceção do Justiceiro; o estúdio lançou o filme produzido pela Artisan em 2004 e renovou a franquia alguns anos depois, em 2008, com *O Justiceiro: em zona de guerra*.

Wright estava ocupado demais para lamentar a perda do filme do Homem-Formiga. A série britânica que ele dirigia, *Spaced*, era um sucesso e ele estava escrevendo um roteiro com o protagonista, Simon Pegg. O roteiro se tornou o filme *Todo mundo quase morto*, uma comédia de zumbi que se transformou instantaneamente em clássico, dirigida por Wright e estrelada por Pegg e outro ator de *Spaced*, Nick Frost.

Wright levou *Todo mundo quase morto* para uma exibição prévia na San Diego Comic-Con de 2004. Durante a convenção, ele também se reuniu com os dois homens que geriam a Marvel Studios na época, Avi Arad e Kevin Feige. "Estranhamente, fiz uma coisa para vocês",[2] disse ele. "Vocês querem ler o que escrevi há três anos?" Nem Arad nem Feige sabiam sobre o tratamento, então Wright lhes deu uma cópia. Eles ficaram impressionados: Wright e Cornish haviam reunido dois personagens da Marvel que usavam o codinome Homem-Formiga em um único e elegante filme. A proposta começava com um flashback para o Homem-Formiga original, Hank Pym (nos quadrinhos, cientista genial e um dos fundadores dos Vingadores, que debutara em 1962). Então passava para os dias atuais, quando o jovem ladrão Scott Lang roubava o traje de Homem-Formiga de Pym. Era uma adaptação da história favorita de Wright na revista *Marvel Premiere* n. 47, "Roubando o Homem-Formiga!".

Feige e Arad ainda não estavam em posição de aprovar a versão de *Homem-Formiga* de Wright. Nos dois anos seguintes, a Marvel Studios se transformou sob a liderança de David Maisel, tornando-se mais que uma produtora que licenciava propriedades intelectuais. Feige guardou o tratamento de Wright e Cornish e, quando a Marvel Studios teve dinheiro para produzir seus próprios longas-metragens, o Homem-Formiga entrou na curta lista de personagens considerados para as "quatro chances"[3] com dinheiro do Merrill Lynch.

A carreira de Wright floresceu nesse ínterim. *Todo mundo quase morto* fora um sucesso de crítica e público. Ele já se preparava para a sequência, *Chumbo grosso*, uma paródia que transportava para uma cidadezinha inglesa os clichês dos filmes de ação com duplas de policiais. Os personagens Pym e Lang não eram tão conhecidos quanto o Hulk — mas, antes de *Homem de Ferro*, Tony Stark também não era. Por que não dar a Wright a chance de dirigir *Homem-Formiga*?

Wright topou na hora: "Não existe nenhum poder secreto. Não há nenhum elemento sobrenatural nem raios gama. São só um traje e um gás",[4] disse ele, falando do personagem. "Poderíamos fazer algo conceitual e altamente visual, misturando gêneros, com muita ação e efeitos especiais, mas engraçado." O diretor, que ficou mais habituado às sequências de ação durante as filmagens de *Chumbo grosso*, viu potencial em cenas de luta nas quais o herói espontaneamente mudasse de tamanho. Wright e Cornish concordaram em transformar seu tratamento em um roteiro para a Marvel assim que Wright lançasse *Chumbo grosso*.

Em 2006, tanto Wright quanto Feige retornaram a San Diego para a Comic-Con. Wright fez um painel sobre *Chumbo grosso* (durante o qual exibiu cenas para uma multidão exultante) enquanto Feige subiu ao palco para o primeiro painel da Marvel Studios, tentando gerar interesse para *Homem de Ferro* e *O incrível Hulk*. A Marvel convenceu Wright a se juntar a Feige no palco para anunciar *Homem-Formiga*, o que levou Feige a insinuar algo sobre o ainda não nomeado Universo Cinematográfico Marvel: "Se você prestar atenção em todos os personagens que costumo citar e nos quais trabalhamos atualmente, não vai ser uma surpresa quando descobrir que eles serão os próximos Vingadores."[5]

Wright e Cornish entregaram o roteiro completo de *Homem-Formiga* em 2008. Mas muita coisa mudara naqueles dois anos. Arad pedira demissão; Feige assumira a chefia da produção. Ainda mais importante, o imenso sucesso de *Homem de Ferro* alterara a estratégia do estúdio. Em vez de experimentar com vários personagens e ver qual funcionava, a Marvel estava filmando a sequência de *Homem de Ferro* e preparando o caminho para um filme dos Vingadores ao estabelecer as identidades do Capitão América, da S.H.I.E.L.D. e de Thor. Ela ainda queria produzir *Homem-Formiga* com Edgar Wright e encomendou outro esboço do roteiro, mas as duas partes tinham outras prioridades: *Os Vingadores* (sem o Homem-Formiga) no caso da Marvel e uma adaptação de outra história em quadrinhos (*Scott Pilgrim contra o mundo*) no caso de Wright.

A nova revisão do roteiro só ficou pronta em 2011, porque Wright estivera trabalhando em *Scott Pilgrim*, e Cornish fizera sua estreia como diretor em *Ataque ao prédio*. Agora já fazia mais de uma década desde que Wright escrevera o primeiro tratamento de *Homem-Formiga*; nesse meio-tempo, ele dirigira três longas-metragens, cada um deles mais ambicioso e visualmente complexo que o anterior. Em *Scott Pilgrim*, ele criara um visual distinto ao descartar o habitual "plano geral" e enquadrar cada cena como se fosse o painel de uma história em quadrinhos. Wright se estabelecera como diretor jovem e ambicioso que controlava cada frame de seus filmes.

A Marvel Studios também se estabelecera como estúdio que exigia controle. Admitidamente, ela dera rédeas livres a Jon Favreau e Edward Norton (ao menos por algum tempo), mas, desde então, Feige, Louis D'Esposito e Victoria Alonso haviam definido o estilo da Marvel: uma gramática visual e um fluxo de trabalho que facilitavam a incansável extensão de uma saga de super-heróis com múltiplos filmes. A Marvel Studios era ambiciosa quando se tratava da história que pretendia contar, ainda que alguns de seus visuais e ritmos tivessem se homogeneizado e mesmo se tornado intercambiáveis entre um filme e outro. (É famosa a confusão que Gwyneth Paltrow fez sobre quais cenas figuravam em quais filmes, esquecendo que tinha trabalhado em *Homem-Aranha: de volta ao lar.*)

A Marvel Studios gostou do último roteiro de Wright e Cornish, que era uma versão mais refinada da mesma história, um filme de assalto no qual tanto Pym quanto Lang tentavam proteger o traje do Homem-Formiga de um vilão que queria usar a tecnologia para propósitos nefastos. A Marvel sabia que Wright também estava desenvolvendo *Heróis de ressaca*, o terceiro filme de sua "Trilogia Cornetto" (três comédias estreladas por Pegg e Frost que fazem menção à marca britânica de sorvetes), mas esperava incluir *Homem-Formiga* na Fase Dois do UCM, como um dos filmes levando a *Vingadores: Era de Ultron*. Para isso, pagou Wright para dirigir um dia de testes em junho de 2012. Ele filmou uma cena na qual o Homem-Formiga (interpretado por um dublê) enfrentava dois homens em um corredor, encolhendo e se expandindo durante a luta — e assim exibindo o traje criado pela equipe de desenvolvimento visual da Marvel. Vendo isso como óbvia oportunidade promocional, Feige planejava levar a cena, completa com CGI, para a San Diego Comic-Con em julho.

Antes da Comic-Con, no entanto, Eric Fellner foi diagnosticado com câncer. Fellner era cofundador e copresidente da Working Title, a produtora parceira de Wright nos filmes Cornetto. Ele deu a notícia quando o diretor lhe entregou o terceiro filme da trilogia, *Heróis de ressaca*. "Aquilo mudou tudo: Eric foi a pessoa que nos estendeu a mão em *Todo mundo quase morto*",[6] falou Wright. (Quando a produtora original do filme fechara as portas, Fellner resgatara o projeto.) "Senti que, se não fizéssemos o filme e algo acontecesse, eu jamais me perdoaria."

Wright disse aos executivos da Marvel que queria dirigir *Homem-Formiga*, mas, por lealdade a Fellner, precisava terminar *Heróis de ressaca*. "Para crédito da Marvel",[7] lembrou ele, "Kevin Feige e Louis D'Esposito se mostraram compreensivos. 'A gente se vê daqui a dois anos', acrescentaram eles." (Felizmente, Eric Fellner não somente conseguiu assistir a *Heróis de ressaca*, como venceu o câncer durante a produção do filme.)

Mesmo assim, Wright compareceu à Comic-Con de 2012, subindo no palco durante a apresentação da Marvel com um exemplar de *Marvel Premiere* n. 47 nas mãos. Ele brincou com a multidão, dizendo que usaria "a abordagem de Terrence Malick nos filmes de super-herói"[8] — a filmografia do reverenciado diretor tinha um hiato de vinte anos entre *Cinzas no paraíso* e *Além da linha vermelha* —, e exibiu a cena de um minuto de *Homem-Formiga* que gravara duas semanas antes. "Filmei um pequeno teste, e digo 'pequeno teste' porque foi genuinamente um teste de como ficaria a cena com ele pequeno", explicou Wright. Seria a única cena de *Homem-Formiga* que ele gravaria. Quando terminou *Heróis de ressaca* e retornou a seu diminuto herói em 2013, nove anos depois de ter conhecido Feige, ele descobriu que — novamente — muita coisa mudara na Marvel Studios.

O problema não era como a linha do tempo do UCM avançara na última década. "Ele é praticamente um *stand alone* no que se refere à ligação com os outros",[9] disse Wright, falando do filme. "Eu quero colocar sua louca premissa no mundo real, pois acho que foi por isso que *Homem de Ferro* funcionou." A Marvel Studios, no entanto, já não era impulsionada pelo improviso e pelo achismo: ela estabelecera um sistema para produzir filmes. Embora não tivesse uma fórmula, ao menos tinha uma receita. E certamente tinha um processo — que envolvia muita supervisão, feedback e discussão. Wright logo descobriu que receberia notas não somente de Feige, mas também de Joss Whedon e do Comitê Criativo em Nova York.

Em outubro de 2013, a Marvel decidiu que *Homem-Formiga* seria lançado em julho de 2015, dando início à Fase Três do UCM, e começou a contratar o elenco. Havia rumores de que o protagonista seria Simon Pegg, colaborador frequente de Wright, ou Armie Hammer (*A rede social*). A decisão final, no entanto, foi entre Paul Rudd e Joseph Gordon-Levitt (*A origem*). Embora o último negasse estar na lista, a Marvel insistia para que interpretasse Scott Lang porque queria acrescentar sangue novo aos futuros Vingadores. Rudd, cuja prolífica carreira começara em 1995 com *As patricinhas de Beverly Hills*, era doze anos mais velho que Gordon-Levitt, mas Wright o queria para o papel, vendo nele uma mistura do charme, da vulnerabilidade e do timing cômico que caracterizara os protagonistas de seus filmes anteriores. Em dezembro, o anúncio da contratação de Rudd foi seguido pela de Michael Douglas (no papel de Hank Pym), Evangeline Lilly, Michael Pena e Patrick Wilson.

Wright se preparou para a fotografia principal, agendada para começar em maio de 2014, reunindo uma equipe de chefes de departamento que haviam colaborado com ele em outros filmes (incluindo o cinegrafista Bill

Pope e o designer de produção Marcus Rowland). Houve uma certa rusga entre o pessoal escolhido por Wright e os funcionários da Marvel — cada uma das equipes tinha seu próprio método de trabalho —, mas nada intransponível.

Wright e Cornish já lidavam com o que parecia um fluxo incessante de notas do Comitê Criativo. Antes de Wright entrar em pré-produção, o recado de Nova York fora de que eles adoravam a abordagem do Homem-Formiga e o roteiro era excelente. Quando a data de lançamento foi determinada, o Comitê quis encontrar maneiras de conectar o Homem-Formiga ao restante do Universo Cinematográfico Marvel e cobriu os escritores de perguntas: se Hank Pym estivera ativo no passado, a S.H.I.E.L.D. não o teria contatado? Pym não teria interagido com Howard Stark, o pai de Tony?

Feige aceitava essas perguntas tanto como mal necessário criado pela estrutura corporativa Marvel quanto como parte da arquitetura do Universo Cinematográfico Marvel. Ele comentou: "Cineastas que já trabalharam conosco ou novos cineastas entendem inerentemente a noção de 'compartilhar o parquinho' melhor que os cineastas lá do começo, porque o parquinho não existia na época."[10] Wright criara a história antes de a caixa existir, mas agora estava mergulhado em areia até o pescoço.

Wright e Cornish não se importavam de fazer revisões para aproximar a história daquilo que a Marvel queria, mas insistiam em manter o tom original do que haviam escrito. Toda vez que achavam ter lidado com as últimas notas da Marvel, eles recebiam outras. Em março, Wright e o Comitê Criativo concordaram em postergar o início da produção para julho, a fim de que os problemas com o roteiro pudessem ser solucionados. A Marvel Studios entregou o roteiro a um de seus escritores, que fez uma revisão baseada nas notas do Comitê Criativo. Em meados de maio, quando a filmagem deveria originalmente começar, a Marvel mostrou o esboço revisado para Wright — e ele ficou horrorizado.

A história não mudara significativamente, mas trechos de diálogo haviam sido alterados e referências ao UCM tinham sido incluídas. Wright odiou o novo roteiro e considerou aquilo uma forma de traição: ele e Cornish acreditavam estar trabalhando de boa-fé para seguir os comentários da Marvel e encontrar um meio-termo.

Os esforços da Marvel Studios para avançar o processo a fim de que Wright pudesse começar a filmar deram muito errado. Em 23 de maio, estúdio e diretor anunciaram o fim da parceria "devido a diferenças de visão em relação ao filme". A maior parte dos chefes de departamento de Wright foi embora com ele, tanto por lealdade quanto por saber que o filme não começaria a ser filmado em julho. A produção também perdeu Patrick Wilson, que tinha outro compromisso no outono.

"Gostaria que não tivesse demorado tanto",[11] disse Feige, "mas estava claro que entramos em um impasse que nunca tínhamos visto antes. Já trabalhamos com cineastas incrivelmente talentosos como Edgar, e é claro que houve desentendimentos ao longo do caminho. Mas sempre demos um jeito de contorná-los, de passar por eles e sair da situação com um produto melhor. Nesse caso, acho que passamos os últimos oito anos sendo excessivamente polidos um com o outro. E então veio o conflito: 'Você não vai parar de falar sobre aquele comentário?' 'E você não vai aceitar as sugestões do comentário?' Não estava funcionando."

Whedon, ainda uma das figuras centrais do UCM, parecia tão confuso quanto todos os outros sobre o que acontecera: "Eu achei que aquele era não somente o melhor roteiro que a Marvel já teve, como também o roteiro mais Marvel que eu já tinha lido. Eu não me interessava pelo Homem-Formiga, mas li o roteiro e pensei: *Mas é claro! Isso é muito bom!*"[12]

Wright tuitou e então apagou uma imagem editada de Buster Keaton parecendo triste e segurando um sorvete Cornetto — Keaton notoriamente lamentava as concessões em relação a sua visão artística que tivera que fazer ao trabalhar para grandes estúdios. Alguns anos depois, Wright tentou fornecer um polido resumo de por que as coisas haviam dado errado. "Eu queria fazer um filme da Marvel, mas acho que a Marvel não queria realmente fazer um filme de Edgar Wright",[13] afirmou ele. "Tendo escrito todos os meus outros filmes, foi difícil continuar. Ao subitamente se tornar um diretor de aluguel, você fica menos emocionalmente investido no filme e começa a se perguntar por que está lá."

★

Feige reagrupou suas forças. Embora perder Wright fosse um constrangimento de grande visibilidade, ele ainda tinha um projeto que considerava quase pronto, e a Marvel Studios ainda tinha um contrato com Rudd e Douglas. O estúdio não adiou o lançamento depois que Wright foi embora, insistindo que *Homem-Formiga* estaria concluído em julho de 2015; só era preciso encontrar um novo diretor, que estivesse disposto a embarcar em um trem em movimento e seguisse o método Marvel. Rudd sugeriu Adam McKay, que o dirigira em *O âncora*.

"[Rudd] me telefonou quando Edgar Wright se afastou do projeto",[14] disse McKay. "Fiquei meio em dúvida, porque sou amigo de Edgar e não sabia qual era a história. Mas então fiquei sabendo o que tinha acontecido, que Edgar se afastara, e li o material, que era excelente. Eu não queria dirigir — tinha outros projetos em andamento e minha agenda estava lotada —, mas pensei: *Posso reescrever isso e vai ficar muito bom.*" Rudd e McKay concordaram em revisar o roteiro o mais rapidamente possível enquanto a Marvel procurava um novo diretor. Pela primeira vez desde Edward Norton em *O incrível Hulk*, a Marvel Studios pagava um ator para reescrever um filme que deveria estar estrelando.

McKay e Rudd se isolaram em uma série de quartos de hotel, periodicamente mudando de cenário ao voar para uma nova cidade. De acordo com McKay, "levou entre seis e oito semanas. Trabalhamos duro e fizemos uma revisão gigantesca. Fiquei muito orgulhoso do que fizemos. Realmente achei que havia elementos maravilhosos na história, desenvolvidos a partir de um roteiro já muito bom de Edgar Wright".[15]

Uma coisa que eles acrescentaram foi mais substância à personagem de Evangeline Lilly, Hope Van Dyne. Lilly (uma das estrelas de *Lost*) tinha um poder de barganha incomumente alto — como seu contrato ainda estava sendo finalizado quando Wright se afastou, ela não o assinara. "Acho que todo mundo estava meio desconfortável, porque adorávamos Edgar e estávamos muito entusiasmados de trabalhar com ele",[16] afirmou ela. Lilly quase deixou o filme, mas Rudd e McKay transformaram Hope em uma especialista em combate com um complicado relacionamento filial com Hank Pym. Depois que leu as páginas revisadas, Lilly assinou o contrato. "Em um filme desse tamanho, você não espera que sua voz seja ouvida, especialmente se não for uma das estrelas da franquia", disse ela. "Fiquei honrada por minhas opiniões serem consideradas com seriedade."

"A ideia, a trajetória, o objetivo e a planta-baixa são de Edgar e Joe",[17] insistiu Rudd. "Trata-se da história deles. Mudamos algumas cenas, acrescentamos novas sequências, alteramos e acrescentamos alguns personagens. Se colocarmos os dois roteiros lado a lado, eles serão muito diferentes, mas as ideias são todas deles." Wright e Cornish receberam créditos, juntamente com McKay e Rudd. Para saciar a sede do Comitê Criativo por maior integração com o UCM, Rudd e McKay inseriram uma aparição em flashback de Peggy Carter, da S.H.I.E.L.D., e criaram uma cena na qual o Homem-Formiga enfrenta o Falcão (Anthony Mackie) no novo complexo dos Vingadores, uma localização estabelecida ao final de *Era de Ultron*.

Rudd fez uma pausa em seus deveres de revisão para comparecer à Comic-Con de 2013, participando de um painel com astros estabelecidos do UCM, em uma experiência que comparou a "ir a uma convenção de música com os Beatles".[18] Ele fora ator convidado das temporadas finais de *Friends*, em episódios transmitidos entre 2002 e 2004, e a experiência lhe pareceu similar, ainda que a Marvel esperasse que ele fosse parte crucial da geração seguinte. "Estou na periferia de um grupo muito amado", disse ele. "Estou aproveitando essa experiência surreal e divertida, mas me sinto como o primo Oliver em relação ao restante da família Sol-Lá-Si-Dó."

Feige ainda tinha de encontrar um diretor cômico que pudesse lidar com uma grande produção já em andamento. O estúdio vetou Rawson Marshall Thurber (*Família do bagulho*), Ruben Fleischer (*Zumbilândia*) e David Wain (*Mais um verão americano*) antes de se decidir por Peyton Reed (*Teenagers: as apimentadas*), que também estivera na lista para dirigir *Guardiões da Galáxia*. Reed estava disposto a assumir o projeto se a Marvel pudesse adiar a produção em um mês, a fim de lhe dar tempo para se orientar e substituir os chefes de departamento que haviam partido em massa para trabalhar no próximo filme de Wright, *Em ritmo de fuga*.

O jornalista de cinema Eric Vespe escreveu no site *Ain't It Cool News* que, embora sempre fosse lamentar o filme de Edgar Wright que não acontecera, estava empolgado para ver o que Peyton Reed faria com o projeto. Depois de publicar esse comentário, contou ele, "recebi uma mensagem bem malcriada de Edgar dizendo: 'Vamos ver se eles deixarão Peyton dar qualquer personalidade ou caráter ao filme.'"[19]

No curto período antes de as câmeras começarem a rodar, Reed fez algumas contribuições significativas. Trabalhando com Rudd e McKay, ele criou a sequência na qual o Homem-Formiga entra no Reino Quântico. Também decidiu empregar microfotografia, que tem menor profundidade de campo, em algumas sequências, ajudando a estabelecer a baixa estatura do Homem-Formiga em um cenário do mundo real. Trabalhando com Sarah Halley Finn, ele completou o roteiro: Corey Stoll (*House of Cards*) substituiu Patrick Wilson no papel de Darren Cross, o Jaqueta Amarela.

A fotografia principal finalmente teve início em agosto. Para acabar com os rumores negativos após a partida de Wright, a Marvel Studios convidou a imprensa a visitar o set. Entre as tomadas, Reed, Rudd e Feige enfatizaram que o filme estava no prazo e não fora esquecido pelo estúdio. Feige chegou a explicar que *Homem-Formiga* não era mais o primeiro filme da Fase Três do UCM; era o último filme da Fase Dois. "As fases são muito importantes para mim",[20] disse ele. "*Guerra civil* é o início da Fase Três. Realmente é."

Ao ser finalizado, *Homem-Formiga* era um filme razoável com uma sequência genial, uma invenção de Wright e Cornish, na qual os miniaturizados Homem-Formiga e Jaqueta Amarela lutam sobre uma ferrovia de brinquedo e são ameaçados pelo trenzinho Thomas vindo em sua direção. Foi um sucesso respeitável, chegando a 180,2 milhões de dólares na América do Norte e 519 milhões no mundo todo. Não chegou nem perto de *Vingadores*, mas foi bom o bastante para ganhar uma sequência e estabelecer o Homem-Formiga, a fim de que ele pudesse participar de *Guerra civil*.

★

Edgar Wright sonhara em fazer um filme estrelado por um personagem da Marvel, mas não quis fazer um filme do Universo Cinematográfico Marvel. Enquanto o UCM entrava na Fase Três, o incidente com Wright deixou a Marvel Studios com a reputação de ser hostil com diretores que queriam deixar uma marca pessoal em seus filmes. "Houve um período",[21] afirmou Vespe, "no qual a Marvel pareceu estar contratando diretores de aluguel que faziam o que o estúdio queria ou que, falando francamente, podiam ser intimidados."

A verdade tinha mais nuances. A Marvel Studios produzia um fluxo constante de filmes de super-herói, atraentes para várias demografias e com continuidade narrativa e visual entre si. Diretores que estavam dispostos a ceder certo controle nessas áreas tinham relativa liberdade em outros aspectos do filme, desde que o resultado fosse interessante.

James Gunn acabou dando sorte de trabalhar em um projeto tão distante do mainstream do UCM que não precisou se preocupar em integrar as histórias. Joe e Anthony Russo eram entusiastas da Marvel com talento para executar filmes de altíssimo nível. Eles criavam o filme mais eletrizante possível dentro dos parâmetros estabelecidos pelo estúdio e não tinham a ambição de ultrapassar esses limites.

Joss Whedon era, em essência, um nerd da continuidade que adorava elaborar crossovers e retomadas; ele produzira séries televisivas repletas desses recursos. Às vezes, reclamava das histórias sempre em mutação do UCM, mas a Marvel confiava tanto nele que o deixava monitorar a continuidade de tais histórias. E, como não tinha a mesma habilidade visual de outros diretores famosos, Whedon cedia o espetáculo e o ritmo da ação a outros artistas da Marvel. Quando tentou ser mais artístico do que se poderia esperar em um filme da sessão da tarde, no entanto — como na sequência da casa do Gavião Arqueiro em *Era de Ultron*, por exemplo —, seu relacionamento com a Marvel Studios azedou.

Edgar Wright queria fazer um filme do Homem-Formiga, porém refletindo sua própria visão, não as necessidades mais amplas do UCM — tanto que desistiu de seu próprio filme. Esse foi um significativo momento *"What If... ?"* na história da Marvel Studios: se Wright tivesse filmado seu roteiro do Homem-Formiga nos primeiros anos da Marvel, ele provavelmente teria conseguido impor sua visão e até mesmo modificar a trajetória do Universo Cinematográfico Marvel, infundindo-a com sua própria sensibilidade e seu humor peculiar. Ele só esperou tempo demais.

FASE TRÊS

22
Teia emaranhada

"Qualquer um pode usar a máscara."
Homem-Aranha: no aranhaverso

As filmagens de *Capitão América: guerra civil* deveriam começar em maio de 2015, mas, em março, os roteiristas Christopher Markus e Stephen McFeely ainda não tinham certeza sobre quais heróis da Marvel se enfrentariam. Eles sabiam que Robert Downey Jr. reprisaria seu papel como Tony Stark, em um acordo que lhe renderia 64 milhões de dólares em salário e participação nos lucros, e que Chadwick Boseman faria sua estreia como Pantera Negra. Os escritores haviam optado por incluir Paul Rudd como Homem-Formiga (e estrear seus poderes de homem-gigante), mas não Evangeline Lilly como Vespa, já que sua personagem vestiria o traje na sequência planejada. Quando o UCM entrou em sua terceira fase, a complexidade da história nas telas era espelhada pela complexidade das negociações nos bastidores, especialmente quando se tratava do personagem mais famoso da Marvel Comics.

Havia uma posição vaga na equipe de heróis de Tony Stark que os roteiristas esperavam preencher com o Homem-Aranha, que por muito tempo estivera indisponível para o UCM. Kevin Feige os instruíra a não ficarem muito otimistas. Ele estava conversando com a Sony sobre um acordo para o Homem-Aranha, mas não tinha certeza de que daria certo. Markus e McFeely haviam escrito esboços do roteiro com e sem Peter Parker, colocando o

Homem-Aranha como um bônus, e não parte integral do enredo principal. Então Feige entrou na sala dos dois. Ele não disse nada, mas ergueu ambas as mãos com os dedos esticados, exceto o anelar e o dedo médio, que estavam curvados sobre a palma, no gesto internacionalmente reconhecido de disparar uma teia. Markus e McFeely entenderam que finalmente tinham um esboço definitivo do filme, que incluía o Homem-Aranha.

Trinta e um anos depois de a Marvel ter licenciado os direitos de filmagem para Menahem Golan, vinte e seis anos depois de James Cameron ter se interessado por ele e dezoito anos depois de a Sony ter consolidado seus direitos de filmagem em um acordo de 10 milhões de dólares, o Homem--Aranha faria sua estreia no Universo Cinematográfico Marvel. É claro que todos os fios dessa teia estavam emaranhados e grudentos.

Em 2007, a Sony lançara *Homem-Aranha 3*, com uma série de vilões que incluía Homem-Areia (Thomas Hayden Church), Venom (Topher Grace) e uma nova versão do Duende Verde interpretada pelo astro da franquia, James Franco. O filme acabou sendo detonado pelos críticos, mas teve uma bilheteria de 894 milhões de dólares em todo o mundo, sendo o mais bem-sucedido *Homem-Aranha* até então. A bilheteria cada vez maior acompanhava o custo crescente de produção: reter o diretor Sam Raimi e os astros Tobey Maguire e Kirsten Dunst se tornava mais dispendioso a cada sequência.

Mesmo assim, a Sony Pictures e Avi Arad (que deixara a Marvel Studios em 2006, mas retinha sua posição como produtor dos filmes do Homem--Aranha) elaboraram um acordo para *Homem-Aranha 4*. Anne Hathaway interpretaria Felicia Hardy, que se tornaria a anti-heroína Gata Negra dos quadrinhos; John Malkovich se uniria à franquia como Abutre; e Angelina Jolie participaria brevemente como sua filha, que passaria a usar as asas depois que uma luta contra o Homem-Aranha o chutasse para fora do filme (ao literalmente chutá-lo do alto de um prédio).

Raimi, no entanto, não aguentava mais tanta pressão. Ele não apenas teria de se superar novamente, como enfrentaria a assustadora tarefa de tornar lucrativo um filme que poderia custar 400 milhões de dólares. Em janeiro de 2010, em um telefonema tarde da noite para Amy Pascal, a chefe da divisão de cinema da Sony Pictures, um estressado Raimi abandonou o projeto. Em uma entrevista em 2013, ele se lembrou de ter dito a ela: "Não quero fazer um filme que seja menos que grandioso, então acho que não devemos fazer nenhum. Vá em frente com o reboot que sei que está sendo planejado."[1]

Raimi podia parar de fazer filmes do Homem-Aranha, mas não a Sony — a franquia era popular demais. Idealmente, Pascal esperaria alguns anos antes de produzir outra sequência, a fim de evitar a supersaturação, mas isso não era possível. O contrato da Sony com a Marvel especificava que, após o lançamento de um filme do Homem-Aranha, o estúdio tinha que iniciar a produção do filme seguinte em até três anos e nove meses e colocá-lo nos cinemas em até cinco anos e nove meses. De outro modo, os valiosíssimos direitos de filmagem retornariam à Marvel.

Ike Perlmutter não se conformava com o fato de a Sony ter pagado somente 10 milhões de dólares pelos direitos norte-americanos de filmagem em 1998, quando a Marvel estava muito vulnerável. Ele costumava telefonar para os altos executivos da Sony Pictures, incluindo Pascal e o CEO Michael Lynton, para reclamar de detalhes menores ou insultos percebidos. Depois que o primeiro *Homem-Aranha* fora um sucesso em 2002, a Marvel processara a Sony por causa do acordo de merchandising (a Sony respondera com outra ação). O acordo de 1998 determinava que a Marvel receberia um pagamento inicial por qualquer filme do Homem-Aranha e somente 5% dos lucros. A Sony tinha o direito de vender brinquedos baseados no filme, ao passo que a Marvel retinha o direito aos produtos "clássicos" (também havia alguma partilha de lucro em ambas as direções). A ação judicial de 2002 finalmente resultou em um acordo. A Sony abriu mão de alguns de seus direitos de merchandising e a distinção entre brinquedos "clássicos" e "do filme" foi eliminada; a Marvel passou a controlar todos os produtos do Homem-Aranha. Imediatamente após o lançamento de qualquer filme do Homem-Aranha, 25% do lucro derivado de produtos relacionados à Marvel ficava com a Sony.

Dias depois do telefonema noturno de Raimi, a Sony anunciou que, embora o diretor tivesse abandonado a franquia *Homem-Aranha*, ela planejava reiniciar a franquia com novo diretor e ator. Isso enfureceu Perlmutter, que esperava que o personagem retornasse para a Marvel. Em 2011, a fim de acalmá-lo, a Sony alterou novamente o acordo do Homem-Aranha: por 175 milhões de dólares, a Marvel comprou os 25% da Sony nos lucros com produtos. Adicionalmente, toda vez que a Sony produzisse um longa-metragem do Homem-Aranha, a Marvel pagaria 35 milhões de dólares. Os filmes vendiam tantos brinquedos que a Marvel estava disposta a ajudar a financiá-los.

Para relançar o Homem-Aranha, Pascal procurou o apropriadamente nomeado Marc Webb [*web* significa "teia" em inglês], que só dirigira um único longa-metragem, o inventivo romance indie *(500) Dias com ela*, estrelado por Joseph Gordon-Levitt e Zooey Deschanel. Seus novos protagonistas eram o magrelo e emergente ator britânico Andrew Garfield (*A rede social*) como Peter Parker — cuja contratação foi anunciada abruptamente em uma entrevista coletiva improvisada em Cancun, no México — e a estrela norte-americana em ascensão Emma Stone (*A mentira*) como Gwen Stacy. (Nas revistas em quadrinhos, Gwen Stacy era o interesse amoroso mais sério de Peter Parker antes de Mary Jane Watson.) A Sony reteve a equipe de produção contratada para *Homem-Aranha 4* para o filme agora chamado de *O espetacular Homem-Aranha*.

O filme recontava a origem do Homem-Aranha e então o mostrava enfrentando o Lagarto, um grande monstro reptiliano interpretado por Rhys Ifans em sua forma humana. Webb e o roteirista James Vanderbilt originalmente incluíram uma trama secundária sobre como os pais falecidos de Peter Parker haviam providenciado que ele tivesse sangue "especial", significando que qualquer outro adolescente mordido por uma aranha radioativa não teria desenvolvido seus notáveis poderes. Os pôsteres publicitários do filme prometiam uma "origem inédita" que não estava presente no filme; os produtores Avi Arad e Matt Tolmach, outro ex-executivo da Sony que, assim como Pascal, entrara no mundo da produção, decidiram que o filme precisava ficar mais próximo do cânone.

O espetacular Homem-Aranha, que chegou aos cinemas em julho de 2012, faturou 758 milhões de dólares no mundo todo: muito dinheiro, mas também o menor faturamento de qualquer filme do Homem-Aranha produzido pela Sony. Pascal tentava desenvolver uma biblioteca de grandes lançamentos baseados em propriedade intelectual de primeira linha, e não em astros de primeira linha, mas sua estratégia não rendia tanto dinheiro quanto ela esperava. No mesmo ano, *MIB: homens de preto III* faturou 624 milhões de dólares, mas, contratualmente, 90 milhões tinham de ser redistribuídos ao astro Will Smith e ao produtor Steven Spielberg. A Sony também lançou o filme *007 — Operação Skyfall*, com faturamento total de 1,1 bilhão de dólares, mas o estúdio ficou com somente 57 milhões. (A MGM ainda era proprietária da franquia Bond, mas, quando a MGM resolveu o processo de recuperação judicial em 2010, a Sony fizera um acordo no qual o maior estúdio pagaria 50% dos custos de produção dos filmes Bond e, em troca, receberia 25% dos lucros.) "Embora estivéssemos em primeiro lugar nas bilheterias", escreveu Pascal sobre 2012, "foi um ano de merda."[2]

Pascal queria um plano melhor que "fazer um filme do Homem-Aranha a cada dois anos, com retornos cada vez menores". O imenso sucesso da Marvel Studios com *Os Vingadores* em 2012 sugeria uma estratégia que se tornara popular em toda a Hollywood: a Sony podia lançar spin-offs de personagens secundários como Venom e Kraven, o Caçador, e depois uni-los na equipe de supervilões Sexteto Sinistro. Pascal também pensou em uma equipe feminina de personagens secundárias como Gata Negra, Sabre de Prata e Teia de Seda ou um filme sobre as aventuras de tia May e tio Ben antes de Peter Parker nascer. A Sony anunciou publicamente que a propriedade intelectual Homem-Aranha era um "universo rico" — o contrato com a Marvel que detalhava quais personagens das revistas em quadrinhos a Sony podia usar em filmes listava 856 no total, de A'Sai a Mickey Zimmer —, mesmo que, em caráter privado, Pascal reclamasse: "Tenho só o universo do Aranha, não o universo Marvel, e nele só há vilões, parentes e namoradas. Não há uma equipe de super-heróis."[3] A falta de acesso a personagens de primeiro escalão não impedira a rápida expansão da Marvel Studios durante a Fase Um, mas a Sony estava emperrada.

O espetacular Homem-Aranha 2, lançado em 2014, trazia de volta Garfield e Stone, enquanto Webb executava a ordem da Sony de incluir o máximo possível de supervilões: Electro (Jamie Foxx); Harry Osborn, o Duende Verde (Dane DeHaan); e Rino (Paul Giamatti). Como se já não houvesse o suficiente acontecendo no filme, ele terminava em tragédia: como nos quadrinhos, o Homem-Aranha acabava não conseguindo salvar

Gwen Stacy de uma queda mortal. O final triste destruía a melhor coisa da franquia do reboot: a química nas telas entre o casal da vida real Andrew Garfield e Emma Stone.

Embora Kevin Feige não estivesse envolvido no desenvolvimento do filme, tratava-se nominalmente de uma coprodução com a Marvel Studios, então Pascal o contatava com frequência em busca de feedback. Feige enviou apontamentos com suas preocupações em relação ao filme, incluindo o fato de o desempenho de Andrew Garfield ser irregular e emocionalmente inconsistente. Ele criticou, em particular, o subenredo do "sangue especial", que fora retomado:

> Somos distraídos pela ideia de que Peter se tornou o Homem-Aranha por causa do sangue do pai — toda essa trama de fundo com o pai supercientista briga com a ideia de que Peter é um garoto normal do Queens que se torna o maior super-herói do mundo.[4]

Pascal podia ver por si mesma que o filme tinha elementos em excesso e desconectados entre si. Em um e-mail para Doug Belgrad, presidente da Sony Pictures, dois meses antes do lançamento, ela enumerou os problemas: "Desigual, tom esquizofrênico [...] esquisito, desconjuntado, nenhum grande cenário porque a ação é grande demais, e não há uma história sendo contada, não é engraçado [...] para ser realmente honesta, diretor errado e elenco errado."[5] Ela concluiu: "Estamos por um triz, e nunca mais faremos isso de novo."

"Por um triz" foi uma previsão acurada. Embora as projeções fossem de 865 milhões de dólares e a Sony tivesse a esperança de que o filme se juntasse ao "clube do bilhão de dólares"[6] ao lado de Os Vingadores e Homem de Ferro 3, a bilheteria global foi de somente 709 milhões. Os números da franquia caíam de modo constante.

A Marvel ficou desapontada e confusa com a forma de a Sony e os produtores Avi Arad e Matt Tolmach conduzirem o personagem Homem-Aranha. Alan Fine, da Marvel Entertainment (e do ainda ativo Comitê Criativo), enviou um e-mail a Feige depois de ler o roteiro de O espetacular

Homem-Aranha 2: "Essa história é sombria demais, deprimente demais. Eu queria colocar fogo no esboço."[7]

Feige disse a Fine que estava consternado com a falta de continuidade entre os filmes de Raimi e Webb: "Vi a picada da aranha no filme de Sam Raimi, e é totalmente diferente da picada da aranha em *O espetacular Homem-Aranha*. Eles fizeram um reboot. Eu jamais defenderia um reboot do Homem de Ferro no UCM. Para mim, ele é um James Bond, e podemos continuar contando novas histórias durante décadas, com atores diferentes."[8]

Fine concordou que essa era uma manobra arriscada em uma franquia de cinema: "É ok para histórias em quadrinhos, mas eu não faria isso nem com desenho animado. Se eu soubesse, jamais teria aprovado tal estratégia. Avi está totalmente fora de si. Mais uma confirmação, para mim, de que ele nunca soube o que estava fazendo."[9]

✳

Como *O espetacular Homem-Aranha 2* não atendeu às expectativas, a Marvel viu nisso uma oportunidade: a Sony não desistiria de seus direitos sobre o personagem, mas talvez houvesse uma maneira de os dois estúdios trabalharem juntos, em benefício de ambos. Para abordar a ideia de colaboração, a Marvel decidiu que Perlmutter cortejaria sua contraparte, Lynton, enquanto Feige conversaria com Pascal.

Feige reuniu uma cúpula ultrassecreta de produtores criativos da Marvel em um hotel de Santa Mônica. A sessão de brainstorming foi estruturada em torno de duas perguntas. Primeira: se fosse possível um acordo com a Sony para compartilhar o Homem-Aranha, como ele seria? Segunda: se a Marvel Studios finalmente tivesse controle sobre seu principal personagem, que histórias gostaria de contar?

Logo após a reunião, Feige visitou Pascal na Sony. Os dois executivos almoçaram — sanduíches gourmet — no terraço do escritório dela. Pascal achou que Feige queria opinar sobre os planos da Sony para *O espetacular Homem-Aranha 3*. Feige tinha uma agenda diferente. Segundo ele, Pascal disse: "Quero que você nos ajude no próximo filme. Temos ideias incríveis para ele. Será espetacular."[10]

Feige respondeu: "Não sou bom em dar conselhos e me retirar."[11] Ele expôs sua ideia: sabia que Pascal e a Sony estavam tendo dificuldades com o Homem-Aranha, mas acreditava que a Marvel Studios saberia como lidar com o personagem: "A única maneira que conheço de fazer algo é concebê--la na totalidade. Por que você não me deixa fazer isso? Não pense em dois estúdios. E não pense em devolver os direitos. Os direitos não mudarão de mãos. O dinheiro não mudará de mãos. Só nos chame para produzir. Faz de conta que é como a DC com Christopher Nolan. Não estou dizendo que somos Nolan, mas somos uma produtora que está se saindo muito bem. Contrate essa produtora para fazer o filme."

Pascal não digeriu bem a proposta de Feige. Mais especificamente, jogou seu sanduíche nele e respondeu: "Cai fora daqui."[12] Michael Lynton foi mais receptivo à iniciativa de Perlmutter, em especial após Bob Iger passar por cima dele e mencionar um possível acordo sobre o Homem-Aranha a Kaz Hirai, presidente da corporação Sony (que ficou surpreso ao saber dos problemas de O espetacular Homem-Aranha 2). "Michael [Lynton] não tinha problemas de ego sobre quem supervisionaria criativamente o Homem-A-ranha",[13] disse Michael De Luca, então executivo da Sony. "Ele sentia que o personagem era um ativo gigantesco para o estúdio e queria fazer o melhor filme possível. Acho que Amy se sentia culpada porque os fãs não haviam gostado do último filme de Andrew Garfield, e ela achava que Peter Parker merecia mais. Ela queria dar isso a ele."

Guerra de sanduíches à parte, a liderança da Sony estava disposta a fazer um acordo, mas Perlmutter exigiu demais. Insistiu que, se a Marvel produzisse o próximo filme do Homem-Aranha, ficaria com 50% dos lucros, mas estava disposto a oferecer somente 5% de qualquer filme do UCM do qual o personagem participasse. A Sony rejeitou imediatamente, por considerar esses números uma expressão da amargura sem fim de Perlmutter com o acordo de 1998, pelo qual a Marvel só recebia 5% dos lucros de qualquer filme do Homem-Aranha.

Em novembro de 2014, hackers vazaram vários documentos internos da Sony Pictures, que incluiam mais de 200 mil e-mails. (O governo norte--americano concluiu que os hackers haviam sido financiados pelo governo norte-coreano, em um ato de vingança pelo lançamento de A entrevista, uma comédia de Seth Rogen sobre um jornalista que é recrutado pela CIA para assassinar o Líder Supremo Kim Jong-un.) Entre os incontáveis problemas que a Sony enfrentou quando seus e-mails terminaram na WikiLeaks estava o fato de que os fãs agora sabiam que a Marvel propusera integrar o Homem-Aranha ao UCM, mas a Sony recusara.

Quando os e-mails foram vazados, as negociações entre a Marvel e a Sony já haviam sido encerradas. Pascal alterou o calendário da Sony, trocando o anunciado lançamento de *O espetacular Homem-Aranha 3* em 2016 por *O Sexteto Sinistro*, na esperança de construir alguma expectativa em torno da franquia com um spin-off de sucesso. Ela contratou o diretor e roteirista Drew Goddard, retirando-o da produção de *Demolidor*, mas Ike Perlmutter dificultou o máximo possível sua partida — não somente porque queria que a Marvel Television fosse um sucesso, mas, aparentemente, porque ainda estava furioso com a Sony por não ter aceitado a proposta sobre o Homem--Aranha. Goddard começou a trabalhar no roteiro do Sexteto Sinistro; no fim de 2014, ele tinha um esboço que enviava o Homem-Aranha e seus vilões para a Terra Selvagem (nos quadrinhos, uma selva pré-histórica escondida na Antártica), onde o Homem-Aranha cavalgaria um tiranossauro-rex.

Embora Pascal não tivesse reagido bem à proposta de Feige de terceirizar a produção de Homem-Aranha para a Marvel, quanto mais pensava no assunto e lia protestos on-line após os vazamentos na Sony, mais o plano fazia sentido para ela: se o Homem-Aranha aparecesse em um filme popular, isso levaria os espectadores para seu próximo filme solo. Havia anos, a Marvel vinha provando que essa manobra funcionava — e um filme do UCM parecia uma aposta mais segura que *O Sexteto Sinistro*. Ajudou o fato de Pascal genuinamente respeitar Feige. Ela se lembrava de como, na era de Sam Raimi, ele comparecia a todas as reuniões e levava café para todo mundo, mas permanecia em silêncio. "Você começa a gostar de alguém de verdade",[14] afirmou ela, "quando esse alguém abre a boca, e você percebe que ele tem grandes ideias e é realmente esperto, mas nunca faz questão de ouvir a própria voz".

Pascal convidou Feige para jantar em sua casa e, dessa vez, não jogou comida nele. Os dois executivos discutiram como seria a nova franquia do Homem-Aranha caso eles a relançassem. Se Peter Parker fosse novamente adolescente, deveriam enfatizar o drama inerente a essa idade, fazendo algo parecido com um filme colegial de John Hughes ambientado no UCM. Feige sugeriu que, se o novo Homem-Aranha estreasse em *Capitão América: guerra civil*, seu traje poderia ser projetado por Tony Stark.

Em janeiro de 2015, Perlmutter, Feige, Lynton e Pascal almoçaram no apartamento de Perlmutter em Palm Beach, Flórida. Como Perlmutter desistira da exigência de que a Marvel recebesse metade dos lucros de qualquer filme do Homem-Aranha, eles rapidamente chegaram a um acordo. Os atores seriam substituídos e um novo Homem-Aranha (escolhido pela Marvel) estrearia em 2016 em *Capitão América: guerra civil*, antes de estrelar seu próprio filme, em 2017, o primeiro de ao menos dois filmes a serem produzidos pela Marvel Studios, mas pagos e lançados pela Sony Pictures. A questão sobre como os lucros seriam divididos foi inteiramente evitada: cada estúdio financiaria seus próprios filmes e manteria toda a receita. (A Marvel ainda pagaria à Sony 35 milhões de dólares por cada filme do Homem-Aranha em função dos direitos dos produtos, mas, se qualquer filme faturasse mais que 750 milhões, a Marvel receberia um bônus a ser deduzido desses 35 milhões.) *Guerra civil* seria todo da Marvel e o filme solo do Homem-Aranha seria todo da Sony; os benefícios de integrar o personagem ao UCM eram suficientemente significativos para que a Marvel estivesse disposta a produzir os filmes da Sony.

Os produtores de Homem-Aranha, notadamente Avi Arad, não se envolveriam em sua nova e compartilhada encarnação, mas continuariam a desenvolver propriedades da Sony baseadas em seus amigos e inimigos. Pascal sabia que teria dificuldades para manter seu emprego como chefe do estúdio: os e-mails vazados haviam sido constrangedores demais para a Sony, incluindo muitas de suas francas mensagens pessoais. Como estratégia de saída, ela conseguiu ser coprodutora dos novos filmes com Feige, significando que seria uma presença ativa nos sets. Em sinal de respeito aos talentos de Pascal, Feige dividiu com ela o título de produtor executivo — a primeira vez que compartilhava o crédito em nove anos, desde o primeiro *Homem de Ferro* e *O incrível Hulk*. Menos de uma semana após a reunião em Palm Beach, Pascal foi demitida da Sony Pictures. Ela fundou sua própria produtora, a Pascal Pictures, para produzir filmes de franquias como Homem-Aranha e Caça-Fantasmas para a Sony, sem ser chefe do estúdio.

A Sony realizou sua própria reunião de cúpula em janeiro de 2015 com os produtores Avi Arad e Matt Tolmach, no intuito de determinar os planos pós-Pascal para o Homem-Aranha. *O Sexteto Sinistro* foi postergado indefinidamente, porém o estúdio deu continuidade a dois outros longas-metragens. O primeiro foi *Venom*; a intenção era que ele se conectasse à franquia *O espetacular Homem-Aranha*, mas agora apresentaria o anti-herói sem um crossover. O outro filme seria inteiro de crossovers: uma animação chamada *Homem-Aranha: no aranhaverso*, produzida por Phil Lord e Christopher Miller (*Tá chovendo hambúrguer, Uma aventura Lego*). A história foi inspirada no "aranhaverso" dos quadrinhos, nos quais, a partir de 2014, o escritor Dan Slott reunira todos os Homens-Aranhas de todas as mídias possíveis, incluindo até mesmo Peter Porker, o espetacular Porco-Aranha (um personagem cômico da década de 1980: Peter Porker era uma aranha macho mordida por uma porca radioativa).

Feige, Pascal e a diretora de elenco Sarah Halley Finn começaram a procurar candidatos para interpretar o novo Peter Parker e rapidamente chegaram a um favorito: o ator britânico Tom Holland, que só tinha um punhado de créditos (incluindo *O impossível*, de 2013), mas interpretara o papel-título no musical *Billy Elliott* em uma produção no West End de Londres. Finn notara a ética de trabalho do adolescente. "Eu sabia que ele dançava oito horas por dia desde que tinha 9 anos. Ele já demonstrara ser profissional e capaz de trabalhar todos os dias."[15]

A Marvel levou os dois principais candidatos, Holland e Asa Butterfield (*Ender's Game: o jogo do exterminador*), para Atlanta, onde *Guerra civil* já estava sendo filmado, para um teste cênico com Robert Downey Jr. Como Pascal e Feige planejavam mostrar um relacionamento próximo entre Tony Stark e Peter Parker, parecia vital testar a química entre os atores. Pascal disse que, em geral, era difícil observar os testes com Downey, já que o ator tinha a tendência de roubar as cenas, mas Holland se saiu muito bem. Após o teste, Downey caminhou até o monitor onde Feige e Pascal assistiam tudo e fez um entusiástico sinal de "positivo" com o polegar. Holland estava dentro.

A cena de *Guerra civil* que introduzia Peter Parker fora reduzida durante a produção, mas Downey defendeu que fosse restaurada à extensão original (uma sugestão que se mostrou benéfica para Holland e para o novo personagem, mas que, incidentalmente, aumentava seu próprio tempo de tela). Enquanto *Guerra civil* era filmado, a Marvel Studios incluiu o filme solo do Homem-Aranha em seu calendário de lançamentos da Fase Três — julho de 2017, atrasando *Thor: Ragnarok* e tirando os Inumanos do cronograma — e então correu para cumprir esse prazo. O filme foi intitulado *Homem-Aranha: de volta ao lar*, uma furtiva menção ao fato de o personagem estar retornando à Marvel. Para dirigi-lo, o estúdio contratou Jon Watts, que se provara capaz de trabalhar com atores jovens em *A viatura*, um thriller no qual dois garotos roubam um veículo policial. A ordem do dia: fazer, o máximo possível, com que *De volta ao lar* parecesse um filme de John Hughes. Mais uma vez, o UCM mostrou que podia fundir gêneros inteiros.

A Marvel pensara em John Francis Daley (ator de *Freaks & Geeks*) e Jonathan Goldstein para escrever e dirigir o filme — eles haviam criado *Férias frustradas* em 2015 —, mas, depois de fechar com Watts, contratou a dupla para escrever um esboço do roteiro. "Queríamos nos afastar das revistas em quadrinhos",[16] disse Goldstein. "Definitivamente não queríamos reencenar a morte do tio Ben. Sentíamos que a história original fora contada tantas vezes que ou você já a conhecia, ou ligaria os pontos rapidamente. Quando inicia a história com uma morte na família, você passa grande parte do filme lidando com o peso emocional e o processo de recuperação, e isso, obviamente, não é divertido." Essa atitude permeou a produção: a Marvel precisava de uma versão do Homem-Aranha que fosse diferente do que os espectadores já tinham visto. (Mas não diferente *demais*: a Sony e a Marvel tinham um acordo de licenciamento de 71 páginas detalhando quais aspectos do Homem-Aranha a Sony podia usar e quais eram seus poderes, de "saltos super-humanos" a "aderência super-humana". Pelo acordo, o Homem-Aranha não podia se envolver em tortura, fumar ou ter relações sexuais antes dos 16 anos; Peter Parker tinha de ser heterossexual, caucasiano e criado no Queens.)

O plano da Marvel Studios para Peter Parker: colocá-lo no meio do Universo Cinematográfico Marvel. Enquanto as encarnações do Homem-

-Aranha na Sony haviam tipicamente lutado contra cientistas malvados ligados às famílias Osborn ou Parker, o Homem-Aranha do UCM enfrentaria vilões ressentidos com Tony Stark, afastando Peter Parker do colégio e o colocando na órbita dos Vingadores. Em *De volta ao lar*, Michael Keaton interpretava Adrian Toomes, que se transformava no ladrão Abutre depois de Stark ter destruído seu negócio de limpeza após a batalha de Nova York (o clímax de *Os Vingadores*).

Ryan Meinerding, da equipe de desenvolvimento visual da Marvel, teve a ideia de transformar os olhos do traje do Homem-Aranha em lentes, em vez de aberturas fixas, permitindo que o personagem expressasse mais emoções. "No passado, os designers haviam hesitado em usar bordas espessas ao redor dos olhos. Quando uma linha é acrescentada aos olhos, tem-se a impressão de uma máscara fixa — o que, compreensivelmente, é uma direção que muitos designers de figurino não querem explorar",[17] disse Meinerding. Mas, quando decidiram que a tecnologia Stark no traje do Homem-Aranha mudaria dinamicamente a maneira como os olhos funcionavam, eles deram aos cineastas mais controle e liberdade de expressão: "Ele podia cerrar os olhos ao ter dificuldade para ver, e a linha preta se tornaria muito mais espessa. Os olhos dele já não precisavam ser objetos constantes e estáticos."

O estúdio tentou evitar cenas do Homem-Aranha atravessando a linha do horizonte de Manhattan, saltando de um guindaste para outro, já que isso fora feito extensivamente em filmes anteriores. As cenas de *De volta ao lar* seriam ambientadas nos subúrbios, no Monumento de Washington, na balsa de Staten Island e sobre um grande avião de carga.

O filme estreou em julho de 2017 e teve um faturamento global de 880 milhões de dólares, um aumento significativo em relação aos números em declínio da franquia *O espetacular Homem-Aranha*. A Sony ficou satisfeita com a trajetória ascendente da bilheteria, e a Marvel se animou por ter o Homem-Aranha no UCM. Ele retornou em *Vingadores: guerra infinita* (lançado no ano seguinte) e, embora fosse um personagem secundário em um elenco que havia dezenas de outros, o estúdio fez questão de que tivesse muitos momentos consistentes com sua marca: Peter Parker deixa de ir a uma viagem do colégio para passear em uma nave espacial; fica mais comovido do que está disposto a admitir quando Tony Stark o torna oficialmente um vingador ao sagrá-lo despretensiosamente durante uma viagem perigosa do outro lado da galáxia; faz piadinhas sobre cultura pop com o Senhor das Estrelas; luta com alguém muito mais poderoso, mas se sai bem; e diz uma das frases mais comoventes do filme ("Eu não quero ir, senhor, por favor", improvisada por Holland) antes de se desmaterializar nos braços de Stark.

✳

A Marvel Studios, em um novo pináculo de poder cultural, podia não somente deixar Avi Arad de lado — pela segunda vez —, como também dobrar outro estúdio a sua vontade, ao menos por algum tempo. Em 2019, Tom Holland interpretou o Homem-Aranha em dois filmes de 1 bilhão de dólares: um da Marvel, outro da Sony. Primeiro, ele apareceu brevemente em *Vingadores: ultimato* e depois estrelou *Homem-Aranha: longe de casa*. O segundo filme do Homem-Aranha que a Marvel Studios produziu para a Sony também foi o último filme da Fase Três do UCM. Jake Gyllenhaal interpretou Mysterio, outro ex-funcionário insatisfeito de Tony Stark, ao passo que Samuel L. Jackson deu voz a Nick Fury, que resmungaria com Peter Parker e estreitaria os laços com o UCM. O roteiro envolvia férias escolares na Europa, em parte porque filmar em outro continente evitava repetir o visual de qualquer aventura anterior do Homem-Aranha. O filme faturou 1,132 bilhão de dólares globalmente, entrando no clube do bilhão e validando a estimativa de Avi Arad, feita muitos anos antes, sobre o valor inerente do personagem. A Marvel Studios produzira o filme mais lucrativo da Sony em todos os tempos.

A versão do Homem-Aranha no UCM funcionara exatamente como Feige e Pascal esperavam — mas a "equipe-aranha" na Sony, liderada por Arad e Tolmach, também se saía melhor que nunca. Em 2018, o estúdio finalmente produziu um spin-off com um inimigo do Homem-Aranha: *Venom*. Reimaginando a gosma preta parasítica e alienígena como estrela de uma comédia com duas interpretações extremamente divergentes de Tom Hardy, *Venom* foi um sucesso, faturando 856 milhões de dólares em todo o mundo — e, em uma cena com Woody Harrelson durante os créditos, preparou a sequência com o simbionte Carnificina. "A Sony fez um trabalho fantástico com *Venom*",[18] admitiu Pascal. "Tudo depende dos personagens. Se tem um grande personagem, você pode fazer um grande filme."

Mais tarde, naquele ano, foi lançado *Homem-Aranha: no aranhaverso*, com muitos heróis alternativos, incluindo uma versão noir de um universo da década de 1930 (com dublagem de Nicolas Cage) e uma garota japonesa com um robô aracnídeo de um universo de anime. O Homem-Aranha protagonista era Miles Morales, um personagem latino e negro criado por Brian Michael Bendis e Sara Pichelli para substituir Peter Parker depois que ele morreu na revista em quadrinhos *Ultimate Homem-Aranha*. "Muitas crianças pretas, quando brincam de super-herói com os amigos, não podem ser Batman ou Superman, pois não se parecem com esses heróis, mas podem ser o Homem-Aranha, já que qualquer um pode estar debaixo da máscara",[19] disse Bendis quando o personagem dos quadrinhos foi apresentado. "Mas agora é verdade. Significa muito para muita gente." *No aranhaverso* foi um sucesso moderado (375 milhões de dólares globais), mas recebeu críticas excelentes por seu humor e seu visual criativo, ganhando o Oscar de melhor filme de animação (o primeiro filme não Disney a receber a estatueta, para desânimo da Disney). Seu sucesso negou a queixa de Pascal de que não havia material suficiente no aranhaverso para criar uma equipe de super-heróis.

Feige e Pascal esperavam que o acordo Sony/Marvel gerasse uma trilogia, embora somente dois filmes fossem contratualmente obrigatórios. Mas, após o sucesso de *Venom* e *No aranhaverso*, a Sony se sentiu confiante sobre seu próprio sentido-aranha (ou seu próprio "formigamento do Peter" [*Peter Tingle*]). Durante as filmagens de *Longe de casa*, a Sony disse à Marvel que retomaria a franquia, afirmando não precisar de Kevin Feige como produtor para ter sucesso com um filme do Homem-Aranha estrelado por Tom Holland. A Marvel manteve a bomba em segredo; o elenco e a equipe de produção não sabiam de nada, mas, após o (insanamente lucrativo) lançamento de *Homem-Aranha: longe de casa*, a notícia vazou. A Sony não renovaria o acordo com a Marvel.

23
Vida longa ao rei

"Wakanda não irá mais observar das sombras."
Pantera Negra

Muito antes de Chadwick Boseman interpretar um rei, ele já se portava como um. Quando era aluno da Universidade Howard, estudara para ser diretor e dramaturgo, mas mudara o foco para a interpretação com o encorajamento de Phylicia Rashad (então professora visitante) e o apoio financeiro de Denzel Washington (que mais tarde, brincando, pediu o dinheiro de volta). Um de seus primeiros trabalhos profissionais foi em uma novela norte-americana, mas Boseman ficou com medo de que o papel fosse um estereótipo racial e pediu aos produtores que lhe detalhassem a história familiar do personagem. Disseram-lhe que a mãe era viciada em heroína e o pai abandonara a família — e o demitiram por ser "difícil". A experiência lhe deu um novo senso de propósito: se fosse interpretar, ele o faria em seus próprios termos, e não aceitaria papéis baseados em suposições perniciosas.

Em *42*, Boseman interpretou Jackie Robinson, que rompeu a barreira racial do beisebol. Em *Get on Up: a história de James Brown*, personificou um dos maiores gênios musicais do século XX. Ele teve uma presença física completamente diferente em cada papel, mas em nenhum deles fez uma personificação barata; ambos os trabalhos foram instigantes. Com seu corpo e suas palavras, Boseman insistiu na dignidade, na importância e na humanidade dos dois personagens que interpretou. E usou a mesma abordagem com o personagem fictício T'Challa, o Pantera Negra.

A Marvel lhe pediu que usasse um sotaque norte-americano ou britânico, mas ele se recusou, por acreditar que isso implicaria que Wakanda, a utópica nação africana governada por T'Challa, fora colonizada em algum momento. "Era um ponto inegociável",[1] disse ele. "Achei que era tão importante que, se abríssemos mão dele, o que mais dispensaríamos a fim de fazer com que as pessoas se sentissem confortáveis?"

Em vez disso, Boseman usou um sotaque influenciado pelo xhosa, uma das línguas nativas da África do Sul. "Encontrei uma coach de dialetos, nativa da África do Sul",[2] afirmou Boseman. "Desenvolvemos um relacionamento e continuamos a explorar o que T'Challa poderia ser. Também trabalhei com Sarah Shepherd, a professora de dialetos da Marvel, para encontrar algo que parecesse autêntico e real e que, com sorte, a maioria das pessoas conseguiria entender. Isso era o mais importante."

Sebastian Stan contracenou com Boseman em *Capitão América: guerra civil* — seu personagem, o Soldado Invernal, fora incriminado pelo assassinato de T'Chaka, pai de T'Challa — e ficou imediatamente impressionado. "Eu pensei: *Meu Deus, esse cara vai deixar todo mundo boquiaberto*",[3] lembrou Stan. "Havia tanto comprometimento e dedicação em tudo que ele fazia. Tivemos muitas sequências de luta e trabalhamos duro. Ele estava dando tudo de si. Eu precisava estar à altura."

Boseman interpretou um personagem motivado tanto pela vingança quanto pela compaixão e fez essa contradição soar verdadeira quando confrontou o vilão principal, o barão Zemo, interpretado por Daniel Bruhl, no clímax do filme. "A guinada, na cena perto do fim, quando decido não matar Zemo",[4] disse Boseman, "foi a transição mais difícil."

A liderança da Marvel Studios podia ver que Boseman tinha o carisma e a habilidade para se destacar entre a nova geração de heróis do UCM, que incluía o Homem-Formiga, o Doutor Estranho e a Capitã Marvel — ele só precisava de um filme à altura de seu talento. Assim que terminaram as filmagens de *Guerra civil*, o produtor Nate Moore apresentou a ideia de um filme solo do Pantera Negra. Moore havia muito defendia os personagens negros do UCM, de Falcão a Luke Cage, e foi uma escolha natural como produtor criativo de *Pantera Negra*. Em vez de fazer um chamado geral por roteiristas, ele entrou em contato com um grupo seleto, terminando por contratar Joe Robert Cole, que participara do extinto Programa de Escritores da Marvel.

Cole encarou a tarefa como mais que um trabalho pago. "Quando era criança, eu brincava muito de faz de conta, e todos os meus heróis eram negros",[5] disse ele. "Em vez de James Bond, eu era James Black; em vez de Batman, era Blackman. As crianças negras, incluindo meus filhos, já não precisam fazer o mesmo. E isso é incrível. Eu gostaria de ter tido esse filme para me espelhar."

Em maio de 2015, o roteiro de *Pantera Negra* já tinha avançado o bastante para que Moore e Feige procurassem um diretor. Eles cortejaram publicamente sua primeira escolha, Ava DuVernay, uma ex-publicitária que ascendera rapidamente ao topo após *Selma: uma luta pela igualdade*, seu longa-metragem de 2014 sobre o movimento dos direitos civis. "Tenho fixação por pessoas negras trabalhando em filmes — acho que é importante",[6] falou ela. "Os filmes afetam a maneira como nos vemos como negros e a maneira como somos vistos pelas outras pessoas." A Marvel Studios ofereceu a ela a escolha entre dois projetos inovadores em termos de representação: *Pantera Negra* e *Capitã Marvel*.

DuVernay gravitou na direção de *Pantera Negra*, reconhecendo sua potencial importância na cultura popular, mas acabou recusando o trabalho. "Direi apenas que tínhamos ideias diferentes sobre como seria a história. A Marvel tem uma maneira de fazer as coisas, e acho que eles são fantásticos e muitas pessoas adoram o que fazem. Adoro o fato de terem me procurado. Adorei conhecer Chadwick, os roteiristas e todos os executivos da Marvel",[7] afirmou ela. "No fim, tudo se resumiu à história e à perspectiva. Não concordávamos sobre elas. Achei melhor reconhecer isso naquele momento do que citar diferenças criativas mais tarde."

A Marvel também conversou com F. Gary Gray (previamente considerado para *O Soldado Invernal*) e Ryan Coogler (*Fruitvale Station: a última parada*), que se tornou candidato após o lançamento de *Creed: nascido para lutar*, em novembro de 2015. O filme, um spin-off de *Rocky*, demonstrou que Coogler podia criar um filme de sucesso baseado em uma propriedade intelectual preexistente. Quando Gray decidiu dirigir *Velozes e furiosos 8*, Coogler acabou se tornando a principal escolha da Marvel.

Moore se lembrou da reunião crucial entre Coogler e Feige: "Uma das perguntas que ele fez a Kevin foi: 'Você já se deu conta de que o elenco desse filme será predominantemente negro?'"[8]

A resposta casual de Feige: "Sim, é óbvio. É por isso que estamos fazendo isso."

Para conseguir o trabalho, Coogler também precisou da aprovação de Boseman. "Pela maneira como trabalha, sinto que ele é muito metódico",[9] opinou Boseman. "É um cara cerebral e tem uma espécie de intuição ao trabalhar com todos os diferentes departamentos. Acho que ele traz o cineasta independente para um filme de grande orçamento, e isso dá certa abrasividade e realismo a algo que é fantasia."

Coogler, oficialmente contratado em janeiro de 2016, queria que a nação oculta de Wakanda parecesse tanto plausível quanto afrofuturista. Ele convenceu a Marvel Studios de que, para conseguir esse equilíbrio, precisava preterir os artistas da casa e chamar sua própria equipe de chefes de departamento, notadamente Rachel Morrison, a primeira diretora de fotografia em um filme da Marvel Studios; a designer de produção Hannah Beachler, que trabalhara em *Moonlight: sob a luz do luar* e no "álbum visual" de Beyonce, *Lemonade*; e a reverenciada designer de figurinos Ruth E. Carter, que trabalhara em uma dezena de filmes com Spike Lee desde *Revolução estudantil* em 1988 e fora indicada ao Oscar por *Malcolm X*, de Lee, e *Amistad*, de Steven Spielberg.

Durante a pré-produção, a equipe de *Pantera Negra* fez várias viagens à África. Carter passou algum tempo na África Central, ao passo que o compositor Ludwig Goransson participou de uma turnê do músico senegalês Baaba Maal. Coogler e muitos de seus chefes de departamento fizeram uma peregrinação até a costa leste do continente, começando pela província sul-africana de Kwazulu-Natal. Pelo caminho, visitaram cientistas para discutir as propriedades sônicas e de concussão do metal fictício vibranium (o extremamente valioso minério encontrado somente em Wakanda; o escudo do Capitão América é feito de vibranium), procuraram locações e reuniram referências visuais. "Quando retornei, retrabalhamos tudo",[10] disse Beachler. "Muita coisa foi feita por causa da experiência de tocar, sentir, estar lá e ver."

O aspecto mais radical de Wakanda, como estabelecido nas revistas em quadrinhos, não era o vibranium: era o fato de a nação não ter sido tocada por vorazes potências coloniais. "Era um desafio muito grande porque se tratava de uma nação que jamais fora colonizada ou experimentara a escravidão — não há muita representação disso em nenhum lugar do mundo",[11] contou Beachler. Wakanda era uma utopia tecnológica e, consequentemente, uma afiada crítica aos impérios europeus ocidentais: imaginar o país é perguntar o que as pessoas negras poderiam ter realizado na África se não tivessem sido acorrentadas e removidas do continente.

"Pode-se dizer que essa nação africana é pura fantasia",[12] disse Boseman. "Mas usar ideias, lugares e conceitos africanos reais e inseri-los no conceito de Wakanda é uma grande oportunidade de desenvolver uma noção do que é essa identidade, especialmente quando você está desconectado dela."

Trabalhando com Coogler, Beachler misturou designs tradicionais de nações subsaarianas (como Nigéria, Quênia e Burundi) com tecnologias especulativas; ela colocou aeronaves de levitação magnética, que achava ainda estarem a uns 25 anos de distância no mundo real, ao lado de "arranha-céus com teto de palha".[13] E gerou uma "Bíblia de Wakanda" de 515 páginas que esboçava não somente as influências no design, mas também as diferentes culturas de Wakanda e como interagiam visualmente. As cores tinham peso temático — púrpura era realeza e sabedoria, azul era colonização, verde era conexão com a Terra. Quando desenhou as roupas, Carter desenvolveu ainda mais esses padrões visuais. "Eu diria que o modelo afrofuturista é uma característica que atravessa toda a comunidade de Wakanda",[14] falou ela.

O desempenho de Boseman como T'Challa enriqueceu o retrato de Wakanda — e esse relacionamento foi uma via de mão dupla. "Aquilo que o distingue é o fato de que ele é o governante de uma nação",[15] afirmou Boseman, "e seu interesse é primariamente o bem dessa nação, aquilo que será positivo para ela."

Sem a interferência do Comitê Criativo, a Marvel Studios deu a Coogler relativa liberdade para fazer o filme que queria. Ele nem mesmo foi pressionado para incorporar outros personagens do UCM. (Ele acabou incluindo Sebastian Stan como Soldado Invernal em uma cena pós-créditos.) Coogler chamou seu frequente colaborador Michael B. Jordan para interpretar o moralmente complexo antagonista Erik Killmonger, comparando a dinâmica

Boseman-Jordan a Denzel Washington contracenando com Wesley Snipes. E completou o elenco com Lupita Nyong'o, Angela Bassett, Forest Whitaker, Daniel Kaluuya e Letitia Wright. Danai Gurira participou como Okoye, líder das Dora Milaje, a força de segurança composta só por mulheres — e, seguindo o código de cores, usando vermelho-escuro. A escolha do sotaque xhosa feita por Boseman em *Guerra civil* se tornou o modelo vocal para os atores interpretando outros habitantes de Wakanda.

Em algum momento de 2016, Boseman foi diagnosticado com câncer de cólon avançado, mas manteve a informação em segredo. Somente algumas pessoas mais próximas a ele sabiam, incluindo seu parceiro de produção, Logan Coles; seu agente de longa data, Michael Greene; e seu personal trainer, Addison Henderson. Durante a produção de *Pantera Negra*, Coogler não estava ciente do sério problema de saúde de seu protagonista. O irmão de Boseman, Derrick, disse que ele não queria que as pessoas se preocupassem; o ator também parecia acreditar que venceria o câncer e tentou evitar que o diagnóstico impedisse ou desacelerasse seu trabalho. Não se tratava da vaidade de um homem tentando conseguir mais tempo sob os holofotes, mas da intensidade de um artista que acreditava na importância do papel que interpretava.

Spike Lee, que dirigiu Boseman no drama sobre o Vietnã, *Destacamento Blood*, filmado três anos após o diagnóstico, disse que o ator jamais reclamou das dificílimas cenas na selva. "Ele não parecia bem, mas nunca parei para pensar que ele tinha câncer",[16] contou Lee. "Eu entendo por que Chadwick não me contou, porque não queria que eu pegasse leve com ele. Se eu soubesse, não o teria obrigado a fazer tudo aquilo. E eu o respeito por isso."

✳

A produção de *Pantera Negra* começou em janeiro de 2016, no Pinewood Atlanta Studios (mais tarde renomeado Trilith Studios) na Geórgia, que recentemente se tornara a principal locação das filmagens da Marvel. Beachler construiu grandes cenários, incluindo uma majestosa arena de lutas em uma cachoeira chamada Warrior Falls ["cascata do guerreiro"]: com 36 metros de largura e 12 metros de altura, por ela circulavam mais de 470 mil litros de água. A produção filmou no cenário externo de Warrior Falls durante duas semanas; ele foi o local dos dois principais confrontos do filme, lutas de cena que ocorreriam sobre 15 centímetros de água parada.

Angela Bassett se lembra dos longos e abafados dias em Warrior Falls. "Tínhamos jornadas de dez horas, que eles chamam de 'horas francesas' e, na verdade, significam 'almoce quando der'",[17] contou ela. No segundo dia, muitos integrantes do elenco estavam piscando mais que o comum e se perguntando se havia cloro demais na água. "No terceiro dia, olhei para Daniel e Lupita e seus olhos estavam muito vermelhos e injetados." Um dia depois, os atores tiveram problemas para abrir os olhos. Os produtores testaram a água para determinar seu pH e a presença de patógenos, mas tudo parecia bem. E finalmente descobriram o culpado: as luzes de alta intensidade refletindo na água. "Nossos olhos tiveram queimaduras de sol!", disse Bassett. Todos os atores desenvolveram o hábito de usar óculos de sol entre as cenas.

Outro filme estava sendo filmado em Atlanta, *Vingadores: guerra infinita*, dirigido pelos irmãos Russo e com uma grande batalha no terceiro ato localizada em Wakanda. Isso significava que a equipe de *Guerra infinita* podia usar a perícia de suas contrapartes em *Pantera Negra* para definir o visual de Wakanda e que os atores que trabalhavam em ambos os filmes podiam fazê-lo simultaneamente. Letitia Wright, Danai Gurira, Winston Duke e Boseman eram os embaixadores de Wakanda no set de *Guerra infinita*.

"Eu me lembro de Chadwick nos chamar e explicar a mitologia que eles estavam desenvolvendo",[18] disse Joe Russo.

"Ele trabalhou com os outros atores no processo de criação de Wakanda",[19] continuou Anthony Russo.

"Ele ensinou os cânticos, a pronúncia, a dicção, a formação que eles usariam, como seria sua posição de ataque",[20] acrescentou Joe.

E Anthony resumiu: "Ele era o líder de Wakanda."[21]

Coogler queria iniciar e terminar a história de *Pantera Negra* em Oakland, Califórnia, sua cidade natal. Com algumas alterações digitais na arquitetura de fundo, um condomínio em Atlanta fez as vezes de Oakland.

Do outro lado da rua ficava o King Center, a fundação também conhecida como Centro para a Mudança Social sem Violência, que continuava a obra de Martin Luther King Júnior. Bernice King, filha dele, visitou o set e lembrou ao elenco e à equipe o impacto de seu esforço coletivo. "[Ela] apertou a mão de todo mundo e abençoou o projeto",[22] lembrou Coogler. "Foi muito intenso."

As filmagens terminaram na Coreia do Sul — uma perseguição pelas ruas de Busan — e na África, onde a segunda unidade filmou cenas em Uganda, Zâmbia e África do Sul. Em abril de 2017, Coogler foi para a sala de edição com Michael Shawver (seu colaborador em *Fruitvale Station* e *Creed*) e a veterana da Marvel Debbie Berman (*Homem-Aranha: de volta ao lar*). "Trabalhamos em seções separadas",[23] disse Berman. "Em um filme com tantos efeitos, pode ser útil cada um cuidar de uma parte. Mas sempre colaboramos e comentamos as cenas uns dos outros." O filme tinha personagens femininas importantes, e Berman cuidava delas: "Eu me importava muito com as mulheres que estavam no filme. Elas eram minhas garotas, e eu as protegia."

Quando visitou o set durante as rotineiras refilmagens, Berman sentiu todo o impacto da diversidade de *Pantera Negra*. "Quando fui ao set para a fotografia adicional, subitamente tive um estalo",[24] contou ela. "Ryan, Rachel [Morrison] e eu estávamos discutindo uma cena e, então, me dei conta de que éramos um afro-americano na direção e duas mulheres, uma diretora de fotografia e a outra editora, produzindo um filme de 200 milhões de dólares."

A representação das mulheres no filme foi profundamente importante para muitas pessoas que trabalharam nele. Letitia Wright, que interpretou Shuri, irmã de T'Challa e gênio tecnológico, disse: "Parabéns para Ryan [Coogler], Joe [Robert Cole] e o pessoal da Marvel por não transformarem os homens naqueles que sempre salvam o dia. Mulheres fazendo coisas incríveis na tela: não vi muito disso enquanto estava crescendo."[25]

Dado o histórico da Marvel com personagens femininos e racializados, a pressão para que *Pantera Negra* fosse um sucesso era enorme. Nas palavras de Boseman: "Como esse filme é o primeiro do gênero, você quer ter certeza de que está trabalhando direito. Há o medo de que, caso ele não seja bom, muito tempo se passe antes que algo parecido aconteça novamente. Então você trabalha não somente por si mesmo, mas pelos outros artistas que virão depois."[26]

Todos os dias, os artistas da Marvel Studios em Burbank assistiam às cenas enviadas por Coogler e sua equipe. E rapidamente perceberam que tinham um sucesso nas mãos. Em junho de 2017, o estúdio divulgou o trailer de *Pantera Negra* durante o quarto jogo das finais da NBA; on-line, ele teve 89 milhões de visualizações em 24 horas, o mais visto de qualquer época, com exceção do trailer de *Star Wars: os últimos Jedi*. Um mês depois, na San Diego Comic-Con, Coogler exibiu a luta no cassino que leva à perseguição em Busan. Boseman e os outros atores, sentados no palco do Corredor H, viraram-se para assistir; era a primeira vez que viam a cena completa. Ao final, a multidão os ovacionou de pé. "Vi Chad chorar",[27] contou o ator Daniel Kaluuya, que espontaneamente começou a abraçar o restante do elenco. "Eu me sinto abençoado por fazer parte de algo assim. Me sinto muito privilegiado."

Em resposta a esse entusiasmo, a Marvel Studios intensificou a publicidade, investindo cerca de 150 milhões de dólares, uma quantia comumente reservada aos filmes da franquia *Vingadores*. *Pantera Negra* foi lançado em 16 de fevereiro de 2018, no Mês da História Negra, e teve as melhores críticas já recebidas pelo estúdio, com a visão afrofuturista de Coogler sendo saudada como autêntica arte popular negra. O filme foi o primeiro, desde *Avatar*, de James Cameron, a permanecer no topo das bilheterias norte-americanas por cinco semanas seguidas. E faturou 1,347 bilhão de dólares em todo o mundo, negando a crença de que fevereiro era uma época de filmes malsucedidos e, ainda mais importante, de que filmes com protagonistas negros não vendiam bem no exterior. *Pantera Negra* teve o maior faturamento de um filme dirigido por um diretor negro, o maior faturamento de um filme solo de super-herói e o nono maior faturamento de qualquer filme em qualquer época.

Embora tivesse chamado o compositor Goransson, que colaborara com ele em *Fruitvale Station* e *Creed*, para criar a trilha sonora de *Pantera Negra*, Coogler também quis trabalhar com o rapper Kendrick Lamar. "Sou fã de Kendrick desde a primeira vez que ouvi uma de suas mixtapes",[28] disse ele.

Após assistir a uma versão inicial de *Pantera Negra*, o rapper respondeu com três canções para a trilha sonora e lançou um álbum inteiro inspirado no filme. "Corrompa o coração de um homem com um presente / É assim que você descobre com quem está lidando", compôs Lamar em "All the Stars", sua colaboração com a cantora SZA, a primeira música do álbum.

A Marvel e o hip-hop tinham uma longa história, mas, no passado, o diálogo era unidirecional: os artistas se inspiravam nos quadrinhos, mas recebiam pouco reconhecimento em troca. Rappers como MF Doom e Eminem fizeram referência à Marvel, mas o fã mais proeminente provavelmente foi Dennis Coles, que fazia parte da Wu-Tang Clan como Ghostface Killah. Em seu primeiro álbum solo, *Ironman*, ele usou grande parte da mitologia do personagem, chegando a alterar seu nome para "Tony Starks". Ghostface, que às vezes também se apresentava como "the kid", filmara um cameo no primeiro *Homem de Ferro*, onze anos antes. "Fiquei bem na fita porque Robert Downey Jr. me reconheceu assim que me viu",[29] afirmou Ghostface. "Ele disse: 'E aí, Tony!'"

Mas o cameo de Ghostface acabou sendo cortado e, embora a Marvel Comics tivesse publicado algumas capas alternativas, inspiradas pelo grafite e pela cultura hip-hop, entre 2015 e 2017, ela parecia relutante em explorar o elo entre a comunidade do rap e seus heróis pretos. O mixtape de grande orçamento de Lamar, *Black Panter: The Album*, mudou isso: ele ficou no primeiro lugar das paradas norte-americanas e transformou Lamar na voz oficial de Wakanda, cimentando ainda mais o lugar do filme na cultura negra.

✴

Ava DuVernay não dirigiu *Pantera Negra*, mas não parou de pensar no filme e em por que comovera tanto os espectadores, especialmente as pessoas negras. "Wakanda é um sonho",[30] disse ela, "um lugar que está no coração e no espírito das pessoas negras desde que fomos trazidos acorrentados para cá."

Embora o filme tivesse sido lançado treze meses antes da cerimônia do Oscar, em março de 2019, e não fosse um dos filmes de prestígio que costumavam ser favorecidos pela premiação, parecia um candidato viável. Tratava-se de cinema de alta qualidade, extremamente popular e um antídoto para antigos problemas raciais na Academia (como capturados pela ativista April Reign na popular hashtag #OscarsSoWhite). "Se eu acho que ele merece ser indicado a melhor filme? Não cabe a mim dizer",[31] comentou Michael B. Jordan. "Mas não tenho problemas em ouvir outras pessoas dizendo isso."

A Disney, ignorando as preocupações de Nova York, gastou dinheiro em uma séria campanha para o Oscar, uma despesa que Ike Perlmutter sempre evitara nos outros filmes da Marvel. *Pantera Negra* terminou com sete indicações, incluindo melhor filme (o primeiro filme de super-herói a ser indicado nessa categoria) e melhor canção original por "All the Stars". O filme ficaria com três estatuetas: Ludwig Goransson por melhor trilha sonora original, Ruth E. Carter por melhor figurino e Hannah Beachler por melhor design de produção (a primeira vez que uma pessoa negra foi sequer indicada nessa categoria).

A Marvel Studios sempre buscou diretores que sabiam obedecer a ordens ou, ao menos, ceder o controle em questões de crossovers e cenas de ação complexas. Esses métodos haviam resultado em consistência e confiabilidade, mas também deram ao estúdio a reputação de interferência e hostilidade pelos diretores autorais. Como consequência, diretores talentosos como DuVernay evitavam o estúdio. Na Fase Três, no entanto, humilhado pela ruptura pública com Edgar Wright ou estimulado por já não precisar responder ao Comitê Criativo, o estúdio contratou mais diretores do mundo dos filmes independentes e empoderou alguns deles. Taika Waititi renovaria a franquia *Thor* ao transformar o terceiro filme, *Thor: Ragnarok*, em uma excêntrica comédia nos moldes de seu filme de vampiro *O que fazemos nas sombras* (ajudou o fato de ele estar disposto a entregar as sequências de ação ao departamento visual da Marvel). Para garantir que seu filme estivesse imerso nas tradições visuais da África, e não de Burbank, Ryan Coogler insistira em contratar artistas e designers negros — e mostrara como a Marvel Studios podia se beneficiar ao contratar a pessoa certa e sair do caminho. *Pantera Negra* não somente faturou mais de 1 bilhão de dólares em bilheterias, como também elevou todo o gênero, insistindo que um filme sobre um herói fantasiado podia ser um evento cultural legítimo, não somente distração barata.

Mesmo sem um Oscar de melhor filme, *Pantera Negra* mudou a trajetória do UCM. Com Robert Downey Jr. e Chris Evans chegando ao fim de seus contratos, a Marvel Studios acreditava poder contar com o radiante Chadwick Boseman como T'Challa, rei de Wakanda. Coogler foi rapidamente contratado para dirigir a sequência e desenvolver uma série de TV. A pandemia da Covid-19 interrompeu temporariamente as produções cinematográficas, mas as filmagens foram programadas para começar em março de 2021. E então, em 28 de agosto de 2020, Boseman morreu em função de complicações geradas pelo câncer de cólon. Até uma semana antes de sua morte, ele estava convencido de que venceria a doença.

Em uma declaração oficial, Coogler disse: "Passei o último ano preparando, imaginando e escrevendo palavras que ele diria, palavras que não estávamos destinados a ouvir. Estou devastado por saber que não serei capaz de observar outro close-up dele no monitor ou andar até ele e pedir outro take."[32] O diretor e o estúdio decidiram eliminar o personagem T'Challa, porque pedir que outro ator substituísse Boseman parecia uma tarefa vã para todos os envolvidos. Em vez disso, eles modificaram o filme, que mostraria Wakanda lidando com a perda de seu protetor e rei, refletindo o pesar da vida real do elenco e da equipe de produção.

A Marvel lançaria a sequência, intitulada *Pantera Negra: Wakanda para sempre*, em novembro de 2022; seria o último filme da Fase Quatro do UCM. Centrado nas líderes de Wakanda, especialmente Shuri, interpretada por Letitia Wright, também introduziria dois novos personagens do UCM: o ator mexicano Tenoch Huerta Mejia daria vida ao majestoso monarca Namor (o Submarino) e a atriz norte-americana negra Dominique Thorne seria Riri Williams, uma jovem estudante do MIT que criaria sua própria armadura, inspirada na de Tony Stark, e chamaria a si mesma de Coração de Ferro. Namor seria rei de uma cidade perdida que no passado havia sido destruída pelo colonialismo, ao passo que Riri seria uma jovem genial, a herdeira tecnológica do Homem de Ferro.

Riri, Namor e Shuri seriam parte de um novo e vibrante Universo Cinematográfico Marvel, que Boseman tinha todas as razões para acreditar que lideraria. No set de *Ultimato*, ele ficara grato por Robert Downey Jr. se dar ao trabalho de dizer: "Ei, aí está você. Eis o que posso passar adiante ou ensinar."[33] Mas gostara particularmente da companhia dos outros integrantes da nova classe, como Tom Holland e a estrela de *Capitã Marvel*, Brie Larson; todos acreditavam que o sucesso de *Pantera Negra* seria um precursor de seu próprio futuro. "Brie, Tom Holland e eu estávamos conversando há algumas horas", disse ele em 2017. "Falando como isso é especial. E empolgante."

Logan Coles, o parceiro de produção de Boseman, contou que, em uma de suas últimas conversas, o ator o urgiu a continuar falando das realizações dos dois. Boseman instruiu: "Conte a eles o que fizemos. Conte sobre nosso trabalho e o que eu precisei enfrentar para contar essas histórias."[34]

24
Mais alto, mais longe, mais rápido

"O que acontecerá quando eu finalmente for libertada?"
Capitã Marvel

Analisando sua própria carreira, Victoria Alonso considerou *Capitã Marvel* um momento crucial. Ela supervisionara o aparato de pós-produção da Marvel Studios desde os primeiros dias, mas *Capitã Marvel* foi o primeiro filme no qual deixou de tentar provar sua competência e abraçou seu próprio legado. "Sempre digo que *Pantera Negra* e *Capitã Marvel* são as duas colunas que sustentam minha casa — minha casa no cinema",[1] disse ela. "São parte do legado que deixo para minha filha [...] Eles mostraram que está tudo bem ser diferente e ainda assim ter poder. Foi isso que *Pantera Negra* fez: ele inspirou outras pessoas a terem uma vida mais nobre. E *Capitã Marvel* as ajudou a encontrar sua voz. Quando as pessoas dizem que você sente demais, tem emoções demais ou não sabe o que fazer porque não sabe como se sente [...] você se dá conta de que sabe, sim. E o que você quer não é o mesmo que a outra pessoa quer."

A atriz Brie Larson passara muitos anos preenchendo seu próprio *self* com invenções de outras pessoas, interpretando uma mulher fictícia após a outra. "Minha identidade estava entrelaçada aos papéis que eu interpretava desde criança",[2] afirmou Larson. "Eu olhava meu guarda-roupa e só via roupas para testes: Brie parecendo mais velha, Brie na década de 1960, Brie na década de 1940, Brie parecendo mais jovem no futuro. Percebi que, quando se é atriz desde os 7 anos, há muitas histórias que não são realmente suas dentro de você. Foi uma bênção interpretar todas aquelas personagens, mas também confuso. E pesado."

Assim, quando considerou o papel de Carol Danvers, a Capitã Marvel, em 2016, logo depois de ganhar um Oscar por sua interpretação de uma mulher sequestrada em *O quarto de Jack*, Larson estava relutante. Por fim, decidiu que a melhor maneira de tirar vantagem dos limites incertos entre sua arte e sua identidade era interpretar uma heroína.

Kevin Feige anunciara o filme da Capitã Marvel na Kevin-Con em outubro de 2014, quando revelara o cronograma da Fase Três no El Capitan Theater. Mas o estúdio só contratara roteiristas para o projeto em abril de 2015, quando unira Meg LeFauve (uma das autoras de *Divertida mente*, da Pixar) e Nicole Perlman (a participante do Programa de Escritores que escrevera quatorze esboços do roteiro de *Guardiões da Galáxia*). "Eles me chamaram e começamos a conversar",[3] lembrou Perlman. "Eu e Meg temos um relacionamento muito bom. Eu a respeito muito. E nos damos bem na hora de escrever. Conversamos muito sobre a personagem e sobre como era importante que não fosse uma história sobre uma mulher encontrando seu poder, mas sim sobre uma mulher entendendo que a força vem da emoção e da humanidade."

LeFauve e Perlman tiveram muito tempo para contemplar os temas do roteiro porque, enquanto se preparava para *Vingadores: guerra infinita* e *Vingadores: ultimato*, a Marvel Studios alterava com frequência seus planos para a Fase Três e, consequentemente, o lugar da Capitã Marvel dentro dela. "O processo durou mais de um ano e meio. Eles falavam sobre isso sempre que tinham tempinho entre as filmagens dos outros filmes",[4] disse Perlman. "E, toda vez que conversávamos, algo mudava em função do que eles pretendiam fazer com os Vingadores. Então não foi simplesmente um caso de 'Crie uma grande história'. Foi algo mais como 'Crie cinco versões diferentes de como poderia ser a história'. E depois 'Vamos conversar sobre o que está funcionando em cada uma dessas cinco versões e então fazer tudo de novo'. Foi um processo iterativo."

Carol Danvers fez sua estreia na Marvel Comics em 1968 como personagem secundária, uma oficial da Força Aérea dos Estados Unidos. Em

1977, ela adquirira superpoderes e se tornara Miss Marvel, cujo trabalho na vida civil era ser editora da revista *Woman*, usando minissaia. A personagem representava os esforços da Marvel para acompanhar o movimento de "liberação feminina" — "Essa mulher sabe lutar!", prometia a capa da primeira edição —, mas era escrita em sua maioria por homens, que não entendiam o feminismo ou simplesmente agiam com hostilidade em relação a ele. (Em uma história na qual Miss Marvel fazia parte dos Vingadores, ela engravidava e era sequestrada por um alienígena enquanto o restante da equipe observava passivamente.) Em momentos alternados, Carol perdia a memória, perdia os poderes e até mesmo abandonava o nome Miss Marvel durante anos, adotando os codinomes Binária e Warbird.

Em 2012, no entanto, a Marvel Comics deu um reboot na personagem e a chamou de Capitã Marvel, um título com uma história ressonante, mas complicada. O principal herói da Fawcett Comics na década de 1940 era o superpoderoso Capitão Marvel, mas a DC acabou processando a editora na época, alegando que o personagem era muito similar ao Superman. Após um longo processo, em 1953 a Fawcett deixou de publicar histórias do personagem; em 1967, a Marvel percebeu que os direitos do nome estavam vencidos e registrou seu próprio Capitão Marvel, um guerreiro da raça alienígena kree chamado Mar-Vell. (Em 1972, a DC comprou a propriedade intelectual da Fawcett e integrou o Capitão Marvel a seus próprios quadrinhos, em geral com o nome Shazam.) Mar-Vell tivera várias aventuras cósmicas, às vezes alternando realidades com seu assistente humano, Rick Jones, antes de morrer de câncer em uma história de 1982. Depois disso, vários outros personagens, incluindo Monica Rambeau, adotaram o nome Capitão/Capitã Marvel por breves períodos, principalmente porque a Marvel queria manter um personagem ativo ligado ao nome a fim de não perder controle sobre a marca registrada.

Transformar Carol Danvers na nova Capitã deu à Marvel a chance de reconsiderar a personagem — e sua aparência. "Nos quadrinhos, quanto mais você recua no tempo, menos roupas Carol Danvers parece estar usando",[5] observou Feige. "Frequentemente é apenas um maiô." A escritora Kelly Sue DeConnick contratou o artista Jamie McKelvie para renovar a aparência de Danvers, resultando em um visual super-heroico com um traje de voo. A

Marvel não autorizou o trabalho de McKelvie, mas DeConnick prometeu que o pagaria se a Marvel não o fizesse. Por fim, a Marvel concordou.

O trabalho de DeConnick em *Capitã Marvel* foi um sucesso para além das vendas: ao tratar Carol Danvers como uma das principais heroínas da Marvel, ela inspirou uma legião de fãs que se autodenominava Carol Corps. Quando soube que a Marvel Studios faria um filme baseado em sua versão da personagem — Carol Danvers como Capitã Marvel —, ela decidiu que estava na hora de ir embora. "Pedi demissão uma semana depois de o filme ser anunciado",[6] explicou ela. "Eu escrevo devagar e estava tendo problemas com os prazos. Se fosse abrir mão de alguma responsabilidade, tinha de ser a revista, que não era minha. Havia certo maquiavelismo na decisão: eu podia ficar e trabalhar na revista por mais três anos, sem permitir que a qualidade caísse, ou podia ir embora no auge, recebendo o crédito por ter feito o filme acontecer." Ela logo descobriu que, embora tivesse desistido da Capitã Marvel, a Capitã Marvel ainda não desistira dela.

A Marvel Studios contatou DeConnick em sua casa em Portland, no Oregon, e pediu que fosse a Los Angeles para uma reunião com Feige, Jonathan Schwartz (ex-assistente de Feige e produtor criativo do filme) e Mary Livanos (uma executiva de desenvolvimento em rápida ascensão). Eles conversaram por algumas horas, discutindo todos os temas relacionados a Carol. A reunião correu bem, mas, no voo de volta, DeConnick achou que não se explicara direito. "Eu disse: 'O lance sobre a Capitã é que ela sempre se levanta.' Kevin respondeu: 'Não, esse é o Capitão.' Ele até diz: 'Eu posso fazer isso o dia inteiro.' Eu insisti que essa era uma característica da Carol, mas não articulei muito bem a diferença, o que me incomodou."[7]

Então DeConnick percebeu que sabia como explicar. "A diferença é que Steve sempre se levanta porque essa é a coisa certa a fazer. Carol se levanta — bom, o que costumo dizer inclui um palavrão, o que a Disney 'adora' —, ela se levanta porque *foda-se tudo isso*. Não por ser correta ou justa, mas porque está furiosa."

Em casa, DeConnick compôs um longo e-mail explicando sua teoria sobre os clássicos triângulos do cinema. "Kirk é Spock mais McCoy. Harry é Ron mais Hermione. Luke é Han mais Leia. Essa é a fórmula. E Carol é Steve mais Tony. Ela tem a coragem e a ginga de Tony e sabe usar uma chave inglesa, mas também é um soldado, assim como Steve, e tem senso de dever." Ela enviou o e-mail. O resultado foi que a Marvel pagou para que ela permanecesse à disposição enquanto o filme era produzido, a fim de que pudesse ser acionada para falar sobre a personagem.

O estúdio estava tendo problemas para encontrar um diretor, já que era difícil atrair talentos para um projeto ainda incipiente e claramente secundário em relação aos dois próximos filmes dos Vingadores. "Estamos tentando estabelecer um pouco mais a história antes de chamar um cineasta",[8] disse Feige em outubro de 2016. Quando lhe perguntaram se *Capitã Marvel* não precisava de uma diretora, Feige desconversou. "A questão é que precisamos encontrar o melhor diretor para cada filme. Esse é o ponto de partida. Se a diversidade fizer parte disso, ótimo. É importante. Vamos começar a ver mudanças na indústria como um todo conforme mais cineastas conquistarem seu espaço e participarem de filmes assim [...] às vezes, olho para trás e vejo que essa é a natureza da indústria, a natureza da cultura. Mas uma grande mudança está em curso. O que é emocionante em relação à Marvel é o material que usamos como fonte: ele é diverso, e de vanguarda, desde a década de 1960, e representamos isso com naturalidade e fidelidade nos filmes que fizemos até agora, mas, certamente, com *Pantera Negra* e *Capitã Marvel* estamos fazendo isso de maneira mais aberta e proposital."[9]

Perlman e LeFauve, ao menos, pensavam propositadamente em como Carol Danvers representaria metade da humanidade. "Eu me lembro de enviar a Nicole um artigo sobre o ensino de programação a garotas, sobre como elas estavam tendo dificuldades e desistindo do curso",[10] disse LeFauve. "'Vamos conversar sobre isso. Por que ensinam às garotas que elas não podem cometer erros? Por que ensinam que não podem aceitar seus próprios poderes?' Foram muitas discussões — usamos muitas de nossas experiências."

Ser casada com um veterano ajudou Perlman nas partes da história de origem que envolviam o fato de Carol Danvers ser piloto da Força Aérea — e também influenciou a representação da guerreira kree chamada "Vers" (era quem Danvers acreditava ser antes de ter sua memória restaurada). "Meu marido foi convocado logo após o 11 de Setembro",[11] afirmou Perlman, "e tinha certeza de estar lutando do lado certo. Ele era oficial de armas químicas e, obviamente, não havia armas químicas no Iraque, então ele se perguntou: 'E se eu não for um dos caras bons nessa situação?' Isso foi uma grande influência para *Capitã Marvel*. Ela acredita estar do lado do bem. O que aconteceria se essa crença fosse abalada? Esse era um elemento importante que precisava ser incluído."

A Marvel precisava que o filme fosse de época, anterior aos eventos de *Homem de Ferro*, a fim de evitar questões sobre como a Capitã Marvel interagiria com a S.H.I.E.L.D. e os vários vingadores. Mas a continuidade do UCM se estendia ao passado: como alguém como Howard Stark não saberia sobre a Capitã Marvel? Por que o mundo ficaria chocado com Tony Stark admitindo ser o Homem de Ferro se já havia uma super-heroína voando por lá? Dadas essas complicações, as roteiristas tiveram dificuldade em escolher a era ideal para *Capitã Marvel*.

"Não escrevemos um tratamento, mas discutimos a ideia de situar o filme na década de 1960",[12] contou Perlman. "Então *Estrelas além do tempo* foi lançado e não quisemos situar algo no mesmo período. Conversamos brevemente sobre a década de 1980 e decidimos: 'Não, vamos fazer na década de 1990.' Criamos alguns esboços, incluindo o bug do milênio, que era uma boa desculpa para encobrir algumas inconsistências. Mas como ela ficou fora do radar de todo mundo?" A solução foi dar a Carol Danvers uma história de origem na Terra, mas mantê-la fora do planeta por algumas décadas. Perlman e LeFauve situaram a história de *Capitã Marvel* na década de 1990. O filme também funcionava como história de origem de Nick Fury, mostrando de onde viera seu interesse por super-heróis e explicando como perdera um dos olhos: uma parte significativa do filme consiste em Brie Larson e (um digitalmente rejuvenescido) Samuel L. Jackson no que é no fundo uma comédia. Mas a essência da história é Carol Danvers acreditar ser Vers e vir à Terra atrás dos metamorfos skrulls. Nos quadrinhos, os malévolos skrulls são antigos inimigos dos terráqueos, mas, no filme, provaram ser vítimas dos krees. "Era muito importante que os skrulls não fossem os caras maus; eles eram refugiados",[13] disse Perlman. Ela dá a Larson o crédito por essa mudança crucial. "Quando eu e Meg conhecemos Brie, ficamos pasmas com sua empatia. Acho que foi a primeira vez que conversamos sobre empatia como superpoder, por ficarmos impressionadas com o quanto Brie

Larson realmente se importa." As roteiristas entregaram à Marvel Studios o esboço de seu roteiro em dezembro de 2016; agora o estúdio precisava encontrar um diretor.

✳

"Isso não foi oferecido a nós, foi algo que encontramos depois de procurar muito",[14] disse Anna Boden, falando de *Capitã Marvel*. "Certamente, nosso agente apresentou projetos que ele achava que deveríamos aceitar, mas sabíamos que teríamos que amar o personagem para nos dedicarmos a ele."

Boden e seu parceiro de direção, Ryan Fleck, haviam produzido filmes independentes muito elogiados, como *Half Nelson: encurralados*, *Parceiros de jogo* e *Perseguindo um sonho*, mas sabiam que isso não os tornava candidatos óbvios para um filme de super-herói. Eles haviam sido considerados para substituir Edgar Wright em *Homem-Formiga* e, quando quiseram o trabalho em *Capitã Marvel*, leram pilhas de revistas em quadrinhos, absorvendo tudo que podiam da história impressa de Carol Danvers. "Embora gostássemos da personagem e da ideia de Brie, precisávamos ter certeza de que saberíamos o que fazer", afirmou Boden. Admitidamente, eles eram "péssimos vendedores", mas compensavam isso com entusiasmo e grande talento para apresentar personagens complexos na telona.

Feige os contratou, uma decisão que mais tarde descreveu como baseada "na crença de que não perderiam a personagem no meio do espetáculo, da diversão e dos efeitos especiais".[15] Após conversar com Larson, Bowen e Fleck reescreveram o roteiro com a escritora de *Tomb Raider*, Geneva Robertson-Dworet. "Brie também é escritora e diretora, então pensa no filme inteiro para ter certeza de que a jornada de todos os personagens conta uma história coerente",[16] disse Robertson-Dworet. "Mas, se já assistiu a algum filme de Anna e Ryan, você sabe que uma coisa notável no trabalho deles é que mesmo os personagens secundários parecem incrivelmente verdadeiros e têm profundidade. Era muito importante para todos que as personagens fossem fortes e cheias de nuances."

Larson se preparou para interpretar a Capitã Marvel, adotando uma rigorosa rotina de exercícios que lhe daria a forma física de uma super-

-heroína — em alguns treinos, o preparador físico Jason Walsh a ajudaria a empurrar seu Jeep ladeira acima — e pesquisando o background militar da personagem. Pela primeira vez desde os filmes *Homem de Ferro* com Jon Favreau, a Marvel Studios e os militares norte-americanos trabalhariam juntos: a produção teria acesso à base aérea Edwards e seus caças F-15C, ao passo que o Pentágono aprovaria o roteiro. Essa cooperação significava que Larson podia visitar oficiais notáveis da Força Aérea. Ela foi até a base Nellis, em Nevada, para conhecer a comandante da 57th Wing, a major-general Jeannie Leavitt — que, em 1993, tornara-se a primeira piloto de caças da história da Força Aérea dos Estados Unidos.

Larson disse que a viagem aprofundou seu entendimento de Carol Danvers. "Nos quadrinhos, ela tem essa estranha combinação de ser muito autoconfiante e humilde, e também ter um humor seco",[17] observou Larson. "Quando cheguei à base, percebi que pilotos são assim: encontrei por toda parte certo nível de camaradagem e senso de humor."

Boden e Fleck filmaram a maior parte de *Capitã Marvel* na Califórnia, graças a um crédito fiscal da Comissão de Cinema que devolveria 20 milhões de dólares do orçamento, desde que o estúdio gastasse ao menos 100 milhões no estado. Embora os diretores tivessem experiência limitada com efeitos especiais, filmar na Califórnia lhes deu fácil acesso ao aparato visual da Marvel Studios, do desenvolvimento de quadros-chave e pré-visualizações ao departamento de pós-produção de Victoria Alonso. "Existe certa camaradagem na Marvel Studios que é encorajada e ocorre diariamente",[18] declarou Feige. "Anna e Ryan estavam trabalhando em *Capitã Marvel* e conversando com Taika, que acabara de finalizar *Ragnarok*, e com Ryan Coogler, que estava no meio da pós-produção."

A Marvel anunciou a chegada da Capitã Marvel na cena pós-créditos de *Vingadores: guerra infinita* — antes de se transformar em cinzas, Nick Fury aciona um pager com o logo da personagem. O trailer de *Capitã Marvel* dramaticamente transformava a palavra *Her* [ela] em *A Hero* [uma heroína]. Embora o UCM sempre tenha dado pouca atenção a heroínas e heróis pertencentes a minorias, a Marvel Studios agora investia ativamente nos potenciais espectadores que antes negligenciara. O estúdio alardeou o pioneirismo de filmes como *Pantera Negra* e *Capitã Marvel*, esperando que ninguém notasse que só eram inovadores porque a Marvel sempre se recusara a produzi-los. A Capitã Marvel estava mais obviamente atrasada, devendo muito à existência e ao sucesso de *Mulher-Maravilha*, lançado pela Warner Bros. dois anos antes, em 2017. Feige elogiou *Mulher-Maravilha* na época, mas observou: *"Capitã Marvel é um tipo muito diferente de filme. Acho que eles [a Warner Bros.] ficaram com o fardo maior da pergunta 'Será que as pessoas irão assistir a um filme com uma super-heroína?'",*[19] admitiu ele. "É sempre divertido ser o primeiro na maioria das coisas, mas acho que funcionará quando lançarmos nossos próximos filmes."

No auge da era dos super-heróis, a DC Films não era tão bem-sucedida quanto a Marvel Studios, mas criara um estilo distinto — brutal, bastante sério e praticamente sem alegria quando comparado aos filmes jocosos e engraçados do UCM. Com exceção de *Mulher-Maravilha*, a DC parecia estar constantemente dois passos atrás da Marvel. Quando o UCM decolou, o amigo de Feige e colega na Donner Company, Geoff Johns, tornou-se diretor criativo da DC Films entre 2010 e 2018, e forçou a barra para que seus super-heróis (Superman, Batman e Mulher-Maravilha, entre outros) existissem em um espaço compartilhado chamado de DCEU (ou "DC Extended Universe", "Universo Estendido da DC").

Richard Donner foi a fonte de outra conexão inesperada entre a DC e a Marvel, a partir do filme que dirigiu em 1978 e que deu início à era moderna de blockbusters de super-heróis. *"Superman: o filme* é até hoje o arquétipo de história de origem de um super-herói",[20] disse Feige. "Nós o assistimos antes de iniciar qualquer filme nosso."

Quando assistiu a *Mulher-Maravilha*, Larson começou a chorar, por razões que não conseguiu articular. Mais tarde, percebeu que era a realização de seus sonhos quando garotinha, os quais havia muito esquecera. "Quando era criança, eu queria ser aventureira",[21] contou ela. "Queria ser a espertona. Queria sujar as mãos."

Agora ela esperava que sua interpretação inspirasse outras pessoas. "A própria natureza desse filme significa que estou tendo conversas que sempre quis ter sobre o que significa ser mulher", declarou Larson. "O que é força, as complexidades da experiência feminina, a representação feminina. É surpreendente e bacana que meu primeiro grande filme ofereça esse tipo de conversa. Mas também foi por isso que esperei e fui meticulosa em relação aos trabalhos que escolhi."

Alonso passara anos trabalhando no escuro (literalmente, dadas as salas escuras nas quais ocorria grande parte da pós-produção), mas, quando *Capitã Marvel* foi lançado, teve seu momento sob os holofotes. Ela contou aos repórteres sobre sua jornada e sobre como, ao chegar a Los Angeles, um de seus três empregos fora limpar as cabines dos aviões da Alaska Airlines. A Alaska Airlines fechou uma parceria para promover o filme e pintara imagens da Capitã Marvel em dois de seus aviões — quando viu o resultado durante uma reunião de marketing, Alonso começou a chorar.

Embora adorasse os filmes da Marvel, ela admitiu que não eram exatamente seus favoritos. "Eu escolheria assistir a *La La Land: cantando estações*, *Juno*, *12 anos de escravidão* ou *Moonlight: sob a luz do luar* antes de assistir a um filme de super-herói. Assisto a nossos filmes porque eles têm coração e uma mensagem. Eles têm mais de uma mensagem, e cabe a você encontrá-las. Você pode descascar nossos filmes como um cebola e encontrar essas mensagens. Algumas vezes, elas o farão chorar."[22]

Durante os períodos mais críticos da pós-produção — que eram praticamente todos, dado que agora a Marvel lançava três filmes por ano —, as jornadas de trabalho podiam durar vinte horas, em um cronograma particularmente difícil para as legiões anônimas de artistas de CGI. Alonso fazia tudo que podia para melhorar o clima, pedindo pizzas e andando pelas salas com um bastão inflável com desenhos de smiley que apelidara de "bastão feliz". Ela o carregava para se assegurar de que "todo mundo se lembrasse de que também devíamos nos divertir".[23]

Há uma década, Trinh Tran começou a trabalhar na Marvel Studios; seu primeiro trabalho foi o de assistente em *Homem de Ferro* e, então, ocupou uma série de posições, até finalmente se tornar uma importante produtora criativa. Mais recentemente foi creditada como produtora executiva de *Guerra infinita*, *Ultimato* e da série de TV *Gavião Arqueiro* — um ano dessa década de Marvel, ela passou ao lado de Alonso, como sua assistente. "Desde o primeiro dia, Victoria me chamou para caminhar ao lado dela e me permitiu crescer",[24] disse Tran. "Os filmes são mais fortes quando as ideias são geradas e questionadas de diferentes perspectivas."

"Por que desejaríamos ser reconhecidos por um único tipo de pessoa?",[25] perguntou Alonso. "Nosso público é global, diverso, inclusivo. Se não agirmos da mesma maneira, teremos falhado. Se não insistirmos na diversidade e na inclusão, não continuaremos a ter sucesso." Ela sabia que a Marvel Studios ainda tinha muito a fazer. "A verdade é que, quando se trata de inclusão, temos que trabalhar mais. E ninguém sabe disso melhor que eu."

✳

Capitã Marvel, lançado em março de 2019, teve um faturamento global de 1,128 bilhão de dólares, ligeiramente atrás de *Pantera Negra*. Na maior escala possível, a Marvel Studios provou que as pessoas, afinal, queriam ver super-heróis que não eram interpretados por homens brancos chamados Chris. O sucesso de *Capitã Marvel* intensificou o senso de propósito de sua estrela. "O filme foi a maior e melhor oportunidade que eu poderia ter",[26] opinou Larson. "Foi meu superpoder. Aquela poderia ser minha forma de ativismo: trabalhar em um filme que seria exibido em todo o mundo e estaria em mais lugares do que eu poderia fisicamente estar."

Lashana Lynch, a atriz que interpretou Maria Rambeau, amiga de Carol Danvers, ficou orgulhosa com o fato de *Capitã Marvel* representar um amplo espectro de heroísmo feminino. "Mães solo trabalhando em um milhão de empregos ao mesmo tempo sem nunca se queixar: super-heroínas",[27] disse ela. "E as pilotos de combate, tão sub-representadas que chega a ser ridículo. Elas são super-heroínas. Ter todas elas no mesmo filme foi especial, mas, sério, acho que foi o início de um movimento." Lynch ficou extasiada com a reação das meninas ao filme. "Ele dá à geração mais jovem a oportunidade de ver isso como algo normal. Quando crescerem, elas não terão que pensar em quão duro precisarão trabalhar para se provarem."

O impacto cultural positivo de *Capitã Marvel* foi palpável — assim como a reação negativa. Pela primeira vez, um projeto do UCM foi "bombardeado com críticas": em uma campanha organizada antes mesmo de o filme ser lançado, dezenas de milhares de usuários lhe deram a nota mais baixa possível em websites como IMDb e Rotten Tomatoes, com muitas das críticas sendo pouco mais que queixas misóginas, incluindo acusações de que Larson não sorrira o suficiente no trailer. Sem terem visto o filme, muitos comentaristas anônimos já o odiavam. "Por nenhum dinheiro no mundo eu assistiria a essa merda produzida por justiceiros sociais, sem nenhum valor, cheia de ódio pelos homens brancos",[28] escreveu um usuário do Rotten Tomatoes. "Estou farto de ver a política identitária invadir a cultura pop. Brie Larson poderia ser atropelada por um ônibus e eu não derramaria uma lágrima." Embora qualquer filme que ousasse não estar centrado nas experiências e interesses de jovens brancos do sexo masculino fosse acusado de "política identitária", a raiva anônima contra as mulheres foi notadamente mais intensa: *Capitã Marvel* foi atacado com muito mais violência que *Pantera Negra*. Houve tantas críticas antecipadas no Rotten Tomatoes que o site interrompeu a avaliação dos usuários até a data oficial de lançamento. Isso desacelerou o fluxo de agressão, mas não o interrompeu.

Os ataques se acumulavam já havia algum tempo. No ano anterior, Larson chegara às manchetes ao defender mais diversidade entre os críticos de cinema, usando *Uma dobra no tempo*, dirigido por Ava DuVernay e estrelado pela adolescente negra Storm Reid na pele de Meg Murray, como exemplo de filme com o qual a maioria dos críticos era incapaz de se engajar. "Não preciso que um cara branco de 40 anos me diga o que não funcionou para ele em *Uma dobra no tempo*. Não foi feito para ele! Quero saber o que ele significou para mulheres pretas, mulheres birraciais, meninas pretas",[29] declarou Larson. "Estou dizendo que odeio caras brancos? Não, não estou. Estou dizendo que, se você fizer um filme que é uma carta de amor para mulheres pretas, há uma chance absurdamente baixa de que uma mulher preta assista ao seu filme e possa criticá-lo." A máfia da internet estava correta em achar que Larson queria mudar o *status quo*, o que só tornou seus integrantes ainda mais determinados a calá-la com críticas negativas, agressões on-line e vídeos no YouTube acusando-a de arruinar o UCM.

Mesmo que não conhecessem os detalhes da política corporativa da Marvel Entertainment, eles estavam concordando com Ike Perlmutter e o defunto Comitê Criativo, que haviam perdido a longa guerra para manter a Marvel Studios focada em personagens masculinos (e brancos). A Marvel Studios, sob Feige, Alonso e outros líderes, reconhecera que sua plateia era composta por centenas de milhões de pessoas, quase metade delas mulheres (de acordo com uma pesquisa realizada em 2021 pela Morning Consult) que adoravam o UCM — e não por um grupinho pequeno mas ruidoso de reclamões e trolls que faziam campanha contra os filmes do UCM com protagonistas femininas proeminentes, como *Eternos* e *Viúva Negra* (ambos lançados em 2021), por representarem o declínio da Marvel e a ascensão do "M-SHE-U" [algo como "Universo Feminino Marvel"]. O estúdio produziu filmes estrelados por mulheres e pessoas pretas com cada vez mais frequência e, na série de 2022 *Mulher-Hulk: defensora de heróis*, até mesmo fez com que a heroína, Jen Walters, combatesse os críticos on-line.

Larson parecia a porta-voz ideal para um UCM mais diversificado. "Não tenho tempo para isso", respondeu quando lhe perguntaram sobre os ataques. "As coisas com as quais realmente me importo, e para as quais tenho tempo, são uma dieta saudável, beber água suficiente, meditar, telefonar para minha mãe."[30] Mas a incansável agressão on-line pode desgastar até mesmo o temperamento mais otimista. Três anos depois, quando lhe perguntaram se retornaria como Capitã Marvel após o filme de 2023 *As Marvels*, Larson respondeu: "Não sei. Alguém quer que eu volte?"[31] A Marvel esperava que o Pantera Negra, a Capitã Marvel e o Homem-Aranha liderassem o UCM no novo milênio, mas esse já não parecia um futuro possível.

25
Estalar de dedos

"Todo mundo quer um final feliz, certo?"
Vingadores: ultimato

Uma lição surpreendente do UCM foi não caracterizar os super-heróis da maneira que a maioria das pessoas esperava. Trajes, frases de efeito, nomes — a Marvel Studios costumava dispensar o que definia certos heróis, representando sua essência de outras formas. Trajes que eram vívidos nas revistas em quadrinhos pareciam bobos na tela e, por isso, o Gavião Arqueiro, por exemplo, não usava uma máscara com um "H" [de Hawkeye, seu nome em inglês] gigantesco na testa. Os leitores dos quadrinhos adoravam a inevitabilidade de Hulk gritando "HULK ESMAGA!" quando ele iniciava sua destruição, mas, em *Os Vingadores*, seu bordão foi entregue ao Capitão América e astutamente transformado em comando: "Hulk, esmague." Wanda Maximoff apareceu em cinco filmes antes de alguém chamá-la de Feiticeira Escarlate.

Os super-heróis da Marvel, como demonstrou a Marvel Studios, eram definidos por suas ações e atitudes, não pelos aspectos que os tornavam familiares para os leitores (e proporcionavam bons brinquedos). Mas essas marcas registradas ainda podiam ser cuidadosamente usadas como *fan service*. E a Marvel Studios podia esperar pacientemente pelo momento certo. Seis anos após estrear em um traje opaco, o Visão finalmente surgiu em seu tradicional traje verde e amarelo em um episódio de Halloween da série *WandaVision*. Uma cena de luta nas revistas em quadrinhos dos Vingadores quase sempre incluía o grito "Vingadores, avante!" — mas, quando o Capitão América de Chris Evans começou a dizer a frase, o diretor Joss Whedon cortou a cena e entraram os créditos de *Vingadores: Era de Ultron*. Ninguém a diria na tela até *Vingadores: ultimato*, o vigésimo segundo filme do Universo Cinematográfico Marvel.

Embora a Fase Três do UCM tivesse sido marcada pela importância cultural de *Pantera Negra* e *Capitã Marvel*, o desafio de concluí-la era tematicamente mais simples, mas logisticamente muito mais complexo. *Vingadores: guerra infinita* e *Vingadores: ultimato* seriam o toque final de um projeto cinematográfico extremamente ambicioso que começara com *Homem de Ferro* em 2008 e rendera 12 bilhões de dólares. Ainda que o UCM fosse continuar após esses dois filmes, a Marvel Studios entendia que precisava de um clímax estrondoso para os arcos dramáticos de seus heróis mais icônicos. O estúdio queria finalizar de uma maneira que honrasse os primeiros momentos da saga e fizesse com que o trabalho de milhares de pessoas criativas parecesse um todo orgânico. O problema era que não sabia como fazer isso.

Kevin Feige descreveu o tremendo esforço de planejar esses dois filmes: "Sem exagero, passamos anos dentro de uma sala."[1]

✦

No terceiro refúgio criativo dos produtores da Marvel Studios em Palm Springs, em 2014, a conversa fora sobre como encerrar algumas das tramas mais longas do UCM, incluindo a ameaça de Thanos e as Joias do Infinito. A melhor sugestão apresentada naquele fim de semana: a conclusão seria grande o bastante para render dois filmes.

A vantagem e a desvantagem da ideia eram basicamente as mesmas. Um díptico super-heroico que pudesse concluir a saga de Thanos seria uma tarefa hercúlea — mas, se executada da maneira certa, extremamente rentável, em termos tanto narrativos quanto financeiros. *Capitão América: guerra civil*, com duas equipes de seis heróis se enfrentando, fora na verdade *Vingadores 2.5*; Feige observara com prazer enquanto Joe e Anthony Russo conduziam com tranquilidade o filme durante a produção, sem a agitação que Joss Whedon introduzira em *Vingadores: Era de Ultron*. Para os filmes de despedida, o estúdio contratou os irmãos em maio de 2015, juntamente com seus parceiros roteiristas na franquia *Capitão América*, Christopher Markus e Stephen McFeely. (O esgotado Whedon não estaria disponível mesmo que o estúdio o quisesse; ele descreveu seu plano pessoal para encerrar a saga de Thanos como sendo "sobreviver a *Ultron*, cochilar por quatro anos e então comparecer à estreia".)[2]

Os escritores começaram criando um documento que continha tudo que o Universo Cinematográfico Marvel podia oferecer aos fãs. Já no início, eles perceberam que Tony Stark teria de se sacrificar. Os Russo e os executivos da Marvel Studios concordaram que o fim lógico do arco narrativo de Stark seria uma morte nobre que salvaria o mundo, mostrando o quanto ele progredira desde o primeiro filme dos *Vingadores*, no qual Steve Rogers lhe dissera que ele não era o tipo de pessoa "disposta a sacrifícios".

Os irmãos Russo procuraram Robert Downey Jr. a fim de obter sua aprovação para o grande final de Tony. "Mostramos o arco a Robert porque ele foi o início do UCM",[3] disse Anthony Russo. "Conversamos com ele e vendemos a ideia. Muitos atores não se manifestam sobre o que fazemos. Eles gostam do fato de controlarmos a história e determinarmos para onde ela vai. Sabem que temos uma visão e confiam nela." Mas "Downey" e "não se manifestar" raramente surgem juntos na mesma frase. O ator não sabia se seria uma boa ideia matar o personagem com o qual se identificava tanto, mas, no fim, aceitou a lógica narrativa proposta pelos Russo.

"Alguns dos maiores desenvolvimentos narrativos da história do cinema ocorreram nos últimos cinco anos da Marvel",[4] afirmou Downey no set de *Ultimato*. "Eu me sinto ótimo sabendo que as coisas estão em boas mãos. Sabe como é, a história continua."

A equipe criativa também sabia que Thanos precisava ser aterrorizante. Embora ele fizesse parte da trama havia muitos anos, só aparecera brevemente em *Guardiões da Galáxia* e nas cenas pós-créditos de dois outros filmes. Uma das histórias de Thanos mais amada nos quadrinhos era a minissérie de 1991 *Desafio infinito* (escrita por Jim Starlin e desenhada por George Perez e Ron Lim), na qual um vilão galático reunia as Joias do Infinito, com resultados genocidas. Após insinuar por muitos anos, a Marvel Studios finalmente apresentaria sua própria versão.

Markus e McFeely escreveram algumas cenas estabelecendo o background e as crenças de Thanos — todas rejeitadas, com exceção de uma, com sua filha Gamora ainda criança, que chegou à tela — e perceberam que ele deveria impulsionar o enredo do primeiro filme, enquanto se movia pela galáxia em busca das Joias do Infinito. Eles descobriram que a narrativa podia ser naturalmente dividida ao meio. No primeiro filme, Thanos derrotaria os Vingadores e executaria seu grande plano, ao passo que, no segundo, os heróis reverteriam esse plano e triunfariam. Estender a estrutura por dois filmes significava que *Vingadores: guerra infinita* terminaria com um tom trágico, pela primeira vez no UCM.

Como nos quadrinhos, Thanos eliminaria metade de toda a vida do universo, em um golpe malthusiano. Os Vingadores não somente perderiam a batalha, como veriam metade de seus integrantes se transformar em pó. Para determinar quem seria eliminado quando Thanos estalasse os dedos, Feige reuniu Markus, McFeely, Joe Russo, Anthony Russo e a produtora executiva Trinh Tran em uma sala cheia de cartões, um pouco maiores que figurinhas de álbum, com a foto e o nome de cada personagem do UCM disponível para o filme (ou seja, todos). O verso de cada cartão mostrava o salário e o status contratual do ator que interpretava o personagem. "Não sabíamos quanto cada ator ganhava, mas os cartões tinham entre uma e cinco cifras",[5] contou McFeely. Os atores já estavam sob contrato ou a Marvel precisaria contratá-los para os filmes? Às vezes, os cartões eram misturados na mesa; às vezes, eram colados no quadro branco — mas foram usados para um único jogo, chamado Quem Vive e Quem Morre.

O grupo fez suas escolhas e, na maior parte dos casos, ateve-se a elas; a despeito das informações financeiras contidas nos cartões, Feige disse que eles decidiram com base no que "seria mais doloroso".[6] Entre aqueles que evaporariam de acordo com essa lógica, estavam T'Challa, por ser o novo favorito dos espectadores; Bucky Barnes, porque isso deixaria Steve Rogers arrasado; e, do mesmo modo, Peter Parker, porque seria um baque para Tony Stark. Os cineastas mantiveram vivos os seis Vingadores originais a fim de que *Ultimato* pudesse concluir suas histórias e se asseguraram de manter personagens que não faziam parte do grupo com personalidades variadas. Como disse Markus, "se as pessoas estiverem brincando, Nebulosa pode chegar e acabar com as risadas, o que é muito divertido. Se estiverem muito sérias, Rocket pode se aproximar e debochar delas".[7]

Eles também sabiam que *Ultimato* precisava ser concluído com a batalha mais ambiciosa da história do UCM. Isso significava começar a trabalhar nela imediatamente: o estúdio contratou a Industrial Light and Magic para o CGI e a Third Floor para pré e pós-visualização (o processo de acrescentar novos elementos a uma cena já estabelecida). "O sonho de Kevin",[8] afirmou Trinh Tran, "era que todo mundo aparecesse no final, lutando contra Thanos." Reunir todos os super-heróis do UCM era somente o ponto de partida. "A partir daí, trabalhamos com o fato de eles terem desaparecido no filme anterior. Como retornariam? Quem iria interagir com quem? Obviamente, não queríamos somente uma luta qualquer."

A Marvel Studios usara em seus filmes imagens que funcionavam como *splash pages* — nos quadrinhos, são quadros de página inteira com arte de alto impacto —, sempre aumentando o número de personagens representados nelas. Seis Vingadores em um círculo na batalha de Nova York em *Os Vingadores* se tornaram doze super-heróis lutando uns contra os outros no aeroporto Leipzig/Halle em *Capitão América: guerra civil* e dezenas de heróis nas ruínas da sede dos Vingadores em *Ultimato*, a última *splash page* do UCM.

O trabalho na batalha final começou com a pré-visualização em 2016 e continuou até duas semanas antes das exibições para a mídia em 2019. "Só filmamos a batalha em 2018",[9] explicou Jeffrey Ford, que foi editor tanto de *Guerra infinita* quanto de *Ultimato*. "Filmamos a maior parte da sequência em outubro de 2018, com três unidades em Atlanta. Foi um mês insano, com muita captura de movimentos. Uma das razões pelas quais não filmamos durante a fase inicial de produção foi porque o filme estava evoluindo e *Guerra infinita* também estava. Tínhamos dois filmes que interagiam entre si, mas não queríamos nos repetir ou usar o mesmo ritmo; precisávamos ter certeza de que a batalha final seria algo único."

A história permaneceu em fluxo, com Markus e McFeely produzindo novos esboços conforme respondiam a outros filmes do UCM. *Thor: Ragnarok* foi filmado em 2016 na Austrália, onde o diretor Taika Waititi e o astro Chris Hemsworth reinventaram o deus do trovão como um herói egocêntrico e absurdo, mas ainda virtuoso. Hemsworth queria ter certeza de que o novo tom cômico não seria abandonado quando Thor se juntasse novamente aos Vingadores, então Markus e McFeely reescreveram as partes do roteiro nas quais Thor parecia mais sério.

Thor: Ragnarok também introduziu alguns problemas de continuidade no enredo de *Ultimato*, especialmente com uma cena na qual o Capitão América segura o martelo de Thor, finalmente revelando, após uma insinuação em *Vingadores: Era de Ultron*, que era digno o bastante para empunhar Mjölnir. Essa cena impactante, um momento-chave da batalha final, estava na primeira versão da história, apresentada pelos escritores em 2015. Segundo Christopher Markus, "é claro que houve debate, porque, particularmente em *Ragnarok*, ficou estabelecido que Thor podia controlar os trovões sem o martelo. Acho que Odin até mesmo diz 'Nunca foi o martelo'. E, mesmo assim, o Capitão controla os trovões com o martelo. Pensamos: *Essas coisas são incríveis demais para ficarem de fora! Vamos conversar sobre isso mais tarde*".[10]

Essa abordagem improvisada era uma característica de todo o UCM. Como disse C. Robert Cargill, roteirista de *Doutor Estranho*, de 2016: "O maior mal-entendido sobre como a Marvel trabalha é que todo mundo presume que ideias posteriores foram planejadas. Muitas coisas são adicionadas durante o processo, mas, quando isso é feito da maneira correta, parece que elas sempre estiveram presentes. E filmes reagem a filmes. Quando escrevi a cena com a Anciã olhando para o futuro e revelando probabilidades, não houve uma conversa do tipo 'Ei, vamos usar isso em *Guerra infinita*'. Depois de assistirem a *Doutor Estranho*, eles puderam dizer 'Sabe o que seria legal e resolveria nosso problema? Usar o poder que a Anciã demonstrou em *Doutor Estranho* e mostrar que ele conseguiu essa habilidade com a Joia do Tempo'. Não é um plano mestre. O documento mestre é composto pela obra e por Kevin. Trata-se de um grupo de gênios desenvolvendo uma história já existente, e não criando do zero."[11] Embora a Marvel Studios constantemente refinasse seus processos de produção de efeitos visuais em nome da confiabilidade e da consistência, ela mantinha uma abordagem livre e quase *ad hoc* das histórias às quais tais efeitos visuais dariam vida.

Inicialmente, o objetivo do estúdio era filmar *Guerra infinita* e *Ultimato* simultaneamente, fazendo o que os produtores chamam de *crossboarding* — filmar todas as cenas de ambos os filmes em uma locação particular (na sede dos Vingadores ou na nave dos Guardiões, por exemplo) e então passar ao set seguinte. Isso teria sido mais eficiente e pouparia muito dinheiro. Porém, alguns meses após o início das filmagens de *Guerra infinita*, ficou claro que o roteiro de *Ultimato* não ficaria pronto a tempo. Os filmes precisariam ser filmados um após o outro, com um orçamento combinado de aproximadamente 700 milhões de dólares. Grande parte desse orçamento se destinava ao salário dos atores, muitos dos quais haviam finalizado seus contratos originais e agora eram astros insubstituíveis: 15 milhões de dólares por filme para Chris Evans, Chris Hemsworth e Scarlett Johansson — e 20 milhões para Downey, além de uma partilha dos lucros que dariam a ele cerca de 75 milhões por filme. Esses grandes salários eram parte da razão pela qual a Marvel Studios estava confortável com a ideia de matar alguns de seus heróis e introduzir uma nova geração após a Fase Três.

★

As filmagens de *Guerra infinita* começaram em janeiro de 2017, quando Chris Pratt e os outros Guardiões da Galáxia se uniram a Downey e Tom Holland para as cenas em Titã, planeta natal de Thanos. Para manter o enredo em segredo, somente dois atores, Downey e Chris Evans, receberam o roteiro completo. Todos os outros receberam apenas as páginas que envolviam seus personagens.

No caso de Josh Brolin, que retornou como Thanos, isso significou receber quase todas: o grande nêmesis púrpura dos Vingadores era praticamente o protagonista do filme de assalto. Mas *Guerra infinita* desenvolveu Thanos tão efetivamente que os cineastas se viram encurralados. *Ultimato* precisava focar nos Vingadores mais importantes, não contar novas aventuras do vilão cósmico de queixo proeminente. Todavia, como o filme anterior o deixara no controle das todo-poderosas Joias do Infinito, a equipe criativa teve problemas para determinar como os heróis conseguiriam vencê-lo. McFeely descreveu as dificuldades de lidar com um personagem que era essencialmente onipotente e onisciente: "Ele é ridiculamente poderoso no início do filme. Durante três semanas, tentamos descobrir como seria o segundo filme com um personagem tão poderoso. Em certo momento, Trinh Tran, nossa produtora executiva, ficou tão frustrada que disse: 'Eu queria que a gente pudesse simplesmente matá-lo.' E nós respondemos: 'Espere aí. O que isso significa? Essa é uma ideia interessante.' E absolutamente adequada ao personagem. E então nos perguntamos: 'Por que ele se permitiria ser morto?' Porque ele só faz o que quer. Ele é assim. Trabalhamos com ele durante muito tempo, e fiquei furioso comigo mesmo por não ter pensado nisso antes. Se quiséssemos ser consistentes com o personagem, não descartaríamos essa ideia."[12]

A estreia do "Hulk Esperto" foi adiada para o segundo filme. O intelecto de Bruce Banner finalmente controlaria o corpo verde de Hulk. Nas primeiras versões de *Guerra infinita*, Banner e Hulk se fundiam durante a batalha épica em Wakanda, em uma sequência na qual o híbrido Hulk Esperto explodiria para fora da armadura Hulkbuster. Mas os Russo decidiram que dar a Banner uma "vitória" segundos depois de metade do elenco virar cinzas geraria uma reação emocional negativa. Era tarde demais para refilmar a cena, então a produção empregou a solução que salvou o fim do primeiro *Homem de Ferro*: uma sequência composta inteiramente de elementos digitais. Banner usa a luva da Hulkbuster (um objeto digital) para lançar Cull Obsidian (um personagem digital) no ar, onde ele é esmagado contra o escudo de energia (digital) que protege Wakanda.

Quando começaram a trabalhar no enredo de *Ultimato*, Markus e McFeely pensaram brevemente em dar uma máquina do tempo aos Vingadores, antes de rejeitarem a ideia, considerando-a uma solução barata. "Viagem no tempo é a primeira coisa que vem à mente em quase toda situação difícil",[13] contou Markus. Empacados na decisão sobre o enredo de *Ultimato*, o Homem-Formiga, felizmente, salvou o dia. Os roteiristas haviam deixado o personagem de fora de *Guerra infinita* porque *Homem-Formiga e a Vespa* seria lançado menos de três meses depois, e eles não queriam que a conclusão deprimente de *Guerra infinita* lançasse uma sombra sobre o filme jovial de Paul Rudd. Então descobriram que a conclusão de *Homem-Formiga e a Vespa* envolvia uma visita ao subatômico Reino Quântico, no qual as partículas podem existir em dois lugares ao mesmo tempo.

Markus rememorou esse momento de revelação: ele ocorreu no outono de 2015, durante mais um dia "na sala de reuniões onde ficamos presos durante meses".[14] Enquanto todo mundo discutia outro problema do roteiro, ele pesquisava física no laptop. "Eu procurei 'Reino Quântico' no Google e [...] o tempo é diferente por lá. Eu meio que ergui a mão e disse: 'Podemos fazer uma máquina do tempo! Temos uma boa desculpa!' A lucidez prevaleceu e resolveram trazer um físico para nos dizer se estávamos certos ou se estávamos malucos, e tudo bem, porque a ideia não era bolar um documentário. E, sim, estávamos certos *e* malucos."

Com a mecânica quântica ao seu lado, eles construíram um enredo intrincado: os Vingadores poderiam não somente triunfar sobre Thanos ao recolher as Joias do Infinito antes dele, como também revisitar cenários dos filmes anteriores, da batalha de Nova York em *Os Vingadores* ao planeta seco de *Guardiões da Galáxia*. A viagem no tempo também permitiria solucionar grandes questões emocionais dos dois heróis principais do filme: Steve Rogers retornaria ao passado e encontraria felicidade doméstica com Peggy Carter, ao passo que Tony Stark visitaria a década de 1970 e faria as pazes com o pai, Howard Stark.

Em todos os esboços do roteiro, a batalha contra Thanos terminava com o sacrifício de Tony Stark: em poder das Joias do Infinito, ele estalava os dedos e fazia Thanos e seu exército virarem pó, ao preço da própria vida. Mas até então, nessa cena, Tony salvava o dia em silêncio. Como lembrou Anthony Russo, "estávamos na sala de edição e sabíamos que ele tinha que dizer algo. O personagem sempre fazia gracejos e precisava morrer da mesma forma. Só que nada vinha à nossa mente. Tentamos milhões de frases. Thanos dizia: 'Eu sou inevitável.' E nosso editor, Jeff Ford, que esteve conosco durante os quatro filmes, e é um maravilhoso contador de histórias, perguntou: 'Por que não fechamos o ciclo com ele dizendo *Eu sou o Homem de Ferro*?'"[15]

Algumas semanas antes de Downey ser escalado para filmar cenas adicionais de *Ultimato* — refilmagens que incluiriam a frase final "Eu sou o Homem de Ferro" —, Joe Russo jantou com o astro e descobriu que ele estava relutante em refilmar a morte de Tony Stark. "Ele disse: 'Não sei... não queria voltar àquele estado emocional. É muito difícil.' Joel Silver, o produtor, estava presente ao jantar. Ele é um velho amigo de Robert. Joel deu um pulo e perguntou: 'Robert, do que você está falando? Essa é a melhor frase que eu já ouvi! Você precisa dizê-la! Você tem que fazer isso!' Graças a Deus Joel Silver estava no jantar, porque ele nos ajudou a convencer Robert a dizer a frase."[16]

A cena com as últimas palavras de Tony foi a última a ser refilmada. Ela foi gravada em um set perto do estúdio onde, uma década antes, Downey fizera testes para interpretar o Homem de Ferro, entrando no papel de cabeça. Kevin Feige assistiu à cena, pensando no quanto sua vida e a vida de Downey haviam mudado desde então.

A morte do principal personagem do UCM terminou criando uma das maiores dores de cabeça da história do cinema: o velório de Tony Stark. Na década anterior, a Marvel Studios passara a levar extremamente a sério sua segurança operacional, tendo aprendido que qualquer insinuação ou cochicho sobre os desenvolvimentos do UCM terminaria em manchetes estrondosas na internet. Infelizmente, os principais responsáveis pelos vazamentos eram os próprios atores. Tom Holland e Mark Ruffalo, em particular, tinham o mau hábito de revelar guinadas no enredo e até mesmo transmitir acidentalmente cenas do UCM em seus telefones. (A Marvel Studios designou Benedict Cumberbatch para ser o parceiro de entrevistas de Holland durante os eventos com a imprensa, basicamente para impedir que o ator mais jovem revelasse spoilers.) Por essa razão, o funeral foi chamado de "o casamento" em todas as notas, memorandos e documentos da produção.

A sequência silenciosa incluiu praticamente todos os heróis mais importantes da história do UCM: Rocket Raccoon, como sempre, foi representado por Sean Gunn ajoelhado no chão. Demonstrando seu poder, a Marvel Studios convenceu dois vencedores do Oscar (William Hurt e Marisa Tomei) e três indicados (Angela Bassett, Samuel L. Jackson e Michelle Pfeiffer) a irem até lá somente para parecerem sombrios durante dois minutos. (Essa seria a última aparição de William Hurt no UCM: o ator morreu em março de 2022.) Joe Russo comentou: "Costumávamos brincar — e talvez não seja brincadeira — que aquela foi a cena mais cara da história do cinema. Havia muitos salários altos. No mínimo, aqueles foram os extras mais caros da história do cinema, com exceção de *Cleópatra*."[17]

Os Russo filmaram a cena em um chalé na propriedade de 3.300 hectares Bouckaert Farm, na Geórgia, que representou o chalé à beira do lago de Tony Stark. A locação ficava a somente meia hora do aeroporto, de modo que os atores não envolvidos em *Ultimato* podiam chegar e partir rapidamente, tanto para sua própria conveniência quanto para evitar que o "casamento" vazasse. (A Marvel Studios organizou uma sessão de fotos para seu décimo aniversário na mesma semana, criando um pretexto para todo mundo se reunir em Atlanta.) Joe Russo lembrou: "Quando chegaram e começaram a receber figurinos na cor preta, eles disseram: 'Esse é um casamento muito estranho.' E nós respondemos: 'Na verdade, é um velório.'"[18]

"O produtor deveria receber um Oscar por reunir todo mundo e organizar tantas agendas diferentes",[19] disse a diretora de elenco Sarah Halley Finn. Ela também estava presente, observando os frutos de seu trabalho em 22 filmes: 35 atores, alguns dos quais já eram bem-sucedidos antes de se unirem ao UCM, a maioria astros globais agora.

Uma das faces menos reconhecíveis na tela era a de Ty Simpkins, que interpretara o garotinho Harley Keener em *Homem de Ferro 3*, agora um adolescente desengonçado. Enquanto se preparava para o treino de beisebol, ele recebera um telefonema de Louis D'Esposito, que resumira o enredo de *Guerra infinita* e *Ultimato* e casualmente mencionara que Tony Stark morria no filme. Keener soube da morte de Tony muito antes de alguns dos maiores astros do UCM. "Ele estava confortável me contando um dos maiores segredos da franquia, isso me deixou bem espantado",[20] disse Simpkins. "Eles me disseram que Tony teria permanecido na vida de Harley, então eu deveria estar presente."

A atriz Kerry Condon, que dava voz à assistente digital de Tony Stark, F.R.I.D.A.Y., desde que o J.A.R.V.I.S. de Paul Bettany fora integrado à personalidade do Visão em *Era de Ultron*, ficou sabendo da maneira mais difícil. No meio de uma gravação para *Ultimato*, ela recebeu uma frase que a deixou abalada: "Funções vitais críticas." Ela perguntou qual era o contexto. Mesmo que Tony Stark estivesse em uma condição crítica, ele certamente poderia ser salvo, certo? "Recebi olhares impassíveis de todo mundo",[21] lembrou ela. Eles a instruíram: "Leia como se fosse a coisa mais triste que já disse." Ao ler a frase, Condon pensou: *Lá se vai meu dinheiro fácil* — o pesar em sua voz foi muito real.

Além da cena do velório, a maioria dos astros do UCM trabalhou na batalha final, que foi filmada em duas partes. As filmagens começaram em janeiro de 2018, mas foram interrompidas para que os irmãos Russo pudessem dar atenção à pós-produção de *Guerra infinita*; eles retomaram o trabalho em setembro de 2018 e passaram dois meses preparando o final. "Vou ser honesto: foi provavelmente a coisa mais difícil que fizemos em todos esses filmes",[22] disse Joe Russo. A versão digital da luta épica estivera em gestação durante dois anos, então a filmagem real envolveu os atores em takes entrecortados diante de telas verdes em Atlanta.

Em algumas cenas, os cenários incluíam detritos e tocos de árvores — a batalha acontece na sede dos Vingadores imediatamente depois de Thanos destruí-la —, mas quase nenhum desses elementos práticos chegou ao filme. "Quando o filme foi editado e a pré-visualização incluída, os tocos se tornaram um pouco mais prevalentes do que eles haviam antecipado",[23] afirmou Matt Aitken, o supervisor de efeitos visuais da Weta Digital em *Ultimato*. "Parecia que eles estavam lutando nas ruínas de uma floresta bombardeada, e não na sede destruída dos Vingadores. Assim, na maioria das sequências, usamos rotoscopia [uma antiga técnica de animação usada em tempos modernos para recortar os personagens do background, a fim de que possam ser colocados em uma cena diferente] e substituindo o ambiente por uma cratera de CGI."

Na metade do confronto, portais se abrem em todo o mundo, devolvendo os heróis ressuscitados à tela e os incluindo na batalha. Os Russo fizeram vários experimentos com o ritmo dos portais: em certo momento, eles se abriam simultaneamente e despejavam dezenas de personagens, mas os Russo retrabalharam a cena para que houvesse um crescendo, tanto visual quanto emocionalmente. McFeely falou: "A primeira vez foi mais rápida. Foi muito poderosa e empolgante, do tipo: 'Caramba, eles voltaram!' A música estava no máximo e a câmera girava rapidamente. Eu gostei muito, mas Joe e Anthony estavam absolutamente certos em refilmar, porque nem todo mundo conseguiu seu take de herói."[24]

Os cineastas tentaram dar a cada personagem um momento para brilhar, mas tiveram de cortar algumas sequências, incluindo um enfrentamento entre o Pantera Negra e Fauce de Ébano e uma sequência na qual o Homem--Formiga acidentalmente chama atenção do exército de Thanos ao tocar sua música favorita da Família Dó-Re-Mi. A extensa batalha não se tornou exatamente concisa na sala de edição — ela dura vinte minutos na tela —, mas focou mais nos personagens essenciais. "Pantera, Doutor Estranho, Senhor das Estrelas tinham demandas narrativas",[25] disse o editor Jeffrey Ford. Momentos de conexão, como Peter Quill vendo a Gamora de uma linha do tempo alternativa aparentemente voltando dos mortos e Tony Stark olhando para o Doutor Estranho e lembrando que só havia uma maneira de aquilo acabar, eram essenciais para a história. "A Feiticeira Escarlate tinha que confrontar Thanos pelo que ele fez [...] A luta com ela também era a mais longa, mas acabou repetitiva. Eles estavam fazendo sempre a mesma coisa, então mantivemos só a emoção."

As refilmagens permitiram que os Russo ampliassem essa emoção. Um momento-chave que revisitaram foi Peter Parker se reunindo a Tony Stark no campo de batalha após ter morrido em seus braços em *Guerra infinita*. Originalmente, o momento também envolvia Pepper Potts, mas, quando viram a resposta do público à interpretação de Tom Holland em *Guerra infinita*, eles souberam que precisavam dar aos espectadores a catarse de uma reunião entre os dois personagens, mesmo que fosse breve. "Começo a chorar só de lembrar",[26] falou Finn, "porque, acho que, para eles tanto quanto para mim, a jornada de encontrar os atores e vê-los se transformarem nos personagens ao longo dos anos foi muito comovente." O surgimento de um exército de super-heróis foi repleto de menções sutis a momentos anteriores: Sam Wilson se apresentou dizendo "À esquerda", o bordão que Steve Rogers usou ao ultrapassá-lo na cena de corrida em *Capitão América: o Soldado Invernal*, ao passo que Pepper surgiu em uma armadura do Homem de Ferro no mesmo tom de azul do vestido que usara no telhado do Walt Disney Concert Hall na noite em que Tony Stark quase a beijara em *Homem de Ferro*.

Quando todos os Vingadores estavam no mesmo local, o Capitão América finalmente disse as palavras pelas quais os fãs dos quadrinhos esperavam: "Vingadores, avante!" (Sabiamente, Chris Evans foi sutil, assim como fora com "Hulk, esmague", sabendo que a expressão era suficientemente poderosa sem que ele precisasse gritar.) "Acho que esse foi o ponto alto para Kevin. Finalmente ouvi-lo dizer as palavras",[27] disse Tran. Ela se lembrava vividamente de um exército de atores diante de uma tela verde, com o Capitão América segurando o martelo de Thor e fazendo a convocação, e então uma pausa elétrica antes de todos avançarem. *Está acontecendo! Vamos mesmo fazer isso!*, pensou ela. Os heróis da Marvel, cercados pela maior equipe que o estúdio já reunira em um único set, correram juntos para a batalha.

✱

Como comentou David Maisel em 2003, "um estúdio capaz de fazer com que todo filme fosse uma sequência seria um bom modelo de negócios".[28] A prova final dessa hipótese foi o faturamento global de *Guerra infinita* em 2018: 2,048 bilhões de dólares, o quinto filme mais lucrativo de todos os tempos — até o ano seguinte, quando *Ultimato* faturou 2,798 bilhões, o que o colocou em primeiro lugar na lista de maiores bilheterias. (Então James Cameron, o autoproclamado "rei do mundo", relançou *Avatar* nos cinemas chineses e retomou a coroa.) Markus e McFeely se tornaram os mais bem-sucedidos roteiristas da história (como mensurado pela bilheteria total de seus filmes), ao passo que os irmãos Russo subitamente se viram no segundo lugar entre os diretores, atrás apenas de Steven Spielberg.

Outros estúdios tentaram repetidamente, e sem sucesso, encontrar um gestor de propriedades intelectuais que pudesse replicar os feitos de Kevin Feige na Marvel Studios. A tarefa parecia quase impossível, exigindo um equilíbrio perfeito entre o que era melhor para a marca e o que era melhor para os personagens. Feige era obcecado por filmes, mas muitos outros em Hollywood também eram. Ele seria o primeiro a dizer que foi necessário muita gente talentosa trabalhando na construção do UCM, mas a verdade é que Feige tinha uma habilidade indiscutível quando se tratava de fazer com que pessoas criativas produzissem seus melhores trabalhos. Quando, após *Guerra infinita* e *Ultimato,* os irmãos Russo trabalharam sem a orientação de Feige — por exemplo, em *Cherry: inocência perdida* e *Agente oculto —,* os resultados foram decepcionantes.

Feige estudou mais profundamente a cultura da Marvel que qualquer outro produtor e, ao fazer isso, decidiu que o principal apelo das revistas em quadrinhos era a interconexão crescente, o que as tornava propriedades intelectuais perfeitas para uma franquia aberta em uma era de franquias. Ele disse que trabalhou em muitos filmes de super-herói antes da criação da Marvel Studios, "mas, em todos eles, o Homem-Aranha era o único herói de seu mundo; os X-Men eram os únicos heróis de seu mundo; o mesmo com Demolidor e o Quarteto Fantástico. Eles habitavam um mundo no qual eram o único elemento extraordinário. E o Universo Marvel não era sobre isso. Era sobre todos os personagens habitando o mesmo mundo."[29]

Para além desse insight essencial, no entanto, o segredo da genialidade de Feige era seu entendimento inato da simplicidade de sua tarefa, mesmo em meio a uma torrente infinita de decisões ligadas a elencos, roteiros, datas de lançamento e mais. Como disse Joe Russo: "O ingrediente secreto da Marvel é que Kevin gosta que os filmes sejam interessantes, certo?"[30]

Outra maneira de explicar o insight de Feige veio do roteirista de *Doutor Estranho,* C. Robert Cargill. *Vingadores: ultimato* terminou com um floreio emprestado de uma das franquias favoritas de Feige: a sequência final dos créditos mostra os seis vingadores originais, cada um dos quais parece estar autografando a tela, despedindo-se da franquia. Isso foi uma imitação dos créditos de *Jornada nas estrelas VI: a terra desconhecida,* que similarmente se despedia da amada tripulação original da *Enterprise.* Mas o amor de Feige pela franquia *Jornada nas estrelas* modelou o UCM de maneiras mais fundamentais.

"Kevin disse uma coisa que me pegou de jeito, porque eu nunca tinha ouvido nada parecido antes",[31] disse Cargill. "Ele argumentou que *Jornada nas estrelas V* é melhor que *Jornada nas estrelas: o filme.*" (Isso é no mínimo polêmico. Nenhum dos dois é mais adorado que *Jornada nas estrelas: a ira de Khan* ou *Jornada nas estrelas IV: a volta para casa,* mas, no caso do primeiro filme, ainda há boa vontade dos espectadores por ser um relançamento da franquia dez anos após o fim da série na TV, ao passo que *Jornada nas estrelas V: a última fronteira*, um filme dirigido por William Shatner, no qual a tripulação da *Enterprise* confronta um falso deus no centro do universo, é visto como o pior da franquia.)

Cargill explicou a tese de Feige resumindo-a a uma cena de *Jornada nas estrelas V* na qual Kirk, Spock e McCoy comem feijão em torno de uma fogueira: "Não existe nenhum momento no filme que se compare ao da fogueira, pois ele reúne nossos três personagens favoritos, de uma maneira que não estamos acostumados a ver, e permite que a gente os enxergue como seres humanos, não lendas."[32] Cargill percebeu que Feige tivera o cuidado "de incluir a essência da cena da fogueira em todo filme da Marvel. Ele quer dar a você uma cena 'em torno da fogueira' com seus personagens favoritos e uma sequência na qual você vai se apaixonar pelo que aquelas pessoas são de verdade, independentemente de seus poderes, e então, quando algo grande acontecer, você vai realmente se importar". (E, de fato, *Ultimato* teve momentos "em torno da fogueira" que deram uma dimensão humana à batalha cósmica que se seguiu: Steve e Natasha tendo uma conversa franca sobre luto enquanto comem sanduíches de manteiga de amendoim, por exemplo, ou Tony Stark dividindo um suco de caixinha com a filha Morgan imediatamente antes de solucionar o enigma da viagem no tempo.)

"Esse é o trabalho",[33] afirmou o produtor da Marvel Craig Kyle. "Como atrair o público logo no início para que, no momento em que começarmos a apresentar as esquisitices, ele esteja emocionalmente envolvido demais para ir embora. Se passa tempo demais explicando a mágica ou a ficção científica, você acaba afastando as pessoas."

O público inegavelmente respondeu ao espetáculo de *Ultimato* e suas recompensas emocionais. A caminho de se tornar o filme de maior bilheteria de todos os tempos, ele teve a maior bilheteria de lançamento da história. Muitos cinemas o exibiam em todas as salas; o mundo inteiro parecia estar assistindo repetidamente. Feige, D'Esposito, Markus, McFeely e os Russo entraram em um cinema de Los Angeles para ver *Ultimato* com uma multidão que ria, celebrava e gritava. "Estar em um cinema que parece um show de rock",[34] disse Anthony Russo. "Nunca imaginei isso."

Joe Russo acrescentou: "Ficamos arrepiados o tempo todo e choramos uma ou duas vezes ao nos darmos conta de que tínhamos contado uma história capaz de tal impacto coletivo."[35]

Ultimato não teve cenas bônus — a Fase Quatro começaria sem divulgação —, mas terminou com outra referência ao início. Nos momentos finais dos créditos, a trilha sonora se torna somente um clangor: o som de Tony Stark, preso em uma caverna no Afeganistão, construindo a armadura do Homem de Ferro. Esse som também representou o imenso trabalho envolvido em *Ultimato* e no UCM como um todo.

McFeely passou o restante do fim de semana de lançamento processando o tamanho da proporção do filme que passara anos escrevendo e reescrevendo, e como essa história foi capaz de alterar até mesmo os padrões de trânsito em Los Angeles. "Eu saí para caminhar e pensei: *Acho que todo mundo está no cinema. Que loucura. As ruas estão vazias. É como o Super Bowl — ou como o estalar de dedos de Thanos.*"[36]

FASE QUATRO

26
Um ano sem Marvel

"Então... você recebeu uma detenção."
Homem-Aranha: de volta ao lar

O plano da Marvel Studios era lançar *Guardiões da Galáxia vol. 3* em maio de 2020, como primeiro filme da Fase Quatro do UCM. Embora a pandemia global da Covid-19 tenha obrigado a indústria cinematográfica a fechar as portas e bagunçado os cronogramas de lançamento, havia outra razão para o filme não estar pronto.

O imenso sucesso do primeiro filme da franquia mudou a vida de muitas pessoas, incluindo a do roteirista-diretor James Gunn. "Fui tomado pela empolgação e pela adrenalina de tudo aquilo",[1] disse ele, "e, em certo momento, desabei. Minha ficha caiu e me perguntei: 'Qual é o meu lugar como ser humano?'" Da maneira como via as coisas, ele finalmente encontrara sua voz como artista: "Durante muitos anos, pensei em contar a história mais verdadeira possível. Mas me distraí tentando ser chocante, ousado, descolado ou coisa do tipo. Então contei a história mais verdadeira que podia, e ela funcionou — embora fosse uma história sobre alienígenas e guaxinins falantes."

Assim, *Guardiões da Galáxia vol. 2* tinha Baby Groot e um gigantesco polvo alienígena, mas seu centro emocional era o Senhor das Estrelas de Chris Pratt, dividido entre duas figuras paternas: Yondu (interpretado por Michael Rooker) e seu pai biológico, Ego, o Planeta Vivo, retratado nos quadrinhos da Marvel como um mundo senciente com um rosto humano barbado.

Para interpretar Ego, Gunn e a Marvel queriam um ator conhecido que parecesse um antepassado de Chris Pratt. Eles abordaram Matthew McConaughey, que não topou. "Eu gostei de *Guardiões da Galáxia*",[2] falou ele, "mas o que vi foi 'Tivemos sucesso e agora podemos criar um papel para outro ator conhecido'. Eu me senti uma adição tardia." O papel foi para outro astro bonitão, que atingira o sucesso com um contrato de dez anos com a Disney na década de 1960: Kurt Russell.

A sequência foi filmada entre fevereiro e junho de 2016, ocupando dezoito sets do Pinewood Atlanta Studios. Gunn tocou músicas da segunda edição de *Awesome Mix* para estabelecer o clima. Quando chegou a hora de filmar o obrigatório cameo de Stan Lee — ele interpretou um homem do espaço conversando com o onisciente Vigia —, a Marvel confiou a Gunn a tarefa de filmar cameos em dois outros filmes para limitar o número de vezes em que Lee, então com 93 anos, teria de viajar até a Geórgia. Quando Gunn o apresentou a Tom Holland, o mais novo Peter Parker, Stan, o Cara, provocou o jovem ator: "Todo mundo diz que você é ótimo! Pessoalmente, não vejo por quê."[3]

Guardiões da Galáxia vol. 2 foi mais confuso e menos divertido que seu predecessor, mas faturou ainda mais nas bilheterias, chegando a 863 milhões de dólares globais (contra 772 milhões do original). Gunn e a Marvel Studios rapidamente anunciaram que produziriam *Vol. 3*. Nesse ínterim, Gunn até mesmo teve permissão para reescrever os diálogos dos guardiões nos roteiros de *Vingadores: guerra infinita* e *Vingadores: ultimato* (e indicar a música que anunciaria a entrada do grupo em *Guerra infinita*, escolhendo o sucesso de 1976 dos Spinners, "The Rubberband Man"). No fim de 2017, Gunn terminara o esboço de *Guardiões da Galáxia vol. 3*. Ele esperava iniciar as filmagens em 2019 e lançar o filme em maio de 2020.

Assim como Joss Whedon fora o tsar da Fase Dois, Gunn acreditava estar prestes a ter ainda mais controle sobre parte do UCM. O que ele achava ser seu território: os confins do espaço sideral, que chamava de Universo Cósmico Marvel. Feige, que aprendera uma ou duas lições na época de Whedon, não tinha tanta certeza. "Com Joss, as coisas eram mais únicas",[4] disse Feige em 2017. "Com James, sabemos que há excelentes personagens em *Guardiões*, com muito potencial. Trabalhar com James para determinar para onde eles poderiam ir e como isso funcionaria certamente tem sido parte de nossas discussões." De qualquer modo, parecia claro que as sagas intergalácticas teriam um papel ainda maior na Fase Quatro, e a Marvel Studios acreditava que contaria com James Gunn para isso.

"Estamos procurando reinos completamente diferentes no interior da Marvel", afirmou o presidente da Disney, Bob Iger, sobre os planos pós-*Ultimato*. "*Guardiões da Galáxia* representou isso inicialmente, mas agora procuramos mundos à parte daqueles que já visitamos. Eles podem estar separados não somente em termos de lugar, mas também de tempo."

Entretanto, no Twitter, em janeiro de 2018, Gunn prometeu doar 100 mil dólares para a instituição de caridade escolhida por Donald Trump se o presidente subisse publicamente em uma balança para provar que pesava 108 quilos, como alegara o médico da Casa Branca. Gunn usou a hashtag #GirtherMovement[5] [movimento do peso], zombando da campanha de desinformação *birther* [em relação ao local de nascimento] contra seu predecessor, Barack Obama. Isso foi suficiente para transformar Gunn em alvo do agitador de direita (e promotor do PizzaGate) Mike Cernovich. Em julho de 2018, Cernovich desenterrou alguns tuítes antigos de Gunn entre 2009 e 2012, quando ele costumava fazer piadas deliberadamente ofensivas que, às vezes, incluíam referências a pedofilia e estupro, como "The Hardy Boys e o mistério do que sinto quando o tio Bernie enfia seu punho em mim"[6] ou "Quem seria o pior estuprador da Disney World? Acho que o Pateta. Mas o Soneca *would suck too*" [a piada está no trocadilho entre "também seria ruim" e "também chuparia"].[7] (Gunn não foi o único crítico de Trump a ter suas antigas piadas voltadas contra ele; outros receberam o mesmo tratamento, incluindo o apresentador do *Daily Show*, Trevor Noah, e o criador de *Rick e Morty*, Dan Harmon.)

Gunn contatou Kevin Feige quando os tuítes começaram a viralizar. "Telefonei para Kevin na manhã em que aconteceu e perguntei 'Vai ser um problema?' e ele respondeu 'Não sei'. Fiquei surpreso e pensei: *Como assim, ele não sabe?*"[8]

Mais tarde, naquela quinta-feira, 19 de julho, Gunn fez uma declaração pública no Twitter se desculpando pelas piadas. "Sou muito, muito diferente do que era há alguns anos; hoje, tento basear meu trabalho no amor e na conexão, e não na raiva. Meus dias dizendo algo somente porque era chocante, para obter reações, estão no passado. Eu costumava fazer muitas piadas ofensivas. Não faço mais isso. Não culpo meu antigo eu, mas gosto mais de mim mesmo agora e me sinto um ser humano e um criador mais completos."

Segundo Gunn, Feige informou que o pedido de desculpas não solucionara o problema: "Ele me telefonou, em choque, e disse que os mandachuvas haviam tomado uma decisão."

Menos de 24 horas depois, na sexta-feira, 20 de julho, Gunn foi demitido publicamente. "As atitudes e declarações ofensivas descobertas no feed de James no Twitter são indefensáveis e inconsistentes com os valores de nosso estúdio. Por essa razão, rompemos nossos laços comerciais com ele",[9] dizia a declaração publicada pelo CEO da Walt Disney, Alan Horn. Conservador moderado do sistema de estúdios, famoso por incluir trocadilhos brandos em suas apresentações, Horn tomara a decisão antes que Feige ou qualquer um na Marvel Studios pudesse agir.

Ike Perlmutter ainda era próximo de Trump e um dos maiores acionistas da Disney, tendo uma linha direta de comunicação com Iger. Em uma entrevista em 2016, Iger disse: "Ele gosta de me telefonar às sete da manhã. Às vezes, digo: 'Ike, acabei de ligar a cafeteira e ainda não tomei café. Preciso de dez minutos.'"[10] Com ou sem Perlmutter, a Disney valorizava seu status como marca mais familiar dos Estados Unidos e não queria se ver obrigada a defender piadas sobre pedofilia.

Embora tenha ficado aturdido com a demissão abrupta, Gunn não criticou publicamente a Disney, aceitando que a corporação tomara decisão comercial necessária. No entanto, o elenco da franquia *Guardiões*, incluindo seu irmão, Sean Gunn, publicou uma carta aberta implorando à Disney que o recontratasse como diretor do *Vol. 3*, defendendo seu caráter e dizendo: "Dada a crescente divisão política neste país, é seguro dizer que coisas assim continuarão a acontecer, embora esperemos que os norte-americanos de todo o espectro político deixem de praticar o cancelamento e parem de usar a mentalidade de manada como subterfúgio."[11] Dave Bautista, o apoiador de mais destaque de Gunn, ameaçou abandonar o filme se outro diretor fosse indicado para substituí-lo.

A Warner Bros. aproveitou a oportunidade e ofereceu a Gunn qualquer super-herói da DC que ele quisesse. O diretor ficou atraído por outro grupo de desajustados e escolheu trabalhar na sequência de *Esquadrão Suicida*, o filme de 2016 sobre a gangue de supervilões forçada a participar de missões do governo norte-americano. Ele recebeu total liberdade em *O Esquadrão Suicida*, lançado em 2021, que obteve boas críticas e uma bilheteria mediana (possivelmente prejudicada pela pandemia). Em seguida, dirigiu uma bem-sucedida série de TV, *Pacificador*, estrelada por John Cena.

Enquanto ele trabalhava nesses projetos, a Disney teve tempo de reconsiderar sua decisão. Horn se reuniu discretamente com o diretor. Seja por ter sido injusto, seja por causa dos pedidos do elenco de *Guardiões*, ele anunciou, em março de 2019 (oito meses após a demissão), que Gunn dirigiria *Guardiões da Galáxia vol. 3* quando terminasse seu trabalho em *O Esquadrão Suicida* e *Pacificador*. O lançamento do filme foi reagendado para maio de 2023; Gunn também concordou em filmar um programa para a TV, *Guardiões da Galáxia: especial de festas*. Ele deixou claro que retornaria em breve para a DC; a Warner Bros. conquistara sua lealdade. A Marvel Studios não somente perdeu uma das principais vozes criativas da era pós-*Ultimato*, como também o âncora da equipe dos Guardiões. Alguns dos atores de Gunn se prepararam para dizer adeus ao UCM.

"É um misto de emoções",[12] afirmou Zoe Saldaña durante as filmagens do *Vol. 3*, sabendo que seus dias como Gamora estavam chegando ao fim. "Após todos esses anos reclamando da maquiagem verde, agora me sinto nostálgica."

Embora tivesse sofrido durante o processo, Gunn estava grato pelo apoio que tinha recebido dos seus colaboradores. Ao lhe oferecerem uma oportunidade de responder verbalmente a "cultura do cancelamento", ele declinou. "Isso incluiu pessoas como Harvey Weinstein, que mereceu ser cancelado",[13] disse ele. "Ela é dolorosa. Mas parte dessa cultura envolve responsabilização. E essa parte é boa. Precisamos apenas de um equilíbrio."

Em 2022, Gunn e seu ex-empresário, o produtor Peter Safran, foram nomeados CEOs da nova DC Studios, supervisionando filmes, séries de TV e projetos de animação. (Em uma vívida lição sobre não queimar pontes em Hollywood, Gunn passou a trabalhar com Horn, que se aposentara como presidente da Disney em 2021 e se tornara consultor da empresa-mãe da DC, a Warner Bros., em 2022.) Safran era responsável pelas questões comerciais, ao passo que Gunn era considerado a nova mente criativa da DC. A Warner Bros. esperava finalmente ter encontrado seu próprio Kevin Feige.

Quando Gunn e Safran anunciaram uma nova leva de filmes e séries em janeiro de 2023, ficou claro que eles não estavam tentando copiar a fórmula do UCM para o sucesso com crossovers. Mas Gunn prestara muita atenção a algumas das mais importantes lições de Feige. Acima de tudo, nas palavras do próprio Feige, "não se preocupe com o universo. Preocupe-se com o filme".[14]

Assim como a Marvel, por necessidade, começara com heróis menos conhecidos, Gunn e Safran estrearam com personagens esotéricos, como o Gladiador Dourado e uma amazona da ilha Paraíso que *não* se chamava Diana. "Uma de nossas estratégias",[15] disse Gunn, "é usar nossas joias — Batman, Superman, Mulher-Maravilha — para apresentar personagens que as pessoas ainda não conhecem."

Safran acrescentou: "A ideia é transformar essas propriedades menos conhecidas nas joias de amanhã."[16]

Gunn também aprendera com a implementação de baixo risco dos Guardiões da Galáxia: estrear bem longe dos Vingadores na Terra significava que, se a franquia fosse um fracasso, o estúdio poderia amputá-la sem prejuízo para o restante do UCM. Assim, Gunn e Safran rotularam certas histórias, como a sequência de Matt Reeves, *Batman*, e a de Todd Phillips, *Coringa*, de propriedades "Elseworlds" — um rótulo emprestado das revistas em quadrinhos da DC que informava aos leitores que a aventura acontecia fora da continuidade principal [algo similar a *What If...?*].

Pular da Marvel para a DC funcionou melhor para Gunn que para Whedon, que finalizou o problemático *Liga da Justiça* em 2017 depois que o diretor Zack Snyder se afastou por conta da morte da filha. Whedon reescrevera o roteiro e supervisionara as filmagens adicionais, mas seu tom sarcástico não se mostrara adequado à sombria grandiloquência das cenas de Snyder. Whedon irritou praticamente todo mundo: astros do filme como

Gal Gadot e Ray Fisher, que o acharam abusivo; o estridente exército de fãs de Snyder; e o próprio Snyder, que de algum modo convenceu a Warner Bros. a lhe pagar 70 milhões de dólares para terminar sua própria versão do filme, lançada em streaming quatro anos depois.

✷

Se experimentou qualquer sensação de impotência em relação à decisão de James Gunn, Kevin Feige a compensou exercendo mais controle que nunca sobre a Marvel. Em outubro de 2019, logo após o triunfo de *Ultimato*, ele foi promovido a diretor criativo da Marvel Entertainment. Isso significava que todas as divisões da Marvel, incluindo TV e publicidade, agora se reportavam a ele. E ele, por sua vez, reportava-se à Disney.

Feige agora podia assumir seu lugar como arquiteto por trás de todas as histórias da Marvel, unindo as fragmentadas narrativas do cinema e da televisão em uma única saga coesa. Ele tinha acesso a todos os personagens. Mas isso também significava que o homem antes encarregado de pastorear um punhado de filmes por ano passaria a ser responsável por todo um ecossistema de super-heróis. Além disso, a Disney anunciou que Feige aplicaria seus superpoderes de produção a um novo projeto na Lucasfilm, a fim de recuperar o estúdio. Ele finalmente poderia brincar no mundo que chamara de uma de suas primeiras "obsessões"[17] na infância: Star Wars.

Ele conquistara o mundo do cinema, mas, quando a Disney entrasse nas guerras de streaming, precisaria de toda ajuda que pudesse conseguir. Aquele talvez fosse o pior momento para perder seu mais poderoso aliado na hierarquia. Em 25 de fevereiro de 2020, Bob Iger anunciou que deixaria a posição de CEO da Walt Disney Company, tendo atrasado o afastamento para supervisionar o lançamento do serviço de streaming Disney Plus em novembro de 2019. A Disney planejava oferecer o serviço com prejuízo enquanto conquistava uma base de usuários; seu alvo eram algo entre 60 e 90 milhões de usuários nos primeiros cinco anos. Também estava disposta a abrir mão da renda de curto prazo advinda do licenciamento de propriedades para outros serviços de streaming: antes do lançamento, a Disney retirou os filmes da UCM da Netflix, além de encerrar as produções de *Demolidor* e outras séries estreladas por heróis da Marvel.

Quem assumiu o lugar de Iger foi Bob Chapek, promovido do cargo de presidente de experiências e produtos de parques temáticos após uma longa carreira na empresa. Iger, amplamente respeitado na indústria por seus relacionamentos, seu foco na criatividade e o império de propriedades intelectuais que construíra durante seus cinquenta anos na Disney, também foi criticado pela inabilidade de escolher um sucessor lógico. A escolha de Chapek fez sobrancelhas se arquearem na indústria e, crucialmente, na própria Disney, onde o executivo tinha poucos aliados. Onde, perguntavam-se os executivos, estava o visionário que poderia seguir os passos de Iger?

No mesmo dia, a diretora do Centro Nacional de Imunização e Doenças Respiratórias do Centro de Controle de Doenças, dra. Nancy Messonnier, avisou que o novo coronavírus atendia a dois dos três critérios para uma pandemia: disseminação contínua de pessoa para pessoa e possibilidade de morte. O terceiro critério era "disseminação global".[18] Três semanas depois, a Organização Mundial de Saúde declarou a epidemia. Em 15 de março, a Walt Disney Company fechou a Disney World na Califórnia, na Flórida e em Paris; seus parques em Xangai, Hong Kong e Tóquio já estavam fechados. No mesmo mês, os principais estúdios de cinema pararam de divulgar suas bilheterias semanais porque havia muitos cinemas fechados.

Os escritórios e as produções da Marvel Studios também cessaram atividades em março de 2020. Em 12 de março, foram suspensas as filmagens de *Shang-Chi e a lenda dos dez anéis*, com a seguinte mensagem para elenco e equipe:

> Como muitos sabem, Destin [Daniel Cretton], nosso diretor, tem um bebê recém-nascido. Ele quis ser cauteloso, dada a situação atual, e decidiu fazer um teste de Covid-19. Nesse momento, está isolado por recomendação médica. Enquanto ele espera pelo resultado do teste, suspenderemos a primeira unidade de produção, por precaução, até a semana que vem. A segunda unidade e as unidades que não estão em produção continuarão trabalhando normalmente [...] Esta é uma época sem precedentes. Agradecemos a compreensão de todos enquanto passamos por ela.[19]

No dia seguinte, a Walt Disney interrompeu a maioria das produções, incluindo *Shang-Chi*. (O resultado do teste de Cretton foi negativo.)

O próximo lançamento cinematográfico da Marvel — o filme escolhido para iniciar a Fase Quatro após o atraso de *Vol. 3* — seria o havia muito prometido *Viúva Negra*. Como a personagem de Scarlett Johansson se sacrificara pela Joia da Alma em *Vingadores: ultimato*, seu filme solo precisava ocorrer em uma época na qual ela ainda estivesse viva. O resultado foi um filme que antecederia os eventos de Ultimato, em certo sentido, situado diretamente após os eventos de *Capitão América: guerra civil*. Como bônus, o filme não teria de lidar com as complicadas repercussões geopolíticas do estalar de dedos de Thanos.

Viúva Negra estava programado para 1º de maio de 2020, mas não cumpriria o prazo. Durante a pandemia, a Disney e a Marvel alteraram repetidamente as datas, tentando prever quando os cinemas voltariam a atrair multidões grandes o bastante para que os lançamentos fossem lucrativos. Inicialmente, o estúdio atrasou seus filmes em uma temporada: *Viúva Negra* foi postergado para novembro de 2020 e *Eternos*, para maio de 2021. Isso adiou o terceiro filme do Homem-Aranha, que adiou a sequência de *Doutor Estranho*, e assim por diante. Quando a persistência do coronavírus triunfou sobre esse calendário esperançoso, a Marvel adiou mais uma temporada: *Viúva Negra* seria lançado em maio de 2021. Pela primeira vez desde 2009 — logo quando Feige finalmente colocava em prática sua visão de um UCM amplamente diversificado e criativamente desafiador —, não haveria filmes da Marvel Studios no calendário. O conteúdo inédito disponível do UCM em 2020 seriam alguns personagens no jogo *Fortnite*.

Os investidores ficaram preocupados com a confusão gerada pela Covid-19, que prejudicou não somente a indústria cinematográfica, mas até mesmo grandes fontes de receita para a Disney, como parques e cruzeiros. A fim de mitigar seus temores, a empresa anunciou um evento chamado Dia do Investidor Disney, em dezembro de 2020. Bob Chapek lideraria uma transmissão ao vivo híbrida entre as chamadas de ganhos trimestrais — uma teleconferência na qual, há anos, acionistas ansiosos e jornalistas curiosos podiam ouvir Bob Iger falar de maneira reconfortante sobre seus sonhos para o futuro enquanto reportavam a realidade financeira do momento — e eventos ostentosos para fãs como a Comic-Con ou o D23.

O Dia do Investidor era a estreia de Chapek como representante de uma nova era Disney. O resultado do evento, no entanto, não satisfez os investidores nem os fãs. Primeiro, um desfile de executivos desconfortáveis disparava jargões comerciais. "Vamos aumentar a penetração",[20] disse a diretora financeira Christine McCarthy, falando dos planos da empresa para diminuir o domínio da Netflix no mercado de streaming. Em seguida, as figuras mais amigáveis de Kevin Feige e a presidente da Lucasfilm, Kathleen Kennedy, surgiram na tela para anunciar um número estonteante de novos projetos para o lançamento do Disney Plus. Tanto Feige quanto Kennedy foram pressionados a anunciar projetos que não estavam prontos, alguns dos quais acabariam cancelados (o filme *Rogue Squadron* de Patty Jenkins, uma série chamada *Rangers of the New Republic*) ou significativamente reformulados e postergados (a série *Armor Wars*, o filme *Quarteto Fantástico*).

O evento desequilibrou a Marvel: o estúdio teve dificuldades para cumprir todas as promessas que fez durante a apresentação. Além disso, precisou lidar com a grande complicação narrativa que criara ao final da saga Infinito. O Blip — o período de cinco anos durante o qual metade da população mundial foi removida da existência quando Thanos estalou os dedos — foi um evento histórico do UCM. "Tive medo de que isso se tornasse algo como a batalha de Nova York, o terceiro ato de *Vingadores*, que é citada constantemente",[21] afirmou Feige. Embora soubesse que apagar temporariamente metade do UCM fosse dramaticamente interessante, ele temia que, com o passar do tempo, o público da Marvel não fosse capaz de se conectar emocionalmente ao pesar generalizado do evento. Mas, com a continuação da pandemia, disse ele, a Marvel descobriu que o Blip capturara com precisão o sentimento da época. "Essa experiência que afetou todos os seres humanos da Terra traçou um paralelo direto entre o que as pessoas que vivem no UCM experimentaram e o que todos nós no mundo real experimentamos."

A Marvel Studios, assim como outros estúdios de Hollywood, estabeleceu protocolos com testes e uso de máscaras para permitir a retomada das produções. Os sets foram ocupados por fiscais de segurança sanitária, separados em "zonas" projetadas para minimizar a exposição, a fim de que os atores pudessem tirar a máscara quando as câmeras começassem a gravar. Todos os estúdios estavam aflitos com quando o público retornaria aos cinemas. Nenhum deles queria que um filme com orçamento de milhões ficasse parado nas prateleiras, tampouco queria desperdiçar um ativo valioso lançando-o em um ambiente hostil. Tentando impulsionar o retorno aos cinemas, o diretor Christopher Nolan insistiu para que a Warner Bros. lançasse *Tenet* em setembro de 2020; os resultados foram respeitáveis, mas mistos, fornecendo mais evidências a todos os lados do argumento.

A Warner Bros. então anunciou que lançaria todos os filmes planejados para 2021 simultaneamente nos cinemas e no serviço HBO Max. Alguns cineastas reclamaram, por terem concebido seus filmes para a tela grande e não quererem que a experiência fosse diminuída ou por terem direito a bônus financeiros gerados pelas bilheterias, mas não pelo streaming.

A Warner Bros. deu início a sua estratégia com a sequência *Mulher-Maravilha 1984*, que estreou nos cinemas e no HBO Max no Natal de 2020. Para compensar a diretora Patty Jenkins e a estrela Gal Gadot pelos bônus perdidos, o estúdio pagou a cada uma delas 10 milhões de dólares adicionais. A fim de não irritar outros talentos cujos filmes iriam diretamente para o streaming, a Warner Bros. supostamente pagou 200 milhões de dólares de reparação a astros e diretores.

A estratégia da Disney para o lançamento simultâneo, usado em filmes como *Soul*, da Pixar, e a remake em live-action de *Mulan*, foi cobrar 30 dólares adicionais de qualquer um que quisesse vê-los no Disney Plus (no recém-concebido "acesso premium"). Chapek, fazendo jus à reputação de alguém que prezava mais o lucro que as decisões criativas, achou que aquela era uma solução elegante para uma situação difícil, esperando que gerasse um novo fluxo de receita e atraísse mais assinantes para o Disney Plus. Feige fez lobby para que *Viúva Negra* não fosse lançado no esquema híbrido, querendo preservar o brilho da exclusividade nos cinemas e temendo irritar sua protagonista.

Mesmo assim, Chapek seguiu adiante — ignorou Feige e não se deu ao trabalho de avisar Johansson. *Viúva Negra* chegou aos cinemas e ao Disney Plus em 9 de julho de 2021. Após esperar doze anos, desde sua estreia em

Homem de Ferro 2, para protagonizar seu próprio filme da Marvel, Scarlett Johansson se tornou dano colateral na guerra de streamings. A Disney alardeou uma receita de 60 milhões de dólares do acesso premium na semana de lançamento — um anúncio que agradou aos investidores, mas irritou a atriz. Sua equipe iniciou uma ação legal, afirmando que a Disney violara seu compromisso de lançar o filme exclusivamente nos cinemas e pedindo uma reparação de 50 milhões de dólares. "Por que a Disney abriria mão de centenas de milhões de dólares em bilheteria ao lançar o filme em uma época na qual o mercado cinematográfico está 'fraco', em vez de esperar alguns meses até que o mercado se recupere?",[22] perguntaram os advogados. "Acreditamos que a decisão foi tomada, ao menos em parte, porque a Disney viu uma oportunidade de promover seu principal serviço de subscrição usando o filme e a sra. Johansson." De acordo com a ação, os representantes de Johansson haviam contactado a Disney em busca de um novo acordo, mas sido ignorados.

Feige impeliu a Disney a "acertar as coisas"[23] com Johansson, o tipo de pedido que, historicamente, fora respondido com destreza durante a administração Iger. Mas, na era Chapek, a declaração oficial da Disney fez o oposto. Ela tornou a situação pessoal ao revelar que Johansson já recebera 20 milhões de dólares pelo filme (insinuando sutilmente que ela era gananciosa por querer mais) e declarar: "A ação legal é especialmente triste e angustiante em sua insensível indiferença aos horríveis e prolongados efeitos globais da pandemia da Covid-19."[24] Para os funcionários acostumados à estrita política de Iger de não permitir que conflitos internos chegassem ao conhecimento público, a declaração enviou um alarmante sinal do que esperar da liderança de Chapek — e uma indicação de que ele não era o sucessor que Iger esperara.

Perdendo a batalha de relações públicas, a Disney fez um acordo legal dois meses depois; tanto o estúdio quanto Johansson deram uma entrevista coletiva conciliatória e prometeram trabalhar juntos em uma adaptação cinematográfica do brinquedo Torre do Terror. Da perspectiva das relações públicas, o principal perdedor do episódio foi Kevin Feige. Ele não tomara a decisão de demitir ou recontratar James Gunn, e o contratempo com *Viúva Negra* lembrou a todos que, embora Feige tivesse controle criativo praticamente ilimitado sobre o UCM tanto no cinema quanto na TV, seu novo chefe na Disney podia e iria ignorá-lo sempre que quisesse.

27
Departamento do sim

"Se não podemos aceitar limitações,
não somos melhores que os caras maus."
Capitão América: guerra civil

Em 2007, quando Jon Favreau e Kevin Feige reformularam a batalha final de *Homem de Ferro* após o fim das filmagens principais, eles involuntariamente estabeleceram três princípios fundamentais da Marvel Studios. O primeiro era que um elemento longamente planejado do filme podia ser descartado antes do lançamento sem hesitação caso encontrassem uma solução melhor. O segundo era que os efeitos especiais funcionavam melhor quando eram importantes para a construção do personagem, não apenas espetáculo. E o terceiro era que o melhor método para consertar problemas sérios perto do prazo final era usar CGI. Combinados, esses três princípios aumentariam a pressão sobre as empresas de efeitos visuais que contribuíam cada vez mais com a essência do ascendente Universo Cinematográfico Marvel (e sobre Victoria Alonso, que as supervisionava) — especialmente quando a Marvel entrou em sua era cósmica, altamente dependente de efeitos especiais.

Marc Chu, um produtor de efeitos visuais que trabalhou em cinco projetos do UCM com a ILM (e em dois outros com a Method Studios), disse: "Se você consegue terminar um filme da Marvel duas semanas antes do lançamento, é porque está se saindo muito bem. É estressante."[1]

No início da carreira de Feige, quando atuava como produtor júnior nos filmes dos X-Men, a computação gráfica era reservada apenas a momentos extraordinários. Em retrospecto, ele considerava isso um grande trunfo. "Os orçamentos eram relativamente limitados; não dava para fazer tudo que fazemos hoje",[2] afirmou ele. "Você precisava se apoiar nos personagens, e, quando se trata dos quadrinhos Marvel, é espetacular poder fazer isso, porque a profundidade deles é incrível."

Nos quinze anos após *Homem de Ferro*, a Marvel e outros estúdios passaram a depender cada vez mais de CGI. Ao passo que *Homem de Ferro* incluía aproximadamente novecentas tomadas com efeitos, *Vingadores: ultimato* tinha quase três vezes mais. Durante a edição de *Ultimato*, Dan DeLeeuw, o supervisor de efeitos visuais, ia ao estúdio com sua equipe nos fins de semana para avaliar o que ainda precisava ser feito, celebrando brevemente sempre que havia uma tomada sem efeitos. "Celebramos umas oitenta vezes",[3] falou ele. "Oitenta em... bom, há 2.623 tomadas com efeitos visuais no filme."

Tipicamente, um blockbuster de ação era produzido em somente algumas empresas de efeitos (ou mesmo uma única); no século XXI, esses filmes se tornaram tão dependentes do CGI que os produtores precisam contratar dez ou mais empresas para cada filme. A rápida expansão da Marvel Studios após *Homem de Ferro* significou que Victoria Alonso se tornou responsável por integrar um grupo sempre variado de empresas. Ao contrário da maioria dos estúdios de Hollywood, a Marvel estava disposta a manter dezenas de designers e artistas sob contratos de tempo integral, incluindo a equipe de desenvolvimento visual de Ryan Meinerding. Mas não queria contratar centenas de especialistas em computação gráfica, então dependia de fornecedores externos para fazer o trabalho de efeitos visuais.

Nenhuma das empresas que trabalhavam com a Marvel Studios era subsidiária da Disney; tratava-se de negócios independentes que podiam crescer ou ruir com base em um lucro estimado de 3% a 5%, uma margem estreita que não incluía os custos da potencial responsabilidade de entregar sequências inteiramente novas logo antes de uma imutável data de lançamento. A maioria das empresas flertava com a insolvência financeira; a indústria se acostumou a certo nível de perda. A Rhythm & Hues, por exemplo, foi uma fornecedora-chave de CGI para *O incrível Hulk*, da Marvel, em 2008, mas faliu após dois projetos em 2012: *Branca de Neve e o caçador* e *As aventuras de Pi*, de Ang Lee, pelo qual recebeu um Oscar.

Grande parte do filme se passa em um bote no qual estão um adolescente e um tigre-de-bengala; o tigre era inteiramente digital, criado pela Rhythm & Hues. A empresa conseguiu o trabalho com uma oferta fixa, ou seja, comprometeu-se com o valor antes de o trabalho começar. Quando o filme foi postergado e Lee quis mudar o design do tigre na pós-produção, a Rhythm & Hues teve de arcar com o prejuízo. "Vinte meses de atraso a entre 1,2 e 1,6 milhão de dólares ao mês resultam em 24 a 30 milhões de dólares em custos adicionais",[4] disse o fundador da empresa, James Hughes. Durante a cerimônia do Oscar no início de 2013, a equipe visual que aceitou o prêmio declarou que a Rhythm & Hues estava à beira da falência por causa do filme — e então saiu do palco ao som do tema de *Tubarão*. A empresa fechou as portas em 2020.

As empresas norte-americanas de efeitos visuais adotaram as ofertas fixas para permanecerem competitivas contra empresas estrangeiras que se beneficiavam de mão de obra mais barata e créditos fiscais abundantes. Mas, em uma era na qual cineastas e estúdios presumem que mudanças de última hora são parte do negócio, a oferta fixa se tornou insustentável, pois significava que as empresas precisavam arcar com os custos financeiros e humanos de diretores que mudam de ideia por necessidade narrativa, experimentalismo ou puro capricho. "Entendemos que, se existe um direcionamento, você precisa segui-lo",[5] disse Hughes. "Mas o que costuma acontecer é que eles seguem um direcionamento durante seis meses e então, do nada, repensam e partem para uma coisa totalmente diferente!"

✳

Algumas empresas contratadas pela Marvel conseguiram prever melhor seus custos desenvolvendo especialidades que correspondessem ao fluxo de entrega de efeitos visuais do estúdio. A Third Floor fornecia a pré-visualização de todos os projetos da Marvel, até mesmo expandindo seus renderizadores 3D de pré-produção para algo chamado *tech-viz*. Sua tecnologia podia capturar dados que eram enviados às gaiolas de câmeras. No set físico, a câmera real reproduzia o movimento da câmera virtual da pré-produção.

A Lola Visual Effects, fundada em 2004, tinha se especializado no "aprimoramento estético" dos atores, o que podia significar qualquer coisa, de corrigir problemas com maquiagem a fazer "cirurgia plástica digital", dando aos astros menos barriga ou músculos mais definidos. No filme de 2006 *X-Men: o confronto final* (também chamado de *X3*), a Lola foi requisitada para fazer algo novo: rejuvenescer Patrick Stewart e Ian McKellen para um flashback situado vinte anos no passado.

O diretor Brett Ratner insistiu que não queria contratar sósias mais jovens. Ele queria que os astros tivessem a mesma aparência que possuíam na década de 1980. Os produtores de *X3* solicitaram amostras de vários métodos, de prostéticos a dublês digitais. A solução que os impressionou veio da Lola. A empresa de efeitos visuais disse que podia rejuvenescer os atores sem afetar a filmagem. Seu método não exigia pontos de rastreamento, captura de movimentos ou maquiagem fosforescente MOVA.

A Lola ficou com o projeto, a primeira vez que esse efeito foi empregado em um grande filme. A empresa começou com a pesquisa, reunindo tantas imagens quanto possível de Stewart e McKellen mais jovens, em múltiplos ângulos. Por sorte, com dois atores prolíficos, havia uma abundância de registros. Para alisar rugas e retesar a pele, os técnicos empregaram "enxertos digitais": seções de epiderme digital, modeladas segundo a aparência dos atores décadas antes. Elas eram digitalmente coladas ao rosto dos atores e seguiam seus movimentos. Os enxertos podiam ser remodelados e reiluminados a cada frame, permitindo que os artistas digitais reproduzissem a iluminação e as nuances da cena original.

A equipe da Lola também consultou cirurgiões plásticos de Hollywood para aprender como rejuvenescer homens sem a ajuda dos computadores. Os médicos responderam que havia duas áreas nas quais a cirurgia estética não era muito efetiva: o nariz e as orelhas, que continuam a crescer durante toda a vida (por causa do efeito da gravidade sobre as cartilagens). A Lola apagou narizes e orelhas das cenas de Stewart e McKellen, reduziu-os em 10% e então os devolveu aos atores, como se fossem o Sr. Cabeça de Batata (ou Sir Cabeça de Batata).

Quando *X3* foi lançado, em 2006, a cena de flashback foi muito criticada pelos espectadores por parecer falsa. Mas uma barreira fora rompida: atores mais velhos podiam interpretar versões mais jovens de si mesmos, desde que a produção estivesse disposta a pagar por isso. Idealmente, o trabalho desse tipo de efeito é invisível, responsável por atrair os espectadores para o filme, em vez de exibir a técnica dos artistas por trás dele, mas a Lola acabou chamando bastante atenção com *X3* e se tornou a principal escolha em termos de rejuvenescimento. O processo teve uma melhora notável quando a empresa rejuvenesceu Patrick Stewart novamente, em *X-Men origens: Wolverine*, de 2009, embora ainda não parecesse totalmente natural.

A Marvel Studios começou a trabalhar com Lola lá no início, quando a apressada pós-produção de *Homem de Ferro* enfrentara obstáculos. "Começamos tarde em *Homem de Ferro*",[6] disse Trent Claus, um dos supervisores de efeitos visuais da Lola. "O trabalho que fomos contratados para fazer já tinha sido entregue a outro fornecedor, mas não estava funcionando. Então tentamos fazer algo melhor em um prazo muito curto. Se me lembro bem, tivemos duas semanas para produzir os efeitos. O fornecedor anterior contou com vários meses. Foi uma espécie de emergência."

A Lola impressionou a Marvel com a qualidade e a velocidade de seu trabalho e recebeu novas tarefas em *O incrível Hulk* e *Homem de Ferro 2* (na maior parte, intervenções estéticas, como remover a confusa tatuagem "Loki" de Mickey Rourke). Em *Capitão América: o primeiro vingador*, o diretor Joe Johnston também era um profissional de efeitos visuais, tendo passado anos na ILM. Ele trabalhou com a Lola no "Steve Magrelo": nas cenas antes de Steve Rogers receber a fórmula do Supersoldado, o musculoso Chris Evans precisava parecer um fracote de 45 quilos. "Sabíamos que o filme não funcionaria se você não acreditasse no Steve Magrelo",[7] disse Feige. "Passamos todo o primeiro ato com a versão esquelética de Steve Rogers, antes de ele ser escolhido para o programa e se submeter a um procedimento que o transforma no Capitão América." Feige acreditava que valia a pena gastar milhões de dólares para estabelecer que o protagonista tinha coração puro antes de ganhar músculos super-humanos. Se o filme errasse o visual do Steve Magrelo, perderia a confiança do público.

Algumas cenas foram realizadas com substituição facial. O dublê esguio de Evans, Leander Deeny, imitava os movimentos do ator, cujo rosto mais tarde era sobreposto ao corpo do dublê. Em outras cenas, a Lola reconstruiu digitalmente o corpo de Evans quadro a quadro, usando como referência fotografias de homens de 45 quilos. "Uma das coisas nas quais as pessoas não pensam é a maneira como a camisa se ajusta ao corpo durante as filmagens. Ele é um cara grande e musculoso, então o tecido estica de maneira visível. E fica mais esticado em certas áreas. Nada disso funciona se você está tentando vender a ideia de que ele é magrinho",[8] afirmou Claus. "É preciso substituir completamente partes da camisa e do tecido e então animar essas partes à mão, a fim de que pareçam largas e folgadas no corpo dele."

Para *Capitão América: o Soldado Invernal*, a Lola envelheceu a atriz Hayley Atwell, fazendo com que sua personagem, Peggy Carter, parecesse uma mulher de 90 e poucos anos. Como era Atwell quem realmente interpretava, a reunião com Steve Rogers foi muito mais comovente, especialmente quando ele diz: "Eu não podia abandonar minha garota. Não quando ela me deve uma dança." A cena deu a ele uma dimensão humana especialmente importante, dada a escala da batalha do último ato, durante a qual o Capitão América derruba gigantescas aeronaves de vigilância.

Vingadores: Era de Ultron foi um desafio maior. A Lola precisava que o Visão parecesse mais um androide e menos um ator (Paul Bettany) usando maquiagem bordô. "Deixamos somente o rosto e o corpo",[9] afirmou Claus. "O restante da cabeça — orelhas, pescoço, tudo — foi completamente removido, quadro a quadro. Ficamos somente com a face flutuando. Em torno disso, construímos a cabeça de CGI e todos os detalhes cibernéticos do rosto. No fim, a cabeça é de CGI, exceto o rosto, que é uma mistura. Cerca de metade Paul em live-action, metade elementos de CGI, o que é único. Não conheço nenhum outro personagem que tenha passado por esse processo."

Em *Homem-Formiga*, a Marvel pediu que a Lola fizesse outro trabalho de rejuvenescimento para uma sequência em flashback, devolvendo Michael Douglas a filmes da década de 1980, como *Wall Street: poder e cobiça*. "Removemos trinta anos",[10] disse Claus. "Foi a primeira vez que fizemos um rejuvenescimento tão extenso." Quando o diretor Peyton Reed filmou Douglas nas cenas de flashback, ele se assegurou de que, para cada setup de câmera, houvesse um take adicional com um ator mais jovem substituindo Douglas e replicando seus movimentos. "Isso nos deu uma comparação com uma pele mais jovem naquela luz e naquele ambiente, o que foi muito útil", explicou Claus. "A gente não precisou adivinhar."

Rejuvenescer personagens para flashbacks do UCM se tornou uma tarefa frequente da Lola. Robert Downey Jr. em *Capitão América: guerra civil*, Kurt Russell em *Guardiões da Galáxia vol. 2*, Michelle Pfeiffer em *Homem--Formiga e a Vespa* — todos passaram por um rejuvenescimento digital. Como no caso de McKellen e Stewart, todos tinham décadas de filmagens de referência. Russell, no entanto, insistiu que a aparência mais jovem foi obtida quase inteiramente com cabelo e maquiagem. De acordo com ele, um artista de efeitos visuais disse: "Só fizemos uns retoques aqui e ali"[11] — um comentário polido, já que todo o seu rosto foi digitalmente alterado.

A Marvel ficou tão satisfeita com os resultados nesses filmes que pediu que a Lola assumisse uma tarefa mais desafiadora: rejuvenescer Samuel L. Jackson durante toda a sua participação em *Capitã Marvel*, quase uma hora de tela. Embora a tecnologia tivesse avançado nos quatro anos entre *Homem-Formiga* e *Capitã Marvel*, Claus disse que a Lola dependia de seus artistas, não de softwares. "Para nós, não se trata apenas de evolução tecnológica, porque, na maior parte dos casos, usamos as mesmas ferramentas durante anos. Os programas são sempre atualizados, mas a vasta maioria do trabalho é feita pelos artistas — são as habilidades deles que melhoram ano a ano. Em cada projeto, aprendemos um pouquinho mais e nos tornamos mais experientes. Ao contrário de muitas empresas de efeitos, a maioria de nossos artistas de rejuvenescimento está conosco há oito, dez, doze anos, e eles se tornaram realmente bons nisso."[12] De fato, o Nick Fury mais jovem parecia inteiramente plausível, com exceção dos momentos em que Jackson precisava exercer a atividade que mais detestava, correr em frente às câmeras.

Durante muito tempo, as interpretações com captura de movimentos que formavam a base de personagens em CGI como Hulk eram filmadas diante de telas verdes, com múltiplas câmeras capturando as marcas de referência nos atores. Mas, para *Planeta dos macacos: a origem*, de 2011, a Weta Digital, a empresa de efeitos da Nova Zelândia fundada pelo diretor Peter Jackson, fez um grande avanço. Sua nova tecnologia capturava interpretações em sets comuns, internos ou externos, permitindo que os atores que interpretavam personagens em CGI trabalhassem no mesmo ambiente que seus colegas não digitais. Rapidamente, a ILM adaptou sua tecnologia de captura de movimentos para fazer o mesmo, de modo que, em *Os Vingadores*, Mark Ruffalo usou um traje cinza de captura de movimentos enquanto interpretava Hulk, assim como os atores interpretando guerreiros chitauris. "A última versão do traje tem uma padronagem de triângulos",[13] explicou Kevin Wooley, o principal engenheiro de pesquisa e desenvolvimento da ILM. "Nosso novo e patenteado traje trabalha com um sistema de rastreamento que segue os cantos de todos esses triângulos. Então, quando você os vê naquele traje ridículo, estamos tentando fazer com que seja tão fácil fazer as capturas no set aberto quanto é no fechado."

A ILM cuidou das cenas com efeitos visuais do Hulk de *Os Vingadores* até *Vingadores: ultimato*. A aparência do personagem evoluiu ligeiramente a cada filme, mas a ILM sempre tentou mostrar ao público uma versão de Mark Ruffalo, não somente um grande monstro verde. A Marvel valorizava a continuidade de trabalhar com a ILM quase tanto quanto valorizava a continuidade de trabalhar com Ruffalo. Marc Chu, da ILM, disse que a empresa tenta manter seus funcionários nos mesmos grupos. "Você sempre vê grupos indo de um projeto para outro, porque se tratam de pessoas que se entendem. Sempre prefiro chamar um animador com o qual já trabalhei antes, se souber que é adequado e pode fazer o trabalho — assim, não preciso explicar tudo. Quero que as pessoas captem a ideia e comecem a trabalhar nela. Se tiverem algo melhor em mente, que venham até mim e proponham o que pensaram. Essa é a mesma sensação que tenho com todos os criadores da Marvel."[14]

Quando a Marvel Studios passou a produzir três filmes por ano, sua necessidade de CGI aumentou drasticamente. A luta no aeroporto de *Capitão América: guerra civil* exibiu uma infinidade de truques digitais que exigiram uma ampla variedade de habilidades artísticas, a maioria passou despercebida pelo público. Durante as filmagens, Robert Downey Jr. e Don Cheadle puderam usar capacetes sem rosto com pontos de rastreamento porque suas armaduras seriam acrescentadas mais tarde. As asas do Falcão eram digitais, assim como as flechas do Gavião Arqueiro. Wanda Maximoff fazia objetos flutuarem com a ajuda de CGI e o Visão era uma mistura de efeitos visuais e do rosto de Paul Bettany. A Viúva Negra e o Soldado Invernal receberam substituição de rostos nas cenas de luta filmadas por seus dublês. E, embora os dublês do Pantera Negra e do Homem-Aranha usassem trajes que escondiam o rosto, as roupas foram pintadas digitalmente nos corpos.

"Quando vi o filme, fiquei meio triste por eles terem colocado CGI no traje",[15] disse Gui DaSilva-Greene, o dublê de Chadwick Boseman como Pantera Negra. "Porque parece que não fiz as coisas que fiz, como a sequência de perseguição ou o chute triplo no escudo do Capitão América. Eu fiz tudo isso."

A Marvel Studios regularmente fazia escaneamentos computadorizados dos atores de seus filmes, obtendo medidas detalhadas de seus corpos e feições. De acordo com Downey, a tecnologia se tornou mais eficiente a cada filme do UCM, e o estúdio passou a usá-la com mais frequência. "Talvez fizéssemos um escaneamento por filme no início, porque era tudo que eles conseguiam encaixar. Agora podemos fazer três por semana, e é muito rápido."[16]

A Marvel usava os escaneamentos para produzir brinquedos e outros produtos com imensa fidelidade. Também os mantinha arquivados para o futuro, no caso de querer renderizar versões digitais de seus astros ainda jovens. (Ter os escaneamentos arquivados não dava à Marvel o direito de animar a imagem de um ator em um filme — mas isso sempre podia ser negociado mais tarde.)

DaSilva-Greene disse que, quando foi escaneado durante as filmagens de *Guerra civil*, o processo durou cerca de duas horas. "É como um filme de ficção científica. Você entra em uma sala escura e há muitas câmeras",[17] disse ele. O técnico o instruía: "Fique em pé sobre o X. Isso, fique parado bem aí. Olhe para a frente. Abaixe um pouco o queixo. Afaste um pouco mais os braços." Depois que tinha os dados necessários, o técnico dizia a DaSilva-Greene para girar quinze graus para a direita. "Ou você ficava em pé sobre uma plataforma e eles a giravam, porque não confiavam que você soubesse quanto eram quinze graus. Eu pensava: *Eu tirei 10 em geometria, sabia?*"

Quando filmou *Vingadores: guerra infinita* e *Vingadores: ultimato*, a Marvel Studios podia incluir personagens totalmente digitais que não teriam sido possíveis dez anos antes, como o híbrido "Hulk Esperto" de Mark Ruffalo e o Thanos de Josh Brolin. A grande mudança foi a chegada do software de aprendizado de máquina que captava as nuances do rosto de um ator. O software de IA chamado Masquerade, desenvolvido pela Digital Domain, partiu dos dados em baixa resolução capturados do rosto de Brolin — adornado com os familiares pontos brancos de rastreamento — e usou inteligência artificial para analisar múltiplos escaneamentos do ator, a fim de escolher a melhor renderização final. Brolin estava nervoso com a aparência de Thanos na tela, assim como o supervisor de efeitos da Marvel Studios, Dan Deleeuw, até o dia em que testaram o novo sistema. "Pretendíamos filmar uma ou duas frases e então aplicar a tecnologia",[18] falou Deleeuw. "Era a primeira vez que Josh usava o traje de captura de movimentos e a câmera no capacete, e a primeira vez que trabalhava com os Russo."

Brolin leu o diálogo do vilão de maneira exagerada, achando que essa era a única maneira de ultrapassar a barreira digital. Mas, depois de gritar suas falas, ele se sentou com o roteiro, pensando em voz alta sobre o estado emocional de Thanos, e leu o diálogo de maneira casual e discreta, sem pensar no espectador. "Mantivemos a captura de movimentos rodando enquanto Josh interpretava",[19] disse Deleeuw. "As falas do primeiro teste foram de Josh experimentando o personagem, e depois tivemos uma interpretação muito introspectiva." O teste ajudou a refinar o design do personagem: "Sabíamos que, quanto mais feições de Josh incluíssemos na escultura de Thanos, mais bem-sucedidos seríamos. Quanto mais detalhes você coloca na boca, muito embora seja uma boca gigantesca, melhor é o desempenho do personagem." Ver os resultados convenceu Brolin de que podia interpretar o papel de maneira discreta, contemplativa.

"Brolin era nosso ás na manga",[20] afirmou Downey. "Para mim não é Thanos, é Brolin. Porque é ele quem torna o avatar assustador. E ele é um cara doce, mas formidável."

Karen Gillan, que interpretou Nebulosa, filmava suas cenas com Thanos com o diretor Joe Russo no lugar de Brolin quando ele não estava disponível. Ela achou a dinâmica fascinante. Mas também adorou a interpretação de Brolin. "É muito fácil interpretar um vilão espalhafatoso, mas, no caso dele, o tom de voz é aveludado, e isso é muito mais assustador. Você fica pensando: *Quem é esse cara? Do que ele é capaz?*"[21]

Jonathan Harb, da Whiskeytree, que não trabalhou em *Guerra infinita*, acreditava que Thanos era o pináculo dos efeitos visuais da Marvel Studios. "O que eles fizeram com efeitos visuais nos deu a oportunidade de ver coisas que não achávamos possíveis. Não somente na indústria, mas para qualquer um que está acostumado a assistir filmes",[22] disse Harb. "Você vê Josh Brolin interpretando Thanos e fica mexido com aquela coisa púrpura gigantesca."

"Sabíamos que ele teria que carregar o filme nas costas. Ele tem mais tempo de tela que os Vingadores",[23] falou Deleeuw. "Os espectadores precisavam acreditar nele e simpatizar com ele — até Thanos fazer aquela coisa horrível e você passa a odiá-lo para sempre, porque todos os seus heróis desaparecem no final."

✳

Quando *Vingadores: guerra infinita* chegou aos cinemas, as séries da Marvel Studios que seriam apresentadas no Disney Plus logo começaram a ser desenvolvidas. A Marvel, que já era uma das maiores utilizadoras de efeitos visuais, planejava produzir entre três e cinco séries ao ano, para além dos três filmes habituais, praticamente dobrando o número de cenas com efeitos especiais e acelerando uma das mais exaustivas tendências da indústria. A expansão do UCM para o espaço sideral nas fases Quatro e Cinco só pioraria as coisas: filmes como *Doutor Estranho no multiverso da loucura*, *Thor: amor e trovão* e *Homem-Formiga e a Vespa: Quantumania* dependeriam cada vez mais de personagens e locações inteiramente digitais.

Para cada projeto, a Marvel Studios divulgava uma tabela com as cenas de que precisava, e as empresas de efeitos visuais faziam ofertas para cada cena. Os projetos mais complicados, como o Hulk ou o processo de rejuvenescimento, eram oferecidos primeiro às empresas maiores ou àquelas com expertise. Mas isso ainda deixava muito trabalho para as menores. Aquelas que concorriam pelos trabalhos mais rotineiros tinham de estimar quanto tempo e quanta mão de obra seriam necessários para criar uma cena com dois heróis lutando contra um robô com tentáculos ou uma espaçonave

392 O REINADO DA MARVEL STUDIOS

fazendo um pouso de emergência em um planeta recoberto de lixo. A Marvel provavelmente ficaria com a oferta mais barata, então as empresas que queriam continuar trabalhando precisavam determinar quão pequenas podiam ser suas margens de lucro. Logo a Marvel retornaria com outro projeto e outra rodada de ofertas, esperando um preço similar, mesmo que o projeto anterior tivesse forçado os artistas a labutar por longas horas, sem descanso nos fins de semana, somente para assegurar que a empresa em que trabalhavam não fosse à falência.

Os efeitos visuais dos programas da Marvel exibidos na Disney Plus tinham a mesma alta resolução dos longas-metragens e requeriam o mesmo trabalho — mas contavam com orçamentos menores. No caso de *Mulher--Hulk: defensora de heróis*, a personagem principal *é* um efeito visual. (As fortes reações à super-heroína de CGI demonstraram que as pessoas tinham opiniões intensas sobre efeitos especiais computadorizados. Kat Coiro, a diretora da série, acreditava que havia um tom de misoginia nos comentários: "Quando se trata de críticas ao CGI, acho que isso tem a ver com a crença, presente em nossa cultura, de posse dos corpos femininos.")[24] Durante a pandemia da Covid-19, a maior parte da indústria de efeitos visuais passou a trabalhar remotamente, exigindo grande coordenação entre a Marvel Studios, as empresas parceiras e centenas de artistas visuais enviando imagens e edições. De casa, os artistas mandavam seu trabalho para o escritório, onde computadores poderosos com capacidade de processamento medida em petabytes (1 mil terabytes) produziam as cenas finais para aprovação da Marvel. A Marvel Studios disse às empresas que o trabalho remoto era aceitável, mas o home office precisava ser seguro, a fim de que os enredos não vazassem.

O departamento de arte da Marvel Studios coordenava seus esforços com empresas de pré-visualização como a Third Floor, o que ajudava a otimizar o processo para seus fornecedores, mas não o suficiente para compensar o hábito de modificar grandes porções dos filmes já no fim do processo. Victoria Alonso acreditava que sempre que ela e sua equipe de pós-produção ouviam alguém iniciar uma pergunta com as palavras "Será que vocês conseguem...", só havia uma resposta correta.

"É o departamento do 'sim'",[25] declarou ela impassivelmente. "A resposta sempre é: 'Sim, conseguimos.'"

O princípio de jamais dizer não a potenciais melhorias aumentou a qualidade das produções da Marvel Studios, mas tornou o processo cada vez mais exaustivo para as empresas e os artistas de efeitos visuais que tinham de dar conta do trabalho adicional.

"Você vê os cronogramas dos filmes e sabe [...] que isso nunca vai parar",[26] disse um artista. "A carga de trabalho se torna uma agonia às vezes [...] Os estúdios continuam a recorrer às mesmas fontes porque o trabalho é abundante. [A Marvel] precisa de muitas pessoas, e os artistas sempre precisam de trabalho. Para onde você acha que os estúdios irão?" Mesmo anonimamente, é raro que qualquer um reclame da Marvel como empregadora — queixar-se publicamente foi parte de um esforço para motivar o pessoal dos efeitos visuais a participar de um sindicato em formação. O estúdio entregava muitos projetos a seus próprios funcionários, em vez de contratar freelancers, e tinha acordos de confidencialidade particularmente agressivos, mas até mesmo as queixas anônimas indicavam rachaduras no método Marvel.

"Está claro que tentaram dar um jeitinho",[27] disse um técnico de efeitos da Marvel que trabalhou em *Quantumania* depois que o filme foi severamente criticado pelos efeitos digitais malfeitos. "Certas coisas foram usadas para disfarçar o trabalho incompleto. Certos cortes editoriais foram feitos para não mostrar tanta ação ou tantos efeitos quanto poderia haver — provavelmente porque não havia tempo para renderizar tudo [...] Parece que certas cenas foram reduzidas ou alteradas para economizar dinheiro, poupar tempo ou encobrir inabilidades [...] Acho que o filme recebeu essas críticas porque a Marvel está fazendo o possível para limitar qualidade. Eles estão tirando leite de pedra. E estamos ficando sem leite."

Embora fosse uma cliente particularmente grande e problemática, a Marvel Studios não era a única responsável pelos problemas endêmicos enfrentados pelas empresas de efeitos visuais e pelo ambiente de trabalho abusivo que explorava milhares de artistas digitais em todo o mundo. Mas como consertar essa parte defeituosa da indústria cinematográfica?

Uma resposta seria se livrar do sistema de ofertas fixas e permitir que as empresas de efeitos tivessem participação nos lucros. No entanto, dado que os departamentos de contabilidade de Hollywood passaram décadas aperfeiçoando a arte de ocultar lucros, isso exigiria uma reforma total das práticas comerciais dos estúdios. Outra solução seria a criação de um sindicato que pudesse negociar salários e horas-extras para os artistas. E a terceira opção — que, de acordo com os rumores, era considerada pela Marvel — seria trazer os artistas para o estúdio, criando um grande departamento interno de efeitos visuais ou adquirindo uma empresa de efeitos já existente.

Tatiana Maslany, a estrela de *Mulher-Hulk: defensora de heróis*, reconheceu que as condições não eram ideais para os artistas digitais que criaram seu grande alter ego verde. "Sinto imenso respeito por esses artistas e por quão rapidamente precisam trabalhar",[28] disse Maslany enquanto promovia sua série em um painel da Associação de Críticos de Televisão. "Temos que estar superconscientes sobre como as condições de trabalho nem sempre são as ideais."

A criadora da série, Jessica Gao, foi mais direta: "É uma imensa empreitada ter uma série dessa escala com a personagem principal sendo de CGI. É algo imenso, e é terrível que tantos artistas sejam pressionados a correr e sintam que sua carga de trabalho é tão esmagadora. Todo mundo [...] é solidário com todos os trabalhadores e defende boas condições de trabalho."[29]

Vários anos depois de começar a filmar para a televisão, a Marvel Studios reconheceu que o ritmo intenso e os baixos orçamentos não casavam bem com as demandas de histórias cheias de efeitos visuais. Em 2022, *Armor Wars* [*A Guerra das Armaduras*] — um projeto planejado para a televisão — ganhou o status de filme graças, amplamente, às preocupações com efeitos. "Havia excelentes ideias para a série que, para ser honesto, eram grandes demais para ela",[30] disse Nate Moore, produtor da Marvel. "Nossas séries no Disney Plus são maravilhosas e nós as adoramos, só que os orçamentos não são os mesmos dos longas — isso não é nenhum segredo."

Produzir os maiores blockbusters e as séries televisivas mais comentadas do mundo acarretava escrutínio extra. A Marvel Studios se tornara o símbolo de problemas que envolviam toda a indústria, incluindo a posição precária das empresas de efeitos visuais. Embora Alonso se mantivesse em silêncio sobre a crise no setor, ela não era passiva sobre outras questões.

Em abril de 2022, quando aceitou um prêmio do grupo LGBTQ GLAAD por *Eternos*, Alonso censurou o CEO da Disney, Bob Chapek, por não assumir uma postura mais decidida contra a lei de "direitos parentais na educação", apelidada de lei "Não diga gay". (Após ficar do lado dos funcionários gays da Disney, Chapek mudou sua postura após receber críticas do governador da Flórida, Ron DeSantis, mas foi em vão: a Flórida revogou o status fiscal diferenciado da Disney no estado.) Alonso desobedecera a uma das principais regras de Feige: não fale publicamente contra a empresa. Uma fonte próxima disse mais tarde que Feige teria dado a entender para Alonso que ela foi além das funções de seu cargo na Marvel. Ele a teria aconselhado a "manter a cabeça baixa"[31] e "fazer seu trabalho".

No início de 2023, a Marvel Studios solicitou que fossem removidos os símbolos de orgulho LGBTQ de *Quantumania* para os mercados internacionais. Alonso se recusou. A atmosfera no estúdio era tensa: o departamento do "sim" dissera "não". D'Esposito terceirizou o trabalho de efeitos digitais, algo que Alonso viu como traição.

Em uma decisão inesperada, a Disney demitiu Victoria Alonso em 17 de março de 2023. Quando a notícia vazou, a empresa alegou que ela violara seu contrato ao produzir e promover *Argentina, 1985*, um filme da Amazon Studios indicado ao Oscar de melhor filme internacional — o que, tecnicamente, ela fizera. Ninguém da Marvel intercedeu a seu favor; um mês depois, Disney e Alonso chegaram a um acordo (supostamente de milhões de dólares). Essa ruptura complicada e pública das três figuras que haviam conduzido a Marvel durante mais de uma década de sucesso — Alonso, D'Esposito e Feige — foi um claro sinal de que a pressão por mais conteúdo bem-sucedido abalou as fundações da empresa.

28
K.E.V.I.N.

"Ele é um amigo do trabalho!"
Thor: Ragnarok

Mais uma evidência de que Kevin Feige não era como os outros adolescentes: "Um de meus passatempos era ficar desapontado com a sequência de um filme e então pensar como seria a próxima versão."[1]

Como muitas crianças, Feige usava as figuras de ação de Star Wars para contar suas próprias histórias, mas, ao ficar mais velho, ele focou em seus impulsos narrativos. "Depois de *Robocop 2*, pensei: *Preciso consertar isso. Preciso criar um* Robocop 3 *melhor. Depois de* Superman IV: em busca da paz, *pensei: Preciso inventar um* Superman V *melhor. Depois de* Jornada nas estrelas V, *pensei: Preciso ter uma ideia melhor para* Jornada nas estrelas VI."[2] Ele insistiu: "Eu tinha ideias melhores para todos eles, mas ninguém estava interessado."

Essa atitude de "preciso consertar" se tornou o mantra da carreira de Feige como cineasta: ele passou a vida adulta construindo um império cinematográfico a partir de propriedades intelectuais negligenciadas e revivendo personagens que haviam sido perdidos no meio da multidão.

"Uma das melhores coisas sobre a Marvel é que eles têm milhares de personagens",[3] comentou Bob Iger. "Na verdade, quando compramos a empresa, descobrimos estar comprando não somente o nome Marvel, mas 7 mil personagens."

A primeira vez que Feige aplicou seu etos de "preciso consertar" a uma parte problemática do UCM foi em *Capitão América: guerra civil*, quando trouxe de volta William Hurt como general Thaddeus Ross, um personagem que não era visto desde *O incrível Hulk*, oito anos antes. "Adorei interpretar Ross da primeira vez, porque pude desenvolver nele um ego tão grande quanto o monstro que ele perseguia",[4] disse Hurt. "Esse é um novo Ross. Um Ross diferente. E gostei dele. Não tive muito tempo para entendê-lo, mas estou fazendo o melhor que posso. E eles ainda não me mandaram embora." *O incrível Hulk* era considerado um dos filmes menos essenciais do UCM — nada nele parecia relevante depois que Mark Ruffalo apareceu como Bruce Banner em *Os Vingadores* —, mas Feige estava determinado a elevá-lo a cânone retrospectivamente ou, no mínimo, extrair dele todos os elementos úteis.

Ainda mais importante, Feige precisava dar um impulso a Thor. A despeito de ter estrelado quatro filmes de sucesso (dois solo e dois com os Vingadores), o personagem parecia estar se tornando irrelevante, um deus do trovão narcisista que não tinha muito a oferecer além de músculos e puro heroísmo. O segundo filme solo do personagem, *Thor: o mundo sombrio*, era uma bagunça malfeita; em *Vingadores: Era de Ultron*, ele fora relegado a uma tediosa missão secundária procurando as Joias do Infinito; em *Capitão América: guerra civil*, nem sequer fora convidado para a festa. Ninguém estava mais consciente disso que o ator que interpretava Thor, Chris Hemsworth, embora ele tenha demorado para fazer algo a respeito. Quando ouviu o roteirista e diretor Kevin Smith, obcecado por histórias em quadrinhos, criticar a franquia *Thor* em um podcast, Hemsworth percebeu que seus filmes estavam perdendo até mesmo os fãs mais devotados e procurou Feige.

"Estou morrendo aqui. Eu me sinto algemado",[5] implorou Hemsworth. "Em termos de tom, precisamos refazer tudo", disse ele. "Tem que ser mais engraçado, imprevisível." O ator defendeu livrar-se de algumas marcas registradas do personagem, especialmente o cabelo e o martelo. Feige concordou em seguir essas sugestões no terceiro filme, já intitulado *Thor: Ragnarok*. Ele percebeu que a reinvenção era possível porque o público já estava familiarizado com Thor, em função de todas as horas que Hemsworth passara nas telas.

"Quando Hemsworth começou como Thor",[6] falou Feige, "ele tinha cabelo loiro, um martelo e uma capa. Thor era isso. Mas agora que Chris Hemsworth já o interpretou tantas vezes, ele *é* o Thor. Então cortamos seu cabelo, nos livramos do martelo, e ainda é ele." Outra característica definidora do personagem — o ar grave — não podia ser removida com tanta facilidade, mas subvertida. Para supervisionar essa reinvenção, Feige contratou o diretor Taika Waititi, um superastro na Nova Zelândia por três filmes ecléticos que misturavam comédia excêntrica com histórias de mágoa, paternidade e vampirismo: *Boy, A incrível aventura de Rick Baker* e *O que fazemos nas sombras*. O orçamento de *Thor: Ragnarok* seria setenta vezes maior que qualquer coisa que Waititi já fizera como cineasta independente. Mas o diretor aceitou a oportunidade destemidamente, descrevendo o processo de entrevistas com a Marvel como dizer "sim para tudo"[7] e então tentar descobrir como executar o que prometera.

O que de fato lhe garantiu o trabalho foi o vídeo curto de sua versão de *Thor*. Feige disse: "Os cineastas podem usar clips de outros filmes para dizer: 'Eis o que tenho em mente.' E, às vezes, esses clips não são bons. Na maioria dos casos, são medianos. O dele era incrível e tinha aquela música do Zeppelin."[8] ("The Immigrant Song" [A canção do imigrante], do Led Zeppelin, foi uma escolha perspicaz para Thor: ela foi escrita da perspectiva de escandinavos agressivos e faz referência ao "martelo dos deuses".) "Desde o início, a música meio que definiu o que Taika faria. Ela está no trailer e está no filme. E ele teve a ideia naquela primeira reunião, seguindo um de seus instintos em relação ao filme. Foi impressionante."

Depois que Waititi foi contratado, ele, Feige e o produtor Brad Winderbaum entrevistaram escritores para atualizar o roteiro do terceiro filme de Thor. O esboço existente, dos veteranos da franquia Christopher Yost e Craig Kyle, não tinha o tom que eles queriam, mas finalmente incluía a deusa da morte nórdica, Hela, uma vilã previamente vetada pelo Comitê Criativo — unicamente por ser mulher. A escritora Stephany Folsom defendeu a ideia de baixar a bola de Thor. "Quando cheguei, tudo que queria era colocá-lo em seu devido lugar",[9] disse Folsom. "Eles gostaram da ideia, e eu e Taika nos demos bem logo de cara. Fui contratada na hora. Feige afirmou: 'Parece ótimo, vamos começar.' Eu telefonei para meu agente e disse que acabara de ser contratada para *Thor: Ragnarok*. E ele respondeu: 'Será, Stephany? Não tenho tanta certeza.' Uma hora depois, ele me ligou e disse: 'Meu Deus, você estava certa! Foi contratada!'"

Folsom desenvolveu o novo roteiro com Waititi e os produtores, mas a decisão da Associação de Escritores da América concedeu o crédito a Eric Pearson, que elaborou a última revisão. (As decisões frequentemente favorecem os primeiros e últimos roteiristas de um filme, à custa de qualquer outra contribuição intermediária.) "Kevin queria um reboot",[10] lembrou Folsom. "Taika vinha com uma ideia maluca e ele dizia: 'É possível.' Eu sugeria outra ideia maluca e ele dizia: 'É possível.' Virou um jogo de quão longe podemos ir?"

O filme, que mostra Hela esmigalhando Mjölnir e destruindo Asgard, também envia Thor a um planeta onde ele é forçado a lutar como gladiador, incluindo uma batalha memorável contra Hulk. A exclamação de Thor quando reconhece seu oponente — "Eu conheço esse cara! Ele é um amigo do trabalho!" — não foi criada por um roteirista (nem por nenhum dos atores, que Waititi encorajava a improvisar). No que talvez tenha sido o exemplo mais definitivo da filosofia "a melhor ideia vence", a melhor fala do filme foi sugestão de uma criança com paralisia cerebral que passara o dia no set, como cortesia da Make-A-Wish Foundation.

Sakaar, o planeta de gladiadores de *Ragnarok,* foi emprestado da saga *Planeta Hulk*, escrita por Greg Pak e desenhada por Carlo Pagulayan e Aaron Lopresti; Feige disse que os cineastas o batizaram de "planeta Thor". A Marvel finalmente descobrira algo sobre o Hulk: mesmo deixando de lado os compromissos contratuais com a Universal Studios, que tornavam caro demais produzir um filme solo, ele funcionava melhor quando interagia com outros super-heróis. "É difícil interpretar esse personagem em um filme solo",[11] explicou Ruffalo, "porque você está vendo alguém que, durante duas horas, recusa-se a fazer exatamente aquilo que você quer que ele faça: transformar-se no Hulk."

Thor: Ragnarok foi um sucesso espantoso, com um faturamento global de 853,9 milhões de dólares, revelando Hemsworth como improvável comediante. A franquia passou de um dos aspectos mais fracos do UCM, em termos tanto de bilheteria quanto de crítica, para um dos mais fortes.

Feige reverteu o destino da franquia — ao reverter escolhas feitas alguns anos antes. "Não precisamos forçar um tom de um filme para o outro",[12] afirmou Ruffalo. "Tudo que precisamos fazer é levar os personagens adiante, mantendo alguma semelhança com a última história."

"Eu pensei: *Nossa, aquela loucura funcionou*",[13] disse Folsom. "Chegamos a lugares insanos, mas Taika nunca perdeu a linha emocional do filme."

✳

Os projetos de retomada de Feige continuaram. Por exemplo, *Vingadores: guerra infinita* encontrou um lugar para o Caveira Vermelha, o inimigo perpétuo do Capitão América nos quadrinhos, que fora eliminado pelo Tesseract em *Capitão América: o primeiro vingador* e completamente esquecido. A despeito de ter se desintegrado no outro filme, ele surgiu como guardião da Joia da Alma e quase ninguém notou que era uma criação de CGI com a voz de Ross Marquand, não o Caveira anterior, Hugo Weaving.

Isso foi um aquecimento para *Vingadores: ultimato*. Enquanto criava sua sequência de 22 filmes, Feige incluíra alguns dos aspectos menos apreciados do Universo Cinematográfico Marvel, garantindo que, em retrospectiva, parecessem essenciais. A família do Gavião Arqueiro, apresentada nas cenas da casa da fazenda em *Era de Ultron* pelas quais Joss Whedon lutara tão furiosamente, agora fornecia peso emocional à devastação global do estalar de dedos de Thanos. James D'Arcy apareceu como o mordomo Edwin Jarvis, reprisando seu papel na breve série *Agente Carter* criada pelos roteiristas de *Ultimato*, Christopher Markus e Stephen McFeely. "Basicamente, eu me tornei parte de um jogo de perguntas e respostas",[14] comentou D'Arcy. "Sou o único personagem que passou da série de TV para o filme." (Quando Feige assumiu o controle tanto dos filmes quanto das séries, mais atores entraram para o clube exclusivo de D'Arcy, incluindo Charlie Cox e Anson Mount.)

A mais surpreendente retomada de Feige em *Ultimato* foi uma cena de *Thor: o mundo sombrio*, provavelmente o elemento menos memorável do UCM. No filme, Natalie Portman sofrera durante um confuso subenredo no qual Jane Foster absorvia a Joia da Realidade (também chamada de Éter). Tendo abandonado a Marvel por causa da maneira como o estúdio tratara

Patty Jenkins durante a produção de *O mundo sombrio*, Portman estava relutante em retornar ao UCM: ela fez uma breve dublagem, mas sua presença na tela veio de uma cena removida de *O mundo sombrio* que a Marvel reaproveitou. Feige estava simultaneamente reciclando um personagem, uma trama e uma cena, todos anteriormente descartados.

Christopher Yost, um dos autores do roteiro de *O mundo sombrio*, estava muito consciente de sua reputação. "Toda vez que a Marvel lançava um filme, eles faziam uma lista dos piores e o nosso estava entre os dois últimos. Eu pensava: *Ah, mas que droga*",[15] disse ele. "*Thor 2* é o que é. Mas é um filme importante. Coisas importantes acontecem com Thor. Em vez de ignorar essas coisas, precisamos celebrá-las. Torná-las significativas. Eu gostei de sua inclusão [em *Ultimato*], e achei genial a maneira como foi feita."

Em 2006, antes de filmar uma única cena, a Marvel Studios prometera aos fãs que o Mandarim seria um vilão. Quinze anos depois de Jon Favreau fazer essa promessa na San Diego Comic-Con, Feige finalmente a cumpriu: em *Shang-Chi e a lenda dos dez anéis*, Tony Leung interpretou o pai de Shang-Chi, Wenwu, cuja identidade como Mandarim é roubada por Aldrich Killian (Guy Pearce) e atribuída ao desafortunado ator Trevor Slattery (Ben Kingsley). Embora o Mandarim fosse baseado em estereótipos racistas, o papel ao menos não era literalmente um Fu Manchu, um arquétipo do "Ameaça Asiática", como o pai de Shang-Chi nos quadrinhos. Leung recebeu um curto monólogo zombando da maneira como homens brancos haviam se apropriado de um poderoso nome asiático. Talvez a única maneira de a Marvel usar o personagem ofensivo fosse reconhecer que sua iteração original, a exemplo de Tilda Swinton como Anciã em *Doutor Estranho*, era um pretexto. "Após 39 anos de carreira, eu queria fazer algo diferente",[16] disse Leung. "Queria interpretar um vilão."

Em *Shang-Chi*, inesperadamente, a Marvel também reviveu o Abominável, o monstro escamoso interpretado por Tim Roth em *O incrível Hulk*, de 2008. Parecia que Feige estava determinado a empregar todo o elenco de *O incrível Hulk*: Tim Blake Nelson e Liv Tyler concordaram em reviver seus personagens em *Capitão América: admirável mundo novo*, programado para 2024, unindo-se a Harrison Ford, que substituiu o falecido William Hurt no papel de general "Thunderbolt" Ross.

"Originalmente, fiz o filme para meus filhos",[17] falou Roth. "Achei que eles ririam do fato de o pai ser um monstro — aquele tipo de monstro — e também ficariam ligeiramente constrangidos, o que sempre é bom. E funcionou em ambos os níveis. Os anos passaram e então eles me perguntaram se eu faria algumas dublagens em *Shang-Chi*."

Mas a Marvel Studios esperava que o Abominável pudesse fazer mais que uma breve aparição em um clube de luta clandestino em Macau. Kevin Feige também queria que Roth tivesse um papel substancial como ator convidado da série *Mulher-Hulk: defensora de heróis*. "Fui até lá e encontrei Kevin, que não via há anos",[18] lembrou Roth. "Ele me disse o que tinha em mente. E isso despertou meu senso de anarquia, já que adoro quando virar minha carreira de cabeça para baixo."

O maior teste da atitude "tenho que consertar" de Feige ocorreria no lançamento do Disney Plus em novembro de 2019. Programando-se para o serviço de streaming, ele precisava de todas as histórias da Marvel, tanto impressas quanto nas telas, e não podia deixar personagens de fora só porque haviam sido mal trabalhados no passado.

Felizmente, uma nova aquisição da Disney reabastecera a despensa da Marvel. Achando que a Fox Entertainment não sobreviveria à transição para o streaming, Rupert Murdoch vendeu seu estúdio (e uma biblioteca de filmes) em 2018. Após uma guerra de ofertas contra a empresa de TV a cabo Comcast, a Disney comprou a 20th Century Fox por 71 bilhões de dólares — uma aquisição crucial que ampliou seu conteúdo logo antes do lançamento do Disney Plus. A aquisição da Fox incluiu ativos significativos, notadamente os direitos aos X-Men e ao Quarteto Fantástico, que pertenciam ao estúdio havia muitos anos. Essas superequipes finalmente retornariam à Marvel Studios, dando a Feige a oportunidade de renová-las.

Desde os dias de Feige como representante de Lauren Shuler Donner no set de *X-Men*, a Fox transformara a equipe mutante em um império, com treze filmes no total, incluindo três longas do Wolverine estrelados por Hugh Jackman, quatro prequelas com um novo elenco e duas comédias adultas estreladas por Ryan Reynolds como Deadpool, um mercenário mutante de boca suja com habilidades super-humanas de regeneração e o hábito de derrubar a quarta parede. Durante duas décadas, esse império

conhecera ascensão e queda. O último filme dos X-Men na Fox fora *Os novos mutantes*, um spin-off malsucedido lançado após a fusão com a Disney.

Quando deu início à Fase Quatro na Comic-Con de 2019, Feige ainda
tinha muitos outros projetos para anunciar, incluindo *Eternos, Doutor Estranho no multiverso da loucura*, um filme do Quarteto Fantástico, um filme
com Blade e *Thor: amor e trovão*, que reuniria Hemsworth e Waititi e traria
Portman de volta como Jane Foster em um papel significativo — seria ela
a empunhar Mjölnir como Thor. "Não há tempo para os mutantes",[19] disse
Feige à multidão presente.

O plano era deixar os X-Men de lado por alguns anos, aumentando a
expectativa e tornando mais fácil introduzir a versão do UCM sem que os
espectadores sentissem que os personagens estavam passando por reboots
sucessivos. Haveria algum conteúdo dos X-Men para os fãs — mas não
da forma que eles esperavam. Embora Hugh Jackman tivesse concluído a
saga do Wolverine no elegíaco de 2017 *Logan* — um faroeste de John Ford
à guisa de filme de super-herói —, Ryan Reynolds o chamou de volta para
interpretar o personagem em *Deadpool 3*. (Isso deu a Kevin Feige uma
última chance de bagunçar o cabelo de Hugh Jackman.) E os X-Men iriam
para o Disney Plus, em uma série de animação que dava continuidade ao
sucesso da Fox *X-Men*, exibida entre 1992 e 1997. O revival da Disney começaria onde o original parara, contando com a maioria dos dubladores
e com o produtor executivo Eric Lewald. Segundo Lewald, Feige sabia que
o tema original era fundamental: "Acho que outra pessoa tinha os direitos
da música, então foi uma negociação. Obviamente, não podíamos fazer a
nova série sem a música. Mas o cara que a detinha sabia disso, então tenho
certeza de que o preço foi alto."[20]

A música apareceu em *Doutor Estranho no multiverso da loucura*, anunciando a chegada do professor Charles Xavier, interpretado por Patrick
Stewart nos filmes live-action, mas sentado na cadeira flutuante amarela
do desenho animado. Como Jackman, Stewart afirmara ter se despedido do
professor X em 2017, mas mudou de ideia. "Inicialmente, não sabia se seria
uma boa decisão",[21] disse Stewart, "dado que *Logan* fora um filme tão poderoso e ele morrera nos braços de Hugh Jackman."

Stewart apareceu como um dos Illuminati, um grupo de variantes dos personagens Marvel. Hayley Atwell estava presente como capitã Peggy Carter, Lashana Lynch como Capitã Marvel de um universo alternativo, Chiwetel Ejiofor como Mordo (do primeiro *Doutor Estranho*) de um universo alternativo e, em uma contratação muito pedida pelos fãs, John Krasinski como Reed Richards, o Senhor Fantástico, líder atenuado do Quarteto Fantástico. Essa versão do Senhor Fantástico, como o restante dos Illuminati, não sobreviveria ao encontro com Wanda Maximoff, mas, mesmo assim, foi a primeira aparição de um integrante da "primeira-família da Marvel" no UCM. Talvez a figura mais inesperada, no entanto, tenha sido Anson Mount como Raio Negro, reprisando seu papel da série *Inumanos* da ABC, o mais desprezado projeto do UCM de todos os tempos. Ele não tinha diálogos — o Raio Negro não fala, por causa do grande poder destrutivo de sua voz —, mas seu traje tradicional dos quadrinhos, considerado inadequado para a série de TV, foi restaurado.

Se os Inumanos podiam ser reabilitados, aparentemente todo mundo da história do UCM estava na lista de Feige — com exceção de Edward Norton, o primeiro Bruce Banner da franquia, e Joss Whedon, cujos personagens de *Agentes da S.H.I.E.L.D.* permaneceram no limbo.

Mount, que se disse surpreso por ser convidado para um filme do UCM, comentou como poucos atores estavam presentes quando ele filmou sua sequência. "Foi uma cena muito interessante",[22] afirmou ele. "Como você pode imaginar, vários atores estavam muito ocupados. Patrick não estava lá. Chiwetel não estava lá. O contrato de Krasinski ainda nem tinha sido assinado. Outros atores interpretavam esses papéis, sabendo que seriam substituídos ou teriam seus rostos transplantados. Eu nunca fizera nada assim e não consegui acreditar em como ficou bom."

"Dava para perceber que o público sabia exatamente a que os personagens estavam se referindo",[23] disse Patrick Stewart após a estreia. "Um ator murmurava uma frase e todos riam, porque sabiam qual era o contexto e a história da expressão. Achei delicioso: o espectador se tornou parte da experiência do filme."

"É muito divertido o fato de Kevin ter contratado John porque os fãs sonhavam com o Reed Richards perfeito",[24] falou o diretor Sam Raimi, referindo-se a Krasinski. "E, como aquele era um universo alternativo, acho que Kevin pensou: *Vamos transformar esse sonho em realidade*." Com as demandas da era Disney Plus, Feige começou a passar cada vez mais tempo em universos alternativos. Ele mantinha um dos pés nos mundos que as pessoas já tinham visto nas telas e o outro nas versões aprimoradas que estava sempre imaginando.

29
A saga do clone

"Não sei trabalhar em equipe."

Homem-Aranha: sem volta para casa

A Marvel Studios continuamente roubava pessoas talentosas das séries de Dan Harmon — talvez porque Kevin Feige fosse fã de *Community* e *Rick e Morty*, ou talvez porque Harmon fosse especialista em misturar ficção, *páthos* e besteirol de uma maneira que trabalhar para ele se tornava um bom aprendizado para o UCM. Joe e Anthony Russo eram os nomes mais conhecidos a terem partido para a Marvel, mas o estúdio também contratara escritores como Jessica Gao, Jeff Loveness e até o próprio Harmon para uma reelaboração não creditada de *Doutor Estranho*. (Sem mencionar cameos de atores de *Community*, incluindo Jim Rash, Yvette Nicole Brown e Donald Glover.) Através do interesse do estúdio por seu pessoal, Harmon se tornou especialista nos princípios da Marvel.

Como disse ele, "existe uma cultura de trabalho em equipe na Marvel tão poderosa que até mesmo o zelador no corredor em frente à sala onde está ocorrendo uma reunião sobre a sequência de um filme do Homem-Aranha pode falar do que gosta no personagem e ser levado a sério. Se puder lidar com isso, se seu ego for simultaneamente poderoso e flexível o bastante, você será recompensado e terá uma casa para sempre. Há um tremendo axioma na Marvel sobre ser todos por um e respeitar a franquia. Kevin Feige lidera pelo exemplo nesse quesito. A posição dele é 'Não ligo se terei que cooperar com a Sony no Homem-Aranha. Farei qualquer coisa a serviço da Marvel'".[1]

Ao fim da Saga do Infinito, trabalhar dessa maneira fez de Feige um dos melhores produtores cinematográficos de todos os tempos: ele lançara 23 filmes em doze anos e todos foram grandes sucessos. Feige produziu três das cinco maiores bilheterias de 2019: *Capitã Marvel*, *Vingadores: ultimato* e *Homem-Aranha: longe de casa*. Pelo acordo Sony/Marvel, a bilheteria de *Longe de casa* foi para a Sony, ao passo que a Marvel se beneficiou indiretamente com a venda de produtos. Os analistas financeiros estimam que os filmes do Homem-Aranha geraram mais de 8 bilhões de dólares de lucro até o fim de 2022.

Todo mundo trabalhando na franquia de Tom Holland sabia que a cooperação entre a Marvel e a Sony, que tornara os filmes possíveis, era incomum e frágil. Como enfatizou Amy Pascal, ter Peter Parker no UCM permitiu uma grande variedade de histórias que, de outro modo, seriam impossíveis de contar. "Jamais poderíamos ter feito isso de outra maneira",[2] disse ela. "Foi generoso e inteligente por parte das empresas."

A Sony também se saía bem com a propriedade Homem-Aranha fora do UCM. Depois que *Venom* teve um faturamento global de 856 milhões de dólares e *Homem-Aranha: no aranhaverso* ganhou um Oscar de melhor animação, a Sony encomendou sequências para ambos os filmes e aprovou outro spin-off com um vilão, *Morbius*, estrelado por Jared Leto. O estúdio também seguiu adiante com um filme centrado em Kraven, o Caçador, mais um integrante da galeria de inimigos do Homem-Aranha, revivido no filme do Sexteto Sinistro escrito por Drew Goddard. Tanto a Sony quanto a Marvel acreditavam, com razão, serem bem-sucedidas na administração conjunta do Homem-Aranha.

Mas a Disney queria uma fatia maior da torta: quando *Homem-Aranha: longe de casa* entrou em produção em 2018, o estúdio se ofereceu para financiar metade dos filmes produzidos para a Sony, em troca de metade dos lucros. Os principais executivos da Sony Pictures, Tom Rothman e Tony Vinciquerra, não demonstraram interesse pela proposta. Eles tinham dinheiro mais que suficiente para financiar os filmes e não queriam abrir mão de nenhuma parte dos lucros, tão garantidos quanto algo podia ser em Hollywood. A Sony fez uma série de contraofertas, recusadas pela Disney.

(Supostamente, uma das propostas envolvia Kevin Feige produzir não somente filmes do Homem-Aranha, mas projetos adicionais baseados em outros personagens cujos direitos eram detidos pela Sony.) Mas logo ficou claro que a Sony preferia remover o Homem-Aranha do UCM a desistir de metade da bilheteria.

As negociações foram abandonadas em agosto de 2019 e, quando *Longe de casa* foi finalizado, o acordo original expirou. Parecia que a Marvel perderia o Homem-Aranha e a Sony perderia Feige. Depois que notícias sobre a divisão vazaram para a imprensa, ambos os lados foram polidos, mas ligeiramente passivo-agressivos.

"Estamos desapontados, mas respeitamos a decisão da Disney de não permitir que ele seja o principal produtor do próximo filme do Homem--Aranha",[3] disse um porta-voz da Sony, falando sobre Feige. "Esperamos que isso mude no futuro, mas entendemos que as novas responsabilidades que a Disney atribuiu a ele — incluindo todas as novas propriedades da Marvel — só deixam tempo necessário para trabalhar em suas próprias propriedades intelectuais."

Feige respondeu: "O acordo não foi feito para durar para sempre. Sabíamos que teríamos um tempo limitado para fazer isso e contamos a história que queríamos contar. Sempre serei grato por isso."[4]

Em sua declaração pública, Vinciquerra, da Sony, foi mais direto: "O pessoal da Marvel é incrível e nós os respeitamos muito, mas também temos pessoas incríveis. [Feige] não fez todo o trabalho sozinho [...] Somos capazes de fazer o que precisa ser feito."[5]

Se aquela foi uma época incerta para os fãs do Homem-Aranha, foi ainda mais confusa para o ator que o interpretava. Amy Pascal e um esquadrão de executivos criativos da Sony procuraram Tom Holland com grandes planos para a franquia do Homem-Aranha, que já não envolveria aparições no UCM. Ao menos uma vez, Holland disse todas as coisas certas publicamente, soando como um astro dos esportes que mudou de time: "Sou muito grato à Marvel por mudar minha vida e permitir que meus sonhos se tornassem realidade, e à Sony por permitir que eu continue vivendo esse sonho."[6]

No mesmo dia, no entanto, Holland conseguiu o endereço de e-mail do CEO da Disney, Bob Iger, e enviou uma mensagem agradecendo pela oportunidade que lhe fora dada pela Marvel Studios. Em resposta, Iger telefonou para Holland, que estava passando um tempo com a família no Reino Unido. "Fomos ao pub de nossa cidade",[7] disse Holland, "e eu tomei uns três canecos de cerveja. Não tinha comido muito naquele dia e, ao receber a chamada de um número desconhecido, pensei: *Acho que é Bob Iger... mas estou bêbado.* Então meu pai falou: 'Atenda, você vai se sair bem!'" A conversa foi inesperadamente emotiva para Holland. Ele não desejava nenhum mal para a Sony, mas contou a Iger como estava triste por sair do UCM.

No tipo de gesto amigável e grandioso com o qual construíra seu legado, Iger informou a Holland que seu tempo no UCM não necessariamente chegara ao fim: "Há um mundo no qual podemos fazer isso funcionar."[8]

O sentimento público modificara novamente o tom da negociação Disney/Sony sobre o Homem-Aranha. Alguns anos antes, fãs ansiosos para ver o Homem-Aranha no UCM haviam induzido a Sony a fazer um acordo; agora a pressão estava sobre a Disney, que reconsiderou a exigência de dividir os lucros.

Era uma batalha de custódia diferente de qualquer outra na história de Hollywood. Crossovers como *Alien vs. Predador* e *Freddy vs. Jason* tipicamente só ocorriam quando os direitos de ambas as franquias eram controladas pelo mesmo estúdio; até mesmo cameos, como o dos personagens do Looney Tunes no filme de 1988 da Disney *Uma cilada para Roger Rabbit*, provavam-se tensos e complicados quando havia mais de um estúdio envolvido. Em 26 de setembro de 2019, no entanto, as duas megacorporações chegaram a um consenso — uma das últimas grandes negociações da administração Iger antes de Bob Chapek assumir a Disney. Holland faria mais um filme solo do Homem-Aranha, produzido por Feige, e uma participação especial em outro filme do UCM. Para o primeiro, a Marvel arcaria com 25% dos custos de produção e receberia 25% dos lucros com bilheteria. Embora Amy Pascal já não fosse funcionária da Sony, ela produziria os filmes do Homem-Aranha através de sua empresa, a Pascal Pictures. "A história de Peter Parker sofreu uma guinada dramática em *Longe de casa*, e eu não poderia estar mais feliz por trabalharmos juntos para ver aonde essa jornada nos levará",[9] disse ela sobre o acordo, que deu continuidade a uma aliança que ela trabalhara duro para conseguir.

Para escrever o roteiro do terceiro filme de Tom Holland, a Sony já recontratara a equipe de *Longe de casa*, formada por Chris McKenna (outro ex-participante de *Community*) e Erik Sommers. Eles incluíram Kraven como vilão, mas foram informados de que ele estaria indisponível até que a Sony o estabelecesse em um filme solo. Os escritores voltaram sua atenção para o fim de *Longe de casa*, quando J. Jonah Jameson revela publicamente que Peter Parker é o Homem-Aranha.

"Isso nos levou para uma direção diferente",[10] disse McKenna. Eles brincaram com uma versão atualizada de *A felicidade não se compra* na qual Peter Parker e o Doutor Estranho tentam lidar com o fato de que o mundo conhece a identidade do Homem-Aranha. A narrativa ecoou uma história em quadrinhos de 2007 chamada *Um dia a mais*, que foi controversa entre os fãs porque apagava o casamento de vinte anos de Peter Parker e Mary Jane Watson da história e até mesmo de suas memórias.

Então alguém — McKenna achava que fora Feige — sugeriu que o filme poderia ter uma cena pós-créditos com múltiplos vilões, que prepararia a plateia para o projeto do Sexteto Sinistro da Sony. "Tínhamos ideias para diferentes histórias que se encaminhavam para algo assim",[11] explicou McKenna.

Eles não sabiam bem como a cena funcionaria, até o dia em que Feige perguntou: "Lembra daquela ideia com todos os vilões? A ideia do Sexteto Sinistro? Por que não fazemos isso durante o filme?"[12]

"Isso fez com que a cabeça de todo mundo explodisse",[13] disse McKenna.

O plano era que o filme do Homem-Aranha fosse lançado depois de *Doutor Estranho no multiverso da loucura*, permitindo que os escritores tirassem a vantagem do multiverso, fornecendo uma justificativa para trazer personagens importantes dos filmes anteriores do Homem-Aranha. A Sony inadvertidamente fizera um favor à Marvel em *Homem-Aranha: no aranhaverso*, que servira como introdução extremamente interessante ao conceito de multiverso — à ideia de que há um número infinito de mundos alternativos, paralelos ao nosso, mas diferentes em detalhes-chave —, para benefício dos fãs que não estavam muito por dentro da tradição metafísica nos quadrinhos.

A perspectiva de levar os fantasmas dos Homens-Aranhas do passado para a época de Holland era atraente, mas desafiadora: ela dava aos escritores muitos elementos para incluir no enredo e aos produtores muitos astros para persuadir. Os vilões essenciais eram o Duende Verde, interpretado por Willem Dafoe, e o Doutor Octopus, interpretado por Alfred Molina. Ainda mais importantes eram os dois atores que haviam interpretado Peter Parker, Tobey Maguire e Andrew Garfield. Sommers e McKenna escreveram várias versões, incorporando a Gwen Stacy de Emma Stone, a Mary Jane Watson de Kirsten Dunst e a tia May de Sally Field, mas terminaram cortando todas elas quando decidiram que a história já estava complicada demais; as únicas personagens femininas com tempo significativo na tela foram a tia May de Marisa Tomei e a MJ de Zendaya. Como o roteiro mudava constantemente, nenhum dos atores conhecia a história por completo, e todos participaram do projeto por confiarem em Feige, Pascal e no diretor Jon Watts.

"Eu não queria fazer um cameo",[14] disse Dafoe. "Queria fazer algo substancial o bastante para não ser somente uma piscadela." Pascal persuadiu Dafoe e os outros atores ao lembrá-los da história que haviam construído juntos e prometer que não fariam apenas aparições comerciais. "Esse foi o contrato mais longo que um estúdio já teve com um ator",[15] brincou Molina. O filme terminou com cinco vilões — deixando de fora candidatos como o Venom de Tom Hardy e o Rino de Paul Giamatti —, deliberadamente um a menos que o canônico Sexteto Sinistro, reservado para um futuro filme da Sony. (Ao contrário de Dafoe, Hardy não se importou em fazer um cameo; ele apareceu na cena pós-créditos.)

Homem-Aranha: sem volta para casa devia entrar em produção em junho de 2020, mas a Covid-19 continuou a atrapalhar os planos pós-*Ultimato* da Marvel e adiou as filmagens para o fim de outubro. A Sony também postergou o lançamento por causa da pandemia, de julho para novembro, e então para dezembro de 2021. Como a Marvel postergara seu próprio cronograma de lançamentos, *Sem volta para casa* acabaria sendo lançado antes de *Multiverso da loucura*, não depois. A Sony não estava interessada em adiar ainda mais seu blockbuster, mesmo que isso atrapalhasse as tramas do UCM. A decisão, porém, exigiu mais revisões, de modo que as filmagens começaram sem um enredo completo. Já na produção, Sommers e McKenna continuaram a escrever novas páginas, enquanto mais atores assinavam contratos e se uniam ao elenco.

Em 25 de outubro, Tom Holland terminou seu trabalho em outro filme da Sony, *Uncharted: fora do mapa*, e foi diretamente para a produção de *Homem-Aranha: sem volta para casa*, em Atlanta, filmado sob o codinome *Serenity Now* (uma referência a *Seinfeld*). O set tinha elaborados protocolos contra o coronavírus. As máscaras eram monitoradas por um sistema de luzes coloridas: se a luz azul estivesse acesa, os atores podiam tirar as máscaras para atuar. Quando a luz amarela se acendia, tinham que botar as máscaras e sair do set, para que as equipes de produção pudessem trabalhar. "Não, a máscara do Homem-Aranha não conta como equipamento de proteção individual",[16] brincou Holland. O diretor de fotografia original, Seamus McGarvey, contraiu Covid-19 logo após o início da produção, e Mauro Fiore (*Dia de treinamento*) foi chamado — mas, com exceção dessa substituição, a produção não foi atrasada pelo vírus.

Benedict Cumberbatch filmou suas cenas em novembro, antes de partir para Londres para a fotografia principal de *Doutor Estranho no multiverso da loucura*. Sommers e McKenna continuaram a escrever sem parar, trabalhando em um ritmo que lembrava os tempos frenéticos de *Homem de Ferro*, mas em um cenário muito mais complicado. A crescente mas interconectada rede Marvel, incorporando séries do Disney Plus, filmes do UCM e coproduções com a Sony, mostrava-se cada vez mais intrincada — se o fio errado fosse puxado, toda a estrutura poderia ruir.

America Chavez (interpretada por Xochitl Gomez), que tinha o poder de criar portais entre os universos, foi removida de *Sem volta para casa* porque seu personagem deveria estrear em *Multiverso da loucura*. Seu papel, confusamente, foi para Ned Leeds, um amigo de Peter Parker que anteriormente não tinha poderes. O Doutor Octopus foi acrescentado quando Alfred Molina finalmente assinou o contrato. Crucialmente, Maguire e Garfield só foram confirmados em dezembro de 2020, dois meses após o início das filmagens. Sommers e McKenna tiveram de escrever o terceiro ato, que reúne os três Homens-Aranhas, durante a pausa de fim de ano.

Havia muitos rumores em torno do filme, e os produtores faziam tudo que podiam para manter em segredo as identidades do elenco. Para se defender das teleobjetivas, os atores usavam grandes capas com capuz quando se moviam de um set para outro. Pessoas mascaradas que talvez fossem Kirsten Dunst foram vistas na Geórgia. (Não era ela.) A "operação capa e espada" foi comprometida quando um entregador de Atlanta se gabou no Reddit de ter levado o jantar para Andrew Garfield. Mais tarde, Garfield narrou esse encontro como se fosse uma história de terror. Logo em seguida, ele e Maguire foram fotografados *juntos* nas ruas de Atlanta, e Garfield se desesperou. Ele disse aos produtores que era impossível manter um segredo de tal magnitude: "Eu trabalhava duro para não revelar que estava filmando em Atlanta. Então houve todos aqueles vazamentos e eu perguntei: 'Gente, o que está acontecendo? Estou dando um duro danado para guardar segredo e então encontro uma imagem minha com Tobey!' E eles responderam: 'Não, não, vamos continuar em silêncio.' E eu: 'Ok, continuarei a negar.'"[17]

Jamie Foxx foi a Atlanta para reprisar seu trabalho como Electro, mas o retorno de Thomas Haden Church como Homem-Areia foi uma dublagem, assim como a reprise do Lagarto de Rhys Ifans: seus personagens agora eram de CGI. Alfred Molina descobriu que interpretar o Doutor Octopus já não exigia que usasse braços-marionetes — em *Homem-Aranha 2*, lançado em 2004, ele apelidara sua equipe de titereiros de *octourage* [em um trocadilho com *entourage*] —, embora precisasse ser preso a uma engenhoca que lhe permitia flutuar no set, a fim de que os braços fossem acrescentados pelos artistas digitais na pós-produção. (A equipe de efeitos visuais da Lola removeu algumas décadas de Molina e Dafoe, para que parecessem ter a mesma idade de quando seus personagens apareceram pela primeira vez. Dafoe, com 65 anos durante a filmagem de *Sem volta para casa*, insistiu em fazer o máximo possível de suas cenas. "Eu acho realmente divertido",[18] explicou ele. "E é a única maneira de dar profundidade ao personagem. De outro modo, ele se torna somente uma série de memes.")

"Acreditamos muito nos personagens e demos 110%",[19] afirmou Holland. "Na cena de luta contra o Duende, machuquei a mão. Fiquei com os nós dos dedos ensanguentados. No último dia de filmagem da cena, quando Jon [Watts] disse 'Corta', Willem e eu desabamos no chão, porque estávamos exaustos e havíamos dado tudo que tínhamos." A técnica de sobrevivência de Holland: "Tomar Red Bull para tentar manter a energia."

Em fevereiro de 2021, as pessoas já perguntavam a Holland sobre os rumores de que Maguire e Garfield estavam no filme. "Seria um milagre se eles conseguissem esconder isso de mim",[20] disse Holland a Jimmy Fallon no *Tonight Show* (via Zoom), a primeira de uma longa litania de negativas e mudanças de assunto. Embora o quase aposentado Maguire fosse capaz de evitar a imprensa, Andrew Garfield teve de mentir em intermináveis entrevistas durante a campanha para o Oscar de *tick, tick... BOOM!*, um de seus filmes de 2021.

A despeito dos vazamentos constantes, os espectadores não sabiam exatamente o que veriam em *Sem volta para casa* quando o filme foi lançado em 15 de dezembro de 2021, e ficaram extasiadas ao ver três Homens-Aranhas diferentes e cinco vilões de filmes anteriores (dois deles, notavelmente, da série *O espetacular Homem-Aranha*). Alguns desses personagens eram mais amados que outros, mas Feige assumira em ambos os estúdios a tarefa retroativa de consertar as coisas, dando a todos eles o brilho do Universo Cinematográfico Marvel (ou talvez do Multiverso Cinematográfico Marvel). A aparição mais comovente foi a de Garfield, que adorara interpretar o Homem-Aranha, mas cuja franquia fora interrompida abruptamente com a trágica morte da Gwen Stacy de Emma Stone. O novo filme forneceu um senso de conclusão tanto para o ator quanto para sua versão de Peter Parker.

Sommers e McKenna não apenas conciliaram habilmente um grande número de personagens, como também criaram um final que dava um futuro ao Homem-Aranha tanto na Marvel Studios quanto na Sony Pictures. Acreditando que só havia uma maneira de salvar o multiverso, Peter Parker pede ao Doutor Estranho que apague a lembrança de que ele é o Homem-Aranha da memória de todos. Ele termina o filme sozinho e falido em Manhattan, com seus amigos e os colegas Vingadores não tendo nenhuma ideia sobre sua identidade. Se a Marvel parasse de produzir filmes do Homem-Aranha estrelados por Tom Holland, a Sony Pictures poderia seguir com essa nova vida de Peter Parker sem ter qualquer problema de continuidade com o UCM.

Sem se deixar deter pela onda da ômicron na pandemia, os fãs não se cansavam de *Sem volta para casa* e retornavam repetidamente ao cinema. O filme faturou 1,9 bilhão de dólares, o mais lucrativo da Sony e atrás somente de *Vingadores: ultimato* na história do UCM. Essa bilheteria praticamente garantiu que a Sony e a Disney fariam novas negociações, fornecendo uma forte motivação para que ambas mantivessem Peter Parker no Universo Cinematográfico Marvel. Embora a sequência *Venom: tempo de carnificina* fosse considerada um erro e *Morbius* um fracasso muito ridicularizado, a Sony continuou produzindo filmes do universo do Aranha, incluindo *Kraven, o Caçador*, *El Muerto* e *Madame Teia*. Pascal insistiu que haveria mais filmes do Homem-Aranha no UCM, mas precisou desmentir sua promessa quase imediatamente, dizendo: "Somos produtores; sempre acreditamos que tudo vai funcionar."[21]

Feige foi a mão firme, o produtor que aprendera a não fazer promessas que não podia cumprir ao público da Marvel. "Estamos desenvolvendo a continuação da história",[22] anunciou ele publicamente, "e só digo isso porque não quero que os fãs passem por um 'trauma de separação' como o que ocorreu após *Longe de casa*. Isso não acontecerá desta vez." O futuro de Peter Parker no UCM parecia provável, mas não certo o bastante para que Feige construísse em torno dele sua estratégia pós-*Ultimato*.

Embora Avi Arad fosse um dos produtores executivos de *Sem volta para casa*, seu papel fora completamente cerimonial. Mas ele ainda era um produtor ativo de projetos do Homem-Aranha na Sony, como *Venom* e *Morbius*, e do filme de Tom Holland, *Uncharted*; se o Homem-Aranha tivesse deixado o UCM, Arad provavelmente teria sido produtor criativo de um filme com Tom Holland na Sony. Mais uma vez, a Marvel Studios o deixara de lado. Após décadas de sucesso em uma escala ainda maior do que ele imaginara, no entanto, a Marvel podia ser magnânima com o homem cuja imensa personalidade já definira a presença do estúdio em Hollywood. Os créditos de *Sem volta para casa* incluíam a seguinte frase, em letras maiúsculas: "OS CINEASTAS GOSTARIAM DE AGRADECER AO PRIMEIRO HOMEM QUE REALMENTE ACREDITOU, AVI ARAD, CUJA VISÃO AJUDOU A LEVAR ESSES PERSONAGENS ICÔNICOS PARA A TELA."

A frase confundiu alguns fãs que seguiam a história da Marvel desde o início, especialmente a menção ao "homem que realmente acreditou" [*true believer*] — um título que Stan Lee concedia a seus fãs. O próprio Lee recebera uma dedicatória memorável e comovente após sua morte em 2018, com um desenho dos óculos que eram sua marca registrada aparecendo nos créditos finais de *No aranhaverso*, ao lado desta citação: "Aquele que ajuda os outros simplesmente porque isso precisa ser feito e porque é a coisa certa a fazer é, sem dúvida, um super-herói da vida real."

A dedicatória em letras maiúsculas a Arad eclipsou o modesto "Agradecimentos especiais ao presidente fundador da Marvel Studios" oferecido a seu usurpador e rival, David Maisel, nos créditos finais de *Vingadores: Era de Ultron*. (Mesmo assim, a designação "presidente fundador" ia contra a lenda que Arad criara para si mesmo.) Mas o novo intertítulo que começou a aparecer no UCM a partir da série *Gavião Arqueiro*, do Disney Plus, não deixava dúvidas sobre quem realmente tomava as decisões: "Uma produção de Kevin Feige."

30
No multiverso

"Bom, é uma grande confusão e
tematicamente inconsistente, para ser honesta."
Mulher-Hulk: defensora de heróis

Os astros da série de TV *WandaVision* tiveram de se ajustar a muitos desafios durante as filmagens. Um dos maiores era ter de usar arnês para interpretar suspensos no ar. "Como eu fico quando estou voando?",[1] perguntou a estrela Kathryn Hahn. "Tem tanta coisa acontecendo por trás das câmeras que o set vira uma loucura, você não consegue acompanhar. É por isso que sinto imenso respeito por Elizabeth Olsen e Paul Bettany."

"Nós dois gostamos da ideia de fazer uma série sobre conflitos conjugais, mas com super-heróis, e totalmente realista",[2] disse Bettany. "Mas grande parte é filmada nos arneses. E o tempo passa muito devagar quando você está usando um arnês. Há muitas diferenças entre mim e Lizzie. Uma delas é muito óbvia e torna o arnês um pouco mais *complicado* para mim", riu Bettany. Um papel que começara como alguns dias de dublagem para o assistente de inteligência artificial de Tony Stark, J.A.R.V.I.S., em *Homem de Ferro* se tornou um trabalho de quinze anos que exigia um misto de emoções reais, comédia retrô e restrição genital. Assim era a vida no imprevisível e cada vez maior UCM em 2020.

Durante altos, a Marvel produziu séries de TV com seus personagens, algumas notáveis por seus pontos altos (*Demolidor, Legião*), algumas notáveis por seus pontos baixos (*Inumanos, Punho de Ferro*). Mas, se Kevin Feige tivesse alguma objeção quando uma delas ia ao ar — na ABC, Fox, FX ou Netflix —, ele só podia ranger os dentes em silêncio, porque a Marvel Studios não controlava os resultados. Isso mudou em 2019, quando o papel de Feige como principal voz criativa da Marvel foi formalizado em sua promoção a diretor criativo da Marvel Entertainment. Animação, televisão, publicação de revistas em quadrinhos: subitamente, tudo estava sob a égide de Feige.

O CEO da Disney, Bob Iger, e seu sucessor, Bob Chapek, ficaram felizes em expandir a alçada de Feige. (Chapek tinha uma conexão familiar com a Marvel Studios — seu filho, Brian Chapek, trabalhava lá desde 2013.) Mas, em troca, esperavam que ele aumentasse drasticamente a produção, fornecendo um fluxo constante de conteúdo para o Disney Plus. Na segunda era de ouro da televisão, a rede de streaming precisava das séries da Marvel rapidamente e, para permanecer competitiva, exigia muitas delas. Feige praticamente recebeu um cheque em branco para a programação televisiva, desde que pudesse fornecê-la em grande volume.

O produtor Nate Moore explicou o lado bom de produzir séries para o Disney Plus: "Eles nunca disseram 'Vocês devem fazer isso' ou 'Vocês não devem fazer aquilo'. Quando apresentávamos ideias para séries, eles diziam: 'Ótimo. Se vocês estão animados, vamos fazer.'"[3]

O lado negativo era que, embora fosse prolífico e incansável, Feige tinha limites. Produzir três filmes por ano já era um trabalho que exigia todo seu tempo; acrescentar a supervisão de múltiplas divisões da Marvel e toda a programação de uma rede de streaming a suas responsabilidades o deixou ainda mais sobrecarregado. "A quantidade de trabalho que teremos será esmagadora, em função da expectativa de sucesso",[4] admitiu D'Esposito. Os principais executivos do estúdio coordenaram seus cronogramas, com as manhãs sendo devotadas ao desenvolvimento e à pré-produção, e as tardes, à pós-produção. Para distribuir melhor a carga de trabalho, Feige montou um grupo chamado de "Parlamento da Marvel", composto por produtores criativos confiáveis com muitos anos de casa: Stephen Broussard, Eric Carroll, Nate Moore, Jonathan Schwartz, Trinh Tran e Brad Winderbaum. O Parlamento Marvel essencialmente reviveu o altamente contencioso Comitê Criativo, com uma diferença crucial: funcionava no interior da Marvel Studios e era devotado a fazer com que o UCM funcionasse, não maximizar a venda de brinquedos.

O Parlamento decidiria que personagens do vasto UCM funcionariam na televisão, para além da categoria de "heróis que não são populares o suficiente para merecerem seus próprios filmes". Nas palavras de Schwartz: "O bacana sobre o Disney Plus é que ele nos dá a oportunidade de contar histórias que talvez estejam fora da norma do que podemos fazer em filmes, que precisam de uma moldura diferente, uma estrutura diferente, que talvez sejam um pouco mais estranhas e frenéticas."[5]

Ou, como disse Moore, "a televisão gira muito mais em torno dos personagens que da trama".[6]

Seguindo a tradição da Marvel de "a melhor ideia vence", uma das primeiras sugestões para uma série de TV surgiu em uma entrevista coletiva de 2016 para promover *Capitão América: guerra civil*, quando um jornalista perguntou: "Quando teremos um filme de viagem com Falcão e Bucky?"[7] O rosto de Feige se iluminou: "Essa é uma boa ideia!"[8] Anthony Mackie (que interpretava Sam Wilson, vulgo Falcão) e Sebastian Stan (que interpretava James Buchanan "Bucky" Barnes, vulgo Soldado Invernal) geravam uma energia crepitante, antagônica, sempre que se reuniam para eventos com a imprensa. "Mackie e Sebastian revelaram juntos coisas que não necessariamente esperávamos",[9] disse Moore, "tanto como pessoas quanto como atores. Sabíamos que havia algo especial ali."

Embora Olsen e Bettany só tivessem breves momentos juntos em *Capitão América: guerra civil* e *Vingadores: guerra infinita*, eles já tinham muita química. (O casal Visão e Feiticeira Escarlate era uma das histórias de amor mais queridas dos quadrinhos Marvel, e havia muito os fãs esperavam que o UCM fosse na mesma direção.) O personagem de Bettany, o Visão, morrera nas mãos de Thanos, mas o que é a morte de um super-herói, se não uma oportunidade de ressurreição?

E Tom Hiddleston, cujo Loki já morrera várias vezes, tinha uma conexão imediata com tudo e todos. "Se já esteve em uma Comic-Con e Tom

Hiddleston estava presente, você viu como é essa magia",[10] disse Moore. A Disney, ávida por conteúdo de streaming, aprovou alegremente as três principais ideias da Marvel: as primeiras três séries do UCM no Disney Plus seriam *Falcão e o Soldado Invernal, WandaVision* e *Loki*.

Embora as linhas entre televisão e filme tenham ficado menos definidas com o advento do streaming e da cultura de maratonas de séries, eles não são intercambiáveis, não importa com que frequência os executivos descrevam uma série como um filme de dez horas. Feige, que passara a vida estudando e produzindo filmes, agora pensava em como a narrativa das revistas em quadrinhos funcionaria em uma mídia diferente: "Pela natureza dos episódios múltiplos e mais curtos, pode-se ver cada episódio como uma revista. Isso é o que mais me deixa empolgado na TV, ter inícios e fins a cada trinta minutos, todos inspirados pelos ritmos do cinema, que também acompanham os ritmos dos quadrinhos."[11]

"Showrunner" era um termo relativamente recente, mas o trabalho não. Quase todas as séries norte-americanas de televisão já eram geridas por uma única pessoa, que agia como escritor-chefe, produtor e tomava as decisões finais. Mas deixar o controle nas mãos de alguém que não fazia parte da empresa não era algo que agradava a Marvel. Feige e o Parlamento abordaram cada um de seus três projetos televisivos da mesma maneira que abordavam os filmes: com um conceito definido, a Marvel entrevistou e contratou um escritor para cada série. Essa pessoa lideraria uma equipe de escritores, mas, em vez de agir como um showrunner tradicional, teria essencialmente o mesmo papel de um roteirista de cinema. Seu trabalho seria revisado e, embora o escritor-chefe fosse se sentar em uma cadeira de lona no set, o diretor assumiria o controle quando as filmagens começassem (uma diferença essencial em relação à maioria das séries, nas quais os diretores eram somente mão de obra e os escritores-chefes tomavam as decisões finais).

Feige disse que teve a ideia inicial para *WandaVision* durante a tensa produção de *Guerra infinita* e *Ultimato*: "Enquanto estávamos em Atlanta filmando os dois projetos ao mesmo tempo, havia um canal a cabo no hotel que, todas as manhãs, passava *Leave It to Beaver* e *Meus filhos e eu*. Em vez de assistir às notícias, eu assistia aos episódios. Séries antigas me geram uma sensação de conforto. Elas me acalmam. Eu via aquelas pessoas passando por um problema e bolando uma solução, e pensava: *Tudo dará certo hoje*, enquanto enfrentava quaisquer que fossem as dificuldades de produção naquele dia. Também comecei a mostrar *A família Sol-Lá-Si-Dó* para meus filhos. Eu estava fascinado com a ideia de brincar com aquele gênero de uma maneira que podia subverter tanto o que fazíamos na Marvel quanto as próprias séries."[12] De acordo com Feige, quando soube que a Disney queria que a Marvel produzisse conteúdo para o serviço de streaming, ele pensou: *Tenho a oportunidade de transformar em realidade todas essas ideias chacoalhando na minha cabeça.*

A Marvel Studios pediu à escritora-chefe de *WandaVision*, Jac Schaeffer, que escrevesse sobre o luto de Wanda Maximoff após a morte do Visão, contado através de uma turnê pelos temas e pela linguagem visual de oito décadas de séries de família, com um subtom moderno de suspense. "Eles tinham muitas ideias em mente",[13] disse ela. "Eu lhes dei uma estrutura." Wanda e Visão vivem com os dois filhos pequenos em um paraíso com claques ao fundo — até que rachaduras começam a surgir, e a realidade (que inclui o fato de o Visão estar morto) se impõe. "Na sala dos roteiristas, tivemos conversas intensas sobre perda e luto", contou Schaeffer. Essas discussões levaram à frase mais conhecida da série: "O que é o luto se não o amor que perdura?"

✱

Houve outras mentes criativas importantes por trás de *WandaVision*, para além de Feige e Schaeffer, embora seus nomes sejam mais difíceis de encontrar nos créditos. O afastamento de Wanda da realidade, induzido pelo luto, foi significativamente inspirado pela série de quadrinhos *Dinastia M* (2005), do escritor (e ex-integrante do Comitê Criativo) Brian Michael Bendis e do artista Olivier Coipel. O pesadelo no centro da calmaria dos subúrbios veio da premiada série *Visão*✱ (2015–2016), do escritor Tom King e do artista

---

✱ A Panini publicou *The Vision* no Brasil em duas edições de capa dura, com subtítulos: *Visão: pouco pior que um homem* e *Visão: eu também serei salvo pelo amor*. [N. do E.]

Gabriel Hernandez Walta. Bendis, Coipel, King e Walta receberam "agradecimentos especiais" nos créditos, juntamente com outros luminares da Marvel, incluindo Joss Whedon (que introduziu Wanda e Visão no UCM), John Byrne (criador do personagem "Visão Branco") e Bill Mantlo (escritor da minissérie de 1982 *Visão e a Feiticeira Escarlate*).

Ao criar um personagem original incluído na narrativa Marvel mais ampla, você será pago pela corporação pelos direitos conectados a ele — mas quanto imagina que receberá por seu uso continuado? Durante décadas, a Marvel Comics respondeu a essa pergunta com "nada" e lutou amargamente contra qualquer criador procurando compensação adicional. No início da década de 2000, no entanto, os contratos de publicação passaram a incluir bônus para "personagens originais"[14] que aparecessem em filmes ou séries de TV — mas cheios de brechas legais complicadas. Se um personagem aparecesse por menos de 15% do tempo total de tela, por exemplo, isso seria considerado "somente" um cameo, ou seja, seu criador receberia significativamente menos. Por essa métrica, tais cameos incluíam o Soldado Invernal de Sebastian Stan em *Capitão América: guerra civil*. A despeito de ser o elemento decisivo da trama, ele aparece por somente 22 minutos (logo abaixo de 15%) das 2 horas e 28 minutos do filme. O mesmo vale para Chris Evans como Capitão América, que apareceu por menos de 8 minutos em *Vingadores: guerra infinita*.

Isso aborreceu muitas lendas dos quadrinhos, como Jim Starlin, criador de Thanos e de alguns dos Guardiões da Galáxia, que se irritou com os parcos pagamentos da Marvel. "Acabei de receber um grande cheque da DC Entertainment por minha participação em *Batman vs. Superman: a origem da justiça*",[15] escreveu Starlin no Facebook sobre o dinheiro que recebera por um antagonista risivelmente desimportante do Batman, conhecido como KGBesta. "Muito maior que qualquer coisa que tenha recebido por Thanos, Gamora e Drax aparecendo em vários filmes da Marvel."

As queixas de Starlin especificamente sobre os termos de cessão de Thanos levaram a Disney a uma renegociação, resultando no que Starlin chamou de "acordo bastante justo".[16] Desde que Bucky Barnes retornara com um braço metálico em *Capitão América: o Soldado Invernal* em 2014, o artista Steve Epting e o escritor Ed Brubaker, criadores da trama de *Soldado*

Invernal, tinham de se contentar com pouco mais que "agradecimentos especiais" nos créditos.

Quando Brubaker soube que Bucky estrelaria uma série no Disney Plus, ele escreveu em sua newsletter: "Todo mundo que conheci na Marvel Studios (incluindo Kevin Feige) foi muito gentil comigo [...] Prestação de serviços é assim mesmo [...] Tenho uma grande carreira como escritor, e grande parte dela se deve ao fato de o Capitão e o Soldado Invernal terem levado muitos leitores até minhas outras obras. Tampouco posso negar que fico um pouco enjoado quando minha caixa de entrada fica cheia de mensagens querendo comentários sobre a série."[17]

Brubaker foi mais direto quando participou do podcast de Kevin Smith, *Fatman Beyond*: "Não há nada que impeça alguém na Marvel de perceber o quanto o Soldado Invernal foi usado e telefonar para mim e para Steve Epting dizendo: 'Vamos tentar ajustar o contrato padrão, para que vocês se sintam melhores.'"[18] Epting e Brubaker receberam outro "agradecimento especial" em *Falcão e o Soldado Invernal*, juntamente com Robert Morales e Kyle Baker, criadores da incendiária coleção de 2003 *Capitão América: A Verdade*. A série inspirou Malcolm Spellman, escritor-chefe de *Falcão e o Soldado Invernal*, a incluir um supersoldado negro chamado Isaiah Bradley (criado por Morales, Baker e pelo editor Axel Alonso) para contar a história das bases racistas do escudo do Capitão América. "Quando vi o impacto direto que um super-herói negro teve em meu sobrinho, isso ficou martelando na minha cabeça",[19] disse Spellman.

Embora os filmes da Marvel sejam adaptações livres de histórias em quadrinhos, quando a Marvel entrou na indústria televisiva, o estúdio passou a seguir mais fielmente as revistas, o que tornou mais difícil ignorar seus criadores originais. Embora a Marvel havia muito mantivesse uma separação do tipo Igreja-Estado entre a editora na Costa Leste e o estúdio na Costa Oeste, ela se tornou menos nítida quando Feige passou a supervisionar ambas as empresas. Uma série posterior da Disney, *Gavião Arqueiro*, baseou-se tão fielmente na coleção premiada do escritor Matt Fraction e do artista David Aja, publicada entre 2012 e 2015, que Fraction recebeu créditos como consultor de produção e uma compensação financeira mais significativa.

✷

Mesmo com a possibilidade de usar décadas de histórias populares de super-heróis, os executivos da Marvel Studios tiveram de aprender na prática enquanto se ajustavam à rápida mudança de produtores de cinema para grandes nomes da televisão. Nate Moore, o produtor da Marvel que ajudou a desenvolver *Falcão e o Soldado Invernal*, descreveu seu papel como "bastante similar"[20] ao que fazia no set de filmagem. Ele disse que Spellman (que havia trabalhado em *Empire: fama e poder*) o ajudou a se adaptar à nova mídia. "Ele era versado em como fazer televisão a partir do zero. Eu entendia a narrativa, no sentido amplo, conhecia a história que queríamos contar e como encaixá-la no UCM. Conhecia até mesmo o legado dos personagens, mas não sabia como fazer uma série. Foi instrutivo me sentar com Malcolm e sua equipe, porque até então eu achava que uma série era somente um filme bem longo, mas Malcolm retrucou: 'Existe uma razão para não existirem filmes de seis horas. Você precisa descobrir o ritmo do episódio.' Gosto de pensar que fui um parceiro criativo para ele, alguém com quem discutir ideias, mas definitivamente aprendi mais do que ensinei."[21]

Para encontrar um escritor-chefe para *Loki*, Feige usou o já comprovado método de "roubar" alguém de Dan Harmon. Michael Waldron era um dos escritores da série de ficção científica de Harmon, *Rick e Morty*, e escrevera o roteiro de um romance-comédia-ação-viagem-no-tempo que impressionara Feige. Hamon foi questionado se a frequência com que Feige roubava talentos de *Rick e Morty* o irritava, e ele respondeu: "Bom, não posso brigar com Kevin Feige no meio da rua. Ele simplesmente dirá 'Adoro o fato de estarmos brigando, isso é incrível' e todo mundo vai começar a me vaiar por estar bancando o valentão. Isso incomoda um pouco, mas a parte de mim que fica irritada é a parte que acha ser dona das pessoas ou algo assim. Simplesmente significa que preciso aumentar a potência do motor a fim de atrair mais talentos, e me sinto honrado com a ideia de que as pessoas que me deixam vão para a Marvel."[22]

Como já estava mergulhado em viagens no tempo e multiversos, Waldron era perfeitamente adequado para uma série na qual *Loki* trabalha com (e contra) a Autoridade de Variância Temporal, uma organização que policiava as várias linhas do tempo do multiverso. Waldron e seus escritores quase sempre estavam livres das questões de continuidade com o UCM que costumavam perturbar seus colegas. Loki era um homem fora do tempo *e* do espaço.

A Marvel Studios era representada em cada série por um executivo júnior que já atuara como gerente de produção em filmes anteriores do UCM. Zoie Nagelhout, que participara de *Pantera Negra*, representou Moore em *Falcão e o Soldado Invernal*; Mary Livanos, que começara em *Guardiões da Galáxia 2*, assumiu a liderança em *WandaVision*; e Kevin Wright, que trabalhara em *Doutor Estranho*, foi designado para *Loki*. Trabalhar com esses produtores em ascensão significava que Schaeffer, Spellman e Waldron não precisavam incomodar Kevin Feige e o Parlamento a cada decisão criativa. Mas também eliminava um processo-chave do método Marvel: o olhar atento de Feige.

Embora os escritores-chefes da TV estivessem ajudando a definir o futuro da Marvel Studios, eles em grande medida não conheciam o retrato mais amplo do UCM ou como suas séries se encaixariam nele. Ao determinar seus elencos, podiam escolher entre a extensa variedade de personagens preexistentes da Marvel. Feige descreveu o processo de *WandaVision*: "Queríamos um cientista e um agente federal e, por termos tido tantos personagens maravilhosos ao longo dos anos, poderia ser [o personagem de *Homem-Formiga*] Jimmy Woo. Você acha que Randall Park concordaria em voltar?"[23] Feige também citou Kat Dennings, que interpretou Darcy Lewis, a queridinha dos fãs, na franquia *Thor*, para ocupar o papel de cientista, dizendo a respeito de ambos: "É um privilégio o fato de terem concordado em voltar a brincar no nosso parquinho."

Mas os brinquedos do parquinho estavam sempre mudando. "Eles oferecem um cardápio de personagens com os quais estão animados",[24] disse Spellman. "E não te obrigam a escolher. Quando você começa a brincar com as opções, certos personagens podem desaparecer e outros, anteriormente indisponíveis, podem surgir. Eles não escondem que se trata de algo maior que você mesmo e já em curso. É um trem em movimento. Você pode decorar seu vagão como quiser — exceto que, espere um minuto, um dos vagões atrás de você está mudando." Ele tinha uma atitude muito diferente da que Edgar Wright assumira ao defender com zelo seu roteiro de *Homem-Formiga*; desde aquele fiasco, os escritores haviam aprendido a trabalhar com as restrições da Marvel, e a Marvel havia aprendido a deixar suas expectativas bem claras.

Schaeffer, Spellman e Waldron (e suas equipes de escritores) foram capazes de decidir o formato inicial de suas séries, mas então passaram o controle para os diretores designados. Matt Shakman, com experiência em séries como *It's Always Sunny in Philadelphia* e *Game of Thrones*, assumiu *WandaVision*. Kari Skogland, com décadas de cinema e televisão, foi para *Falcão e o Soldado Invernal*. A jovem britânica Kate Herron (*Sex Education*) dirigiu *Loki*. O grau de colaboração variava; alguns personagens e conceitos foram totalmente reformulados. *Falcão e o Soldado Invernal*, por exemplo, ainda tratava de questões de racismo nos episódios que foram ao ar, mas o tema já não era tão central quanto nos roteiros de Spellman.

As três séries ainda estavam sendo filmadas quando surgiu a pandemia da Covid-19, o que interrompeu a produção. *WandaVision* era a mais completa, embora ainda houvesse algumas cenas ao ar livre e efeitos especiais para finalizar. *Falcão e o Soldado Invernal* já cancelara a locação em Porto Rico após um terremoto devastador em janeiro de 2020. A pandemia não somente forçou a série a cancelar as filmagens em Praga, como também fez com que uma sequência sobre os heróis correndo para combater uma doença de rápida disseminação parecesse excessivamente próxima da realidade. (Spellman admitiu ter removido a sequência, mas disse que não foi por causa do coronavírus.)

Durante a "pausa" da Covid-19, Herron revisou vários episódios de *Loki*. "Michael já trabalhara com seus escritores e, depois que me juntei ao projeto, fiz um pequeno 'retrabalho'",[25] disse ele. A equipe de revisão, que incluía o executivo da Marvel designado para *Loki*, Kevin Wright, focou na questão prática de como executar na tela as ideias extravagantes dos roteiros.

As três séries chegaram ao fim das filmagens e da pós-produção nas difíceis circunstâncias de 2020; em todos os casos, um esforço colaborativo se fragmentou abruptamente em várias tarefas individuais. "Você termina sua cena e então é levado embora em bolhas hermeticamente seladas",[26] afirmou Paul Bettany sobre os protocolos da pandemia. Embora originalmente *WandaVision* não estivesse programada para ser lançada em primeiro lugar, ela estreou no Disney Plus no início de 2021 e talvez tenha tido a melhor estreia que a Marvel podia esperar. A série, repleta de história da televisão e brincadeiras efervescentes entre Bettany e Olsen, foi um fenômeno *bona fide* que atingiu uma audiência muito mais ampla que os fãs devotados do UCM. Aclamada pela crítica, *WandaVision* recebeu 23 indicações ao Emmy e venceu três: figurino, produção e design, além do prêmio dos compositores Kristen Anderson-Lopez e Robert Lopez (por sua canção mais tocada no iTunes "Agatha All Along").

Falcão e o Soldado Invernal não teve a mesma reação entre fãs ou críticos, em parte porque parecia estar no meio do caminho entre a TV e o cinema, como evidenciado pelo grande clímax cinematográfico a cada episódio. A série também teve de lidar com o fardo de detalhar as consequências do estalar de dedos de Thanos e atolou em um experimento mental sociopolítico sobre como seria o mundo se metade da população desaparecesse. Os futuros projetos do UCM optariam por evitar esse buraco narrativo.

A resposta ambígua, no entanto, nada fez para diminuir o entusiasmo da Marvel por Anthony Mackie como Sam Wilson. Ao fim da série, o ex-Falcão assumiu o título de Capitão América; um filme solo, *Capitão América: admirável mundo novo*, foi prontamente anunciado, com Spellman como roteirista. *Loki*, a série favorita dos fãs, foi a primeira a receber uma segunda temporada.

✻

Empolgada com o sucesso ao transplantar personagens estabelecidos para o Disney Plus, a Marvel Studios começou a usar o serviço de streaming para apresentar heróis dos quadrinhos que havia muito esperavam nas gavetas de Feige, introduzindo Ms. Marvel, Cavaleiro da Lua e Mulher-Hulk no UCM, com resultados variados. O experimento de alterar métodos estabelecidos para produzir conteúdo para a televisão causou mais problemas do que resolveu: uma série conduzida por um único diretor tendia a parecer uma experiência cinematográfica cortada em fatias arbitrárias, e os personagens cheios de efeitos visuais aumentavam os orçamentos. O estúdio adotou um modelo mais tradicional nas novas séries, com diretores em rotação e um escritor-chefe que, trabalhando em parceria com uma "babá" designada pela Marvel, parecia-se mais com um showrunner tradicional.

O número de episódios era flexível e podia aumentar ou diminuir, dependendo da história que a Marvel queria contar. "Decidimos passar *Gavião Arqueiro* do cinema para o Disney Plus",[27] disse Trinh Tran, integrante do Parlamento da Marvel. "Temos um vingador cuja história ainda não tivemos tempo de explorar. Também precisamos apresentar uma nova personagem [a Kate Bishop de Hailee Steinfeld] e de tempo para que eles criem laços, além daquela dinâmica especial que todo mundo acha tão atraente nos quadrinhos. Ao fazer a passagem, ganhamos seis horas, o triplo do tempo, o que nos dá a flexibilidade criativa de que precisamos para contar a história."

A Marvel Studios estava introduzindo uma nova geração de personagens, muitos deles análogos diretos dos vingadores originais. Além de Sam Wilson como Capitão América, Kate Bishop também era conhecida como Gaviã Arqueira nas revistas em quadrinhos; Florence Pugh interpretava Yelena Bolova, que, assim como Natasha Romanoff, participara do programa Viúva Negra; Coração de Ferro era uma versão atualizada do Homem de Ferro; e a Mulher-Hulk substituía seu primo Hulk. Sua existência criou a possibilidade de uma versão para o UCM de uma equipe popular nas revistas em quadrinhos, os Jovens Vingadores — e acrescentar heróis adolescentes após o cancelamento de *Fugitivos* e *Quarteto Futuro* foi uma vitória tardia para Feige.

Um luxo que a Marvel descobriu não ter na televisão foi a janela de refilmagens que a ajudava a dar os últimos retoques em seus filmes (e criava problemas para as empresas de efeitos visuais). Ficaram no passado os dias nos quais Feige podia enviar um cineasta para Atlanta ou para a Austrália e pedir que trouxesse as "peças" para casa, a fim de que ele pudesse reuni-las e preencher cuidadosamente os buracos da narrativa. A produção de TV não funcionava com esse tipo de cronograma, certamente não no ritmo que Chapek exigia para manter os investidores felizes. E, conforme o Universo Marvel crescia, Feige cuidava de cada vez mais sets de cinema e televisão. Ele era um executivo que estava sempre com as mãos na massa, mas, nessa nova era, ocasionalmente precisava ir ao set somente para acalmar egos feridos e solucionar "diferenças criativas".

Como resultado, a maioria das séries da Marvel era mais consistente no início que no fim. Os escritores eram prejudicados em seus esforços para apresentar uma conclusão satisfatória porque tinham de deixar espaço de manobra ao fim de cada narrativa, sabendo que o estúdio poderia abruptamente modificar os planos futuros para determinado personagem. "O final era sempre uma questão em aberto",[28] afirmou Schaeffer, de *WandaVision*. "O que é típico dos projetos da Marvel. O clímax de um filme é modificado sem parar até o lançamento."

Mesmo assim, as barreiras entre a tela grande e a tela pequena estavam mais permeáveis que nunca, com personagens passando de uma para a outra. "Tudo está interligado, mas tudo funciona de modo independente",[29] disse Waldron.

Antes de *WandaVision*, Feige insinuara que os eventos da série levariam "diretamente" a *Multiverso da loucura,* sequência de *Doutor Estranho*. Esse plano foi abandonado quando o diretor Scott Derrickson abandonou o UCM para dirigir *O telefone preto*, de coautoria do roteirista de *Doutor Estranho*, C. Robert Cargill, dizendo que estava deixando o projeto em nome de sua saúde mental. "Ele queria fazer um filme e a Marvel queria fazer outro",[30] falou Cargill. "Então pensou: *Eu tenho esse roteiro incrível que escrevi com Cargill.*"

Feige consertou as coisas chamando Sam Raimi, que era quase qualificado demais para dirigir uma versão de terror de um filme de super-herói, tendo capitaneado a série *Uma noite alucinante* e a trilogia original do Homem-Aranha. Feige vivia dizendo que aprendera com Raimi grande parte do que sabia sobre cinema; agora, mais uma vez, ele recorreu ao passado para solucionar um problema.

O projeto ainda precisava de uma reformulação completa. Satisfeito com o trabalho de Michael Waldron em *Loki*, Feige o tirou da série para trabalhar em *Doutor Estranho*. A série sobre saltos temporais e dimensionais culminara no multiverso se fragmentando em todas as realidades. "O plano era deixar isso para o próximo escritor",[31] disse ele sobre as implicações do maciço evento. "Mas eu fiz isso em *Loki* e passei a escrever *Doutor Estranho*, então tive que limpar minha própria bagunça."

As complicações logísticas do UCM no mundo real foram transformadas no multiverso das telas. O multiverso há muito tempo é tema de debates envolvendo física e filosofia, além de discussões noturnas movidas a psicotrópicos nos dormitórios das universidades. Era assunto das revistas em quadrinhos desde 1961, tanto por sua conveniência narrativa quanto pelo potencial alucinante: ele surgiu pela primeira vez em uma história em quadrinhos da DC, unindo duas versões diferentes do Flash, publicadas com décadas de intervalo. Para a Marvel Studios, era uma maneira fácil de incorporar personagens como os inimigos do Homem-Aranha, que eram adjacentes ao UCM, mas não faziam parte dele.

Nas revistas em quadrinhos da Marvel, cada realidade alternativa tinha um número: Terra-2192 era governada pelo Caveira Vermelha; a Terra-82432 foi aniquilada por um vilão cósmico chamado Korvac; e a Terra-616 era a linha do tempo principal, nas qual os super-heróis viviam suas aventuras. Nos quadrinhos, o Universo Cinematográfico Marvel fora oficialmente designado Terra-199999 — mas em *Multiverso da loucura* foi chamado, erroneamente, de Terra-616. Alguns fãs da Marvel chiaram; um deles foi Iman Vellani, que interpretara o papel-título da série do UCM *Ms. Marvel*. "Não acredito que o UCM seja 616, por mais que Kevin Feige queira que pensemos isso",[32] declarou ela à imprensa enquanto caminhava pelo tapete vermelho para a première de *Ms. Marvel*. Mais tarde, ela escreveu que, após fazer sua reclamação de fã, percebeu que Feige estava de olho nela. "Ele me encarou de longe, gesticulou *6-1-6* com os dedos e foi embora. Penso nisso todas as noites, antes de dormir."[33]

Rick e Morty, em que Waldron trabalhara, provou-se um guia para estabelecer um multiverso no UCM. Na série de animação, há um número infinito de Ricks e Mortys em múltiplas linhas do tempo; os fãs nunca sabem se estão assistindo aos mesmos personagens de uma semana para outra. *Loki* não somente destruiu a linha do tempo unificada do UCM em sua primeira temporada como também tornou maleável a própria identidade de Loki: o personagem não era definido por gênero, idade ou mesmo espécie, como evidenciado por Loki Criança, Loki Crocodilo e, em especial, Sylvie (Sophia Di Martino), uma versão feminina com a qual o Loki de Tom Hiddleston tem um relacionamento extremamente complicado.

O multiverso também foi a base da antologia de animação *What If...?*, na qual Jeffrey Wright interpretava o onisciente Vigia, que podia ver os universos que se projetavam do UCM em pontos-chave: em um deles, Hank Pym matava os Vingadores; em outro, o Reino Quântico gerava um vírus zumbi. A Marvel Studios fez com que muitos de seus principais atores contribuíssem com dublagens para a série. Um deles foi Chadwick Boseman, que fez sua última aparição no UCM em quatro episódios, incluindo um no qual T'Challa se tornava um guardião da galáxia em vez de Pantera Negra.

Waldron, em resumo, tinha muito com o que brincar na sequência de *Doutor Estranho*. Talvez demais. Ele sabia que Elizabeth Olsen fora confirmada como estrela e que a Marvel considerava a possibilidade de Wanda Maximoff passar por uma guinada no fim do filme. "Eu tinha muita vontade de transformá-la em vilã desde o início. Mas sempre foi algo do tipo: 'Isso acontecerá em um dos filmes dos Vingadores'", disse ele. E objetou: "Por que deixar que outro filme fique com a melhor vilã de todas?"[34]

Ele e a escritora-chefe de *WandaVision*, Jac Schaeffer, haviam se tornado amigos quando trabalharam no mesmo corredor, cada um em sua respectiva série do Disney Plus. Ignorando as regras da Marvel sobre manter os projetos separados, eles discutiram a melhor maneira de transportar Wanda da série para o filme. "Eu tinha muita admiração por Jac",[35] declarou Waldron. "E não queria estragar tudo. Queria ter certeza de não prejudicar minha amiga." Infelizmente, depois que Wanda foi retratada com muitas nuances por Elizabeth Olsen em horas de episódios televisivos, muitos fãs ficaram decepcionados com sua aparição como vilã de *Multiverso da loucura*. Ela pareceu repetir seu arco de luto de *WandaVision*, porém mais rapidamente e com mais alarde.

Contudo, o multiverso gerou muitas possibilidades de narrativa e novas formas de mimar os fãs: *Multiverso da loucura* trouxe não somente os Illuminati, com John Krasinski e Patrick Stewart, mas quatro diferentes versões de Benedict Cumberbatch como Doutor Estranho. A Marvel Studios acreditava que os espectadores eram capazes de seguir complicadas linhas do tempo contingenciais sem as legendas explicativas no estilo dos quadrinhos, e tentou não abusar dessa confiança.

"Há pessoas cuja única tarefa é manter essas linhas do tempo em mente e nos falar sobre elas. Então temos reuniões interconectadas com muita frequência, falando sobre como as coisas estão crescendo e evoluindo",[36] afirmou Feige. "O multiverso nos transforma todos em geeks." Algumas empresas fazem seminários sobre como apresentar relatórios de despesas; a Marvel Studios tinha reuniões que Feige descreveu como sendo "a equipe inteira repassando o multiverso e suas regras".

As fases Um, Dois e Três do UCM haviam sido coletivamente conhecidas como "Saga do Infinito"; as fases Quatro, Cinco e Seis eram chamadas de "Saga do Multiverso". O antagonista da saga, introduzido em *Loki* como Aquele Que Permanece e visto no filme *Homem-Formiga e a Vespa: Quantumania*, era o viajante do tempo Kang, um personagem que tinha tantas versões e iterações que os escritores e fãs de quadrinhos já tinham desistido de acompanhar. De acordo com uma fonte da Marvel, originalmente Kang não seria o principal vilão da Saga do Multiverso; a decisão de elevá-lo a uma ameaça no nível de Thanos foi baseada na recepção positiva que o ator Jonathan Majors gerou no papel. A Disney flexionou seus músculos de marketing para a estreia cinematográfica de Kang, esperando ter tantos olhos quanto possível na interpretação de Majors e gerar expectativa sobre as sequências pós-créditos que promoviam seu papel central na televisão (*Loki*) e no cinema (por toda parte?). Nos momentos finais, milhares de versões de Kang lotavam uma arena: todas usavam o rosto de Jonathan Majors. Desde Robert Downey Jr. o estúdio não apostava tantas fichas em um único ator.

Embora as críticas a *Quantumania* fossem terríveis e sua bilheteria tivesse caído 69% na segunda semana após o lançamento — estabelecendo um desanimador novo recorde para a Marvel Studios —, Majors parecia imune. Seu desempenho foi elogiado como ponto alto do filme e futuro *de facto* do UCM. Porém, em 22 de março de 2023 — menos de dois meses após o lançamento do filme —, Majors foi preso por acusações de agressão e perseguição, geradas em uma disputa doméstica na qual ele supostamente teria tentado estrangular uma mulher. Subitamente, a aposta mais segura da Marvel no futuro se transformou em seu mais recente dilema.

Feige não podia se livrar das dificuldades geradas pelo excesso de streaming e pelos problemas legais. Mesmo assim, tinha um plano para manter os espectadores do UCM engajados. "Isso não é segredo, porque é a razão de os quadrinhos perdurarem há tanto tempo",[37] disse ele. "Você faz isso através de um personagem. Dê a eles um personagem para usar como âncora, mesmo que seja um guaxinim, e eles o seguirão por toda a loucura. Dê a eles Benedict Cumberbatch e eles passarão com você pelo que chamamos de sequência Magical Mystery Tour."

O futuro dos ícones da Marvel não estava claro. A partida de âncoras como Robert Downey Jr., Chris Evans e Scarlett Johansson já cobrara seu preço, assim como a chocante perda de Chadwick Boseman, e outros pilares do UCM estavam de partida. O elenco de *Guardiões da Galáxia* fez uma turnê de despedida, Brie Larson ficou desiludida e a Marvel iniciou uma disputa de custódia com a Sony a respeito de Tom Holland. Chris Hemsworth, um dos últimos vingadores originais, recebeu uma notícia alarmante em 2022: testes genéticos revelaram que ele tinha predisposição ao Alzheimer, o que o forçou a contemplar o fim de seu trabalho como Thor. "Provavelmente teremos que fechar o livro se fizermos isso de novo",[38] falou ele. "Provavelmente será o fim."

Embora a Marvel Studios continuasse a falar de grandes planos e personagens empolgantes interpretados por celebridades, os resultados pareciam cada vez mais insignificantes. As sequências pós-créditos do UCM já haviam sido promessas aos fãs, traçando planos cuidadosos no horizonte, mas os espectadores se tornavam cada vez mais céticos sobre ver o astro pop Harry Styles como um Eterno chamado Eros ou o astro de *Ted Lasso*, Brett Goldstein, fazer mais que um cameo como Hércules.

A Saga do Multiverso do UCM deveria ser concluída com dois outros filmes dos Vingadores: *Vingadores: a dinastia Kang* em maio de 2025 e *Vingadores: guerras secretas* em maio de 2026. A série de revistas em quadrinhos *Guerras secretas* (escrita por Jonathan Hickman e desenhada por Esad Ribić), de 2015, era um conto épico que terminava com o colapso do multiverso Marvel, que voltava a ser um único universo. "*Guerras secretas* é um crossover gigantesco",[39] disse Feige. "Há muitos crossovers gigantescos que poderíamos adaptar — um dos dilemas da Marvel é ter um excesso de coisas boas." O estúdio se apoiou ainda mais em *Rick e Morty*, contratando uma dupla de escritores de Harmon, Jeff Loveness e Michael Waldron, para

Dinastia Kang e *Guerras secretas*, respectivamente. Feige também contratou Waldron para trabalhar em seu projeto Star Wars para a Lucasfilm antes de ser cancelado em 2023. Após a fraca recepção de *Quantumania*, no entanto, houve rumores de que Loveness já não estaria envolvido com o UCM.

Mesmo com as infinitas possibilidades do multiverso, a Marvel enfrentou grande escrutínio na era pós-*Ultimato*. Alguns em Hollywood torceram ativamente pelo fracasso do estúdio, principalmente o contingente erudito, que sentia que a proliferação de super-heróis não deixava espaço para outras histórias na indústria cinematográfica. Mesmo na era da Covid-19, os filmes da Marvel eram lucrativos — mas, com tantos filmes e séries de qualidade variável, a marca foi prejudicada.

Deixando de lado o histórico irregular do Disney Plus, os filmes oferecidos nas fases Quatro e Cinco eram mistos. Feige finalmente tinha o que queria: controle quase total para ampliar a definição do que fazia um super-herói. *Viúva Negra, Eternos, Shang-Chi e a lenda dos dez anéis, Doutor Estranho no multiverso da loucura, Thor: amor e trovão* e *Wakanda para sempre* traziam uma variedade mais ampla de gêneros, idades e etnias do que a Marvel jamais apresentara.

Infelizmente, logo após a volta da vitória pós-*Ultimato*, a duramente conquistada liberdade criativa de Feige encontrou múltiplos e imprevistos obstáculos. Por causa da pandemia e da nova liderança da Disney, com sua demanda por mais conteúdo, Feige, embora mantivesse o controle, não necessariamente tinha controle sobre a qualidade. O filme mais bem-sucedido da Fase Quatro, *Wakanda para sempre*, lidou habilmente com a perda de Chadwick Boseman, que se tornou a estrutura emocional do filme: o desempenho excepcional de Angela Bassett como rainha Ramonda, impulsionado pela perda e pelo luto, garantiu a ela uma indicação ao Oscar de melhor atriz coadjuvante, a primeira indicação interpretativa da Marvel Studios. Ainda assim, mesmo os mais loquazes defensores do filme admitiram que a sequência de Ryan Coogler foi prejudicada pelo excesso de personagens e tramas introduzidos na narrativa a fim de preparar o terreno para futuras séries do Disney Plus, como *Coração de Ferro* e uma série sem título sobre Wakanda, ambos projetos que Coogler fora contratado para produzir.

A Marvel Studios não fora construída para crescer da maneira como a Disney exibia — sua maior qualidade se tornou seu ponto fraco. Quando perguntado, alguns anos antes, por que nenhum outro estúdio fora capaz de igualar o histórico da Marvel, Joe Russo respondera: "É simples. Eles não têm um Kevin."[40] Na era Disney Plus, a Marvel não tinha Kevin suficiente para todos.

Dois tropeços iniciais da Marvel Studios, *O incrível Hulk* e *Thor: o mundo sombrio*, eram amplamente aceitos como filmes mais fracos do UCM. De acordo com o Rotten Tomatoes, no entanto, *Eternos*, da Fase Quatro, e *Homem-Formiga e a Vespa: Quantumania*, da Fase Cinco, tomaram seu lugar — foram os dois únicos filmes classificados como *rotten* [muito ruins, "tomates podres"] no website. *Thor: amor e trovão*, da Fase Quatro, também ocupou um lugar baixo na lista, em um declínio acentuado do diretor Taika Waititi após seu incrivelmente popular *Thor: Ragnarok*. Isso certamente magoou Feige. Em 2017, quando o UCM ainda gozava de um registro impecável de notas *fresh* [muito bons, "tomates frescos"], ele dissera: "Sempre queremos as placas de Certificadamente Frescos do Rotten Tomatoes. Temos muito orgulho delas. Eles enviam uma placa de acrílico com o nome do filme e as palavras 'Certificadamente Fresco'. Nós temos um monte delas."[41]

Em resumo, após uma década de sucessos, a logomarca da Marvel já não garantia o nível de qualidade que Feige trabalhara tão duro para estabelecer. Isso violava o etos de seu aliado de longa data, Bob Iger. Em 2017, quando a Marvel ainda estava no topo do mundo, perguntaram a Iger como a franquia conseguia atrair tantos espectadores que não tinham ligação com as revistas em quadrinhos. "É aí que a marca se torna importante",[42] afirmara ele. "É por isso que nossos filmes são Pixar, Disney, Marvel, Star Wars. Não fazemos nenhum outro filme além desses, porque acreditamos que eles nos dão um pouquinho mais de liberdade para contar histórias únicas e apresentar personagens únicos, que o público talvez não conheça. A marca tem valor. Há atributos conhecidos na narrativa e nos personagens, e isso nos dá uma vantagem competitiva."

Essa habilidade, reconhecera Iger, surgira lá no início. "Quando o filme foi lançado, o Homem de Ferro não era um personagem marcante da Marvel. Todo mundo conhecia o Hulk e todo mundo conhecia o Homem-

-Aranha, mas não o Homem de Ferro. O filme o elevou. Quando compramos a Marvel, uma das coisas que eu queria fazer era colocar um holofote sobre a marca e usá-la como principal argumento de venda ao consumidor, globalmente. Acho que consegui."

Logo depois de Iger se aposentar, no entanto, ele viu suas realizações se reduzirem a pó. As marcas que ele construíra e cultivara tão amorosamente pareciam mundanas quando era possível simplesmente fazer streaming do último lançamento da Pixar. Em 2022, as ações da Disney despencaram 40%.

A culpa não era inteiramente de Chapek. A pandemia da Covid-19 afetara todos os setores da economia global, e o Disney Plus, que perdia muito dinheiro, era um projeto que ele herdara de Iger. Mas Chapek nunca teve a habilidade de contar uma história convincente para acionistas ansiosos; esse era o talento de Iger. E assim, em novembro de 2022, a diretoria da Disney o demitiu, a despeito de ter acabado de renovar seu contrato. Iger prometeu retornar por ao menos dois anos para ajudar a colocar ordem na casa.

As ações da Disney subiram 10% um dia depois de Iger anunciar seu retorno. Os talentos criativos da Disney também ficaram felicíssimos por ter seu maior aliado de volta. Quem se mostrou menos entusiástico foi Ike Perlmutter, que lutou contra Iger pelo controle do conselho da Disney — quando Perlmutter perdeu, Iger eliminou seu feudo na Marvel Entertainment e o removeu do organograma da Disney em 29 de março de 2023.

Com o retorno de Iger, a Marvel estava no caminho certo para um ano de renovação. Em 2023, *As Marvels*, uma sequência de *Capitã Marvel*, foi postergado de julho para novembro, dando ao estúdio quatro meses adicionais para as refilmagens e os ajustes finais. Após produzir oito séries e dois especiais para o Disney Plus em dois anos, a Marvel Studios seria responsável por, no máximo, três séries de streaming: provisoriamente, *Invasão secreta*, *Echo* e a segunda temporada de *Loki*.

Depois que o Disney Plus perdeu 4 milhões de assinantes no início de 2023, a empresa mudou sua estratégia de expandir o serviço o mais rapidamente possível para lucrar com ele. Naquela primavera, a Disney também demitiu milhares de funcionários.

Sempre diplomático, Feige falou dessa nova era de contenção em termos positivos: "Um dos aspectos mais poderosos de estar na Marvel Studios é tentar fazer com que filmes e séries ecoem o *zeitgeist*. É mais difícil acertar quando há produtos demais — é muito 'conteúdo', como se diz, apesar de ser uma palavra que odeio. Nós queremos que os projetos da Marvel Studios e do UCM realmente se destaquem. As pessoas verão isso quando entrarmos nas fases Cinco e Seis. O ritmo com que produzimos programas para o Disney Plus irá mudar, para que cada um deles tenha uma chance de brilhar."[43]

Isso significava que nenhum filme ou série da Marvel seria lançado até estar pronto: o estúdio teria tempo para procurar e tapar buracos na narrativa. A Marvel Studios precisaria ser mais ágil que nunca: a Disney estava apertando o cinto e a greve da Associação de Escritores da América, que começou em maio de 2023, atrasaria a produção de filmes como *Blade* e *Thunderbolts*, criando caos em todo o interconectado cronograma do UCM.

Com a partida abrupta de uma de suas maiores aliadas, Victoria Alonso, e um de seus maiores obstáculos, Ike Perlmutter, todos os olhos se voltaram novamente para Kevin Feige.

EPÍLOGO
Quanto ainda temos

"Você está citando uma revista em quadrinhos?"
Mulher-Hulk: defensora de heróis

Em 2022, no último episódio de *Mulher-Hulk: defensora de heróis*, frustrada com os eventos de sua própria série, a heroína interpretada por Tatiana Maslany sai do UCM e entra na sede da Marvel Studios, no estúdio da Disney em Burbank, Califórnia. Lá, ela confronta o cérebro gestor da Marvel Studios, um robô superinteligente chamado K.E.V.I.N. (Knowledge Enhanced Visual Interactivity Nexus [Nexo de Interatividade Visual Aprimorada com Conhecimento]). Feige não viu nenhum problema no fato de a escritora da série, Jessica Gao, substituí-lo por uma IA. Ele só objetou quando ela quis colocar um boné de beisebol sobre o robô. "Isso não faz o menor sentido! Por que um robô usaria boné?"[1]

A peregrinação de um visitante até a Marvel Studios em Burbank seria notavelmente similar à jornada da Mulher-Hulk, incluindo o recepcionista, Matt Wilkie (que interpretou a si mesmo na série) e o absurdamente longo contrato de confidencialidade que teria de assinar. A Marvel aprimorara consideravelmente seus escritórios desde os dias da fábrica de pipas, da loja da Mercedes-Benz e das cadeiras descombinadas. Qualquer um que saísse do elevador no segundo andar do edifício Frank G. Wells veria imensos murais e uma exposição bem-cuidada de acessórios cênicos e trajes.

A sala do Kevin Feige de carne e osso ficava no centro de um labirinto de cubículos e salas. A maioria das salas da Marvel Studios tinha janelas de vidro e entrada livre, embora Ryan Meinerding e Andy Park, os líderes da equipe de desenvolvimento visual, fechassem suas portas porque costumavam trabalhar no design de personagens ultrassecretos. O espaçoso e ensolarado escritório de Feige era decorado com uma coleção rotativa de *memorabilia* da Marvel, incluindo uma réplica da Luva do Infinito e a cadeira na qual Thor fora preso para cortar o cabelo em *Ragnarok*. Feige usava um boné de beisebol; atrás de sua mesa, havia uma prateleira com uma coleção de bonés.

Feige revisitou uma de suas experiências formativas como produtor, quando trabalhava com Lauren Shuler Donner e ela desenvolvia o roteiro do primeiro filme dos X-Men. "Comecei a ler histórias dos X-Men",[2] disse ele. "Eu conhecia a maioria por osmose cultural, mas comecei a pensar: *Esses roteiros têm tais e tais problemas. Vou dar uma olhada nos quadrinhos para ver se consigo resolvê-los*, e todos foram resolvidos."

O chefe do estúdio enfatizava havia tempo o brilhantismo dos quadrinhos originais. "Criadores imensamente talentosos vêm contando novas histórias, uma vez ao mês, todos os meses do ano, ao longo dos últimos cinquenta ou sessenta anos", afirmou ele. Feige percebeu que a caracterização nos quadrinhos era mais profunda do que aquilo de que muitos cineastas se davam conta, incluindo alguns dos encarregados das franquias de outros super-heróis — e que cameos e equipes eram centrais para que fossem atraentes. O UCM se tornou o que é hoje porque a pessoa que o supervisiona entendeu que, de muitos maneiras, ele sempre existiu.

Conforme o UCM se expandia em séries de streaming e na Saga do Multiverso, Feige teve de aprender diferentes lições com os quadrinhos: como os super-heróis precisavam de reboots periódicos, como impedir que variantes e spin-offs saíssem de controle, como um gigantesco crossover anual podia unificar uma linha de personagens díspares.

"Quero mostrar uma coisa",[3] disse ele, levantando-se subitamente. Caminhando com passos enérgicos pelo labirinto da Marvel, Feige liderou o caminho até um enorme pôster emoldurado, uma cópia do que estivera em exibição nos primeiros dias da Marvel Studios. Com a inscrição "UNIVERSO MARVEL", tratava-se de um item promocional de 1988 que apresentava centenas de personagens Marvel desenhados por Ed Hannigan e

Joe Rubinstein, dos poderosos aos monstruosos, dos cósmicos aos covardes, dos famosos aos esquecidos. Quando Feige era produtor júnior matando tempo no escritório da Marvel Studios, ele passara horas olhando para o pôster, pensando sobre seus heróis e imaginando as histórias que poderia contar sobre eles. "Há muitos personagens que ainda não foram levados para as telas", confidenciou.

Feige poderia fazer um filme de sucesso com quase todos eles — "Talvez não Woodgod",[4] admitiu ele, rindo do mais obscuro personagem do pôster, quase impossível de localizar em meio à multidão. Ele pensou por um momento e deu um sorriso travesso. "Embora, depois de nossa conversa, eu vá dar mais uma olhada nele."

AGRADECIMENTOS

Começamos este livro antes que o coronavírus atingisse nossas vidas como um aeroporta-aviões: os últimos quatro anos foram bem estranhos, e estamos muito gratos pelas pessoas em nossas vidas que os tornaram um pouquinho melhores.

Nossos agradecimentos a Dan Gerstle, nosso muito paciente editor na Liveright/Norton, que foi a primeira pessoa a acreditar neste livro e cujos conselhos sobre todo tipo de questões foram inestimáveis.

Também temos uma imensa dívida para com a superagente Danielle Svetcov, que foi uma força orientadora em cada passo do caminho e que, trabalhando com o sempre afável Daniel Greenberg, promoveu a colaboração entre nós três. (Também gostaríamos de agradecer a todos na Agência Literária Levine Greenberg, especialmente Tim Wojcik, Melissa Rowland e Miek Coccia.)

Obrigado a todos que conversaram conosco para este livro, mostrando-nos o caminho e dando sentido ao multiverso.

Muitas pessoas trabalharam duro neste livro sem terem seus nomes na capa. Falando nisso, obrigado a Henry Erdman pela belíssima capa da edição norte-americana. Obrigado a Chris Hewitt por conferir diligentemente os fatos. E obrigado a todos os super-heróis que trabalham na (e com a) Liveright/Norton e que devotaram seus talentos a *O reinado da Marvel Studios*, especialmente Zeba Arora, Ashley Patrick, Brian Mulligan (Love-dog Studio), Henry Erdnan, Becky Homiski, Lauren Abbate, Peter Miller, Nick Curley, Clio Hamilton, Cordelia Calvert, Steve Attardo, Fanta Diallo e o poderoso Peter Simon.

Para nossa própria Pepper Potts, Morgan Robinson, que conseguiu várias entrevistas com fontes entediadas em suas casas durante o lockdown: você pode descansar agora. Nosso muitíssimo obrigado a Julian e Justin Mitchell (promovendo o jornalismo como fandom), Katey Rich, Matt Patches, David Ehrlich, Neil Miller, Anthony Breznican, Richard Lawson, Kristin Russo, Mallory Rubin, Van Lathan Jr., Charles Holmes, Steve Ahlman, Jomi Adeniran, Arjuna Ramgopal e David Chen (parceiros de podcast); à equipe de pós-produção da 11th Street Productions; John Gonzales, Jim Gonzales e Wendell Eastling (que faleceu durante a execução deste projeto); Kim Renfro e Diana Helmuth (pela simpatia literária, pela tequila e pelo bolo, nesta ordem); Darrell Borquez por nos dizer sim quando todo mundo disse não; Dash, Sora e Jen Sudul Edwards; Steve Crystal; Robert Rossney; Jeff Jackson; a Slightly Difficult Reading Society; Douglas Wolk (por sua generosidade, pelo livro *All of the Marvels* e pela 616 Society, a comunidade on-line de quadrinhos que ele organizou); Matthew Klise; Marc Weidenbaum; Scott Hess; Sunrise of Tambopata em Puerto Maldonado, Posada Salas & Kari Peru em Mollendo, Casa Panqarani em Puno e Uros Aruma Uro nas ilhas artificiais de Uro, no lago Titicaca (uma parte inesperadamente significativa deste livro foi escrita no Peru); Caryn Ganz, Peter Keepnews, Amy Padnani e Bill McDonald do *New York Times*; e o incomparável Mike Hogan, da *Vanity Fair*, por começar tudo isso.

Cada um de nós também gostaria de agradecer aos outros dois, mas isso seria meta e autocongratulatório demais. Basta dizer que terminamos o livro gostando uns dos outros mais do que quando começamos.

Excelsior!

NOTAS

Para escrever este livro, ficamos sobre os ombros de gigantes. Se você está interessado em ler mais sobre o UCM ou quer saber de onde vieram as citações do livro, leia as notas a seguir:

PRÓLOGO: A CRIAÇÃO

1. Entrevista coletiva de lançamento de *Os Vingadores* no Reino Unido, Hotel Claridge's em Londres, 20 de abril de 2012.
2. Entrevista dos autores com Chris Hemsworth, 2017.
3. Entrevista dos autores com Mark Ruffalo, 2017.
4. Entrevista dos autores com Kevin Feige, 2017.
5. Entrevista dos autores com fonte anônima, 2022.
6. Nick De Semlyen, "The Irishman Week: Empire's Martin Scorsese Interview", *Empire*, 7 de novembro de 2019, empireonline.com/movies/features/irishman-week-martin--scorsese-interview.
7. David Taylor, "Francis Ford Coppola: 'A Marvel Picture Is One Prototype Movie Made Over And Over Again To Look Different'", *GQ* (edição do Reino Unido), 17 de fevereiro de 2022, gq-magazine.co.uk/culture/article/francis-ford-coppola-god-father-marvel.

1. A SAGA DA FÊNIX

1. Rita Reif, "Holy Record Breaker! $55,000 for First Batman Comic", *The New York Times*, 19 de dezembro de 1991.
2. Neil Gaiman, *Gods and Tulips* n. 1, Westhampton House, 1º de janeiro de 1999.
3. Stan Lee, *Amazing Fantasy* n. 15, Marvel Comics, agosto de 1962. Aqui, o próprio Lee se esqueceu de incluir o hífen no nome do Homem-Aranha.
4. Tanto Stan Lee quanto Lou Ferrigno insistiram que o nome de Banner foi alterado porque a emissora achava que "Bruce" era gay demais. Lee: "Quando descobri que eles estavam mudando o nome de 'Bruce Banner' para 'David Banner,' fiz a pergunta lógica, 'Por que vocês estão fazendo isso? O nome dele é Bruce'. Algum gênio da emissora disse 'Ah, não, Stan. Bruce faz com que ele pareça homossexual, soa gay'. Eu respondi 'Bruce Jenner é campeão de decatlo! E há o Bruce... bom, acho que eu

não conhecia Bruce Willis naquela época. Eles não me deram ouvidos. Não gostavam do som de 'Bruce'." (Citação retirada de *Comic Book Confidential*, dirigido por Ron Mann, Cinecom, 1988.) Ken Johnson, o produtor executivo de *O incrível Hulk*, negou que essa fosse sua preocupação: ele achava que o nome aliterativo "Bruce Banner" era quadrinhesco demais.

5. Entrevista dos autores com Sean Howe, 2020.

6. Anúncio da Marvel Productions, *Variety*, 19 de junho de 1980.

7. "Stan Lee Speech 7/1/84 Charlotte, N.C. Heroes Con" (vídeo), caixa 157, Arquivos Stan Lee, Universidade de Wyoming, American Heritage Center. Bob Gale escreveu um roteiro para um filme do Doutor Estranho, reescrito por Larry Cohen, Charles Band e pelo próprio Lee. Band produziria sua versão como *Doctor Mordrid: o mestre do desconhecido* em 1992, tendo perdido os direitos do personagem Doutor Estranho.

8. Abraham Josephine Riesman, *True Believer: The Rise and Fall of Stan Lee* (Crown, 2020), p. 213. Lee viu a série japonesa de televisão *Super Sentai* no fim da década de 1980 e teve a ideia de fazê-la funcionar nos Estados Unidos, dublando algumas sequências e filmando novas cenas com atores norte-americanos, mas não conseguiu despertar o interesse de nenhuma emissora. Em 1992, quando Loesch saiu da Marvel Productions para dirigir o Fox Kids, ela foi abordada por Haim Saban, um produtor israelense, que tivera a mesma epifania sobre customizar *Super Sentai* para os mercados locais — e conseguira os direitos de reprodução. A despeito do ceticismo de seus chefes, Loesch aprovou a série, que se tornou o imenso fenômeno chamado *Power Rangers*.

9. Entrevista com Margaret Loesch, The Television Academy Foundation, 15 de janeiro de 2019.

10. Sean Howe, *Marvel Comics: The Untold Story* (Harper-Collins, 2012), p. 313. [*Marvel Comics: a história secreta,* Leya, 2013.]

11. Dan Raviv, *Comic Wars: Marvel's Battle for Survival* (Levant Books, 2012), localização 305, Kindle.

12. Matthew Garrahan, "Man in the News: Ike Perlmutter", *Financial Times*, 4 de setembro de 2009. Ike Perlmutter, dando continuidade à sua prolongada disposição de evitar a imprensa, não quis responder a perguntas para este livro.

13. Douglas Martin, "Sam Osman, 88, Founder of Job Lot Trading", *The New York Times*, 18 de fevereiro de 2000.

14. Scott Bowles, "Marvel's Chief: A Force Outside, 'a Kid Inside'", *USA Today*, 5 de junho de 2003.

15. Carol Lawson, "A One-Man Thrill Factory for Children", *The New York Times*, 8 de julho de 1993.

16. Ibid.

17. Entrevista dos autores com Avi Arad, 2017.

18. Raviv, *Comic Wars*, loc. 305.

19. Eric Lewald e Julia Lewald, *X-Men: The Art and Making of the Animated Series* (Abrams, 2020), p. 34.

20. Ibid., p. 13.

21. Riesman, *True Believer*, p. 225.
22. Geoff Boucher, "Avi Arad: From 'Blade' to 'Morbius,' Three Decades Of Mining Marvel", *Deadline*, 20 de março de 2019, deadline.com/2019/03/avi-arad-marvel-bla-de-spider-man-morbius-toys-1202576569.
23. Raviv, *Comic Wars*, loc. 2228.
24. Ibid., loc. 3201.
25. Ibid., loc. 3228.
26. Entrevista dos autores com Avi Arad, 2017.

2. JOVENS SUPERDOTADOS

1. Robert Ito, "Fantastic Faux!", *Los Angeles*, março de 2005.
2. Ibid. A produtora de Corman em *Quarteto Fantástico*, New Horizons Pictures, não é a mesma entidade que a New World Pictures, que ele vendeu em 1983 (e que comprou a Marvel em 1986, depois de ter sido vendida por Corman).
3. Ibid.
4. Russ Burlingame, "DOOMED! Director Marty Langford Doesn't Believe Marvel Really Destroyed the Fantastic Four Negatives", ComicBook.com, 9 de setembro de 2016, comicbook.com/marvel/news/doomed-director-marty-langford-doesnt-belie-ve-marvel-really-dest-2.
5. Nancy Hass, "Marvel Superheroes Take Aim at Hollywood", *The New York Times*, 28 de julho de 1996.
6. Willow Green, "Avi Quits", *Empire*, 1º de junho de 2006, empireonline.com/movies/news/avi-quits.
7. Entrevista com Margaret Loesch, The Television Academy Foundation, 15 de janeiro de 2019.
8. Howe, *Marvel Comics*, p. 399.
9. Entrevista dos autores com Peter Frankfurt, 2020.
10. Ibid.
11. "Columbia University Libraries: Comic New York — A Symposium: Chris Claremont, Day 1, Keynote", publicado no YouTube pela Universidade Columbia, 11 de abril de 2012, youtube.com/watch?v=WEpZrZNtgxE.
12. Matt Singer, "James Cameron Calls His Spider-Man 'The Greatest Movie I Never Made'", ScreenCrush.com, 6 de dezembro de 2021, screencrush.com/james-came-ron-spider-man-movie.
13. Ben Fritz, *The Big Picture: The Fight for the Future of Movies* (HarperCollins, 2019), p. 46.
14. Anthony Breznican, "The Man Behind the Movies", em *The Marvel Universe* (Meredith, 2021), p. 57.
15. Entrevista dos autores com Kevin Feige, 2017.
16. Brent Lang, "How Kevin Feige Super-Charged Marvel Studios into Hollywood's Biggest Hit Machine", *Variety*, 16 de abril de 2019, variety.com/2019/film/features/kevin-feige-avengers-endgame-marvel-studios-1203188721.

17. Ibid.
18. "Kevin Feige: USC School of Cinematic Arts Mary Pickford Alumni Award", publicado no YouTube pela USC, 19 de maio de 2014, youtube.com/watch?v=dm-vLLYoY35Y.
19. "Kevin Feige", entrevista, *Produced By*, janeiro de 2017.
20. Ibid.
21. Ibid.
22. "Tribute to Richard Donner — How 'Superman' Influenced Today's Biggest Superhero Movies", publicado no YouTube por Oscars, 8 de junho de 2017, youtube.com/watch?v=PrNwMXcKxWE.
23. Ibid.
24. "Kevin Feige", entrevista, *Produced By*, janeiro de 2017.
25. Erin Carlson, *I'll Have What She's Having: How Nora Ephron's Three Iconic Films Saved the Romantic Comedy* (Hachette, 2017), p. 232.
26. Entrevista dos autores com Craig Kyle, 2020.
27. Brooks Barnes, "With Fan at the Helm, Marvel Safely Steers Its Heroes to the Screen", *The New York Times*, 24 de julho de 2011.
28. Devin Leonard, "The Pow! Bang! Bam! Plan to Save Marvel, Starring B-List Heroes", *Bloomberg Businessweek*, 3 de abril de 2014, bloomberg.com/news/articles/2014-04-03/kevin-feige-marvels-superhero-at-running-movie-franchisesn. xj4y7vzkg.
29. Tatiana Siegel, "Bryan Singer's Traumatic 'X-Men' Set: The Movie 'Created a Monster'", *Hollywood Reporter*, 31 de julho de 2020.
30. Entrevista dos autores com Craig Kyle, 2020.
31. Entrevista dos autores com Kevin Feige, 2017.
32. Ibid.
33. Adam B. Vary, "'Spider-Man' at 20: How Sam Raimi and Sony Pictures Rescued the Superhero Genre and Changed Hollywood Forever", *Variety*, maio de 2022.
34. Ibid.
35. Stacey Wilson, "In Her Own Words", *Hollywood Reporter*, 15 de junho de 2011.
36. Entrevista dos autores com Lauren Shuler Donner, 2017.
37. Entrevista dos autores com Rick Heinrichs, 2020.
38. Entrevista dos autores com Kevin Feige, 2017.
39. Vary, "'Spider-Man' at 20".
40. Ibid.
41. Ibid.
42. Ibid.

3. ERA UMA VEZ EM MAR-A-LAGO

1. Isaac Arnsdorf, "The Shadow Rules of the VA", *ProPublica*, 7 de agosto de 2018, propublica.org/article/ike-Perlmutter-bruce-moskowitz-marc-sherman-shadow-rulers-of-the-va.
2. Entrevista dos autores com David Maisel, 2020.

3. Ibid.
4. Entrevista dos autores com David Maisel, 2023.
5. Entrevista dos autores com Kevin Feige, 2017.
6. Entrevista dos autores com Craig Kyle, 2020.
7. Entrevista dos autores com David Maisel, 2020.
8. Ken P., "An Interview with Avi Arad", IGN, 10 de fevereiro de 2004, ign.com/arti-cles/2004/02/10/an-interview-with-avi-arad.
9. Entrevista dos autores com David Maisel, 2020.
10. Ibid.
11. Ben Fritz, *The Big Picture: The Fight for the Future of Movies* (HarperCollins, 2019), p. 55. O suposto plano: uma proposta de 75 páginas para um "Mundo Marvel" na qual um estúdio seria financiado por investidores externos, que receberiam em troca 20% das ações. A resposta de David Maisel (durante uma entrevista para este livro): "Eu vi aquilo no livro de Ben Fritz e pensei: *Puta merda. Se houve uma apresentação para o conselho alguns meses antes de eu começar, por que não fiquei sabendo?* Isso teria me ajudado, porque tive que montar um plano de negócios inteiro. Eu telefonei para John Turitzen e ele disse: 'Não, é claro que isso nunca aconteceu.'"
12. Entrevista dos autores com David Maisel, 2020.
13. Entrevista dos autores com John Turitzin, 2020.
14. Entrevista dos autores com David Maisel, 2020.
15. Entrevista dos autores com John Turitzin, 2020.
16. Entrevista dos autores com Kevin Feige, 2017.
17. Entrevista dos autores com David Maisel, 2020.
18. Entrevista dos autores com John Turitzin, 2020.
19. Entrevista dos autores com David Maisel, 2020.
20. Tara Bennett e Paul Terry, *The Story of Marvel Studios: The Making of the Marvel Cinematic Universe* (Abrams, 2021), vol. 1, p. 21.

4. PLAUSIBILIDADE

1. Tara Bennett e Paul Terry, *The Story of Marvel Studios: The Making of the Marvel Cinematic Universe* (Abrams, 2021), vol. 1, p. 21.
2. Entrevista dos autores com John Turitzin, 2020.
3. Bennett e Terry, *Story of Marvel Studios*, vol. 1, p. 22.
4. Geoff Boucher, "Avi Arad: From 'Blade' to 'Morbius,' Three Decades Of Mining Marvel", *Deadline*, 20 de março de 2019, deadline.com/2019/03/avi-arad-marvel-bla-de-spider-man-morbius-toys-1202576569/.
5. Ben Fritz e Pamela McClintock, "Exec Makes Marvel Move", *Variety*, 1º de novembro de 2005.
6. "Valenti and Rove Hold News Conference", CNN, transcrição, 11 de novembro de 2001, transcripts.cnn.com/show/se/date/2001-11-11/segment/03.
7. Bernard Weinraub, "The Moods They Are A'Changing In Films; Terrorism Is Making Government Look Good", *The New York Times*, 10 de outubro de 2001. É bem verdade

que, no final do piloto de *Alias: codinome perigo*, a personagem de Jennifer Garner, Sydney Bristow, já sabe que a divisão da CIA para a qual trabalha, SD-6, é na verdade uma organização terrorista hostil aos Estados Unidos, mas as séries de Abrams nunca foram famosas por sua consistência interna.

8. Entrevista dos autores com Matt Holloway, 2019.
9. James White, "The Story Behind Iron Man from page to Tarantino to screen and now... sequel!", *Total Film*, 5 de maio de 2009, gamesradar.com/the-story-behind-iron-man.
10. Entrevista dos autores com Matt Holloway, 2019.
11. Entrevista dos autores com Art Marcum, 2019.
12. Entrevista dos autores com Mark Fergus, 2020.
13. Entrevista dos autores com Kevin Feige, 2017.
14. Entrevista dos autores com David Maisel, 2020.
15. Entrevista dos autores com Jon Favreau, 2017.
16. Entrevista dos autores com Kevin Feige, 2017.
17. Entrevista dos autores com Stephen Platt, 2020.
18. Entrevista dos autores com Art Marcum, 2019.
19. Entrevista dos autores com Avi Arad, 2017.
20. Entrevista dos autores com Eric Vespe, 2021.
21. Entrevista dos autores com fonte anônima, 2020.
22. Entrevista dos autores com Matt Holloway, 2019.
23. Chris Heath, "RD3", *GQ*, maio de 2013.
24. *The Howard Stern Show*, SiriusXM, 4 de maio de 2016.
25. Entrevista dos autores com Stephen Platt, 2020.
26. Entrevista dos autores com David Maisel, 2020.
27. Heath, "RD3".
28. Clark Collis, "Forging *Iron Man*: How Director Jon Favreau Launched the Marvel Cinematic Universe", *Entertainment Weekly*, 15 de março de 2018, ew.com/movies/2018/03/15/iron-man-jon-favreau-marvel-cinematic-universe.
29. Entrevista dos autores com David Maisel, 2020.
30. Entrevista dos autores com Matt Holloway, 2019.
31. Entrevista dos autores com Art Marcum, 2019.
32. Entrevista dos autores com Mark Fergus, 2020.
33. Entrevista dos autores com David Maisel, 2020.
34. Entrevista dos autores com Dianne Chadwick, 2020.
35. Entrevista dos autores com Stephen Platt, 2020.

5. PROVA DE CONCEITO

1. Kris Tapley, "Interview with Crazy Heart's Jeff Bridges", InContention.com, 1º de dezembro de 2009, incontention.com/2009/11/04/crazy-heart-has-the-goods.
2. Entrevista dos autores com Nina Paskowitz, 2020.
3. Entrevista dos autores com Stephen Platt, 2020.
4. Entrevista dos autores com Jamie Kelman, 2020.

5. Entrevista dos autores com Art Marcum, 2019.

6. Entrevista dos autores com Mark Fergus, 2020.

7. Entrevista dos autores com Art Marcum, 2019.

8. "American Cinematheque: Iron Man", comentário, 6 de setembro de 2008.

9. Tapley, "Jeff Bridges".

10. Entrevista dos autores com Loyd Catlett, 2020.

11. Entrevista dos autores com Nina Paskowitz, 2020.

12. Entrevista dos autores com Susan Wexler, 2020.

13. Entrevista dos autores com Mark Fergus, 2020.

14. Entrevista dos autores com Lauri Gaffin, 2020.

15. Entrevista dos autores com L. J. Shannon, 2020.

16. Entrevista dos autores com Lauri Gaffin, 2020.

17. "American Cinematheque: Iron Man."

18. Entrevista dos autores com Siddhant Adlakha, 2020.

19. Donna Miles, "Edwards team stars in 'Iron Man' superhero movie", American Forces Press Service, 2 de maio de 2007, af.mil/News/Article-Display/Article/127002/edwards-team-stars-in-iron-man-superhero-movie.

20. Ibid.

21. Samantha L. Quigley, "To Tap Into the Military's Arsenal, Hollywood Needs the Pentagon's Blessing", USO.org, 18 de dezembro de 2015, uso.org/stories/105-to-tap--into-the-military-s-arsenal-hollywood-needs-the-pentagon-s-blessing.

22. "American Cinematheque: Iron Man."

23. Entrevista dos autores com Siddhant Adlakha, 2020.

24. Matthew Alford, *Reel Power: Hollywood Cinema and American Supremacy* (Pluto Press, 2010), p. 111.

25. Entrevista dos autores com Robert Downey Jr., 2017.

26. "American Cinematheque: Iron Man."

27. Entrevista dos autores com Kevin Feige, 2017.

28. Entrevista dos autores com Marc Chu, 2020.

29. Jonathan Wilkins (ed.), *Marvel Studios: The First 10 Years* (Titan, 2018), p. 14.

30. Entrevista dos autores com Jamie Kelman, 2020.

31. Entrevista dos autores com Matt Holloway, 2019.

32. Ibid.

33. Ibid.

34. Entrevista dos autores com Marc Chu, 2020.

35. Entrevista dos autores com Robert Downey Jr., 2017.

36. Entrevista dos autores com Kevin Feige, 2017.

37. Kim Masters, "How Marvel Became the Envy (and Scourge) of Hollywood", *Hollywood Reporter*, 23 de julho de 2014.

6. CENA PÓS-CRÉDITOS

1. Shirley Li, "Marvel chief Kevin Feige tells the origin story of the MCU's post-credits scenes", *Entertainment Weekly*, 25 de abril de 2018.

2. Drew McWeeny [Moriarty], "AICN EXCLUSIVE! Guess Who's Shooting His IRON MAN Role Today!!", *Ain't It Cool News*, 21 de junho de 2007, legacy.aintitcool.com/node/33090.

3. Jon Favreau, Myspace.com, 25 de junho de 2007, forum.myspace.com/index.cfm?-fuseaction=messageboard.viewThread&entryID=37970867&groupID=102795074.

4. Larry Carroll, "Confirmed: Hilary Swank Will Appear in 'Iron Man'", MTV.com, 23 de maio de 2007, mtv.com/news/wbebm5/confirmed-hilary-swank-will-appear--in-iron-man.

5. "The Art of Adapting Comics to the Screen: David S. Goyer Q&A", publicado no YouTube por Comic-Con International, 25 de julho de 2020, youtube.com/watch?-v=Hg15UXVh72U.

6. Jason Myers, "David Goyer: Stripped to the Bone", RevolutionSF.com, julho de 2000, revolutionsf.com/article.php?id=1082.

7. Jen Yamato, "David Hasselhoff: I Was the Ultimate Nick Fury", Movieline, 25 de maio de 2012, movieline.com/2012/05/25/david-hasselhoff-avengers-nick-fury-sa-muel-jackson.

8. Jeff Otto, "David S. Goyer Talks Batman, Iron Man, Comics and More", IGN, 27 de fevereiro de 2004, ign.com/articles/2004/02/27/david-s-goyer-talks-batman-iron--man-comics-and-more.

9. Sean Howe, *Marvel Comics: The Untold Story* (HarperCollins, 2012), p. 404.

10. Ibid., p. 405.

11. Entrevista dos autores com Bryan Hitch, 2020.

12. Gus Lubin, "Samuel L. Jackson had the perfect response to the writer who made his 'Avengers' role possible", *Business Insider*, 27 de abril de 2018.

13. Entrevista dos autores com Bryan Hitch, 2020.

14. Ibid.

15. Lubin, "Samuel L. Jackson".

16. Li, "Post-Credits Scenes".

17. Entrevista dos autores com Jon Favreau, 2017.

18. Li, "Post-Credits Scenes".

19. Entrevista dos autores com Jon Favreau, 2017.

20. Entrevista dos autores com Kevin Feige, 2017.

7. NÍVEIS EXTRAORDINÁRIOS DE TOXICIDADE

1. Alex Spencer, "The Hulk mutated over 55 years to become Marvel's most multifaceted character", *Polygon*, 11 de julho de 2018, polygon.com/comics/2018/7/11/17550926/the-hulk-history-writers-marvel-comics-thor-ragnarok.

2. Entrevista dos autores com David Maisel, 2020.

3. Entrevista dos autores com Terry Notary, 2020.

4. Entrevista dos autores com Craig Kyle, 2020.

5. Entrevista dos autores com David Maisel, 2020.

6. Ibid.

7. Ibid.

8. Entrevista dos autores com Kurt Williams, 2020.

9. Entrevista dos autores com Aaron Sims, 2020.

10. Tony Kaye, "Losing It", *Guardian*, 25 de outubro de 2002.

11. *The Making of* The Incredible Hulk, bonus feature, *The Incredible Hulk* (Universal, 2008), Blu-ray.

12. Larry Carroll, "William Hurt Says New Hulk Is More Heroic, Reveals Iron Man Crossover Scene", MTV, 19 de janeiro de 2008, mtv.com/news/rgyagm/william-hurt-says-new-hulk-is-more-heroic-reveals-iron-man-crossover-scene.

13. K. J. Matthews, "Liv Tyler: Swift 'Hulk' offer a big surprise", CNN, 12 de junho de 2008, edition.cnn.com/2008/SHOWBIZ/Movies/06/12/people.tyler.

14. Eric Vespe [Quint], "Quint's hilarious interview with Tim Roth and Louis Leterrier! HULK! INGLORIOUS BASTARDS! And... Johnny To?!?", *Ain't It Cool News*, 13 de junho de 2008, legacy.aintitcool.com/node/37074.

15. Entrevista dos autores com Terry Notary, 2020.

16. Entrevista dos autores com Aaron Sims, 2020.

17. Entrevista dos autores com Zak Penn, 2019.

18. "The Incredible Hulk Comic-Con Panel", publicado no YouTube por Abel McBride, 5 de agosto de 2007, youtube.com/watch?v=_q3Ui91qbIA.

19. Ibid.

20. Ibid.

21. Entrevista dos autores com Zak Penn, 2019.

22. Vespe, "Tim Roth and Louis Leterrier".

23. Entrevista dos autores com Kurt Williams, 2020.

24. Barbara Robertson, "Heavy-Handed", *Computer Graphics World*, julho de 2008.

25. Entrevista dos autores com Terry Notary, 2020.

26. Ibid.

27. Ibid.

28. Entrevista dos autores com Kurt Williams, 2020.

29. Entrevista dos autores com Aaron Sims, 2020.

30. Gregory Kirschling, "New 'Hulk': behind-the-scenes drama", *Entertainment Weekly*, 17 de abril de 2008.

31. Drew McWeeny, "EXCLUSIVE: Marvel confirms they will hire new 'Hulk' for 'The Avengers'", HitFix, 10 de julho de 2010, hitfix.com/blogs/motion-captured/posts/exclusive-marvel-confirms-they-will-hire-new-hulk-for-avengers. Os atores analisados por Feige eram Robert Downey Jr., Chris Hemsworth, Chris Evans, Samuel L. Jackson e Scarlett Johansson.

32. David Marchese, "The Disruptive World of Edward Norton", *The New York Times Magazine*, 7 de outubro de 2019.

8. ALGUMA MONTAGEM NECESSÁRIA

1. Tara Bennett e Paul Terry, *The Story of Marvel Studios: The Making of the Marvel Cinematic Universe* (Abrams, 2021), vol. 1, p. 24.

2. Matt Donnelly, "Meet the Executive Avengers Who Help Kevin Feige Make Marvel Magic", *Variety*, 17 de abril de 2019.

3. Entrevista dos autores com Craig Kyle, 2020.

4. "Eva Longoria, Victoria Alonso & more — Academy Dialogues: The Erasure of Latinos in Hollywood", publicado no YouTube por Academy of Motion Picture Arts and Sciences, 10 de setembro de 2020, youtube.com/watch?v=vdAJ8pCnSvQ&t=18s.

5. Elayna Fernandez, "Motherhood Inspiration From Powerful Marvel Mom Victoria Alonso", *The Positive Mom*, 30 de abril de 2018, thepositivemom.com/powerful-marvel-mom-victoria-alonso.

6. Victoria Alonso, "Historias de superheroes que merecen ser contadas", TEDxCordoba, publicado no YouTube por TEDx Talks, 15 de novembro de 2019, youtube.com/watch?v=dfEL609-KKg. (Tradução do original em espanhol realizada pelos autores.)

7. Bennett e Terry, *Story of Marvel Studios*, vol. 1, p. 24.

8. Entrevista dos autores com Craig Kyle, 2020.

9. Entrevista dos autores com Jamie Kelman, 2020.

10. Bennett e Terry, *Story of Marvel Studios*, vol. 1, p. 65.

11. Donnelly, "Executive Avengers".

12. Bennett e Terry, *Story of Marvel Studios*, vol. 1, p. 23.

13. Entrevista dos autores com Craig Kyle, 2020.

14. Bennett e Terry, *Story of Marvel Studios*, vol. 1, p. 68.

15. Entrevista dos autores com Craig Kyle, 2020.

16. Jim Thacker, "Q&A: Victoria Alonso, Marvel's visual effects chief", CGchannel.com, 15 de setembro de 2011, https://www.cgchannel.com/2011/09/qa-victoria-alonso-marvels-visual-effects-chief/.

17. Bennett e Terry, *Story of Marvel Studios*, vol. 1, p. 70.

9. O DEMÔNIO NA GARRAFA

1. Entrevista dos autores com David Maisel, 2020.

2. Entrevista dos autores com Jon Favreau, 2017.

3. Entrevista dos autores com David Maisel, 2020.

4. *Ultimate Iron Man: The Making of Iron Man 2*, escrito por Adam Gallagher, bônus: *Iron Man 2* (Paramount, 2010), Blu-ray.

5. Peter Sciretta, "Interview: Iron Man 2 Screenwriter Justin Theroux", *SlashFilm*, 10 de maio de 2010, slashfilm.com/508942/interview-iron-man-2-screenwriter-justin-theroux.

6. Scott Simon, "Terrence Howard Talks Tunes, Family, Science", *Weekend Edition Saturday*, NPR, 18 de outubro de 2008.

7. Will Harris, "Don Cheadle got the Avengers call in the middle of his kid's laser tag party", *AV Club*, 6 de fevereiro de 2022, avclub.com/don-cheadle-got-the-avengers-call-in-the-middle-of-his-1842692765.

8. Ibid.

9. Matthew Garrahan, "Superheroes soar above Disney tensions", *Financial Times*, 16 de agosto de 2012.

10. Entrevista dos autores com fonte anônima, 2017.
11. *The Howard Stern Show*, SiriusXM, 11 de fevereiro de 2021.
12. *Ultimate Iron Man: The Making of Iron Man 2.*
13. Ibid.
14. Entrevista dos autores com Heidi Moneymaker, 2020.
15. Entrevista dos autores com Jon Favreau, 2017.
16. Hilary de Vries, "Samuel L. Jackson: My Character Is No Sex Machine", *Chicago Tribune*, 20 de junho de 2000.
17. CBR Staff, "Sam Rockwell Talks 'Iron Man 2'", CBR, 25 de agosto de 2009, cbr.com/sam-rockwell-talks-iron-man-2.
18. *Ultimate Iron Man: The Making of Iron Man 2.*
19. Ibid.
20. "Commentary", *Iron Man 2* (Paramount, 2010), DVD, edição especial com dois discos.
21. *Ultimate Iron Man: The Making of Iron Man 2.*
22. William Bibbiani, "Mickey Rourke Talks 'Immortals'", CraveOnline, 7 de novembro de 2011, craveonline.com/film/interviews/177591-mickey-rourke-talks-immortals.
23. "Mickey Rourke Laments Lack Of 'Depth' In Iron Man 2", MTV News, 8 de novembro de 2011, mtv.com/video-clips/7wt215/mickey-rourke-laments-lack-of-depth-in-iron-man-2.
24. Entrevista dos autores com Jim Rothwell, 2020.
25. Hilary De Vries, "Robert Downey Jr.: The Album", *The New York Times*, 21 de novembro de 2004.
26. Chris Lee, "Rewriting the Behind-the-Scenes Story of Iron Man 2", *Vulture*, 28 de abril de 2022, vulture.com/2022/04/rewriting-the-behind-the-scenes-story-of-iron-man-2.html.
27. *Ultimate Iron Man: The Making of Iron Man 2.*
28. Brandon Davis, "Genndy Tartakovsky Reveals Details of Iron Man 2 Work", ComicBook.com, 30 de setembro de 2020, comicbook.com/marvel/news/iron-man-2-genndy-tartakovsky-animation-fight-scene.
29. Entrevista dos autores com Marc Chu, 2020.
30. *Ultimate Iron Man: The Making of Iron Man 2.*

10. NÃO HÁ CORDÕES EM MIM

1. Entrevista dos autores com David Maisel, 2020.
2. Ibid.
3. Robert Iger, *The Ride of a Lifetime: Lessons Learned from 15 Years as CEO of the Walt Disney Company* (Random House, 2019), p. 136.
4. Corey Stieg, "How Bob Iger convinced Steve Jobs to sell Pixar to Disney: 'I've got a crazy idea'", CNBC, 2 de dezembro de 2020, cnbc.com/2020/12/02/bob-iger-on-how-w-he-convinced-steve-jobs-to-sell-pixar-to-disney.html.
5. Entrevista dos autores com David Maisel, 2023.
6. Entrevista dos autores com David Maisel, 2020.

7. Ibid.
8. Iger, *Ride of a Lifetime*, p. 155.
9. Ibid., p. 154.
10. Entrevista dos autores com David Maisel, 2020.
11. Iger, *Ride of a Lifetime*, p. 158.
12. Ibid., p. 157.
13. Ibid., p. 161.
14. Matthew Garrahan. "Man in the News: Ike Perlmutter", *Financial Times*, 4 de setembro de 2009, ft.com/content/4080d0de-997f-11de-ab8c-00144feabdc0.
15. Entrevista dos autores com David Maisel, 2020.
16. Ryan Gilby, "Fans fear ker-pow after Disney's Marvel takeover", *Guardian*, 1º de setembro de 2009, theguardian.com/film/2009/sep/01/marvel-disney-spiderman.
17. Entrevista dos autores com Kevin Feige, 2017.
18. Iger, *Ride of a Lifetime*, p. 162.
19. Devin Leonard, "The Pow! Bang! Bam! Plan to Save Marvel, Starring B-List Heroes", *Bloomberg*, 3 de abril de 2014, bloomberg.com/news/articles/2014-04-03/kevin-feige-marvels-superhero-at-running-movie-franchisesn. xj4y7vzkg.
20. Entrevista dos autores com Craig Kyle, 2020.
21. Entrevista dos autores com Kevin Feige, 2017.

11. NOSSA MARCA SÃO OS CHRIS

1. Christina Radish, "Director Kenneth Branagh and Kevin Feige Interview THOR", *Collider*, 5 de maio de 2011, collider.com/kenneth-branagh-kevin-feige-interview--thor.
2. Entrevista dos autores com Craig Kyle, 2020.
3. Entrevista dos autores com Ashley Miller, 2019.
4. Entrevista dos autores com Zack Stentz, 2019.
5. Josh Grossberg, "Natalie Portman's 'Weird' Reason for Hooking Up With Thor", E! News, 23 de novembro de 2009, eonline.com/news/155129/natalie_portmans_weird_reason_hooking.
6. Entrevista dos autores com Sarah Halley Finn, 2021.
7. *Casting the MCU*, bônus, *Avengers: Endgame* (Buena Vista, 2019), Blu-ray.
8. Entrevista dos autores com Sarah Halley Finn, 2021.
9. Ethan Alter, "How 'Thor' opened up the MCU: Kenneth Branagh on hiring Chris Hemsworth, going to space and the terror of Fabio", Yahoo!, 10 de maio de 2019, yahoo.com/now/thor-chris-hemsworth-kenneth-branagh-tom-hiddleston-160246757.html.
10. Lynn Hirschberg, "Chris Hemsworth Admits He Almost Lost Out Thor To His Younger Brother Liam Hemsworth", *W*, 13 de setembro de 2017, https://www.wmagazine.com/story/chris-hemsworth-thor-audition-liam-hemsworth.
11. *Thor: From Asgard to Earth*, bônus, *Thor* (Paramount, 2001), Blu-ray.
12. Entrevista dos autores com Zack Stentz, 2019.

13. Entrevista dos autores com Craig Kyle, 2020.

14. Entrevista dos autores com Zack Stentz, 2019.

15. Amy Kaufman, "'Thor': Chris Hemsworth got so muscular his costume wouldn't fit", *Los Angeles Times*, 29 de março de 2011, herocomplex.latimes.com/2011/03/29/thor-chris-hemsworth-got-so-muscular-his-costume-wouldnt-fit/?dlvrit=63378.

16. Entrevista dos autores com Sarah Halley Finn, 2021.

17. *Casting the MCU*.

18. Entrevista dos autores com Sarah Halley Finn, 2021.

19. Ibid.

20. Entrevista dos autores com Kevin Feige, 2017.

21. Entrevista dos autores com Sarah Halley Finn, 2021.

22. Entrevista dos autores com Kevin Feige, 2017.

23. Alex Pappademas, "The Political Avenger: Chris Evans Takes on Trump, Tom Brady, Anxiety and Those Retirement Rumors", *Hollywood Reporter*, 27 de março de 2019.

24. Sage Young, "Watch Chris Evans Explain Why He Originally Said No to Captain America", Yahoo!, 14 de janeiro de 2021, yahoo.com/lifestyle/watch-chris-evans-explain-why-222639913.html.

25. Matthew Evans, "How Chris Evans Copes With Anxiety and Depression", *Men's Health*, 4 de fevereiro de 2019, menshealth.com/uk/mental-strength/a758320/watch-why-chris-evans-still-gets-anxiety-about-captain-america.

26. Mike Ryan, "Chris Evans, 'The Iceman' Star: 'Am I A Good Person? I Think I'm A Good Person'", *Huffington Post*, 12 de setembro de 2012, huffpost.com/entry/chris-evans-the-iceman_n_1875728.

27. "Chris Evans Workout for Captain America", publicado no YouTube por Brent Manning, 25 de julho de 2011, youtube.com/watch?v=lc7cAAyjBZc.

28. Entrevista dos autores com Sarah Halley Finn, 2021.

29. Tom Ward, "The 3-Move Workout That Transformed Chris Pratt From Slob to Superhero", *Esquire*, 24 de março de 2021.

30. David Katz, "Chris Pratt: Ready to Go Galactic", *Men's Journal*, julho/agosto de 2014.

31. Entrevista dos autores com Michael Schur, 2015.

32. Brett Williams, "Get Winter Soldier Arms Like Sebastian Stan With This Workout" *Men's Health*, 19 de dezembro de 2019, menshealth.com/fitness/a30260124/sebastian-stan-arm-workout-don-saladino.

33. *I Am Iron Man: The Making of* Iron Man, bônus, *Iron Man* (Paramount, 2008), Blu-ray.

34. Entrevista dos autores com Chadwick Boseman, 2017.

35. Entrevista dos autores com Paul Rudd, 2017.

36. Entrevista dos autores com fonte anônima, 2020.

37. Entrevista dos autores com Dr. Todd Schroeder, 2022.

38. Alex Abad-Santos, "The open secret to looking like a superhero", *Vox*, 5 de novembro de 2021, vox.com/the-goods/22760163/steroids-hgh-hollywood-actors-peds-performance-enhancing-drugs.

39. Entrevista dos autores com o dr. Todd Schroeder, 2022.

12. FUGITIVOS

1. Entrevista dos autores com Christopher Yost, 2022.

2. Ashley Scott Meyers, "Writer Edward Ricourt Talks About Now You See Me and Breaking Into the Business", *SYS*, podcast, episódio 145, 9 de outubro de 2016, sellingyourscreenplay.com/podcasts/sys-podcast-episode-145-writer-edward-ricourt-talks-about-now-you-see-me-and-breaking-into-the-business.

3. Entrevista dos autores com Nicole Perlman, 2019.

4. Kyle Buchanan, "Kevin Feige is Ready to Move Beyond the 'Completely White' Casts of Comic Book Movies", *Vulture*, 1º de novembro de 2016, vulture.com/2016/10/kevin-feige-doctor-strange-marvel-casting-diversity.html.

5. Entrevista dos autores com Christopher Yost, 2022.

6. Entrevista dos autores com Nicole Perlman, 2019.

7. Kelley L. Carter, "The man who put Marvel in the black", *Andscape* (anteriormente *The Undefeated*), 17 de maio de 2016, andscape.com/features/marvel-nate-moore-black-panther.

8. Entrevista dos autores com Drew Pearce, 2020.

9. Ibid.

10. Ibid.

11. Entrevista dos autores com Christopher Yost, 2019.

12. Entrevista dos autores com Nicole Perlman, 2019.

13. Entrevista dos autores com Christopher Yost, 2022.

13. OS HERÓIS MAIS PODEROSOS DA TERRA

1. Entrevista dos autores com Joss Whedon, 2005.

2. *THR*, "Shonda Rhimes Reveals How 'Buffy' Helped Her Rediscover TV", *Hollywood Reporter*, 8 de outubro de 2014, hollywoodreporter.com/news/general-news/shonda-rhimes-reveals-how-buffy-739109.

3. Sarah Dobbs, "10 Ways Buffy The Vampire Slayer Changed the World", *Den of Geek*, 10 de março de 2017, denofgeek.com/tv/10-ways-buffy-the-vampire-slayer-changed-the-world.

4. Entrevista dos autores com Joss Whedon, 2005.

5. Alex Pappademas, "The Geek Shall Inherit the Earth", *GQ*, maio de 2012.

6. Germain Lussier, "'Film Interview: Kevin Feige, Producer Of 'The Avengers'", *SlashFilm*, 26 de abril de 2012, slashfilm.com/520762/film-interview-kevin-feige-producer-the-avengers.

7. Pappademas, "The Geek Shall Inherit the Earth".

8. Entrevista dos autores com Zak Penn, 2019.

9. Matt Patches e Ian Failes, "The Battle of New York: An 'Avengers' Oral History", *Thrillist*, 23 de abril de 2018, thrillist.com/entertainment/nation/the-avengers-battle-of-new-york-joss-whedon.

10. Entrevista dos autores com Joss Whedon, 2005.

11. "MARK RUFFALO Gets Hulk Role in The Avengers — By Mistake ?! The Graham Norton Show on BBC AMERICA", publicado no YouTube por BBC America, 10 de junho de 2014, youtube.com/watch?v=bYe1-9oLdkI.

12. Entrevista dos autores com Marc Chu, 2020.

13. Adam White "Marvel boss Kevin Feige almost quit over lack of representation, says Mark Ruffalo", *Independent*, 22 de fevereiro de 2020, athermen.co.uk/arts-entertainment/films/ath/mark-ruffalo-kevin-feige-marvel-quit-representation-ike-Perlmutter-disney-a9350921.html.

14. Dave Itzkoff, "A Film's Superheroes Include the Director", *The New York Times*, 11 de abril de 2012.

15. Ibid.

16. Ibid.

17. Entrevista dos autores com Eric Vespe, 2021.

18. Patches e Failes, "Battle of New York".

19. Ibid.

20. Entrevista dos autores com Kevin Feige, 2017.

21. Entrevista dos autores com Joss Whedon, 2005.

14. DINASTIA M

1. Entrevista dos autores com James Rothwell, 2020.

2. The Artists of Marvel Studios Visual Development with Troy Benjamin, *How to Paint Characters the Marvel Studios Way* (Marvel Worldwide, 2019), p. 57.

3. Ibid., p. 58.

4. Entrevista dos autores com Susan Wexler, 2020.

5. Matt Patches e Ian Failes, "The Battle of New York : An 'Avengers' Oral History", *Thrillist*, 23 de abril de 2018, thrillist.com/entertainment/nation/the-avengers-battle-of-new-york-joss-whedon.

6. Artists of Marvel and Benjamin, *How to Paint Characters*, p. 15.

7. Artists of Marvel and Benjamin, *How to Paint Characters*, p. 66.

8. Entrevista dos autores com Rich Heinrichs, 2020.

9. Entrevista dos autores com Andy Nicholson, 2020.

10. Entrevista dos autores com Andy Park, 2020.

11. Comunicado à imprensa sobre *Thor*, Paramount Pictures, 2011.

SMASH CUT PARA –

31
Não é fácil ser verde

"Há um carrinho de shawarma a duas quadras daqui."
Os Vingadores

O maior efeito especial em *Os Vingadores* era o Hulk: um integrante da equipe que só aparecia na tela como CGI. Durante as filmagens em 2011, uma equipe de efeitos visuais da Industrial Light and Magic trabalhou com o diretor Joss Whedon para obter tantos dados quanto possível. Qualquer cena envolvendo o Hulk era filmada novamente sem quaisquer atores, a fim de que a ILM pudesse trabalhar com uma "chapa limpa"[1] que capturasse todas as informações de espaço e iluminação.

Um ponto-chave: obter o tom exato de verde. "O tom era muito importante, a fim de que ele não fosse quadrinhescamente verde",[2] disse Marc Chu, supervisor de animação da ILM. Para fazer com que o Hulk parecesse real, não um personagem de desenho animado introduzido em cena, como MC Skat Kat [um gato feito por animação que aparece num videoclipe de Paula Abdul, "Opposites Attract", em 1989], exigiu muita experimentação. A arma secreta de Chu: um cara chamado "Steve Verde". "Ele era um dançarino do Chippendales que nós pintamos de verde",[3] explicou Chu. "Ao fim de cada take, nós o chamávamos e ele flexionava os músculos, girando sobre o próprio eixo. Assim, podíamos ver como sua pele reagia à luz."

Steve Verde era Steve Romm, natural de Long Island, ex-dançarino e segurança de meio período do Chippendales, que tinha 1,96 metro e pesava

123 quilos bem-definidos. Romm, que fizera testes para ser extra em *Os Vingadores*, inicialmente conseguira um papel de soldado. Mas o departamento de elenco logo percebeu que ele poderia atender a uma necessidade específica e perguntou se ele aceitaria ser pintado de verde.[4]

Romm aceitou — e até mesmo tinha uma conexão familiar com a muito específica tarefa de ser pintado de verde em troca de dinheiro. Ele contou que o avô trabalhara em uma fábrica de chapas metálicas com Lou Ferrigno antes de o fisiculturista ser contratado para interpretar Hulk em *O incrível Hulk* (a série de TV que foi ao ar na CBS entre 1977 e 1982).

Todas as manhãs em que ele trabalhava, eram necessárias horas para pintá-lo de verde — e quase o mesmo tempo para remover todas as partículas de tinta de seu corpo ao fim do dia. Por causa do segredo cercando o filme, Romm não podia ir para casa com um único pontinho verde na pele.

"Steve Verde era o máximo",[5] opinou Chu. "Um: era insano que ele fosse um dançarino do Chippendales. Dois: ele adorava aquilo. E tinha uma postura de trabalho excelente. Nós o filmávamos fazendo mais ou menos o que precisávamos que o Hulk fizesse. Então, se o Hulk estivesse correndo pelo aeroporta-aviões atrás da Viúva Negra e gritando, nós dizíamos: 'Steve Verde, você pode correr nessa direção e parar aqui? E então dê um berro, para vermos como funciona.' E ele dava tudo de si, o que era incrível. Steve Verde foi substituído, no segundo filme dos Vingadores, por outro cara que, por alguma razão, continuamos a chamar de Steve Verde."

Embora as técnicas de efeitos visuais para desenvolver uma pele verde realista tenham evoluído, a tradição do Steve Verde persiste. Para *Mulher-Hulk: defensora de heróis* no Disney Plus, a atriz de 1,96 metro, Malia Arrayah, usava os trajes da Mulher-Hulk e pintura verde no rosto a fim de fornecer referências para a substituição de Tatiana Maslany, de 1,63 metro, por sua contraparte digital. "Eu tinha um traje com músculos, mas sabia que a Mulher-Hulk era fisicamente muito forte",[6] disse Arrayah. "Então tive que desenvolver um caminhar confiante. Para alguém como eu, com minha história pessoal, foi quase como uma metáfora. Precisei aprender a me amar e a trabalhar autoaceitação e autoconfiança durante muito tempo."

DE VOLTA PARA AS NOTAS

12. Entrevista dos autores com Andy Park, 2020.

13. Giovanni Menicocci, "Interview with Rodney Fuentebella, concept artist for 'Avengers: InfinityWar'", *Dailybloid*, 26 de abril de 2019, dailybloid.com/interview/interview-with-rodney-fuentebella—concept-artist-for-'avengers—infinity-war'.

14. Mike Winder, "Earth's Mightiest Artists", *Dot Magazine*, 22 de agosto de 2019, artcenter.edu/connect/dot-magazine/articles/earths-mightiest-artists.html.

15. Entrevista dos autores com James Rothwell, 2020.

16. Ibid.

17. Matt Patches e Ian Failes, "The Battle of New York : An 'Avengers' Oral History", *Thrillist*, 23 de abril de 2018, thrillist.com/entertainment/nation/the-avengers-battle--of-new-york-joss-whedon.

18. "Was offered 'Black Widow' film by Marvel Studios, says Lucrecia Martel", *Pioneer*, 30 de outubro de 2018, dailypioneer.com/2018/entertainment/was-offered—black--widow—film-by-marvel-studios—says-lucrecia-martel.html.

19. Eric Kohn, "'Eternals' : Chloe Zhao Disputes Claim That Marvel Directors Don't Have a Say in Action Scenes", *IndieWire*, 26 de outubro de 2021, indiewire.com/2021/10/eternals-chloe-zhao-marvel-directors-action-scenes-1234674422.

20. James Gunn (@JamesGunn), Twitter, 5 de fevereiro de 2021.

21. Dan Sarto, "Victoria Alonso Talks VFX Production, Marvel and 'The Avengers'", Animation World Network, 9 de abril de 2012, awn.com/vfxworld/victoria-alonso--talks-vfx-production-marvel-and-avengers.

22. Winder, "Earth's Mightiest Artists".

15. CIDADE PROIBIDA

1. Chris Fenton, *Feeding the Dragon : Inside the Trillion Dollar Dilemma Facing Hollywood, the NBA, & American Business* (Post Hill, 2020), p. 87.

2. Rick Marshall, "'Iron Man 3' Will Be A Sequel To 'Thor,' 'Captain America' And 'The Avengers,' Says Jon Favreau", MTV, 6 de dezembro de 2010, mtv.com/news/sb9s0y/iron-man-3-jon-favreau-avengers.

3. Dave Itzkoff. "A Film's Superheroes Include the Director", *The New York Times*, 11 de abril de 2012.

4. Adam Chitwood, "Shane Black on How Trailers Influence His Storytelling, 'Iron Man 3' and 'The Predator'", *Collider*, 26 de outubro de 2016, collider.com/shane-black-interview-iron-man-3-predator.

5. Entrevista dos autores com Drew Pearce, 2020.

6. Ibid.

7. Ibid.

8. Ibid.

9. "Commentary", *Iron Man 3* (Disney/Buena Vista, 2013), Blu-ray.

10. Entrevista dos autores com Drew Pearce, 2020.
11. Larry Carroll, "'Iron Man 2' Director Jon Favreau Wants The Mandarim For Third Movie", MTV, 5 de maio de 2010, www.mtv.com/news/sc3uec/iron-man-2-director--jon-favreau-wants-the-mandarin-for-third-movie.
12. Fenton, *Feeding the Dragon*, p. 98.
13. Entrevista dos autores com Drew Pearce, 2020.
14. Mike Ryan, "Shane Black On 'The Nice Guys,' Mel Gibson, And Why A Female 'Iron Man 3' Villain's Gender Changed", *Uproxx*, 16 de maio de 2016.
15. Jessica Derschowitz, "Rebecca Hall: Iron Man 3 role was reduced", *Entertainment Weekly*, 14 de setembro de 2016.
16. Fenton, *Feeding the Dragon*, p. 1262.
17. Christina Radish, "Comic-Con : Robert Downey Jr., Don Cheadle, Shane Black and Kevin Feige Talk IRON MAN 3, How THE AVENGERS Impacts the Film, Iron Patriot and More", *Collider*, 15 de julho de 2012, collider.com/robert-downey-jr-shane-black--iron-man-3-interview.
18. Fenton, *Feeding the Dragon*, p. 146.
19. Entrevista dos autores com Ty Simpkins, 2020.
20. "Guy Pearce Breaks Down His Most Iconic Characters" publicado no YouTube por *GQ*, 19 de março de 2020, youtube.com/watch?v=2tKQSp2sJ-g.
21. Peter Ford, "Chinese roll athe eyes at local footage added to 'Iron Man 3'", *Christian Science Monitor*, 10 de maio de 2013, csmonitor.com/World/Asia-Pacific/2013/0510/Chinese-roll-their-eyes-at-local-footage-added-to-Iron-Man-3.
22. Rebecca Davis, "How the Avengers Became Such a Marvel in China", *Variety*, 25 de abril de 2019, ather.com/2019/film/ath/ather-endgame-marvel-universe-china-box--office-1203197686.
23. Nancy Tartaglione, "'Shang-Chi' China Release Unlikely in Wake of Unearthed Comments By Star Simu Liu; 'Eternals' Hopes In Question", *Deadline*, 10 de setembro de 2021, deadline.com/2021/09/athe-chi-china-release-simu-liu-marvel-1234830474.
24. Scott Macaulay, "25 New Faces of Independent Film: Chloe Zhao", *Filmmaker*, 21 de julho de 2013. Um dos poucos filmes da Marvel a receber feedback específico dos censores chineses nessa era foi *Homem-Aranha: sem volta para casa* (lançado em 2021, quando o Homem-Aranha finalmente se tornara um personagem estabelecido do MCU). Os censores queriam que as cenas na Estátua da Liberdade fossem realocadas, mas, como a batalha que é o clímax do filme ocorria nessa locação, a Marvel não aceitou.

16. CONTROLE REMOTO

1. Joss Whedon, comentário sobre "The Avengers cast versus Marvel Studios", *Whedonesque*, 8 de maio de 2013, whedonesque.com/comments/30943.
2. Adam B. Vary, "Joss Whedon's Astonishing, Spine-Tingling, Soul-Crushing Marvel Adventure!", *BuzzFeed News*, 20 de abril de 2015, buzzfeednews.com/article/adamb-vary/joss-whedon-spine-tingling-soul-crushing-marvel-adventure.

3. Ibid.

4. Ibid.

5. David Lieberman e Nellie Andreeva, "Netflix Picks Up Four Marvel Live-Action Series & A Mini Featuring Daredevil, Jessica Jones, Iron Fist, Luke Cage For 2015 Launch". *Deadline*, 7 de novembro de 2013.

6. Leigh Singer, "Drew Goddard on How He Would've Made the Sinister Six Movie and Comparisons to Suicide Squad", IGN, 29 de setembro de 2015, ign.com/articles/2015/09/29/drew-goddard-on-how-he-wouldve-made-the-sinister-six-movie-and-comparisons-to-suicide-squad.

7. Drew Goddard, e-mail para Amy Pascal, 13 de março de 2014.

8. Amy Pascal, e-mail para Doug Belgrad, 18 de abril de 2014.

9. Tim Baysinger, "Why 'Agents of S.H.I.E.L.D.' Will Avoid Any 'Avengers: Endgame' Tie-Ins", *The Wrap*, 3 de maio de 2019, thewrap.com/ather-of-shield-season-6-avengers-endgame-marvel.

10. Germain Lussier, "Kevin Feige Thinks That Eventually, Marvel TV and Movies Will Cross Over", *Gizmodo*, 5 de maio de 2017, gizmodo.com/kevin-feige-thinks-that-eventually-marvel-tv-and-movie-1794974004.

11. Entrevista dos autores com Cheo Hodari Coker, 2016.

12. Akhil Arora, "'Danny Rand Is No White Saviour,' Says Marvel's Iron Fist Showrunner", Gadgets 360, 7 de dezembro de 2016, gadgets360.com/tv/features/danny-rand-is-no-white-saviour-says-marvels-iron-fist-showrunner-1634910.

13. Adam Sarkey, "Marvel Iron Fist's Finn Jones on 'white saviour' controversy and teaming up with Luke Cage in The Defenders", *Metro*, 16 de março de 2017, metro.co.uk/2017/03/16/marvel-iron-fists-finn-jones-on-white-saviour-controversy-and-teaming-up-with-luke-cage-in-the-defenders-6513597.

14. "Emmy Nominated Stunt Coordinator — Brett Chan" *JAMCast*, episódio 129, publicado no YouTube por JoiningAllMovement, 23 de julho de 2021, youtube.com/watch?v=aBIIlckINw8.

15. Eric Deggans, "Netflix's 'Iron Fist' Stumbles in Depiction of Asian Culture", 17 de março de 2017, npr.org/2017/03/17/520576925/netflixs-iron-fist-stumbles-in-depiction-of-asian-culture.

16. Shirley Li, "*Marvel's The Defenders*: Sigourney Weaver says her character is an 'adversary,' not a 'villain'", *Entertainment Weekly*, 14 de julho de 2017, ew.com/tv/2017/07/14/marvel-the-defenders-sigourney-weaver-alexandra-details.

17. Rich Johnston, "'If Film Rights Were Owned By Marvel, The X-Men Would Probably Still Be The Paramount Book In The Canon' — Chris Claremont Talks Shop At NYCC", Bleeding Cool, 4 de novembro de 2016, bleedingcool.com/comics/film-rights-owned-marvel-x-men-probably-still-paramount-book-canon-chris-claremont-talks-shop-nycc.

18. Entrevista dos autores com fonte anônima, 2017.

19. Frank Palmer, "Exclusive: Anthony Mackie Says Marvel TV and Movie Crossover Wouldn't Work At All", *ScreenGeek*, 19 de março de 2017, screengeek.net/2017/03/19/ather-mackie-says-marvel-tv-movie-crossover-wouldnt-work.

17. À ESQUERDA

1. Entrevista dos autores com Stephen McFeely, 2019.
2. Entrevista dos autores com Jon Favreau, 2017.
3. Scott Huver, "THE '70S CONSPIRACY THRILLER THAT INFLUENCED 'WINTER SOLDIER'", Fandango, 3 de abril de 2014, fandango.com/movie-news/the-70s-conspiracy-thriller-that-influenced-winter-soldier-747688.
4. James Hunt, "Christopher Markus interview: writing Captain America 2 and 3", *Den of Geek*, 13 de agosto de 2014, denofgeek.com/movies/christopher-markus-interview-writing-captain-america-2-and-3.
5. Ibid.
6. Kelley L. Carter, "The man who put Marvel in the black", *Andscape* (anteriormente *The Undefeated*), 17 de maio de 2016, andscape.com/features/marvel-nate-moore--black-panther.
7. Ryan Faughnder, "How 'Wakanda Forever' producer Nate Moore pushed for Black heroes in the MCU", *Los Angeles Times*, 13 de novembro de 2022.
8. Carter, "The man who put Marvel in the black", *Andscape,* 17 de maio de 2016.
9. Ibid.
10. Ryan Faughnder, "How 'Wakanda Forever' producer Nate Moore pushed for Black heroes in the MCU", *Los Angeles Times*, 11 de novembro de 2022, latimes.com/atherment-arts/business/athe/2022-11-11/marvel-black-panther-nate-moore-wakanda-forever-disney-boseman.
11. Jessica Herndon, "'Captain America' role 'epic' for Anthony Mackie", *Statesman Journal*, 2 de abril de 2014.
12. Claude Brodesser-Akner, "*Community* Directors Are in Running to Helm the *Captain America* Sequel", *Vulture*, 30 de março de 2012, vulture.com/2012/03/captain-america-sequel-director-community-russo-brothers.html.
13. Entrevista dos autores com Anthony Russo, 2017.
14. Ibid.
15. Entrevista dos autores com Paul Rudd, 2017.
16. Entrevista dos autores com Dan Harmon, 2021.
17. Simon Brew, "Joe & Anthony Russo interview: Captain America, Marvel", *Den of Geek*, 26 de março de 2014, denofgeek.com/comics/joe-anthony-russo-interview--captain-america-marvel.
18. Frank Lovece, "Soldier showdown: Joe and Anthony Russo take the helm of 'Captain America' franchise", *Film Journal International*, 25 de março de 2014, filmjournal.com/filmjournal/ather_display/ath-and-features/features/movies/e3ie3493397f4a48111966630c800986a35.
19. Kevin P. Sullivan, "Anthony Mackie On 'Captain America' Sequel And The Perils Of Slow-Mo Skydiving", MTV, 13 de agosto de 2013, mtv.com/ath/9g2h65/ather-mackie-captain-america-winter-soldier-skydiving.
20. Rick Marshall, "Exclusive: Sam Jackson Says Nick Fury Won't See Action In 'Iron Man 2'", MTV, 30 de junho de 2009, mtv.com/ath/5l34fw/exclusive-sam-jackson--says-nick-fury-wont-see-action-in-iron-man-2.

21. "Commentary", *Captain America: The Winter Soldier* (Disney/Buena Vista, 2014), Blu-ray.

22. Peter Sciretta, "On Set Interview : Directors Joe And Anthony Russo Talk 'Captain America : The Winter Soldier'", *SlashFilm*, 6 de março de 2014, www.slashfilm. com/530703/interview-joe-and-anthony-russo-captain-america.

23. Entrevista dos autores com Monty Granito, 2020.

24. Entrevista dos autores com Anthony Russo, 2017.

25. Tara Bennett e Paul Terry, *The Story of Marvel Studios: The Making of the Marvel Cinematic Universe* (Abrams, 2021), vol. 2, p. 10.

26. Michael Lee, "Samuel L. Jackson And Sebastian Stan Talk 'Captain America: The Winter Soldier,' Working With Robert Redford, And More", *MovieViral*, 27 de março de 2014, movieviral.com/2014/03/27/ather-l-jackson-and-sebastian-stan-talk-captain-america-the-winter-soldier-working-with-robert-redford-and-more.

27. Jim Slotek, "Captain America: The Winter Soldier' a 'trust no one' epic", *Toronto Sun*, 12 de março de 2014.

28. Dave Trumbore, "Directors Anthony and Joe Russo Talk CAPTAIN AMERICA: THE WINTER SOLDIER, Landing the Job, Core Relationships, Easter Eggs, and the Talented Cast", *Collider*, 6 de março de 2014, collider.com/ather-russo-joe-russo-captain-america-the-winter-soldier-interview.

18. NÓS SOMOS GROOT

1. Entrevista dos autores com Mark Ruffalo, 2017.

2. Bruce Kirkland, "Robert Downey Jr.: 'Guardians of the Galaxy' the best Marvel movie yet", *Toronto Sun*, 27 de agosto de 2014.

3. Entrevista dos autores com Kevin Feige, 2017.

4. Entrevista dos autores com fonte anônima, 2022.

5. Entrevista dos autores com Nicole Perlman, 2019.

6. Ibid.

7. Ibid.

8. Adam B. Vary, "Meet The Woman Who Made History With Marvel's 'Guardians Of The Galaxy'", BuzzFeed, 30 de julho de 2014, buzzfeed.com/adambvary/guardians--of-the-galaxy-nicole-perlman.

9. Jarrett Medlin, "A Conversation with Director James Gunn", *St. Louis*, 26 de maio de 2011. (Os Gunn também têm uma irmã, Beth, que não se envolveu com o cinema.)

10. Ibid.

11. Entrevista dos autores com James Gunn, 2017.

12. Ibid.

13. Eric Eisenberg, "Joss Whedon's Behind The Scenes Role On Guardians Of The Galaxy Revealed", CinemaBlend, 8 de julho de 2014, cinemablend.com/new/Joss-Whedon--Behind-Scenes-Role-Guardians-Galaxy-Revealed-43790.html.

14. Ibid.

15. Medlin, "James Gunn".

16. Vary, "Meet the Woman".

17. Charles Madison, "James Gunn on Guardians of the Galaxy 2 — the promise of Nebula, Yondu and Peter Quill's ather", *Film Divider*, 26 de julho de 2014, filmdivider.com/4171/james-gunn-on-guardians-of-the-galaxy-2-promising-nebula-yondu-and-peter-quills-father.

18. Entrevista dos autores com Nicole Perlman, 2019.

19. Entrevista dos autores com Zack Stentz, 2019.

20. Alex Suskind, "Director James Gunn on How He Chose the Music in *Guardians of the Galaxy*", *Vulture*, 4 de agosto de 2014, vulture.com/2014/08/how-guardians-of--the-galaxy-music-soundtrack-was-chosen.html.

21. Tara Bennett e Paul Terry, *The Story of Marvel Studios: The Making of the Marvel Cinematic Universe* (Abrams, 2021), vol. 1, p. 172.

22. Eisenberg, "Joss Whedon's Behind The Scenes Role".

23. Steve Weintraub, "Dave Bautista Talks Fight Scenes and Finding The Humor in Drax on the Set of GUARDIANS OF THE GALAXY", *Collider*, 8 de julho de 2014, collider.com/guardians-of-the-galaxy-interview-dave-bautista.

24. Zack Sharf, "Amanda Seyfried Recalls Turning Down 'Guardians of the Galaxy' Over Fears It Was Box Office Bomb", *IndieWire*, 8 de dezembro de 2020, indiewire.com/2020/12/amanda-seyfried-rejected-guardians-of-the-galaxy-box-office--bomb-1234603056.

25. Christie Cronan, "Zoe Saldaña Guardians Interview : Gamora Is More Than Green", raisingwhasians.com, 31 de julho de 2014, raisingwhasians.com/zoe-saldana-guardians-interview-gamora-green-guardiansofthegalaxyevent.

26. Jack de Aguilar, "Karen Gillan Clears Up The Star Wars Wig Confusion", Contactmusic, 25 de julho de 2014, contactmusic.com/karen-gillan/news/karen-gillen-shaved-head-star-wars-episode-vii-wig_4301551. Gillan inicialmente falou de forma imprecisa sobre a peruca, dizendo a Christina Radish, do *Collider*, em 10 de abril de 2014: "Eles fizeram uma peruca incrivelmente bem-feita com meu cabelo e a deram ao pessoal de *Star Wars*. É muito engraçado pensar que meu cabelo foi transformado em peruca, em um depósito ao lado de todas aquelas cabeças monstruosas de *Star Wars*." Essa citação provocou rumores de que a peruca apareceria — sem a atriz — em *Star Wars: o despertar da força*, mas Gillan mais tarde esclareceu: "Ela não está em *Star Wars*; está em meu quarto."

27. Daniel Fienberg, "Interview: Lee Pace on 'Halt and Catch Fire' and 'Guardians of the Galaxy'", HitFix.com, 30 de maio de 2014, hitfix.com/the-fien-print/interview-lee--pace-on-halt-and-catch-fire-and-guardians-of-the-galaxy.

28. James Gunn [@jamesgunn], post do Instagram, 11 de setembro de 2014, instagram.com/p/s0E2xQIzem/?hl=en.

29. Entrevista dos autores com Nicole Perlman, 2019.

30. Kevin Polowy, "Exclusive: Here's That Clip of Dancing Baby Groot in All Its Galactic Glory", Yahoo!, 14 de agosto de 2014, yahoo.com/entertainment/dancing-baby-groot-clip-guardians-of-the-galaxy-94738291414.html.

31. Russ Fischer, "Kevin Feige Says Thanos Is To the Marvel Universe As The Emperor Is To Star Wars", *SlashFilm*, 4 de agosto de 2014, slashfilm.com/532782/thanos-like--emperor-palpatine.

32. *Late Night with Seth Myers*, NBC, 17 de maio de 2018.

33. Ibid.

34. Bennett e Terry, *Story of Marvel Studios*, vol. 1, p. 239.

35. Kirkland, "Robert Downey Jr.".

36. James Gunn, Facebook, 7 de março de 2015, facebook.com/jgunn/posts/101525 39339056157.

19. ONDE ESTÁ NATASHA?

1. Entrevista dos autores com Scarlett Johansson, 2017.

2. Zorianna Kit, "A Minute With: Scarlett Johansson and the Black Widow", Reuters, 2 de maio de 2012, reuters.com/article/uk-scarlettjohansson/a-minute-with-scarlet-t-johansson-and-the-black-widow-idUKBRE84111M20120502.

3. Edward Davis, "Marvel Head Kevin Feige Says 'Hawkeye' & 'Black Widow' Could Be Their Own Solo Films", *IndieWire*, 2 de maio de 2011, indiewire.com/2011/05/marvel-head-kevin-feige-says-hawkeye-black-widow-could-be-their-own-solo--films-118878.

4. Alexis L. Loinaz, "*Iron Man 3*'s Black Widow Blackout: Scarlett Johansson Skipping Out on Flick?", E! News, 26 de abril de 2012, eonline.com/news/311686/iron-man--3-s-black-widow-blackout-scarlett-johansson-skipping-out-on-flick.

5. Marlow Stern, "'Avengers: Age of Ultron's' Black Widow Disgrace", *Daily Beast*, 5 de maio de 2015, thedailybeast.com/avengers-age-of-ultrons-black-widow-disgrace.

6. Kickpuncher, "What Could've Been: A Black Widow Solo Film", FemPop, 14 de novembro de 2011, fempop.com/2011/11/14/what-couldve-been-a-black-widow-solo-film.

7. Donna Freydkin, "Scarlett Johansson Says Goodbye to 'Black Widow'", *Fatherly*, 8 de julho de 2021, fatherly.com/play/scarlett-johansson-black-widow-interview.

8. "Toy Biz X-Men 1991 Toy Line Launch Retrospective", *Toysplosion*, publicado no YouTube por Pixel Dan, 3 de setembro de 2018, https://www.youtube.com/watch?-v=Y6Q1QnPbl4c.

9. Ike Perlmutter, e-mail para Michael Lynton, 7 de agosto de 2014.

10. Scott Huver, "Feige Talks Taking a Risk On "Guardians", Targeting the Right Female Superhero Lead", CBR.com, 1º de agosto de 2014, cbr.com/feige-talks-taking-a-risk--on-guardians-targeting-the-right-female-superhero-lead.

11. Isha Aran, "Gamora Not Included on *Guardians of the Galaxy* Tee Since It's for Boys", *Jezebel*, 18 de agosto de 2014, jezebel.com/gamora-not-included-on-guardians-of-the--galaxy-tee-sinc-1623411263.

12. Amy Ratcliffe, "A Sad Lack of Gamora", *Geek with Curves*, 4 de agosto de 2014, geek-withcurves.com/2014/08/a-sad-lack-of-gamora.html.

13. Mark Ruffalo [@MarkRuffalo], Twitter, 28 de abril de 2015, MarkRuffalo/sta-tus/593222325325209601.

14. Patricia V. Davis, "Add Black Widow to the AVENGERS action figure pack", change.
org, abril de 2015, change.org/p/hasbro-add-more-female-superhero-merc-add-black-
-widow-to-the-avengers-action-figure-pack.

15. Entrevista dos autores com Heidi Moneymaker, 2020.

16. Justin Harp, "Avengers 2 stars Chris Evans and Jeremy Renner sorry for Black Widow
'slut' joke", *Digital Spy*, 23 de abril de 2015, digitalspy.com/movies/a643756/avengers-
-2-stars-chris-evans-and-jeremy-renner-sorry-for-black-widow-slut-joke.

17. Ibid.

18. Ibid.

19. Jen Yamato, "The Avengers' Black Widow Problem: How Marvel Slut-Shamed Their Most
Badass Superheroine", *Daily Beast*, 28 de abril de 2015, thedailybeast.com/the-avengers-
-black-widow-problem-how-marvel-slut-shamed-their-most-badass-superheroine.

20. Anthony Breznican, "Captain America: Civil War star Scarlett Johansson on the
scrutiny of Black Widow", *Entertainment Weekly*, 3 de dezembro de 2015, ew.com/
article/2015/12/03/captain-america-civil-war-black-widow.

21. Entrevista dos autores com John Turitzin, 2020.

22. Entrevista dos autores com David Maisel, 2020.

20. MARVEL STUDIOS CONTRA O COMITÊ

1. Entrevista dos autores com James Gunn, 2017.

2. Entrevista dos autores com fonte anônima, 2017.

3. Chris Fenton, *Feeding the Dragon: Inside the Trillion Dollar Dilemma Facing Hollywood, the NBA, & American Business*, (Post Hill, 2020), p. 84.

4. Entrevista dos autores com Jodi Hildebrand, 2022.

5. Kim Masters, "How Marvel Became the Envy (and Scourge) of Hollywood", *Hollywood Reporter*, 23 de julho de 2014.

6. Matthew Garrahan, "Man in the News: Ike Perlmutter" *Financial Times*, 4 de setembro de 2009.

7. Entrevista dos autores com fonte anônima, 2020.

8. Brooks Barnes, "Disney Lays Off Ike Perlmutter, Chairman of Marvel Entertainment",
The New York Times, 29 de março de 2023.

9. Entrevista dos autores com fonte anônima, 2019.

10. Entrevista dos autores com Craig Kyle, 2020.

11. Ibid.

12. Marc Maron, "Patty Jenkins", *WTF with Marc Maron*, podcast, episódio 1187, 28 de
dezembro de 2020.

13. Ibid.

14. Entrevista dos autores com Craig Kyle, 2020.

15. Entrevista dos autores com James Gunn, 2017.

16. Entrevista dos autores com Craig Kyle, 2020.

17. Robert Iger, *The Ride of a Lifetime: Lessons Learned from 15 Years as CEO of the Walt
Disney Company* (Random House, 2019), p. 164.

18. Entrevista dos autores com fonte anônima, 2022.
19. Brent Andrew, comentário sobre "Comic-Con 2006 — Kevin Feige teases The Avengers", publicado no YouTube por Danniel Roberts, outubro de 2021, youtube.com/watch?v=x-iw7FN0t3E.
20. Entrevista dos autores com Chris Hemsworth, 2017.
21. Entrevista dos autores com fonte anônima, 2022.
22. "FULL Marvel Phase 3 announcement with clips, Robert Downey Jr, Chris Evans", publicado no YouTube por Inside the Magic, 29 de outubro de 2014, youtube.com/watch?v=L2VoJuVfbjI.
23. Devin Faraci, "Joss Whedon Shot FX Plates For Captain Marvel In AGE OF ULTRON", Birth.Movies.Death., 14 de abril de 2015, birthmoviesdeath.com/2015/04/14/joss-whedon-shot-fx-plates-for-captain-marvel-in-age-of-ultron.
24. Kyle Buchanan, "How *Avengers: Age of Ultron* Nearly Killed Joss Whedon", *Vulture*, 13 de abril de 2015, vulture.com/2015/04/how-age-of-ultron-nearly-broke-joss-whedon.html.
25. Chris Hewitt, James Dyer e Helen O'Hara, "Avengers: Age of Ultron Spoiler Special", *Empire Film Podcast*, 4 de maio de 2015.
26. Ibid.
27. Entrevista dos autores com Craig Kyle, 2020.
28. Adam B. Vary "Joss Whedon's Astonishing, Spine-Tingling, Soul-Crushing Marvel Adventure!", *BuzzFeed News*, 20 de abril de 2015, buzzfeednews.com/article/adambvary/joss-whedon-spine-tingling-soul-crushing-marvel-adventure.
29. Buchanan, "How *Avengers: Age of Ultron* Nearly Killed Joss Whedon".
30. Entrevista dos autores com Craig Kyle, 2020.
31. Iger, *Ride of a Lifetime*, p. 164. Brooks Barnes, no entanto, alegou (no artigo do *New York Times* "Disney Lays Off Ike Perlmutter, Chairman of Marvel Entertainment", de 29 de março de 2023) que a gota d'água foi o orçamento do filme *Doutor Estranho*, que também estava sendo planejado na época.
32. *Squawk on the Street,* CNBC, 9 de fevereiro de 2023, cnbc.com/2023/02/09/cnbc-exclusive-cnbc-transcript-disney-ceo-bob-iger-speaks-with-cnbcs-david-faber-on-squawk-on-the-street-today.html. Perlmutter queria que o investidor ativista Nelson Peltz participasse do conselho da Disney. Peltz, que (como Perlmutter) frequentemente focava em tornar as empresas mais lucrativas, com redução de custos, queria que a Disney reformulasse sua rede de streaming, visasse mais ao lucro que ao crescimento, restabelecesse seus dividendos e criasse um plano claro para a sucessão de Iger. Iger manteve Peltz fora do conselho, mas anunciou um plano para renovar a Disney que tratava de todas essas questões e cortou quase 7 mil empregos. Quando o apresentador de *Squawk on the Street*, David Faber, perguntou se Perlmutter apoiara Peltz porque se ressentia com o fato de a Marvel Studios ter sido retirada de seu controle, Iger respondeu: "Você pode especular qual é a relação entre esse evento e Nelson. Eu não farei isso."
33. Entrevista dos autores com Craig Kyle, 2020.
34. Entrevista dos autores com fonte anônima, 2019.

35. Entrevista dos autores com Craig Kyle, 2020.
36. Ibid.

21. WRIGHT: O HOMEM CERTO NA HORA ERRADA

1. Edward Douglas, "Exclusive: Edgar Wright Talks Ant-Man", SuperHeroHype.com, 25 de julho de 2006, superherohype.com/features/91587-exclusive-edgar-wright-talks-ant-man.
2. Ibid.
3. Entrevista dos autores com David Maisel, 2020.
4. Douglas, "Edgar Wright".
5. Matt Fowler, "Watch Kevin Feige's Very First Tease in 2006 Revealing His Marvel Avengers Plan and the MCU", IGN, 12 de abril de 2020, ign.com/articles/watch-the-first-ever-tease-of-the-avengers-and-the-marvel-cinematic-universe.
6. Mike Fleming Jr., "Comic-Con Q&A With Edgar Wright: How Working Title Partner Eric Fellner's Health Scare Put 'The World's End' Before Marvel's 'Ant-Man'", Deadline, 25 de julho de 2013, deadline.com/2013/07/comic-con-q-how-working-title-partner-eric-fellners-health-scare-put-the-worlds-end-before-marvels-ant-man-548997.
7. Ibid.
8. Roth Cornet, "Edgar Wright: Comic-Con Test Footage is a Good Indication of Ant-Man's Look", IGN, 22 de novembro de 2013, ign.com/articles/2013/11/22/edgar-wright-comic-con-test-footage-is-a-good-indication-of-ant-mans-look.
9. Angie Han, "Edgar Wright Says 'Ant-Man' Is More Of A 'Standalone' Than Connected Marvel Film", SlashFilm, 22 de agosto de 2013, slashfilm.com/527726/edgar-wright-says-ant-man-is-more-of-a-standalone-than-connected-marvel-film.
10. Entrevista dos autores com Kevin Feige, 2017.
11. Helen O'Hara, "Kevin Feige On Ant-Man And Doctor Strange", Empire, 18 de julho de 2014, empireonline.com/movies/news/kevin-feige-ant-man-doctor-strange.
12. Adam B. Vary, "Joss Whedon's Astonishing, Spine-Tingling, Soul-Crushing Marvel Adventure!", BuzzFeed News, 20 de abril de 2015, buzzfeednews.com/article/adamb-vary/joss-whedon-spine-tingling-soul-crushing-marvel-adventure.
13. Kristopher Tapley, "Playback: Edgar Wright on 'Baby Driver,' Music and Walking Away From 'Ant-Man'", Variety, 22 de junho de 2017.
14. Adam Chitwood, "Adam McKay Talks Rewriting ANT-MAN with Paul Rudd; Reveals They Added 'a Giant Action Sequence,' Made the Film Bigger and 'a Little More Aggressive'", Collider, 17 de outubro de 2014, collider.com/ant-man-script-changes-adam-mckay-paul-rudd.
15. Ibid.
16. Entrevista dos autores com Evangeline Lilly, 2017.
17. Clark Collis, "Edgar Wright and Joe Cornish receive 'Ant-Man' writing and 'story by' credits", Entertainment Weekly, 24 de abril de 2015.
18. Entrevista dos autores com Paul Rudd, 2017.

19. Entrevista dos autores com Eric Vespe, 2021.
20. Germain Lussier, "Kevin Feige Explains 'Ant-Man's' MCU Significance; New Trailer Out Monday", *SlashFilm*, 11 de abril de 2015, slashfilm .com/537213/kevin-feige-ant-man-marvel-cinematic-universe.
21. Entrevista dos autores com Eric Vespe, 2021.

22. TEIA EMARANHADA

1. Kyle Buchanan, "Sam Raimi on Oz, The Avengers, and Two Huge Movies He Never Made", *Vulture*, 5 de março de 2013, vulture.com/2013/03/sam-raimi-on-oz-and-two-huge-films-he-never-made.html.
2. Amy Pascal, e-mail para Brian Lourd, 19 de agosto de 2014.
3. Amy Pascal, e-mail para Jeff Robinov, 10 de novembro de 2014.
4. Rachel O'Connor, e-mail para Amy Pascal, 20 de novembro de 2013.
5. Amy Pascal, e-mail para Doug Belgrad, 27 de março de 2014.
6. Rachel O'Connor, e-mail para Amy Pascal, 11 de novembro de 2013.
7. Alan Fine, e-mail para Tom Cohen, 31 de julho de 2014.
8. Kevin Feige, e-mail para Alan Fine e Tom Cohen, 18 de setembro de 2012.
9. Alan Fine, e-mail para Tom Cohen e Kevin Feige, 18 de setembro de 2012.
10. Selome Hailu, "Kevin Feige and Amy Pascal Discuss Their Future 'Spider-Man' Plans: 'We Want to Top Ourselves in Quality and Emotion'", *Variety*, 18 de dezembro de 2021, variety.com/2021/film/news/kevin-feige-amy-pascal-spider-man-mcu-1235137818.
11. Ibid.
12. Ben Fritz, *The Big Picture: The Fight for the Future of Movies* (HarperCollins, 2019), p. 79.
13. Ibid., p. 80.
14. Bennett e Terry, *Story of Marvel Studios*, vol. 1, p. 230.
15. Entrevista dos autores com Sarah Halley Finn, 2021.
16. Entrevista dos autores com Jonathan Goldstein, 2019.
17. The Artists of Marvel Studios Visual Development with Troy Benjamin, *How to Paint Characters the Marvel Studios Way* (Marvel Worldwide, 2019), p. 76.
18. Erik Davis, "Tom Holland in 'Venom 2'? Producer Amy Pascal Offers Updates on the Future of the Spider-Verse", Fandango, 20 de junho de 2019, fandango.com/movie-news/tom-holland-in-venom-2-producer-amy-pascal-offers-updates-on-the-future-of-the-spider-verse-753795.
19. Ethan Sacks, "EXCLUSIVE: Spider-Man Miles Morales—popular biracial version of the hero—joins main Marvel comics universe this fall", *New York Daily News*, 20 de junho de 2015.

23. VIDA LONGA AO REI

1. Scott Feinberg, "'Awards Chatter' Podcast — Chadwick Boseman ('Black Panther')", *Hollywood Reporter*, 29 de agosto de 2018, hollywoodreporter.com/movies/movie-news/awards-chatter-podcast-chadwick-boseman-black-panther-1138476.

2. Entrevista dos autores com Chadwick Boseman, 2016.

3. Entrevista dos autores com Sebastian Stan, 2021.

4. Entrevista dos autores com Chadwick Boseman, 2017.

5. Lucy Rock, "'This is the movie I wish I'd had to look up to': Joe Robert Cole on co-
    -writing Black Panther", *Guardian*, 13 de fevereiro de 2018.

6. Entrevista dos autores com Ava DuVernay, 2014.

7. Yolanda Sangweni, "EXCLUSIVE: Ava DuVernay Won't Be Directing 'Black Panther'
    Movie", *Essence*, 15 de julho de 2015, essence.com/entertainment/exclusive-ava-du-
    vernay-not-directing-black-panther-movie.

8. Kelley L. Carter, "The man who put Marvel in the black", *Andscape*, 17 de maio de
    2016, andscape.com/features/marvel-nate-moore-black-panther.

9. Entrevista dos autores com Chadwick Boseman, 2016.

10. Chris Giles, "A journey into Wakanda: How we made Black Panther", CNN, 19 de
    fevereiro de 2018, cnn.com/2018/02/16/africa/black-panther-behind-the-scenes-mar-
    vel/index.html.

11. Ibid.

12. Jamil Smith, "The Revolutionary Power Of Black Panther", *Time*, 19 de fevereiro de
    2019.

13. "Commentary", *Black Panther* (Marvel, 2018), DVD.

14. Smith, "Revolutionary Power".

15. Entrevista dos autores com Chadwick Boseman, 2016.

16. Clayton Davis, "Spike Lee on Chadwick Boseman, Donald Trump and How Black and
    Brown People Rescued New York", *Variety*, 8 de outubro de 2020.

17. *The Late Show with Stephen Colbert*, CBS, 13 de março de 2018.

18. "The Russo Brothers Break Down Scenes from 'Avengers: Endgame,' 'Captain Ame-
    rica: Civil War' & More", publicado no YouTube por *Vanity Fair*, 28 de julho de 2022,
    youtube.com/watch?v=Tc4WIUCbPqk.

19. Ibid.

20. Ibid.

21. Ibid.

22. "Commentary", *Black Panther*.

23. Peter Caranicas, "Editing Duo Worked Together to Raise 'Black Panther' to Blockbus-
    ter Status", *Variety*, 9 de janeiro de 2019.

24. Ibid.

25. Entrevista dos autores com Letitia Wright, 2018.

26. Entrevista dos autores com Chadwick Boseman, 2016

27. "BLACK PANTHER: Daniel Kaluuya at Comic-Con 2017", publicado no YouTube por
    MovieWeb, 23 de julho de 2017, youtube .com/watch?v=eUwtwNngplQ.

28. Sidney Madden e Daoud Tyler-Ameen, "Here's How 'Black Panther: The Al-
    bum' Came Together", NPR, 6 de fevereiro de 2018, npr.org/sections/there-
    cord/2018/02/06/582841574/heres-how-black-panther-the-album-came-together.

29. Shaheem Reid, "Ghostface Killah's Iron Man Obsession Lands Him A Cameo In Up-
    coming Comic Book Flick", MTV, 19 de novembro de 2007, mtv.com/news/1vlom5/

ghostface-killahs-iron-man-obsession-lands-him-a-cameo-in-upcoming-comic-
-book-flick.

30. Carvell Wallace, "Why 'Black Panther' Is a Defining Moment for Black America", *The New York Times Magazine*, 12 de fevereiro de 2018.

31. Glenn Whipp, "'Black Panther' is on the hunt for a best picture Oscar, no matter what happens with the 'popular film' prize", *Los Angeles Times*, August 23, 2018.

32. Sonaiya Kelley, "Read 'Black Panther' director Ryan Coogler's moving tribute to Chadwick Boseman", *Los Angeles Times*, August 30, 2020.

33. Entrevista dos autores com Chadwick Boseman, 2017.

34. Kate Storey, "'A Man With a Purpose': Chadwick Boseman's Life's Work Is Far From Over", *Esquire*, April 21, 2021.

24. MAIS ALTO, MAIS LONGE, MAIS RÁPIDO

1. Christine Dinh, "Marvel's Voices: Victoria Alonso on Marvel Studios' Approach to Filmmaking, Stan Lee's Enduring Legacy, and Finding Your Inner Super Hero", Marvel, 14 de outubro de 2020, marvel.com/articles/culture-lifestyle/voices-victoria-
-alonso-marvel-studios-filmmaking.

2. Esther Zuckerman, "Shailene Woodley and Brie Larson Emerged from Within the Hollywood Machine Before Defying It", *Atlantic*, 2 de junho de 2014.

3. Entrevista dos autores com Nicole Perlman, 2019.

4. Ibid.

5. Rebecca Keegan, "'Captain Marvel's' Brie Larson Can't Save Womankind—But She's Doing Her Best", *Hollywood Reporter*, 13 de fevereiro de 2019.

6. Entrevista dos autores com Kelly Sue DeConnick, 2019.

7. Ibid.

8. Terri Schwartz, "Why Hiring a Female Director for Captain Marvel Is Important to Kevin Feige", IGN, 12 de outubro de 2016, ign.com/articles/2016/10/12/why-hiring-
-a-female-director-for-captain-marvel-is-important-to-kevin-feige.

9. Gregg Kilday, "Paul Rudd and Marvel's Kevin Feige Reveal 'Ant-Man's' Saga, from Director Shuffle to Screenplay Surgery to Studio's 'Phase Three' Plans", *Hollywood Reporter*, 24 de junho de 2015.

10. Entrevista dos autores com Meg LaFauve, 2019.

11. Entrevista dos autores com Nicole Perlman, 2019.

12. Ibid.

13. Ibid.

14. Kate Erbland, "'Captain Marvel': How a Beloved Filmmaking Duo Stayed True to Their Indie Roots and Made a Blockbuster", *IndieWire*, 7 de março de 2019, indiewire.com/2019/03/captain-marvel-directors-anna-boden-ryan-fleck-indie-1202048958.

15. "'Captain Marvel' Press Conference Recap" *Geeks of Color*, 5 de março de 2019, geeksofcolor.co/2019/03/05/captain-marvel-press-conference-recap.

16. Entrevista dos autores com Geneva Robertson-Dworet, 2019.

17. Clarisse Loughrey, "Captain Marvel exclusive: Brie Larson hopes new film will inspire more women to become pilots", *Independent* (UK edition), 8 de março de 2019.

18. Entrevista dos autores com Kevin Feige, 2017.

19. *Variety* [@variety] no twitter.com, 26 de outubro de 2018, twitter.com/Variety/status/1056008763361046528?s=20.

20. "Tribute to Richard Donner—How 'Superman' Influenced Today's Biggest Superhero Movies", publicado no YouTube por Oscars, 8 de junho de 2017, youtube.com/watch?v=PrNwMXcKxWE.

21. Keegan, "'Captain Marvel's' Brie Larson".

22. Jana Seitzer, "Working Mother Marvel Studios' Victoria Alonso Tells All", *Whiskey + Sunshine*, 30 de abril de 2018, whiskyn sunshine.com/working-mother-marvel-studios-victoria-alonso-tells-all.

23. Marjua Estevez, "A Glass-Shattering Woman Is Responsible For Marvel's Greatest Blockbusters", *Vibe*, 6 de dezembro de 2016, vibe.com/features/viva/victoria-alonso-marvel-studios-producer-471994.

24. Elayna Fernandez, "Supporting Diversity in the Film Industry: Interview with AVENGERS: INFINITY WAR Executive Producer Trinh Tran", *The Positive Mom*, 30 de abril de 2018, www.thepositivemom.com/supporting-diversity-in-the-film-industry.

25. Marc Malkin, "Top Marvel Executive: 'The World Is Ready' for a Gay Superhero in the MCU", *Variety*, 7 de março de 2019.

26. Sana Amanat, "Brie Larson Is Ready to Kick Some Ass", *InStyle*, 5 de fevereiro de 2019, instyle.com/celebrity/brie-larson-march-cover.

27. Entrevista dos autores com Lashana Lynch, 2019.

28. Eric Francisco, "'Captain Marvel' Review Bombing: Rotten Tomatoes Removes Toxic 'Reviews'", *Inverse*, 22 de fevereiro de 2019, inverse.com/article/53523-captain-marvel-rotten-tomatoes-review-bombing-explained.

29. "Brie Larson's speech at Crystal Award for Excellence in Film 2018", publicado no YouTube por SorrelGum, 27 de fevereiro de 2019, youtube.com/watch?v=9e852S8RvlU.

30. Kate Aurthur, "Brie Larson on Creating a Symbol With 'Captain Marvel'" *Variety*, 8 de outubro de 2019.

31. Jessica Wang, "Brie Larson gives a wry response when asked if she'd play Captain Marvel again", *Entertainment Weekly*, 11 de setembro de 2022, https://ew.com/movies/brie-larson-wry-response-play-captain-marvel-again/.

25. ESTALAR DE DEDOS

1. "Kevin Feige on Planning the 'Infinity War' Ending, 'Captain Marvel,' And Honoring Stan Lee", publicado no YouTube por Rotten Tomatoes, 4 de março de 2019, youtube.com/watch?v=ljrdxgsfdug.

2. Joshua Yehl, "Joss Whedon Pleased With How Avengers: Infinity War Diverted From His Thanos Setup—Comic-Con 2018", IGN, 21 de julho de 2018, ign.com/articles/2018/07/21/joss-whedon-pleased-with-how-avengers-infinity-war-diverted-from-his-thanos-setup-comic-con-2018.

3. Aaron Couch, "'Avengers: Endgame' Directors on Seeking Robert Downey Jr.'s Blessing and Marvel's First Gay Character", *Hollywood Reporter*, 1º de maio de 2019.
4. Entrevista dos autores com Robert Downey Jr., 2017.
5. Anthony Breznican, "How the Avengers: Endgame Writers made Life-and-Death Decisions", *Vanity Fair*, 20 de novembro de 2019, vanityfair.com/hollywood/2019/11/avengers-endgame-writers-alternate-storylines.
6. "Kevin Feige On Planning the 'Infinity War' Ending, 'Captain Marvel,' And Honoring Stan Lee" publicado no YouTube por Rotten Tomatoes, 4 de março de 2019, youtube.com/watch?v=ljrdxgsfdug.
7. Entrevista dos autores com Christopher Markus, 2019.
8. Ben Pearson, "'Avengers: Endgame' Final Battle Oral History: How The Biggest Scene In Comic Book Movie History Came Together", *SlashFilm*, 1º de novembro de 2019, slashfilm.com/570137/avengers-endgame-final-battle-oral-history.
9. Ibid.
10. Ibid.
11. Entrevista dos autores com C. Robert Cargill, 2019.
12. Aaron Couch, "Avengers: Endgame' Writers Share Ideas Abandoned along the Way", *Hollywood Reporter*, 11 de maio de 2019.
13. Ibid.
14. David Pountain, "Avengers: Endgame Writers Say The Time Travel Was Accidental", *We Got This Covered*, 18 de agosto de 2019, wegotthiscovered.com/movies/avengers-endgame-time-travel-plot-happened-accident.
15. Ethan Anderton, "Robert Downey Jr.'s Finest Moment in 'Avengers: Endgame' Was A Last Minute Addition", *SlashFilm*, 1º de maio de 2019, slashfilm.com/566106/tony-starks-final-scene-in-avengers-endgame.
16. Sean O'Connell, "Apparently Robert Downey Jr. Didn't Want To Do Tony Stark's Last Big Line In Avengers: Endgame", CinemaBlend, 6 de maio de 2019, cinemablend.com/news/2471343/apparently-robert-downey-jr-didnt-want-to-do-tony-starks-last-big-line-in-avengers-endgame.
17. Josh Wilding, "AVENGERS: ENDGAME Directors Reveal The Marvel Studios Movie's Single Most Expensive Shot", Comic-BookMovie, 29 de julho de 2019, comicbookmovie.com/avengers/avengers_endgame/avengers-endgame-directors-reveal-the-marvel-studios-movies-single-most-expensive-shot-a169783n. gs.oj9t5o.
18. "Endgame Writers, Russo Bros & Anthony Mackie Reveal Deleted Scene, Surprises & Decapitated Cap Idea", publicado no YouTube por IMDb, 22 de julho de 2019, youtube.com/watch?v=QREOp3p5NkI.
19. Pearson, "'Avengers: Endgame.'"
20. Entrevista dos autores com Ty Simpkins, 2020.
21. Entrevista dos autores com Kerry Condon, 2020. As coisas deram certo para Condon; em 2022, ela coestrelou o filme *Os banshees de Inisherin*, e sua interpretação lhe garantiu uma indicação ao Oscar de melhor atriz coadjuvante.
22. Ethan Anderton, "How The 'Avengers: Endgame' Directors Assembled The Most Star-Filled Shot In Marvel History", *SlashFilm*, 1º de maio de 2019, slashfilm.com/566102/avengers-endgame-final-battle-and-funeral.

23. Pearson, "'Avengers: Endgame'".

24. Ibid.

25. Ibid.

26. Ibid.

27. Nick Evans, "Captain America's 'Avengers Assemble' Moment Was Kevin Feige's 'Highlight Of All Time'", CinemaBlend, 18 de novembro de 2019, cinemablend.com/news/2485027/captain-americas-avengers-assemble-moment-was-kevin-feiges--highlight-of-all-time.

28. Entrevista dos autores com David Maisel, 2020.

29. Mandalit del Barco, "Marvel Studios' Kevin Feige On The Future Of Marvel Movies", NPR, 26 de abril de 2018, npr.org/2018/04/26/605648453/marvel-studios-kevin-feige-on-the-future-of-marvel-movies.

30. Mike Fleming Jr., "From Slamdance Walkouts To 'Avengers: Endgame' & Choosing Which Marvel Superheroes To Kill Off: A Conversation With Joe Russo At Sands International Film Festival", Deadline, 30 de março de 2022, deadline.com/video/joe-russo-avengers-endgame-sands-international-film-festival-st-andrews-scotland.

31. Entrevista dos autores com C. Robert Cargill, 2019.

32. Ibid.

33. Entrevista dos autores com Craig Kyle, 2020.

34. Mike Fleming Jr., "Year After Record 'Avengers: Endgame' B.O. Launch, AGBO's Joe & Anthony Russo Open 'Extraction' On Netflix", Deadline, 24 de abril de 2020, deadline.com/2020/04/avengers-endgame-anniversary-joe-russo-anthony-russo-extraction--netflix-chris-hemsworth-1202917408.

35. Ibid.

36. Joe Deckelmeier, "Christopher Markus & Stephen McFeely Interview: MCU", Screen Rant, 5 de novembro de 2019, screenrant.com/marvel-cinematic-universe-christopher-markus-stephen-mcfeely-interview.

26. UM ANO SEM MARVEL

1. Kyle Buchanan, "Guardians of the Galaxy Is Huge — and That's Not Always Easy for James Gunn", Vulture, 3 de maio de 2017, vulture.com/2017/05/james-gunn-loves--and-hates-the-boost-he-got-from-guardians.html.

2. Stephen Rebello, "Matthew McConaughey Talks 'Gold,' Unbranding and New Twists in a Singular Career", Playboy, dezembro de 2016.

3. James Gunn, Facebook, 29 de outubro de 2016, facebook.com/jgunn/posts/10153721692566157.

4. Entrevista dos autores com Kevin Feige, 2017.

5. James Gunn [@jamesgunn], Twitter (tuíte posteriormente apagado), 17 de janeiro de 2018, twitter.com/JamesGunn/status/953433094102556672.

6. Bryan Bishop, "Writer-director James Gunn fired from Guardians of the Galaxy Vol. 3 over offensive tweets", The Verge, 20 de julho de 2018, theverge.com/2018/7/20/17596452/guardians-of-the-galaxy-marvel-james-gunn-fired-pedophile-tweets-mike-cernovich.

7. Ibid.
8. Dave Itzkoff, "James Gunn Nearly Blew Up His Career. Now He's Back with 'The Suicide Squad'", *The New York Times*, 14 de julho de 2021.
9. Brent Lang, "James Gunn Fired From 'Guardians of the Galaxy Vol. 3'", *Variety*, 20 de julho de 2018.
10. Matthew Belloni, "In-Depth With Disney CEO Bob Iger on China Growth, 'Star Wars' Reshoots and Political Plans: 'A Lot of People Have Urged Me to [Run]'", *Hollywood Reporter*, 22 de junho de 2016, hollywoodreporter.com/movies/movie-features/bob-iger-interview-star-wars-905320.
11. Devon Ivie, "Chris Pratt, Zoe Saldaña, *Guardians of the Galaxy* Cast Write Open Letter to 'Fully Support' James Gunn", *Vulture*, 30 de julho de 2018, vulture.com/2018/07/guardians-of-the-galaxy-cast-fully-support-james-gunn.html.
12. Debopriyaa Dutta, "Zoe Saldaña Says Playing Gamora In Guardians Of The Galaxy Vol. 3 Was 'Bittersweet'", *SlashFilm*, 15 de fevereiro de 2022, slashfilm.com/767048/zoe-saldana-says-playing-gamora-in-guardians-of-the-galaxy-vol-3-was-bittersweet.
13. Itzkoff, "James Gunn".
14. Entrevista dos autores com Kevin Feige, 2020.
15. Borys Kit, "DC Slate Unveiled: New Batman, Supergirl Movies, a Green Lantern TV Show, and More From James Gunn, Peter Safran", *Hollywood Reporter*, 31 de janeiro de 2023, hollywoodreporter.com/movies/movie-features/james-gunn-unveils-dc-slate-batman-superman-1235314176.
16. Ibid.
17. Entrevista dos autores com Kevin Feige, 2017.
18. Benjamin Haynes, "Transcript for the CDC Telebriefing Update on COVID-19", 26 de fevereiro de 2020, cdc.gov/media/releases/2020/t0225-cdc-telebriefing-covid-19.html.
19. Borys Kit, "Marvel's 'Shang-Chi' Temporarily Suspends Production as Director Self-Isolates (Exclusive)", *Hollywood Reporter*, 12 de março de 2020.
20. "Disney Investor Day 2020 — Full Presentation", publicado no YouTube por TV Clips, 15 de dezembro de 2020, https://www.youtube.com/watch?v=CRdYiquh8Bg.
21. Adam B. Vary, "Marvel's Kevin Feige on 'WandaVision,' 'Star Wars' and How the Pandemic Is Like Thanos' Blip", *Variety*, 11 de janeiro de 2021.
22. Pamela McClintock e Eriq Gardner, "Scarlett Johansson Files Lawsuit Against Disney Over 'Black Widow' Release", *Hollywood Reporter*, 29 de julho de 2021.
23. Matthew Belloni, *What I'm Hearing*, newsletter, 30 de julho de 2021.
24. Danny Cevallos, "Disney Co.'s Covid excuse in Scarlett Johansson lawsuit is darkly comical and clearly flawed", NBC News, 10 de agosto de 2021, nbcnews.com/think/opinion/disney-co-s-covid-excuse-scarlett-johansson-lawsuit-darkly-comical-ncna1275840.

27. DEPARTAMENTO DO SIM

1. Entrevista dos autores com Marc Chu, 2020.
2. Entrevista dos autores com Kevin Feige, 2017.

3. Eric Eisenberg, "Avengers: Infinity War Has A Crazy Small Number Of Shots Without Visual Effects", CinemaBlend, 7 de fevereiro de 2019, cinemablend.com/news/2466549/avengers-infinity-war-has-a-crazy-small-number-of-shots-without--visual-effects.

4. *Life After Pi*, dirigido por Scott Leberecht (Hollywood Ending, 2014), publicado no YouTube por Hollywood Ending Movie, 26 de fevereiro de 2014, youtu.be/9lcB9u--9mVE.

5. Ibid.

6. Entrevista dos autores com Trent Claus, 2020.

7. "The Transformation", *featurette*, *Captain America: The First Avenger* (Paramount, 2011), Blu-ray.

8. Entrevista dos autores com Trent Claus, 2020.

9. Ibid.

10. Ibid.

11. Ben Pearson, "10 Things We Learned At The 'Guardians Of The Galaxy Vol. 2' Press Junket", *SlashFilm*, 25 de abril de 2017, slashfilm.com/550527/10-things-we-learned--at-the-guardians-of-the-galaxy-vol-2-press-junket.

12. Entrevista dos autores com Trent Claus, 2020.

13. "ILM: Behind the Magic of the Hulk in Marvel Studios' The Avengers (Part 1)", publicado no YouTube por Industrial Light & Magic, 14 de janeiro de 2013, youtube.com/watch?v=fB_3r4b-CAU.

14. Entrevista dos autores com Marc Chu, 2020.

15. Entrevista dos autores com Gui DaSilva-Greene, 2020.

16. Entrevista dos autores com Robert Downey Jr., 2017.

17. Entrevista dos autores com Gui DaSilva-Greene, 2020.

18. Entrevista dos autores com Dan Deleeuw, 2019.

19. Ibid.

20. Entrevista dos autores com Robert Downey Jr., 2017.

21. Entrevista dos autores com Karen Gillan, 2019.

22. Entrevista dos autores com Jonathan Harb, 2020.

23. Entrevista dos autores com Dan Deleeuw, 2019.

24. James Hibberd, "'She-Hulk' Producers Respond to CGI Criticisms", *Hollywood Reporter*, 2 de agosto de 2022.

25. "Victoria Alonso, Executive Producer/EVP, Marvel", *The Close-Up*, episódio 2, publicado no YouTube por Advanced ImagingSociety, 16 de setembro de 2105, youtube.com/watch?v=xZuOxj5IWXc.

26. Linda Codega, "Abuse of VFX Artists Is Ruining the Movies", *Gizmodo*, 9 de agosto de 2022, gizmodo.com/disney-marvel-movies-vfx-industry-nightmare-1849385834.

27. Chris Lee, "'Honestly, I Equate It to Human Greed'", *Vulture*, 22 de fevereiro de 2023, https://www.vulture.com/2023/02/marvel-vfx-workers-on-ant-man-and-the-wasp--quantumania.html.

28. Natasha Jokic, "The 'She-Hulk' Creators Discussed The Show's Questionable CGI, And They Made A Good Point", BuzzFeed, 4 de agosto de 2022, buzzfeed.com/natashajokic1/the-she-hulk-team-addressed-criticism-of-the-shows-cgi.

29. Hibberd, "'She-Hulk.'"

30. Matthew Belloni, "The Secret of Marvel's Magic", *The Town with Matthew Belloni*, podcast, 16 de novembro de 2022.

31. Entrevista dos autores com fonte anônima, 2023.

28. K.E.V.I.N.

1. Entrevista dos autores com Kevin Feige, 2017.

2. Ibid.

3. Entrevista dos autores com Bob Iger, 2017. Durante anos, a logomarca da Marvel Studios exibida no início dos filmes era composta de páginas de histórias em quadrinhos sendo folheadas (mas sem heróis identificáveis, disse Peter Frankfurt, cofundador da Imaginary Forces, a empresa que projetou o logo, em uma entrevista para este livro concedida em 2020: "As páginas representam a ideia da Marvel Comics, sem especificar nenhum personagem."). A partir de *Doutor Estranho* em 2016, no entanto, a logo foi atualizada para incluir páginas do roteiro e vários atores do UCM, com vislumbres de cenas de ação como Chris Evans lançando o escudo do Capitão América — um reconhecimento de que mais pessoas estavam assistindo aos filmes que lendo os quadrinhos que serviam como fonte. A logo original era silenciosa, mas, em 2013, recebeu uma fanfarra criada pelo compositor Brian Tyler. "Todo grande estúdio precisa de uma fanfarra, e não tínhamos uma", disse Kevin Feige no website Marvel.com. Em 2016, Michael Giacchino escreveu uma nova fanfarra; a Marvel Studios alterna regularmente as cenas contidas na logo, a fim de que novos heróis, como Hailee Stanfield interpretando Kate Bishop, possam surgir perto de Robert Downey Jr. como Tony Stark.

4. Matt Fowler, "William Hurt Teases a 'Much Different' General Ross for Captain America: Civil War", IGN, 24 de junho de 2015, ign.com/articles/2015/06/24/william--hurt-talks-a-much-different-general-ross-for-captain-america-civil-war.

5. Entrevista dos autores com Chris Hemsworth, 2017.

6. Entrevista dos autores com Kevin Feige, 2017.

7. *The Late Late Show with James Corden*, CBS, 1º de março de 2022.

8. Vanessa Diaz, "Chatting with the Cast & Filmmakers of Thor Ragnarok!", *Brite & Bubbly*, 1º de novembro de 2017, briteandbubbly.com/chatting-cast-filmmakers-thor--ragnarok.

9. Entrevista dos autores com Stephany Folsom, 2019.

10. Ibid.

11. Entrevista dos autores com Mark Ruffalo, 2017.

12. Ibid.

13. Entrevista dos autores com Stephany Folsom, 2019.

14. Janet A. Leigh, "Marvel's James D'Arcy teases possible return after Avengers: Endgame", *Digital Spy*, 7 de abril de 2022, digitalspy.com/tv/ustv/a39662624/marvel-james-darcy-possible-return-avengers-endgame.

15. Entrevista dos autores com Christopher Yost, 2019.

16. Entrevista dos autores com Tony Leung, 2021.
17. Sydney Bucksbaum, "Tim Roth talks returning to Marvel as Abomination for *She-Hulk*: 'I love my career being chaos'", *Entertainment Weekly*, 1º de setembro de 2022, ew.com/tv/tim-roth-talks-talks-returning-to-marvel-as-abomination-for-she-hulk--attorney-at-law.
18. Ibid.
19. "Full Marvel Cinematic Universe Phase 4 Panel at Hall H", San Diego Comic-Con 2019", publicado no YouTube por Beyond Fandom, 26 de julho de 2019, youtube.com/watch?v=it9ObhXBZiE.
20. Jeremy Blum, "Marvel Paid a 'Heavy Price' to Use X-Men: TAS' Iconic Theme Song for the Reboot", CBR, 2 de setembro de 2022, cbr.com/marvel-paid-heavy-price-x--men-tas-theme-song.
21. Adam B. Vary, "Patrick Stewart on Playing Charles Xavier Again in 'Doctor Strange 2': 'I Was a Little Unsure at First'", *Variety*, 6 de maio de 2022.
22. Ryan Britt, "Anson Mount Sets a High Bar", *Esquire*, 7 de julho de 2022.
23. Vary, "Patrick Stewart".
24. "Commentary", *Doctor Strange in the Multiverse of Madness*, press release digital do Disney Plus, 22 de junho de 2022.

29. A SAGA DO CLONE

1. Entrevista dos autores com Dan Harmon, 2021.
2. Matt Pressberg, "'Spider-Man: Homecoming' Producer Hints at End of Sony-Marvel Collaboration After Next Movie", *The Wrap*, 28 de março de 2017, thewrap.com/sony-marvel-collaboration-after-spider-man-homecoming.
3. Yohana Desta, "Sony Responds to Spider-Man Fallout: 'We Are Disappointed, but Respect Disney's Decision'", *Vanity Fair*, 21 de agosto de 2019, vanityfair.com/holly-wood/2019/08/sony-pictures-spider-man-marvel-kevin-feige-response.
4. Devan Coggan, "Tom Holland opens up about Spider-Man's future in wake of Disney--Sony rift", *Entertainment Weekly*, 24 de agosto de 2019, ew.com/movies/2019/08/24/tom-holland-spider-man-future-disney-sony.
5. Will Thorne, "Sony Pictures Chief on Spider-Man Split: 'For the Moment the Door Is Closed'", *Variety*, 5 de setembro de 2019.
6. Jamie Lovett, "Tom Holland Says Next Spider-Man Movie Will Be Very Different After Marvel Split", ComicBook.com, 25 de agosto de 2019, comicbook.com/marvel/news/spider-man-3-tom-holland-different-special-marvel-sony.
7. *Jimmy Kimmel Live*, ABC, 4 de dezembro de 2019.
8. Ibid.
9. Mike Fleming Jr., "Kevin Feige Back in 'Spider-Man Homecoming' for One More Film", *Deadline*, 27 de setembro de 2019, deadline.com/2019/09/spider-man-kevin--feige-back-sony-pictures-1202746503.
10. Adam Chitwood e Drew Taylor, "Kevin Feige Suggested Turning a Fun Tag Scene into the Main Plot of 'Spider-Man: No Way Home'", *The Wrap*, 3 de janeiro de 2022, thewrap.com/spider-man-no-way-home-villains-plot-kevin-feige.

11. Ibid.
12. Ibid.
13. Ibid.
14. Dave Itzkoff, "The Devils You Know: Three 'Spider-Man' Villains Return in 'No Way Home'", *The New York Times*, 5 de janeiro de 2022.
15. "SPIDER-MAN: NO WAY HOME—Villains Panel", publicado no YouTube por Spider-Man, 4 de dezembro de 2021, youtube.com/watch?v=oKzWmAehB0c.
16. "Tom Holland on 'Cherry,' COVID protocols, if Spider-Man's mask counts as PPE (FULL)", *Entertain This*, publicado no YouTube por *USA Today* Entertainment, 12 de março de 2021, youtube.com/watch?v=zFMRFB5Z5KU.
17. Steve Pond, "Andrew Garfield Says Lying about 'Spider-Man' Role Was 'Weirdly Enjoyable'", *The Wrap*, 9 de janeiro de 2022, thewrap.com/andrew-garfield-spider--man-no-way-home-lying.
18. Itzkoff, "Devils You Know".
19. "Tom Holland, Zendaya and Jacob Batalon on Spider-Man: No Way Home and Fight Scene With Green Goblin", publicado no YouTube por *Collider* Interviews, 9 de dezembro de 2021, youtube.com/watch?v=Z5ag0hn1-bQ.
20. *The Tonight Show Starring Jimmy Fallon*, NBC, 23 de fevereiro de 2021.
21. Brooks Barnes, "Kevin Feige and Amy Pascal on the Future of 'Spider-Man' and the M.C.U.", *The New York Times*, 17 de dezembro de 2021.
22. Ibid.

30. NO MULTIVERSO

1. Entrevista dos autores com Kathryn Hahn, 2021.
2. Entrevista dos autores com Paul Bettany, 2021.
3. Entrevista dos autores com Nate Moore, 2021.
4. Matt Donnelly, "Meet the Executive Avengers Who Help Kevin Feige Make Marvel Magic", *Variety*, 17 de abril de 2019.
5. Scott Campbell, "Marvel Producer Reveals How The Studio Decides On Disney Plus Projects", *We Got This Covered*, 7 de setembro de 2021, wegotthiscovered.com/tv/marvel-producer-reveals-how-the-studio-decides-on-disney-plus-projects.
6. Entrevista dos autores com Nate Moore, 2021.
7. "Captain America: Civil War — European Press Conference in Full", publicado no YouTube por *Digital Spy*, 26 de abril de 2016, youtube.com/watch?v=yc9AYSKWTkk.
8. Ibid.
9. Entrevista dos autores com Nate Moore, 2021.
10. Ibid.
11. Entrevista dos autores com Kevin Feige, 2021.
12. Brian Hiatt, "The Oral History of 'Wanda-Vision'", *Rolling Stone*, 1º de junho de 2021.
13. Entrevista dos autores com Jac Schaeffer, 2021.
14. Aaron Couch, "Marvel's Movie Math: Comic Creators Claim It's 'Bait and Switch' on Payments", *Hollywood Reporter*, 20 de julho de 2022, hollywoodreporter.com/movies/movie-features/marvel-movie-math-comic-creators-1235183158.

15. Jim Starlin, Facebook, 24 de janeiro de 2017, facebook.com/396963960387829/posts/1232284023522481.

16. Abraham Josephine Riesman, "The Creator of Avengers: Endgame Villain Thanos Has Beef With Marvel", *Vulture*, 24 de abril de 2019, vulture.com/2019/04/jim-starlin-creator-of-infinity-war-thanos-hates-marvel.html.

17. Ed Brubaker, *From the Desk of Ed Brubaker*, "And now the full cover reveal...", newsletter, 19 de março de 2021.

18. "Falcon and Winter Soldier Episode 4 Review! *SPOILERS* FMB Live for 4/12/2021!", publicado no YouTube por Kevin Smith, 12 de abril de 2021, youtube.com/watch?v=uG7VFaatjEE.

19. Keisha Hatchett, "*The Falcon and the Winter Soldier*'s Malcolm Spellman Is Ready to Deliver an Undeniably Black Superhero Story", TVLine, 16 de fevereiro de 2021, tvline.com/2021/02/16/falcon-and-the-winter-soldier-malcolm-spellman-black-history-month.

20. Entrevista dos autores com Nate Moore, 2021.

21. Ibid.

22. Entrevista dos autores com Dan Harmon, 2021.

23. Entrevista dos autores com Kevin Feige, 2021.

24. Entrevista dos autores com Malcolm Spellman, 2021.

25. Entrevista dos autores com Kate Herron, 2021.

26. Dave Itzkoff, "Marvel's Latest Frontier? In 'WandaVision,' It's the Suburbs", *The New York Times*, 8 de janeiro de 2021.

27. Brian Davids, "'Hawkeye' EP Trinh Tran on Casting Hailee Steinfeld and the Influence of 'Better Call Saul'", *Hollywood Reporter*, 19 de novembro de 2021.

28. Entrevista dos autores com Jac Schaeffer, 2021.

29. Entrevista dos autores com Michael Waldron, 2021.

30. Mike Reyes, "Doctor Strange 2: Why Scott Derrickson And C. Robert Cargill Left The Marvel Sequel", Cinemablend, 25 de maio de 2021, https://www.cinemablend.com/news/2568025/doctor-strange-2-why-scott-derrickson-and-c-robert-cargill--left-marvel-sequel-mcu.

31. Entrevista dos autores com Michael Waldron, 2021.

32. "Iman Vellani on mcu 616 Ms. Marvel", publicado no YouTube por Marvel Entanglement, 3 de junho de 2022.

33. Iman Vellani, "What's up r/marvelstudios, I'm Iman Vellani — AKA the one and only Kamala Khan, AKA Ms. Marvel! AMA!", Reddit, 14 de julho de 2022, reddit.com/r/marvelstudios/comments/vz1hfa/whats_up_rmarvelstudios_im_iman_vellaniaka_the.

34. *Assembled: The Making of Doctor Strange in the Multiverse of Madness*, Disney Plus, 8 de julho de 2022.

35. Entrevista dos autores com Michael Waldron, 2021.

36. "Kevin Feige on 'Black Widow'", *D23 Inside Disney Podcast*, episódio 96, 15 de julho de 2021.

37. Entrevista dos autores com Kevin Feige, 2017.

38. Anthony Breznican, "Chris Hemsworth Changed His Life After an Ominous Health Warning", *Vanity Fair*, 17 de novembro de 2022, vanityfair.com/hollywood/2022/11/chris-hemsworth-exclusive-interview-alzheimers-limitless.

39. Cameron Bonomolo, "Marvel's Kevin Feige on Rumors Secret Wars Is the Next Major MCU Crossover (Exclusive)", ComicBook.com, 8 de novembro de 2021, comicbook.com/movies/news/marvel-studios-kevin-feige-secret-wars-movie-rumors-exclusive-interview-shang-chi.

40. Entrevista dos autores com Joe Russo, 2017.

41. Entrevista dos autores com Kevin Feige, 2017.

42. Entrevista dos autores com Bob Iger, 2017.

43. Devan Coggan, "Kevin Feige opens up about Phase 5, Kang, and the future of the MCU", *Entertainment Weekly*, 14 de fevereiro de 2023, ew.com/movies/kevin-feige--marvel-phase-5-exclusive-interview.

EPÍLOGO: QUANTO AINDA TEMOS

1. Rachel Paige, "'She-Hulk': Introducing Marvel Studios' K.E.V.I.N.", Marvel, 13 de outubro de 2022, marvel.com/articles/tv-shows/she-hulk-finale-kevin.

2. Entrevista dos autores com Kevin Feige, 2017.

3. Ibid.

4. Ibid.

31. NÃO É FÁCIL SER VERDE

1. Um termo da indústria para uma tomada na qual objetos indesejados são removidos — como arames, dublês em trajes de captura de movimentos ou atores adicionais —, a fim de que, ao acrescentar o CGI à cena (nesse caso, o Hulk), os artistas de efeitos visuais utilizem uma tomada que corresponda ao restante da cena filmada no set.

2. Entrevista dos autores com Marc Chu, 2020.

3. Ibid.

4. Emily Smith, "LI bouncer and male stripper did CGI work as the Hulk in 'The Avengers'", *New York Post*, 4 de maio de 2012, nypost.com/2012/05/04/li-bouncer-and-male-stripper-did-cgi-work-as-the-hulk-in-the-avengers.

5. Entrevista dos autores com Marc Chu, 2020.

6. Joe Deckelmeier, "She-Hulk On-Set Reference Malia Arrayah Shares MCU Secrets", *Screen Rant*, 20 de outubro de 2022, screenrant.com/she-hulk-finale-interview-malia-arrayah.

ÍNDICE

Este livro foi composto na tipografia Minion Pro,
em corpo 11/15,4, e impresso em
papel off-white no Sistema Cameron da
Divisão Gráfica da Distribuidora Record.